Islamische Seelsorge
bei Said Nursi

Avni Altıner
Dr. Cemil Şahinöz
(Herausgeber)

Herstellung und Verlag:

BoD- Books on Demand, Norderstedt

ISBN 9783752852097

Inhalt

Vorwort der Herausgeber

Seelsorge im Islam ist sowohl ein aktuelles als auch ein akutes Thema in der muslimischen Community. Sowohl in Ländern mit überwiegend Muslimen als auch in Ländern, in denen die Muslime eine Minderheit bilden, wird Seelsorge immer wichtiger und nötiger.

Während im Christentum Seelsorge institutionalisiert und professionalisiert ist, übernahmen diese Aufgabe im Islam die nächsten Familienangehörigen und Freunde. So gibt es im Islam zwar nicht den Begriff der Seelsorge, aber inhaltlich existiert eine Seelsorgetätigkeit.

Sowohl im Koran als auch in den Aussprüchen des Propheten Muhammed finden sich viele Bereiche und Methoden der Seelsorge. Das bekannteste Narrativ, das man in diesem Kontext findet, ist folgender: „Allah, der Mächtige und Erhabene, wird am Tage der Auferstehung dem Menschen vorhalten: 'O Kind Adams! Ich erkrankte, doch Du besuchtest Mich nicht!' Er wird antworten: 'O mein Herr! Wie hätte ich Dich besuchen können, wo Du doch der Herr der Welten bist?' Allah wird erklären: 'Hast du denn nicht erfahren, dass mein Diener Soundso krank war, und du ihn nicht besuchtest? Hast du denn nicht gewusst, wenn du ihn besucht hättest, hättest du Mich bei ihm gefunden! O Kind Adams! Ich bat Dich um etwas zu essen, doch Mir gabst du nichts zu essen!' Er wird antworten: 'O mein Herr! Wie hätte ich Dir etwas zu essen geben können, wo Du doch der Herr der Welten bist?' Allah wird erklären: 'Hast du etwa nicht gewusst, dass Mein Diener Soundso dich um etwas zu essen bat? Hast du denn nicht gewusst, wenn du ihm etwas zu essen gegeben hättest, du sicherlich dafür Meine Belohnung erhalten hättest! O Kind Adams! Ich bat dich, Mir (Wasser) zu trinken zu geben, aber du gabst mir nichts zu trinken!' Er wird sagen: 'O mein Herr! Wie hätte ich Dir zu trinken geben können, wo Du doch der Herr der Welten bist?' Allah wird erklären: 'Mein Diener Soundso bat dich um Wasser, doch du gabst ihm nichts zu trinken! Hast du denn nicht gewusst, wenn du ihm zu trinken gegeben hättest, du deinen Lohn dafür bei Mir gefunden hättest?'" (Muslim; Nawawi, 896). Aus Erzählungen wie diesen hat sich in den muslimischen Gemeinschaften ein ausgeprägtes soziales Engagement entwickelt, vor allem in den Bereichen Nachbarschaftspflege oder Krankenbesuch (Şahinöz 2018, S. 55-63).

Auch der Prophet Muhammed lebte Seelsorge in der Praxis aus. Zeyd, ein kleiner Junge im Umfeld des Propheten, hatte einen Vogel namens Umeyr, den er sehr liebte. Deshalb nannte der Prophet den Jungen auch Abu Umeyr, das so viel bedeutet wie "Vater des Umeyr". Als Zeyds Vogel starb war er sehr betrübt über diesen Umstand. Der Prophet bemerkte dies und versuchte ihn zu trösten (Tirmidhi, Adab, 3720). In der Biographie des Propheten findet man Dutzende solcher Begegnungen, die Seelsorge widerspiegeln.

Diese Traditionen wurden in den muslimischen Gemeinschaften weitergelebt. So entwickelte sich im Laufe der Zeit eine Alltagsseelsorge. Vor allem die Großfamilie bot den notleidenden Familienmitgliedern Seelsorge an. Öfters war es auch der Dorfvorsteher oder die Imame, die in Not gerufen wurden.

Die Ressource, dass die Community, Familie und Freunde Alltagsseelsorge leisten, steht aber in einer globalisierten, ausdifferenzierten Gesellschaft nicht mehr in solch einer Form zur Verfügung. Daher benötigen auch Muslime professionelle Seelsorger, die hierfür ausgebildet wurden (vgl. Şahinöz, 2018).

Nicht nur veränderte Familienstrukturen, sondern auch durch die Migration haben sich Problemsituationen ergeben, die stärker eine Seelsorge unter der muslimischen Community bedürfen.

Was es jedoch in der muslimischen Literatur gibt, aber recht unbekannt ist, sind Werke, die Seelsorge literarisch leisten. Die Erzählungen von Mewlana Dschelaleddin-i Rumi (13. Jhr.) oder auch Werke der Sufiorden kann man in diese Kategorie zurechnen.

Auch der Islamgelehrte Said Nursi (1877-1960) verfasste in seinem Gesamtwerk "Risale-i Nur" viele Abschnitte, die man den Themenbereichen der Seelsorge zuordnen kann.

So verfasste Said Nursi mehrere Texte, die sich mit der Seelenheilung beschäftigen. Nursi versuchte in seinen Texten den Ursprung der "Krankheit der Seelen" ausfindig zu machen, um im nächsten Schritt die Medizin hierfür bereitzustellen (vgl Şahinöz, 2018, S. 2). Insbesondere das Bittgebet ist bei Said Nursi zentral in der Wahrnehmung der eigenen Schwäche und der daraus resultierenden Annäherung zur Barmherzigkeit Gottes.

Langejahre waren die Werke Nursis aber nur der türkischsprachigen Leserschaft zugänglich. Dank der Übersetzungen, vor allem von Rüstem Ülker und Davut Korkmaz, gelangten sie auch in die deutschsprachige Community. Die Übersetzungen in diesem Buch sind größtenteils von diesen beiden Übersetzungen übernommen. Hierfür sei beiden ein Dank für ihre großartige Leistung ausgesprochen.

So befinden sich in diesem Band verschiedene Aufsätze Said Nursis, die von Seelsorgern in der Seelsorgetätigkeit oder von Seelsorgebedürftigen als Selbstseelsorge genutzt werden können. In einigen Abschnitten mussten Bereiche weggelassen werden, wenn sie keinen seelsorgerischen Bezug hatten und sonst den Rahmen dieser Arbeit sprengen würden. Daher wurden nur die Textstellen von Nursi übernommen, die im Seelsorgekontext nützlich sein können.

Dabei sind Nursis Texte so authentisch, da er diese zunächst seiner eigenen leidenden Seele niederschreibt. Zu Beginn seines Werks "Die Worte" schreibt er: „Oh Bruder! Du möchtest von mir einige Ratschläge. So höre denn acht kleine Geschichten, die ich meiner (eigenen) Seele (nefs) erzählen werde und entnimm ihnen einige Wahrheiten! Denn meine Seele ist es, die dieser guten Ratschläge vor allen anderen bedarf. Ich hatte schon einmal aus acht Ayat (Koranverse) meinen Nutzen gezogen und auch etwas

längere Worte zugesprochen. Nun möchte ich sie noch
einmal in kurzen, allgemeinverständlichen Worten
wiederholen. Wer es wünscht, möge mir dabei zuhören."
Auf diese Art und Weise erreicht er auch seine Leserschaft
tief im Herzen und kann dadurch der Seele tatsächlich
Sorge leisten.

In dem Gesamtwerk "Risale-i Nur", dass aus knapp 6000
Seiten besteht, gibt es mit Sicherheit weitere Abschnitte, die
sich mit der Thematik der Seelsorge auseinandersetzen.
Freilich konnte hier nur eine begrenzte Auswahl getroffen
werden. Nichtsdestotrotz soll dieses Band eine erste
Einführung zum Thema "Seelsorge bei Said Nursi" liefern
und den Weg für Forschungsarbeiten und die
Seelsorgetätigkeit in dieser Richtung eröffnen.

Am Ende dieser Arbeit folgen zudem Bittgebete aus dem
Koran, vom Propheten Muhammed, die Schönsten Namen
Allahs und das Bittgebet Dschawschan al-Kabir, welche in
der Seelsorge ebenfalls von Vorteil sein können.

Zum Schluss sei noch erwähnt, dass der Erlös dieser Arbeit
zu 100% als Spende an gemeinnützige Zwecke geht.

Avni Altıner
Dr. Cemil Şahinöz

Juli 2018

Der Wert des hohen Alters - Seniorenseelsorge

26. Lichtblitz

(Dieser Lichtblitz besteht aus 26 Hoffnungen, Lichtern und Tröstungen)[1]

Hinweis:
Ich schrieb meine Sorgen und Betrübnisse in einer höchst kummervollen Weise, und das wird euch bei Beginn jeder "Tröstung" traurig machen. Dadurch wollte ich die außergewöhnliche Wirksamkeit der Heilmittel zeigen, die aus dem All-Weisen Koran hervorgehen. Dieser Lichtblitz (Lem´a) für die alten Leute konnte in drei oder vier Hinsichten die Schönheit des Ausdrucks nicht bewahren.

Die Erste Hinsicht:
Da der Text von meiner Lebensgeschichte handelt, besuchte ich in meiner Vorstellung nochmals jene (traurigen) Zeiten, und der Text wurde in jener Gemütsverfassung geschrieben.

---

[1] In einer handgeschriebenen Kopie dieses Lichtblitzes (Lem'a), korrigiert vom geehrten Autor (=Nursi), steht geschrieben: die fehlenden "Tröstungen" 14 bis 26 wurden wegen des gut bekannten Unglücks (Gefängnishaft Eskisehir 1935/36) nicht geschrieben. Die Zeit, sie zu schreiben, ist nun vorüber; und so blieb der Traktat unvollendet. (Anmerkung des deutschen Übersetzers: Nursi fügte etwa 20 Jahre später die Tröstungen 14, 15, 16 noch hinzu.)

10

Eine korrekte Ordnung in der Ausdrucksweise konnte daher nicht bewahrt werden.

Die Zweite Hinsicht:
Der Text ist in einer Zeit geschrieben, da ich extrem erschöpft war; ich schrieb nach dem Morgen-Gebet (Fadschr-Namas), und ich war auch gezwungen, schnell zu schreiben; dadurch wurde die Art des Ausdrucks verwirrt.

Die Dritte Hinsicht:
Nicht immer war ein Schreibknecht bei mir, und der Schreibknecht, der mich gewöhnlich begleitete, hatte vier oder fünf andere Pflichten bezüglich des Risale-i Nur (Sendschreiben des Lichtes). Wir konnten daher nicht genügend Zeit finden, den Text zu korrigieren, und so blieb der Text in einem ungeordneten Zustand.

Die Vierte Hinsicht:
Wir beide waren müde nach dem Verfassen des Textes, wir dachten nicht sorgfältig an den Sinn und wir korrigierten nur oberflächlich, und so sind zwangsläufig Fehler in der Ausdrucksweise. Ich bitte die großmütigen alten Leute, tolerant auf meine Fehler im Ausdruck zu schauen, und da die Göttliche Gnade die Gebete der alten Leute nicht ablehnt, wenn sie ihre Hände zum Göttlichen Hofe emporheben, so mögen sie uns in ihre Gebete einschließen.

Im Namen Gottes, des Gnädigen, des Fürsorglichen.

„Kaf. Ha. Ya. Ain. Sad.
Dies ist eine Lesung von der Gnade deines Herrgottes für Seinen Diener Zacharias. Siehe, er schrie heimlich zu Seinem Herrgott, und er betete:

´O mein Herrgott: Schwach fürwahr sind meine Gebeine, und das Haar meines Schädels schimmert grau; aber ich bin niemals ungesegnet, O mein Herrgott, in meinem Gebet zu Dir.´"[2]

ERSTE TRÖSTUNG

Geehrte betagte Glaubensbrüder und Glaubensschwestern, die ihr das Alter der Betagtheit erreicht habt! Wie ihr bin ich betagt.

Ich schreibe nun die "Tröstungen". Ich fand sie in meinem hohen Alter und in einigen Dingen, die euch befallen haben. Ich schreibe den Text im Begehren, mit euch die Lichter des Trostes zu teilen, die sie enthalten. Natürlich, die Lichter, die ich sah, und die Tore der Tröstungen, die ich durchschritt, werden gesehen und geöffnet gemäß meiner defekten und verwirrten Fähigkeiten. So Gott will, werden eure reinen und aufrichtigen Veranlagungen die Lichter, die ich sah, noch prächtiger scheinen lassen und die Tröstungen stärken, die ich fand.

Somit ist der Born, die Quelle und der Brunnen der folgenden Tröstungen und Lichter der Glaube an Gott.

ZWEITE TRÖSTUNG

Eines Tages, da ich ins betagte Alter eintrat, im Herbst zur Zeit des Nachmittagsgebets, schaute ich von einem hohen Berg auf die Welt.

---

[2] Koran, 19:1-4

Plötzlich wurde ich überwältigt von einem klagenden, sorgenvollen und in einer Hinsicht düsteren Gemütszustand. Ich sah, dass ich alt geworden war. Auch der Tag war alt geworden, und so auch das Jahr.

Da die Zeit des Abschiedes von der Welt und der Trennung von jenen, die ich liebte, heranzog zusammen mit den anderen Umständen des betagten Alters, erschütterte mich mein eigenes betagtes Alter stark. Plötzlich entfaltete sich Göttliche Gnade in solch einer Weise, dass sie jene klagende Traurigkeit und Trennung in eine kraftvolle Tröstung und in ein leuchtendes Licht des Trostes verwandelte. Ja, die ihr betagt seid wie ich: Der All-Barmherzige Schöpfer präsentiert sich uns in hundert Textstellen des All-Weisen Korans als der "Gnädigste der Gnädigen", und immer schickt Er Seine Gnade als Beistand den lebenden Geschöpfen auf dem Antlitz der Erde, die den Beistand suchen, und in jedem Jahr füllt Er den Frühling mit unzähligen Gaben und Geschenken aus dem Ungesehenen, und Er schickt sie uns, da wir des Lebensunterhalts bedürftig sind, und Er manifestiert Seine Gnade bis zu einem größeren Grade, bezogen auf unsere Schwäche und Ohnmacht.

Für uns in unserem betagten Alter ist daher Seine Gnade unsere größte Tröstung und unser mächtigstes Licht.

Diese Gnade kann gefunden werden, indem man durch Glaube eine Verbindung zum Gnädigsten (Gott) bildet, und indem man täglich das Fünfzeitengebet verrichtet, und indem man Ihm gehorcht.

DRITTE TRÖSTUNG

Einstmals, als ich am Morgen des betagten Alters aus dem Schlafe der Nacht der Jugend erwachte, schaute ich auf mich selbst und ich sah, wie mein Leben zum Grabe hineilte, als ob es einen Abhang hinabrollte. Wie Niyasi Misri sagte:
Jeden Tag fällt ein Stein aus dem Gebäude
 meines Lebens zu Boden.
Achtloser Bursche: Du schlummerst,
und dir wird nicht bewusst,
dass das Gebäude in Trümmern ist.

Mein Körper, das Haus meines Geistes, verfiel, und mit jedem Tag fiel ein Stein hinweg, und meine Tröstungen und Bestrebungen, die mich stark an die Welt banden, hatten begonnen, von ihr abzubrechen. Ich fühlte, dass die Zeit der Trennung von meinen zahllosen Freunden und lieben Genossen heranzog. Ich suchte nach einer Salbe für jene sehr tiefen und anscheinend unheilbaren geistigen Wunden, aber ich konnte keine finden.

Wieder sagte ich wie Niyasi Misri:
Während mein Herz seine Unsterblichkeit begehrte, verlangte die Wirklichkeit das Verscheiden meines Körpers. Ich bin geschlagen von einer unheilbaren Krankheit, die selbst Lokman, der Weise, nicht heilen könnte.[3]

---

[3] Das will besagen: obgleich mit all seiner Stärke mein Herz wollte, dass mein Körper unsterblich sei, erfordert die Göttliche Weisheit, dass der Körper zerstört wird. Ich wurde bedrängt von einer unheilbaren Krankheit, die nicht einmal Lokman der Weise heilen könnte.

Doch plötzlich linderte und heilte das Licht und die Fürbitte des Glorreichen Propheten (Gottesheil sei ihm) - die Zunge, das Modell, das Beispiel, der Herold und Vertreter der Göttlichen Barmherzigkeit - und das Geschenk der Leitung, die er der Menschheit brachte, jene Wunde, die ich für unheilbar und endlos hielt.

Ja, geehrte Greise und Greisinnen, die ihr wie ich das betagte Alter fühlt: Wir verschwinden, wir gehen dahin; es nützt nichts, wenn wir uns selber täuschen.

Wenn wir unsere Augen vor dieser Tatsache verschließen, so lässt uns das nicht hier bleiben. Es findet eine Mobilmachung statt. Das Land des Zwischenreichs, das uns düster erscheint und voll der Trennung wegen der düsteren Täuschungen, die aus der Achtlosigkeit und teilweise auch von den Leuten der Irreleitung stammen - dies Land des Zwischenreichs ist der Treffplatz der Freunde. Das ist die Welt, wo wir den höchsten Gottesgeliebten (Gottesheil sei ihm) treffen werden, und all unsere Freunde.

Wir gehen zur Welt des Mannes (Muhammed), der jedes Jahrhundert für eintausenddreihundert-fünfzig Jahre (bis Stand 1930/40:) der Herrscher von dreihundertfünfzig Millionen Menschen war (Stand 1935), der Ausbilder ihrer Herzen/Geister, der Lehrer ihres Verstandes und der Geliebte ihrer Herzen, zu dessen Buch der guten Taten, gemäß des Sinns "der Grund ist wie der Täter", jeden Tag das Äquivalent all der guten Taten seiner Gemeinde hinzugefügt wird; der das Werkzeug zur Bewerkstelligung der erhabenen Göttlichen Zwecke im Universum ist, und für die Verwirklichung des hohen Werts der Dinge/Wesen. Als er (Muhammed) in die Welt kam, gemäß der authentischen Hadithe (Worte und Taten Muhammeds) und gemäß der genauen Weissagung der Realität, rief er aus: „Meine Gemeinde: Meine Gemeinde".

Und auch beim Letzten Gericht, wenn jeder nur an sich selber denkt, wird er (Muhammed) wiederum sagen: „Meine Gemeinde: Meine Gemeinde". Und mit heiliger und erhabener Selbstaufopferung eilt er mit seiner Fürbitte zum Beistand seiner Gemeinde.

Wir werden zu solch einer Welt gehen, beleuchtet mit den Sternen der zahllosen Heiligen und gereinigten Gelehrten, die um jene Sonne (Muhammed) kreisen.

Das Mittel also, an der Fürbitte jenes Wesens teilzuhaben und von seinem Licht zu profitieren und vor der Düsternis des Zwischenreiches gerettet zu werden, ist, seiner (Muhammeds) Sunna (Praxis, Verhalten) zu folgen.

VIERTE TRÖSTUNG

Zu der Zeit, als ich mich dem betagten Alter näherte, war meine körperliche Gesundheit, die Achtlosigkeit weiterführt, gebrochen. Betagtes Alter und Krankheit griffen mich gemeinsam an. Sie schlugen mir auf den Schädel, sie raubten mir den Schlaf. Ich hatte nichts, was mich an die Welt band, wie Familie, Kinder oder Besitztümer. Ich hatte die Früchte meines Lebens vergeudet, hatte das Kapital durch jugendlichen Leichtsinn verschwendet, und jene Früchte sah ich nur aus Sünden und Fehlern bestehen.

Ich schrie auf wie Niyasi Misri und sprach:
Ich endete ohne Handel;
das Kapital meines Lebens war verloren.
Ich kam zum Weg,
aber die Karawane war schon weggezogen,
irgendwohin.
Klagend wanderte ich des Weges dahin,
ganz allein, ein Fremder;
meine Augen weinten,
mein Herz in Pein,
mein Verstand verwirrt,
ziellos.

Ich war damals in der Verbannung; ich fühlte eine verzweifelte Sorge, eine bedauernde Reue, ein Verlangen nach Beistand. Plötzlich kam mir der All-Weise Koran zu Hilfe.

Er öffnete ein Tor der Tröstung, so mächtig, und gewährte ein Licht des Trostes, so wahr, dass damit Verzweiflung und Düsternis zerstreut werden konnten, die hundertmal dichter als die meine waren.

Ja, geehrte Greise und Greisinnen, deren Anhänglichkeit an die Welt begonnen hat, sich abzutrennen, und deren an die Welt bindenden Bande begonnen haben, zerbrochen zu werden: Ist es möglich, dass der All-Glorreiche Macher, der diese Welt schuf als eine höchst perfekte gutgeordnete Stadt oder Residenz, nicht sprechen wolle mit seinen höchst wichtigen Gästen und Freunden, sie nicht treffen wolle?

Da Er diesen Welt-Palast bewusst machte und ihn ordnete und ihn schmückte durch Seinen Willen und Seine Wahl, dann trifft gewisslich zu: wie jener, der macht, auch weiß, so will der Wissende auch sprechen.

Und da Er diese Welt-Residenz und Welt-Stadt zu einem hübschen Gästehaus und Handelsplatz für uns machte, so wird Er sicherlich ein Buch, einen Notizblock haben, um Seine Beziehungen zu uns zu zeigen und was Er von uns begehrt.

Und das heiligste solcher Bücher ist der Koran der Wunderhaften Darlegung; der Koran ist ein Mirakel in vierzig Hinsichten, und der Koran ist in jedem Augenblick auf den Zungen von wenigstens hundert Millionen Leuten, und der Koran verstreut Licht, und jeder Buchstabe des Korans gewährt wenigstens zehn Meriten und Belohnungen, und Früchte des Paradieses und Lichter im Zwischenreich, und zuweilen gewährt er zehntausend Meriten und Belohnungen, und zuweilen - durch das Mysterium der Nacht der Kraft/Macht - dreißigtausend Meriten und Belohnungen.

Es gibt kein Buch im Universum, das sich in dieser Hinsicht mit dem Koran vergleichen könnte, und niemand könnte ein konkurrierendes Buch hervorbringen.

Da dieser Koran, den wir haben, das Wort des All-Glorreichen Schöpfers der Himmel und der Erde ist, hervorgehend aus Seiner absoluten Fürstlichkeit und aus Seiner allumfassenden Gnade, und da der Koran Gottes Dekret und eine Quelle Seiner Gnade ist, so hängt dem Koran an!

Im Koran ist ein Heilmittel für jede Krankheit, ist ein Licht für jede Düsternis, und ist Tröstung für alle Verzweiflung.

Also, der Schlüssel zu diesem ewigen Schatz ist der Glaube an Gott und Gehorsam zu Gott, ist dem Koran zu lauschen und ihn zu akzeptieren und zu rezitieren.

FÜNFTE TRÖSTUNG

Einstmals zu Beginn meines betagten Alters, zog ich mich, Einsamkeit begehrend, zum Yusa Tepesi (Josua-Berg) zurück, abseits vom Istanbuler Bosporus. Mein Geist suchte Behaglichkeit in der Einsamkeit.

Eines Tages auf jenem hohen Berge erschaute ich den breiten Horizont, und ich warf einen Blick von der hohen Position des fünfundvierzigsten Zweiges, d.h. des 45. Jahres, des Baums meines Lebens auf die unteren Ebenen meines Lebens. Ich sah, dass drunten auf den unteren Zweigen in jedem Jahr die zahllosen Leichname jener waren, die ich gekannt und geliebt hatte, und mit denen ich verbunden war.

Ich fühlte einen wahrhaft mitleidigen Kummer, der aus Verscheiden und Trennung kam, und ich dachte wie Fusuli-i Bagdadi an die Freunde, von denen ich getrennt wurde. Ich weinte: Wenn ich ihrer Gesellschaft gedenke, so weine ich. Solange Atem in meinem ausgedörrten Körper ist, schreie ich auf...

Ich suchte einen Trost, ein Licht, ein Tor, das zur Hoffnung führt. Plötzlich kam mir der Glaube an das Jenseits zu Hilfe, verströmte ein unauslöschliches Licht, gewährte eine unzerstörbare Tröstung.

Ja, meine Glaubensbrüder und Glaubensschwestern, die ihr betagt seid wie ich!

Da es das Jenseits gibt, und da es immerbleibend ist, und da das Jenseits eine bessere Welt als diese ist, und da Jener, Der uns schuf, All-Weise und All-Barmherzig ist, sollten wir nicht klagen und unser betagtes Alter nicht bedauern. Im Gegenteil, insoweit als man mit hohem Alter durch Gottesanbetung und Gottesglaube vollkommene Reife erreicht, und da das betagte Alter ein Zeichen dafür ist, dass man aus den Pflichten des Lebens entlassen wird, um nach der Welt der Gnade zu reisen und dort zu ruhen, sollten wir mit dem betagten Alter glücklich sein.

Erzählungen, die teils auf Beobachtung und teils auf "absolute Gewissheit" (Selbsterfahrung) beruhen, besagen: die 124.000 Propheten[4] sind die hervorragendsten Individuen der Menschheit, und einmütig und völlig übereinstimmend gaben sie Nachricht von der Existenz des Jenseits, und dass die Menschen dorthin geschickt werden, und dass der Schöpfer des Universums gemäß Seiner sicheren Verheißung das Paradies hervorbringen wird.

Die 124 Millionen Heiligen bezeugten die Existenz des Jenseits, und durch Erleuchtung und Beobachtung mit der "Gewissheit im Grade des Wissens" bestätigten sie die

---

[4] Musnad v, 266; Valiuddin Tabrizi: Mishkatul-Masabih iii, 122; Ibnul-Qayyim al-Jawzi: Zadul-Ma'ad (tahqig, al-Arnavud) i, 43-44

Berichte der Propheten. Und durch die Manifestation, die sie in dieser Welt entfalten, erfordern selbstoffenkundig all die Namen des All-Weisen Machers des Universums ein immerwährendes Reich.

Auch die unbegrenzte Vor-Ewige Kraft und die schrankenlose Ewige Weisheit, die jedes Jahr im Frühling nichts erlauben, vergeblich und zwecklos zu sein, und die mit dem Befehle „Sei, und es ist" die zahllosen Leichname der toten Bäume auf dem Antlitz der Erde zum Leben erwecken und sie dadurch das Leben nach dem Tode manifestieren lassen, und die dreihunderttausend Spezies von Pflanzen und Tieren als Tausende Muster der Auferstehung der Toten wiederbeleben - all dies erfordert anschaulich die Existenz des Jenseits, und dies erfordert die Ewige Gnade und die Immerwährende Gunst, wodurch mit vollkommenem Mitleid und in wunderbarer Fasson der Lebensunterhalt für alle Lebewesen geliefert wird, die des Unterhalts bedürftig sind und die in der kurzen Frühlingszeit ihre unzähligen Sorten von Zierde und Schmuck entfalten: auch sie erfordern die Existenz des Jenseits.

Der Mensch ist die vollkommenste Frucht des Universums, er ist das geliebteste Geschöpf des Schöpfers; er ist von allen Dingen/Wesen am meisten und engstem mit den anderen Dingen/Wesen im Universum verknüpft; es ist klar und deutlich, dass der Mensch ein intensives, unerschütterliches, beständiges Begehren nach Unsterblichkeit hat; und des Menschen Hoffnungen erstrecken sich bis zur Ewigkeit - all diese Tatbestände beweisen scharf, dass nach dieser vergänglichen Welt eine ewige Welt ist, ein Reich des Jenseits und ein immerwährendes Glück, und selbstoffenkundig erzwingen diese Tatbestände, dass man die Existenz des Jenseits akzeptiert[5].

Da die wichtigste Sache, die der Koran uns lehrt, der "Glaube an das Jenseits" ist, und da dieser Glaube so mächtig und da in ihm solch Hoffnung und Tröstung ist, dass, wenn ein einzelner Mensch vom betagten Alter hunderttausendfach überwältigt war, die Tröstung aus dieser Glaubensdoktrin genügend wäre, um das Greisenalter auszuhalten, dann sollten gewisslich wir alten Leute sagen: „Aller Preis sei Gott für den vollkommenen Glauben!" Und wir sollten das Greisenalter lieben.

SECHSTE TRÖSTUNG

Einstmals während meiner wehevollen Verbannung hatte ich mich von der Gesellschaft der Menschen zurückgezogen, und ich war allein auf dem Kiefernberg im Barla-Waldgebirge. Ich suchte nach einem Licht in meiner Einsamkeit. Eines nachts, während ich alleine auf dem Hochsitz im Wipfel einer großen Kiefer auf der Kuppe jenes hohen Berges saß, erinnerte mich das betagte Alter an drei oder vier Exile; der melancholische Klang der rauschenden, murmelnden Bäume in jener einsamen, stillen, abgesonderten Nacht, bekümmerte mich schwer in meiner Verbannung und Betagtheit. Das betagte Alter gab mir den folgenden Gedanken: so wie der Tag sich in dieses

---

[5] Sinngemäß: Jemand, der eine Sache behauptet hat es immer leichter als ein Leugner einer Sache. Und so, meine betagten Glaubensbrüder, könnt ihr begreifen, wie machtvoll der Glaube an das Jenseits ist.

schwarze Grab verwandelt und die Welt in schwarzes Tuch eingehüllt ist, so wird auch die Tageszeit der Welt sich in die Nacht des Zwischenreichs verwandeln, und die Sommerzeit des Lebens wird zur Winternachtzeit des Todes. Es wisperte dies in das Ohr meines Herzens.

Meine Seele war dann verpflichtet zu sagen: Ja, ich bin weit weg von meiner Heimat (am Van-See), aber getrennt zu sein von all jenen, die ich liebte und die während meiner fünfzigjährigen Lebenszeit verstorben sind, und dennoch hier zubleiben und um sie zu weinen, ist weit kummervoller und sorgenvoller als die Verbannung aus meiner Heimat.

Überdies nähere ich mich einer Verbannung, die noch viel trauriger und schmerzhafter als die melancholische Verbannung der Nacht und des Berges ist: das betagte Alter informiert mich, dass ich mich der Zeit der Trennung von der gesamten Welt nähere. Ich suchte dann ein Licht, eine Tröstung aus diesen sorgenvollen Verbannungen, eine in der andern. Plötzlich kam mir der Glaube an Gott zu Hilfe und gewährte mir solche Vertrautheit, dass selbst wenn die gedrängte Vereinsamung, in der ich mich fand, tausendfach ansteigen sollte, die Tröstung genügend gewesen wäre.

Greise und Greisinnen! Da wir einen Barmherzigen Schöpfer haben, kann es keine Verbannung für uns geben. Da Er existiert, so existiert alles für uns. Da Er existiert, so existieren auch die Engel. Die Welt ist nicht leer. Einsame Gebirge und leere Wüsten sind voll der Diener des Allmächtigen Gottes. Abgesehen von Seinen bewussten Dienern, auch Steine und Bäume werden vertraute Freunde, wenn man sie mit Gottes Licht und Gottes wegen betrachtet. Sie können mit uns plaudern und uns Frohsinn geben.

Ja, Beweise und Zeugnisse bis zur Zahl der Dinge im Universum und bis zur Zahl der Buchstaben dieses gigantischen Buchs der Welt bezeugen die Existenz unseres All-Barmherzigen, Freigebigen, Vertrauten, Lebenden Schöpfers, Machers und Schützers. Sie zeigen uns Seine Gnade bis zur Zahl der Glieder, Speisen der lebenden Geschöpfe, und sie zeigen uns Wohltaten, welche die Werkzeuge von Gottes Mitleid, Gnade und Gunst sind, und sie deuten auf Gottes Hof.

Der akzeptabelste Fürbitter an Gottes Hof ist Ohnmacht und Schwäche. Und genau die Zeit der Ohnmacht und Schwäche ist das Greisenalter. Daher sollte man dem Greisenalter nicht grollen, denn es ist solcherweise ein akzeptabler Fürbitter an Gottes Hofe, man sollte das Greisenalter lieben.

SIEBTE TRÖSTUNG

Einstmals zu Beginn meines betagten Alters, als das Gelächter des Alten Said (vor 1919!) in das Greinen des Neuen Said (ab 1919) verwandelt wurde, luden die Weltgesinnten (Machthaber) in Ankara mich ein, da sie mich für den Alten Said hielten, und ich ging nach Ankara. Im Spätherbst (1922) bestieg ich die Spitze des Burgs, die noch älter, ruinöser und verschlissener als ich selbst war.

Die Burg schien mir aus versteinerten historischen Ereignissen gebildet. Das betagte Alter der Jahreszeit zusammen mit meinem betagten Alter, mit dem betagten Alter der Burg, mit dem betagten Alter der Menschheit, mit dem betagten Alter des glorreichen osmanischen Reiches und mit dem Tode der Kalifatsherrschaft, mit dem betagten Alter der Welt - alles ließ mich höchst kummervoll, höchst mitleidig und höchst melancholisch von der hohen Burg auf die Täler der Vergangenheit und auf die Berge der Zukunft schauen. Ich gewahrte in Ankara (bei den führenden Politikern) einen äußerst schwarzen Geisteszustand, eingewickelt in fünf Schichten der Finsternis des betagten Alters, eine Schicht in der anderen.[6]

Ich suchte ein Licht, einen Trost, eine Hoffnung. Ich suchte Trost, zur Rechten schauend, d.h. in die Vergangenheit, und meine Ahnen und die Menschenrasse erschienen in der Form eines riesigen Grabes und erfüllten mich mit Düsternis anstelle von Trost.

Auf der Suche nach einem Heilmittel schaute ich in die Zukunft, die zu meiner Linken war. Ich sah, dass die Zukunft wie ein riesiges, dunkles Grab erschien, bestimmt für mich, für meine Zeitgenossen und für die zukünftigen Generationen. Das erzeugte Entsetzen statt Vertrautheit.
Ich fühlte mich elendig angesichts der Linken und der Rechten, und ich schaute auf den heutigen Tag.

Er erschien meinem achtlosen und historischen Auge wie ein Sarg, der meinen halbtoten, leidenden und verzweifelt kämpfenden Körper trug. Auch diese Richtung brachte mich zur Verzweiflung.

---

[6] Mein Gemütszustand damals (= in Ankara, vom Spätsommer 1922 bis Frühjahr 1923) drängte mich, ein Flehgebet auf Persisch zu schreiben. Es wurde in Ankara gedruckt, in einem Traktat mit dem Titel Hubab.

Ich erhob mein Haupt und schaute auf die Spitze des Baums meines Lebens, und da war mein Leichnam.

Er stand auf der Spitze des Baums und beobachtete mich. Auch bei dieser Richtung fühlte ich Entsetzen, und ich beugte mein Haupt. Ich schaute auf den Fuß des Baums meines Lebens, auf seine Wurzeln, und ich sah, dass der Boden dort, die Erde, welcher der Ursprung meiner Schöpfung war zusammen mit dem Staub meiner Gebeine, unter den Füssen zertrampelt war. Das war kein Heilmittel und fügte meiner Seelenpein weiteren Schmerz hinzu.

Ich musste dann hinter mich schauen, und ich sah, dass diese unstabile, vergängliche Welt torkelte und in den Tälern der Nichtigkeit und der Finsternis der Nichtexistenz verschwand.

Ich suchte eine Salbe für meine Pein, doch das vermehrte nur das Gift. Ich konnte nichts Gutes in jener Richtung sehen, und so schaute ich nach vorne. Ich richtete meinen Blick in die Zukunft, und ich sah, dass das geöffnete Tor des Grabes direkt in der Mitte meines Pfades zu sehen war, es beobachtete mich mit aufgerissenem Maul.

Die Fernstraße jenseitig erstreckte sich zur Ewigkeit, und die Karawanen reisten auf jener Fernstraße; das sah mein Auge in der weiten Entfernung. Und abgesehen von einem begrenzten Willen als meine Stütze und Verteidigungswaffe angesichts der Schrecken, die aus diesen sechs Richtungen kamen, hatte ich nichts.

Da die Willenskraft, des Menschen einzige Waffe gegen diese zahllosen Feinde und endlosen schadvollen Dinge, so mangelhaft und kurz und schwach ist, und ohne Schöpferkraft, ist der Mensch zu nichts fähig, außer (materielle Dinge) zu erwerben. Nun konnte die Willenskraft weder in die Vergangenheit schreiten, um die Sorgen zu beseitigen, die von dort kamen, noch konnte sie in die Zukunft eindringen, um die Befürchtungen abzublocken, die von dort kamen.

Ich sah, dass die Willenskraft kein Nutzen für meine Hoffnungen und Schmerzen bezüglich der Vergangenheit und der Zukunft war.

Zur Zeit, da ich im Entsetzen, in der Trostlosigkeit, Düsternis und Verzweiflung kämpfte, die aus diesen sechs Richtungen kamen, kamen plötzlich die Lichter des Glaubens zu Hilfe, die am Himmel des Korans der Wunderhaften Darlegung scheinen. Sie leuchteten auf und beleuchteten jene sechs Richtungen bis zu solch einem Grade, dass, falls die Schrecken und Finsternisse, die ich sah, hundertfach gesteigert würden, das Licht immer noch ausreichen würde, um mit ihnen fertig zu werden. Eins nach dem anderen verwandelte dieses Licht all die Schrecken in Tröstung, und die Vereinsamung in Vertrautheit. Es war wie folgt: Der Gottesglaube zerriss die trostlose Sicht der Vergangenheit als ein riesiges Grab, und er zeigte es mit äußerster Gewissheit als vertraut und als helle Versammlung von Freunden.

Und der Gottesglaube zeigte die Zukunft, die meinem achtlosen Auge als ein riesiges Grab erschienen war, höchst gewiss als ein Festmahl des Gnädigsten in ergötzlichen Palästen des Segens.

Und der Gottesglaube zerriss die Sicht der heutigen Zeit als einen Sarg, wie es meinem achtlosen Auge erschien, und der Gottesglaube zeigte das Heute als einen Handelsmarkt für das Jenseits und als glitzerndes Gästehaus des All-Barmherzigen.

Und der Gottesglaube zeigte mit äußerster Gewissheit, dass die einzige Frucht an der Spitze des Baums des Lebens nicht ein Leichnam ist, wie es meinem achtlosen Auge erschienen war, sondern dass mein Geist, der ewiges Leben manifestieren wollte und für die ewige Glückseligkeit bestimmt ist, sein abgebrauchtes Heim verlassen und um die Sterne reisen würde.

Und durch sein Mysterium zeigt der Gottesglaube, dass meine Gebeine und die Erde, welcher der Ursprung meiner Schöpfung war, nicht wertlose morsche Gebeine, zertrampelt unter den Füssen, sind, sondern dass der Erdboden das Tor der Göttlichen Gnade und der Schleier vor der Paradieshalle ist.

Und durch dieses Mysterium des Korans zeigte der Glaube, dass die Welt, die meinem achtlosen Auge als hinter mir in die Nichtigkeit und Nichtexistenz torkelnd erschien, aus Erlassen des Ewig Angeflehten Gottes besteht, und aus Seiten von Dekorationen und Stickereien, die Gott rühmen, die ihre Pflichten vollendet haben, ihre Bedeutungen ausgesagt haben und an ihrer Stelle die Resultate ihrer Existenz zurückgelassen haben. Der Glaube machte mit vollständiger Gewissheit die wahre Natur der Welt bekannt. Und durch das Licht des Glaubens zeigte der Koran, dass das Grab, das seine Augen öffnen und mich in der Zukunft anschauen würde, nicht der Brunnenschacht ist, sondern das

Tor zur Welt des Lichts, und dass die Fernstraße, die sich jenseits des Grabes bis zur Ewigkeit erstreckt, nicht zur Nichtigkeit und Nichtexistenz führt, sondern zur Existenz, zu einem Reich des Lichts und zum ewigen Segen. Da der Glaube dies bis zu einem Grade aufwies, der eine äußerste Überzeugung gibt, war der Glaube ein Heilmittel und eine Salbe für meine Nöte.

Und an Stelle einer sehr geringen Auffassungskraft legt der Glaube ein Dokument in die Hand der begrenzten Willenskraft, durch die sie auf eine unbegrenzte Kraft bauen kann und verbunden ist mit einer schrankenlosen Gnade angesichts dieser zahllosen Feinde und Schichten der Finsternis.

Ja, der Glaube ist ein Dokument in der Hand des Willens des Menschen. Und obgleich diese menschliche Waffe des Willens in sich selbst kurz und machtlos und mangelhaft ist, so gilt ebenfalls durch das Mysterium des Glaubens, wie wenn ein Soldat seine partielle Stärke für den Staat benutzt, er Pflichten erfüllt, die seine Kraft bei weitem übersteigen, dass die begrenzte Fähigkeit der Willenskraft, die im Namen des Allmächtigen Gottes und in Gottes Weg benutzt wird, ebenfalls ein Paradies gewinnen wird, so breit wie fünfhundert Jahre.

Und der Glaube nimmt aus den Händen des Körpers die Zügel der Willenskraft, die nicht in die Vergangenheit und in die Zukunft eindringen kann, und übergibt sie dem Herzen und dem Geiste.

Da die Sphäre des Lebens des Geistes und des Herzens nicht auf die Gegenwart wie der Körper beschränkt ist, und da in dieser Sphäre sehr viele Jahre der Vergangenheit eingeschlossen sind und sehr viele Jahre der Zukunft, hört der Wille auf, begrenzt zu sein, und er gewinnt Universalität. Gerade wie durch die Stärke des Glaubens die Willenskraft die tiefsten Täler der Vergangenheit betreten kann und die Düsternis der Sorgen vertreiben kann, so kann sie ebenfalls mit dem Lichte des Glaubens bis zu den entferntesten Bergen der Zukunft steigen und die Befürchtungen der Zukunft beseitigen.

Und so, meine betagten Glaubensbrüder und Glaubensschwestern, die ihr wie ich selber an den Schwierigkeiten des betagten Alters leidet. Da, Gott sei Lob, wir Gläubige sind, und da im Glauben diese vielen leuchtenden, angenehmen, anmutigen und genüsslichen Schätze zu finden sind und da unser betagtes Alter uns noch mehr zu den Inhalten des Schatzes hintreibt, dann ist gewiss: begleitet vom Glauben sollten wir weniger über das betagte Alter klagen, sondern wir sollten endlosen Dank entbieten.

ACHTE TRÖSTUNG

Zur Zeit, als graue Haare, die Zeichen des betagten Alters, in meinem Kopfhaar erschienen, machten die Unruhen des Ersten Weltkrieges, die den tiefen Schlaf der Jugend vertiefen, der Aufruhr meiner Kriegsgefangenschaft (in Russland, 1916-18), der große Ruhm und die große Ehre, die mir bei meiner Rückkehr nach Istanbul (Juni 1918) zuteil wurde sowie die übermäßige freundliche Behandlung und Aufmerksamkeit, die ich von jedem erhielt, selbst vom Kalif, vom Scheych-ul-Islam (Oberster Richter des Islam), vom Oberbefehlshaber der Armee bis hin zu den

Religionsstudenten, noch dazu der Rausch der Jugend, und der Geisteszustand, der durch meine Stellung hervorgerufen wurde, den Schlaf der Jugend so schwer, dass ich ganz einfach die Welt als dauerhaft ansah, und mich selbst sah ich in einer wunderbaren unsterblichen Situation, einzementiert in diese schöne Welt.

Dann, eines Tages im Ramadan, ging ich zur Bayazid-Moschee, um den aufrichtigen Rezitatoren des Korans zu lauschen. Durch die Zunge der Rezitatoren verkündete der Koran der Wunderhaften Darlegung mit seiner himmlischen Ansprache das Dekret von: „Jedes lebende Geschöpf wird den Tod erleiden!"[7]

Der Koranayat erzählt höchst kraftvoll vom Tode des Menschen und vom Tode aller beseelten Geschöpfe.

Der Ayat betrat mein Ohr, drang bis zu den Tiefen meines Herzens und setzte sich dort fest; der Koranayat zerschmetterte meinen tiefen Schlaf und meine tiefe Achtlosigkeit. Ich ging aus der Moschee hinaus.

Wegen des Stumpfsinns des Schlafes, der sich für lange Zeit in meinem Schädel angesiedelt hatte, tobte für mehrere Tage ein Sturm im Schädel, und ich sah mich selbst als Dampfer mit rauchenden Kesseln und mit drehendem Kompass. Jedes mal schaute ich auf mein Haar im Spiegel, und die grauen Haare sagten mir: „Achte mal auf uns!" Und so wurde die Situation klar durch die Warnungen meiner grauen Haare.

---

[7] Koran, 21:35

Ich schaute und ich sah, dass meine Jugend, die mich mit ihren Genüssen so fesselte, und in die ich so vertraute, mir den Abschiedsgruss entbot, und dass dieses irdisch-weltliche Leben, das ich so liebte und in das ich so verstrickt war, am Erlöschen war, und dass die Welt, mit der ich eng verbunden war und von der ich ganz einfach der Liebhaber war, zu mir sagte: „Gute Reise!"

Und sie warnte mich, dass auch ich dieses Gästehaus verlassen müsse. Und auch die Welt selber sagte: „Lebewohl!", und sie bereitete sich darauf vor, wegzugehen.

„Jedes lebende Geschöpf wird den Tod erleiden!"

Aus diesen Hinweisen des Korans der Wunderhaften Darlegung wurde der folgende Sinn meinem Herzen entfaltet: Die Menschenrasse ist ein lebendes Geschöpf; sie soll sterben, um wieder aufzuerstehen. Und der Erdball ist ein lebendes Geschöpf; er wird auch sterben, um eine ewige Form anzunehmen.

Und auch der Kosmos ist ein lebendes Geschöpf; er wird sterben, um die Form des Jenseits anzunehmen.

Während ich mich also in diesem Zustand befand, betrachtete ich meine Lage. Ich sah, dass die Jugend, die Quelle des Genusses, dahinging, und das Alter, die Quelle der Sorge, sich näherte. Das Leben, das so scheinend und leuchtend ist, nahm seinen Abschied; und der Tod, der erschreckend und offenbare Düsternis ist, rüstete sich, heranzukommen. Die liebliche Welt, die dauerhaft gedünkt wird und die Geliebte der Achtlosen ist, eilte hin zu ihrem Verfall!

Um mich selbst zu täuschen und um mich wieder Hals über Kopf in Achtlosigkeit zu werfen, betrachtete ich die Vorteile des (hohen) sozialen Standes, den ich in Istanbul genoss, der viel höher war, als mir eigentlich zustand. Aber es gab darin gar keinen Vorteil. Alle Beachtung, Aufmerksamkeit und Tröstung der Leute konnte mich nur bis zum drohenden Tor des Grabes geleiten, dort würde alles ausgelöscht.

Ich sah mein Ansehen als lästige Heuchelei, als kalte Täuschung und zeitweilige Verblödung unter dem verschönten Schleier des Ruhmes und der Glorie, was das illusionäre Ziel jener ist, die dem Ruhme nachjagen. Ich begriff, dass diese Dinge, die mich bis dahin getäuscht hatten, mir keinen Trost bieten konnten. In alledem konnte gar kein Licht gefunden werden.

Ich begann wieder, den Koran-Rezitatoren in der Bayazid-Moschee zu lauschen, um aus des Korans himmlischer Lehre zu hören, und um nochmals aufzuwachen. In der hochedlen koranischen Unterweisung hörte ich die Frohbotschaft durch solcherart heilige Dekrete: „Und (O Prophet Muhammed) gib Frohbotschaft denen, die glauben und die guten Werke tun!"[8]

Durch den Prachtglanz des Korans suchte ich Trost, Hoffnung und Licht, nicht außerhalb der Punkte, sondern

---

[8] Koran, 2:25

innerhalb der Punkte, bei denen ich Entsetzen, Vereinsamung und Verzweiflung gefühlt hatte.

Hunderttausendmal Dank sei dem Allmächtigen Gott, denn ich fand das Heilmittel innerhalb der Krankheit selbst, ich fand das Licht in der Finsternis selbst, ich fand den Trost innerhalb des Entsetzens selbst.

Zunächst betrachtete ich das Angesicht des Todes, der als höchst schreckliche Sache erscheint und jedermann erschreckt. Durch das Licht des Korans sah ich folgendes: zwar ist der Schleier des Todes schwarz, düster und hässlich, aber für den Gläubigen ist sein wahres Gesicht leuchtend und schön. Wir haben diese Wahrheit scharf in vielen Textstellen des Risale-i Nur (Sendschreiben des Lichtes) bewiesen. Zum Beispiel, wie wir im 8. Wort und im 20. Brief erläuterten: der Tod ist keine Vernichtung, er ist nicht Trennung; vielmehr ist er die Hineinführung ins ewige Leben, ist sein Beginnen. Der Tod ist Ruhe vor den Lebenspflichten, ist eine Demobilisierung. Der Tod ist eine Veränderung der Wohnstätte.

Der Tod bedeutet, die Karawane der eigenen Freunde zu treffen, die bereits zum Zwischenreich gewandert sind, usw. Ich erkannte das wahre, wunderschöne Gesicht des Todes durch Wahrheiten wie diese.

Es war nicht mit Furcht, dass ich auf des Todes Gesicht schaute, ja in gewissem Sinne war es mit Sehnsucht. Ich begriff den einen Sinn der sufischen „Kontemplation des Todes".

Dann schaute ich auf meine dahingegangene Jugend - und die Jugend lässt mit ihrem Verschwinden jedermann weinen; die Jugend verblendet die Leute, und die Jugend erfüllt die Leute mit Begehren; die Jugend lässt die Leute in Sünde und Achtlosigkeit hineingleiten. Ich sah, dass im schön gestickten Gewand der Jugend ein überaus hässliches, berauschtes und verblödetes Gesicht steckt. Hätte ich nicht die wahre Natur der Jugend erfahren, statt mich für ein paar Jahre zu berauschen und zu vergnügen, so hätte sie mich hundert Jahre lang weinen lassen, wenn ich in der Welt hundert Jahre geblieben wäre. Gerade wie solch ein Mensch klagend sagte:

Wenn nur ein einziger Tag meiner Jugend zurückkehren würde, so würde ich ihm sagen, welche Wehen das betagte Alter mir gebracht hat.

Ja, Greise wie der eine Mensch oben, welche nicht die wahre Natur der Jugend kennen, denken an ihre eigene Jugend, und sie weinen mit Bedauern und Verlangen.

Aber wenn die Jugend Gläubigen mit heilem Herzen und Verstand gehört, und solange sie die Jugend für Gottesanbetung, gute Werke und Handel für das Jenseits ausgeben, ist sie das mächtigste, anmutigste und angenehmste Werkzeug, um jenen Handel und diese guten Werke zu sichern.

Und für jene, die ihre religiösen Pflichten kennen und ihre Jugend nicht vergeuden, ist sie eine höchst kostbare und ergötzliche Wohltat Gottes. Wenn die Jugend nicht verbracht wird in Mäßigung, Aufrichtigkeit und

Gottesfurcht, enthält sie viele Gefahren; sie schadet dann dem ewigen Glück und dem Leben dieser Welt.

Ja, für die Freuden von ein, zwei Jugendjahren bringt die Jugend viele Jahre des Kummers und der Sorge im betagten Alter.

Da für die meisten Leute die Jugend schädlich ist, sollten wir alten Leute Gott danken, dass wir aus dem Schaden und Harm der Jugend gerettet wurden. Die Freuden der Jugend vergehen wie alles andere auch.

Wurden sie mit Gottesanbetung und guten Werken verbracht, so bleiben die Früchte solch einer Jugend beständig an ihrem Platz und sind das Mittel, Jugend im ewigen Leben zu gewinnen.

Als nächstes betrachtete ich die Welt, in die die meisten Leute vernarrt sind und nach der sie süchtig sind. Durch das Licht des Korans sah ich, dass die Welt drei Gesichter hat, eins im andern.
Das Erste Gesicht schaut auf die Göttlichen Namen; es ist ein Spiegel für sie.
Das Zweite Gesicht schaut auf das Jenseits und ist dessen Ackerfeld.
Das Dritte Gesicht schaut auf die Weltgesinnten; es ist der Spielplatz der Achtlosen.

Überdies hat jedermann seine eigene riesige Welt in dieser Welt. Einfach ausgedrückt gibt es Welten, eine in der anderen, bis zur Zahl der Menschenwesen. Aber der Pfeiler von jedermanns privater Welt ist sein eigenes Leben. Wann immer des Menschen Körper versagt, bricht die Welt über seinem Schädel zusammen, und für ihn beginnt dann der Jüngste Tag.

Da die Achtlosen und Gedankenlosen nicht bemerken, dass ihre Welt so schnell zerstört werden wird, so erscheint sie ihnen bleibend wie die allgemeine Welt und sie beten sie an.

Ich dachte mir: „Auch ich habe eine private Welt, die schnell zusammenbrechen wird und zertrümmert wird wie die Welten der anderen Leute. Welchen Wert gibt es da in dieser privaten Welt, in diesem kurzen, meinen Leben?"

Da sah ich durch das Licht des Korans, dass für mich selber und für jeden anderen diese Welt ein zeitweiliger Ort des Handels ist, ein Gästehaus, das jeden Tag gefüllt und entleert wird, ein Markt, aufgestellt auf der Straße für die Passanten, damit sie einkaufen können, ein immerwährendes Notizbuch des Vor-Ewigen Beschrifters, das beständig beschrieben und ausradiert wird, und jeder Frühling ist ein vergüldeter Buchstabe, und jeder Sommer ist eine gut verfasste Ode; diese Welt ist gebildet aus Spiegeln, welche die Manifestationen der Namen des All-Glorreichen Machers reflektieren und erneuern; diese Welt ist ein Saatbeet für das Jenseits; sie ist ein Blumenbeet der Göttlichen Gnade; und sie ist eine spezielle, zeitweilige Werkstätte, um Schilder herzustellen, die in der Welt der Ewigkeit gezeigt werden.

Ich entbot hunderttausendfachen Dank dem All-Glorreichen Schöpfer, Der die Welt in dieser Weise machte. Und ich begriff, dass, obwohl die Liebe zu den schönen, inneren Gesichtern der Welt, die auf das Jenseits und auf die

Göttlichen Namen schauen, den Menschen gegeben wurde, manifestieren sie, da sie die Liebe für das vergängliche, hässliche, schädliche, achtlose Gesicht der Welt ausgeben, den Sinn des Hadith (Worte und Taten Muhammeds): „Liebe zu dieser Welt ist die Quelle aller Übeltäterei."[9]

Und so, o ihr alten Leute! Ich gewahrte diese Wahrheit durch das Licht des All-Weisen Korans und durch die Warnungen meines betagten Alters, und der Glaube öffnete meine Augen.

Ich habe dies bereits mit scharfen Beweisen in vielen Textstellen des Risale-i Nur bewiesen.

Ich erfuhr eine wahrhafte Tröstung, eine mächtige Hoffnung und ein scheinendes Licht. Ich war dankbar für mein hohes Alter. Und ich war glücklich, dass meine Jugend dahingegangen war. Auch ihr solltet nicht weinen, sondern dankbar sein. Da es Glaube gibt und da die Weisheit solcherart ist, sollten es die Achtlosen sein, die weinen, und die Irregeleiteten, die lamentieren.

NEUNTE TRÖSTUNG

Im Ersten Weltkrieg, als Kriegsgefangener (1916-18), war ich in der entfernten Provinz Kostroma im nordöstlichen Russland. Es gab dort eine kleine Moschee, sie gehörte den Tataren am berühmten Wolga-Fluss. Mich verdross die Gesellschaft meiner Freunde, der anderen Offiziere,

---

[9] al-Ajluni: Kashful-Khafa 1099; Suyuti: al Durarul-Muntasira 97; Isfahani: Kilyatul-Awliya vi, 388; al-Munawi: Fayzul-Qadir iii, 368 no:3662

zunehmend. Ich begehrte Einsamkeit, aber ich konnte ohne Erlaubnis (der Russen) nicht außerhalb (des Lagers) herumwandern. Auf Ehrenwort ließen die Russen mich zum tatarischen Quartier, zu jener kleinen Moschee an den Ufern der Wolga. Ich pflegte, in der Moschee zu schlafen, allein. Der Frühling war nahe. Ich pflegte, sehr wach zu sein während der langen, langen Nächte jenes Nordlandes. Das traurige Plätschern der Wolga und das freudlose Klopfen des Regens und das melancholische Seufzen des Windes dieser dunklen Nächte in jener dunklen Verbannung hatten mich zeitweilig aus dem tiefen Schlafe der Achtlosigkeit aufgeweckt. Ich hielt mich selber nicht für alt, aber jene, die den Großen Krieg mitgemacht hatten, waren alt geworden. Denn dies waren Tage, die selbst Kinder alt machten, so wie der folgende koranische Ayat besagt: „Ein Tag, der das Haar der Kinder zu Greisen werden lässt."[10]

Und während ich (etwa) vierzig Jahre alt war, fühlte ich mich wie achtzig. In diesen langen, dunklen Nächten und in der sorgenvollen Verbannung und dem melancholischen Zustand verzweifelte ich an meinem Leben und an meinem Heimatlande (= Osmanisches Reich, Türkei). Ich schaute auf meine Machtlosigkeit und Einsamkeit, und meine Hoffnung schwand.

Doch während ich in diesem Zustande war, kam Hilfe vom All-Weisen Koran; meine Zunge sagte: „Gott genügt uns. Welch vorzüglicher Sachwalter!"[11] Und weinend schrie mein Herz auf:
Ich bin ein Fremder,

---

[10] Koran, 73:17
[11] Koran, 3:173

ich bin allein,
ich bin schwach,
ich bin machtlos:
ich suche Gnade,
ich suche Vergebung,
ich suche Hilfe von Dir, O mein Gott!

Ich dachte an meine alten Freunde in meiner Heimat, und es erschien mir, dass ich dort in der Verbannung sterben würde, und wie Niyazi Misri ergoss mein Geist diese Zeilen:
Entfliehend dem Kummer der Welt,
zum Fluge ansetzend mit Glut und Verlangen,
öffne ich meine Schwingen dem leeren Raume,
schreiend mit jedem Atemzuge, Freund! Freund!
Mein Geist verlangte nach seinen Freunden.
Auf jeden Fall...... Meine Schwäche und meine Ohnmacht wurden solch kräftige Fürbitter und Werkzeuge am Göttlichen Hofe in jener melancholischen, bedauerlichen, trennungsleidenden, langen Nacht der Verbannung, dass ich mich jetzt noch darüber wundere. Denn ein paar Tage später floh ich in höchst unerwarteter Weise, ganz allein, ohne die russische Sprache zu kennen, über eine Entfernung hinweg, die zu Fuß ein Jahr erfordert hätte.

Ich wurde gerettet in einer wunderbaren Weise durch Gottes Gunst, die mir gewährt wurde als Folge meiner Schwäche und Ohnmacht. Dann, über Warschau und Österreich erreichte ich Istanbul.

In dieser Weise so leicht gerettet zu werden war ganz außergewöhnlich. Ich meisterte den langen Weg in die Freiheit mit einer Behaglichkeit und Leichtigkeit, die selbst die kühnsten und schlausten, der russischen Sprache mächtigen nicht hätten bewerkstelligen können.

Und in jener Nacht in der Moschee an den Ufern der Wolga entschied ich, das weitere Leben in Höhlen zu verbringen. Genug der Geselligkeit. Da ich schließlich das Grab alleine betreten würde, sagte ich mir, dass ich von nun an die Einsamkeit wählen würde, um mich an das Grab zu gewöhnen.

Doch ließen mich bedauerlicher Weise Nichtigkeiten, wie meine vielen und ernsthaften Freunde in Istanbul und das glitzernde weltliche Leben dort, und besonders der Ruhm und die Ehre, die mir gewährt wurden, aber weit das mir Gebührende überschritten, zeitweilig meine Entscheidung vergessen. Es war, als ob jene Nacht in der Verbannung (= Kriegsgefangenschaft) eine leuchtende Schwärze im Auge meines Lebens war, und die glitzernde weiße Tageszeit in Istanbul ein lichtloses Weiß darin.

Das Auge konnte nicht nach vorne schauen, es schlummerte noch. Zwei Jahre später öffnete mir Gaus-i Geylani (Größter Heiliger) noch einmal meine Augen mit seinem Buch Futuhul-Ghayb (Entschleiern des Verborgenen).

Und so, o betagte Männer und Frauen!

Wisset, dass die Schwäche und die Ohnmacht des betagten Alters Mittel sind, die Göttliche Gunst und Gnade anzuziehen. Die Manifestation der Gnade auf dem Antlitz der Erde zeigt diese Wahrheit in der klarsten Weise, gerade wie ich das bei mir selbst an zahlreichen Gelegenheiten beobachtet habe.

Denn die schwächsten und machtlosesten Tiere sind die Tierbabys. Andererseits sind sie es, welche die süßeste und schönste Manifestation der Gnade erlangen. Die Machtlosigkeit eines Vogeljungen im Nest im Baumwipfel - die Manifestation der Gnade – beschäftigt die Vogelmutter wie einen gehorsamen Soldaten.

Seine Mutter fliegt überall herum und bringt dem Baby Nahrung.

Wenn mit wachsenden Flügeln der Nestling seine Ohnmacht vergisst, sagt seine Mutter zu ihm: „Geh und finde dein eigenes Futter!" Und nicht länger hört die Mutter auf das Junge.

Und genauso wie dieses Mysterium der Gnade für Babys gilt, so gilt es auch für alte Leute, die hinsichtlich Schwäche und Ohnmacht den Babys ähneln.

Ich habe Erfahrungen gemacht, die mir die absolut sichere Überzeugung gaben, dass, gerade wie die Nahrung der Babys wegen ihrer Ohnmacht in wunderbarer Weise durch Göttliche Gnade geschickt wird, indem die Nahrung aus der Quelle der Brüste fließt, so wird ebenfalls die Nahrung der gläubigen alten Leute, die Unschuld erwerben, in der Form der Fülle geschickt.

Diese Wahrheit wird auch bewiesen durch das Hadith, das besagt: „Gäbe es nicht eure alten Leute mit ihren gebeugten

Rücken, so würden auf euch Unheile in Fluten herabsteigen."[12]

Der Ausspruch Muhammeds besagt, dass die betagten Hausgenossen die Quelle der Fülle für den Haushalt sind, und dass es die alten Leute sind, die den Haushalt davor bewahren, dass er von Unheilen heimgesucht wird.

Da Schwäche und Ohnmacht des betagten Alters somit die Mittel sind, um die Göttliche Gnade in diesem Maße anzuziehen, und da mit seinen Ayaten: „Ob ein Elternteil oder beide Elternteile hohes Alter in deinem Leben erlangen, sage nicht zu ihnen ein Wort der Verachtung, noch weise sie ab, sondern sprich zu ihnen in Ausdrücken der Ehre. Und aus Freundlichkeit senke die Schwinge der Demut und sage: ′Mein Herrgott! Gewähre ihnen Deine Gnade, so wie sie mich hegten und pflegten in meiner Kindheit′"[13] der All-Weise Koran die Kinder höchst wunderbar in fünf Weisen auffordert, freundlich und respektvoll zu ihren betagten Eltern zu sein, und da die Religion des Islam Respekt und Barmherzigkeit zu den alten Leuten gebietet, und da die menschliche Natur ebenfalls Respekt und Barmherzigkeit zu den alten Leuten erfordert, erhalten wir alten Leute gewisslich bedeutsame, beständige Barmherzigkeit und Respekt durch Göttliche Gnade und menschliches Mitgefühl, anstelle der vergänglichen körperlichen Genüsse und Appetite der

---

[12] al-Ajluni: Kashful-Khafa ii, 163; al-Munawi: Fayzul-Qadir v, 344 no:7523; al-Bayhaki: al-Sunanul-Kubra iii, 345
[13] Koran, 17:23-24

Jugend, und wir erhalten spirituelle Genüsse, die aus Respekt und Barmherzigkeit kommen.

Da dies der Fall ist, sollten wir dieses unser hohes Alter nicht für hundert Jugendzeiten umtauschen.

Ja, ich kann euch gewisslich sagen: würden sie mir zehn Jahre der Jugend des Alten Said (vor 1919) geben, so würde ich kein einziges Jahr des betagten Alters des Neuen Said (ab 1919) hergeben.

Ich bin zufrieden mit meinem hohen Alter, und auch ihr solltet mit eurem hohen Alter zufrieden sein.

ZEHNTE TRÖSTUNG

Einstmals, als ich aus der Kriegsgefangenschaft zurückgekehrt war, wurde ich in Istanbul für ein, zwei Jahre von Achtlosigkeit überwältigt. Die Tagespolitik lenkte meine Aufmerksamkeit von mir ab und zerstreute sie auf die äußere Welt.

Dann, eines Tages, saß ich auf einem hohen Fleck und überschaute den Hang beim Eyüb-Sultan-Friedhof in Istanbul, als ich von einem Geisteszustand Überwältigt wurde, in welchem, während ich auf den Friedhof herabblickte, meine private Welt zu sterben schien und mein Geist in gewissen Hinsichten sich zurückzog.

Ich sagte: „Ich frage, ob es die Inschriften auf den Grabsteinen sind, die mir solche Illusionen geben?" Und ich wendete den Blick ab. Ich schaute nicht in die Ferne, sondern auf den Friedhof. Dann wurde das folgende meinem Herzen mitgeteilt:

„Dieser Friedhof um dich herum ist Istanbul hundertfach, denn Istanbul wurde hier hundertfach entleert. Du kannst nicht gerettet werden vor dem Befehl des All-Weisen und All-Kraftvollen Einen Gottes, Der hier all die Leute Istanbuls ausgeschüttet hat; du kannst keine Ausnahme sein; auch du wirst verscheiden."

Ich ging aus dem Eyüb-Friedhof, und mit diesen schrecklichen Gedanken betrat ich eine kleine Zelle in der Sultan-Eyüb-Moschee, wo ich zuvor oftmals verweilt hatte. Ich dachte mir, ich bin Gast in drei Hinsichten: ich bin Gast in diesem winzigen Raume; ich bin auch ein Gast in Istanbul; und ich bin ein Gast in dieser Welt. Ein Gast hat an den Weg zu denken.

In der gleichen Weise, wie ich diesen Raum verlassen werde, so werde ich eines Tages Istanbul verlassen, und an einem anderen Tag werde ich aus dieser Welt scheiden.

Während ich in dieser Gemütsverfassung war, wurde mein Ich, mein Herz, überwältigt von einer höchst jämmerlichen, kummervollen Sorge. Ich werde nicht nur ein, zwei Freunde verlieren; ich würde getrennt werden von Tausenden Leuten, die ich in Istanbul liebte; und ich würde ebenfalls von Istanbul weggehen, das ich sehr liebte.

Und wie ich von Hunderttausenden Freunden in dieser Welt weggehen würde, so würde ich die schöne Welt verlassen, von der ich so gefesselt war und die ich liebte.

Während ich über dies nachsann, stieg ich nochmals hoch zur Stelle im Eyüb-Friedhof. Wie im Kino, in dem ich hin und wieder gewesen war, um Lektionen zu nehmen, erschienen in diesem Moment all die Toten von Istanbul und wandelten herum, so wie das Kino heute die Bilder des Vergangenen zeigt; und auch alle Leute, die ich damals sehen konnte, schienen als Leichen herumzuwandeln. Meine Einbildung sagte mir: da einige jener im Friedhof herumzuwandeln scheinen, als ob sie auf einer Kinoleinwand wären, solltest du die Leute der Gegenwart sehen, die zukünftig in den Friedhof eintreten müssen, als ob sie ihn schon betreten hätten; und sie sind Leichname, die herumwandeln.

Plötzlich, durch das Licht des Korans und durch die Leitung des Gaus-al-Asam (= des Besitzers des größten heiligen Amts), Scheych Geylani, wurde mein kummervoller Zustand verwandelt in einen fröhlichen und glücklichen Zustand. Es war wie dies:

Das Licht, hervorgehend aus dem Koran, gab mir den folgenden Gedanken angesichts jenes jämmerlichen Zustandes: du hattest ein, zwei Freunde während der Kriegsgefangenschaft in Kostroma in Nordost-Russland. Du wusstest, dass diese Freunde auf jeden Fall nach Istanbul gehen würden. Hätte einer der Freunde dich gefragt: „Willst du nach Istanbul gehen oder willst du hier bleiben?", für gewiss, falls du ein Körnchen Intelligenz hättest, so hättest du dich freudig entschieden, nach Istanbul zu gehen. Denn von tausendundeins Freunden waren 999 bereits in Istanbul. Nur ein, zwei Freunde blieben hier, und auch sie würden gehen. Nach Istanbul zu gehen wäre für dich kein trauriger Abschied und keine sorgenvolle Trennung. Überdies, du kamst hierher (nach Istanbul) und warst du darüber nicht glücklich?[14]

Du wärest befreit von langen, düsteren Nächten und kalten, stürmischen Wintern in jenem Feindesland. Du kämst nach Istanbul, in ein irdisches Paradies.

In genau der gleichen Weise gilt: von deiner Kindheit bis zum gegenwärtigen Alter sind 99 von 100 jener, die du liebtest zum Friedhof gegangen, der dich erschreckt. Du hast ein, zwei Freunde noch in dieser Welt, und auch sie werden von hier weggehen.

Dein Tod in dieser Welt ist nicht Trennung; er ist Vereinigung; der Tod bedeutet, mit all diesen Freunden wiedervereinigt zu werden. Ich wurde daran erinnert, dass jene unsterblichen Geister unter der Erde ihre verschlissenen Wohnstätten zurückgelassen haben, und einige von ihnen reisen bei den Sternen herum, und einige reisen in den Ebenen des Zwischenreiches.

Ja, der Koran und der Glaube bewiesen diese Wahrheit so gewisslich, dass, wenn du nicht ganz des Herzens und des Geistes ermangelst, und wenn Irreleitung nicht dein Herz erstickt hat, du das glauben solltest, als ob du das sähest.

Denn höchst gewiss und höchst selbstoffenkundig: der All-Großzügige Schöpfer, Der diese Welt mit unzähligen Sorten von Gaben und Wohltaten schmückte, und Der Seine

---

[14] Anmerkung der Redaktion: Nursi verlebte vor dem Ersten Weltkrieg in Istanbul sechs glückliche und erfolgreiche Jahre, stieg sozial sehr hoch.

Fürstlichkeit freigebig und barmherzig zeigt, und Der selbst die kleinsten bedeutsamen Dinge, wie die Samen, bewahrt, würde nicht den Menschen vernichten oder in die Nichtigkeit schicken oder entsorgen, wie es oberflächlich so unfreundlich und absichtlich erscheint; denn der Mensch ist das vollkommenste, reichhaltigste, mächtigste und geliebteste Geschöpf unter Gottes Geschöpfen. Vielmehr, wie die Samen, die ein Bauer auf der Erde verstreut, so wirft der Barmherzige Schöpfer dieses Sein geliebtes Geschöpf unter den Erdboden, der das Tor der Gnade ist, um Schösslinge in einem anderen Leben zu schaffen.[15]

Und so, nachdem ich diesen Wink vom Koran erhalten hatte, wurde mir der (Eyüb-)Friedhof vertrauter als Istanbul. Einsamkeit und ein zurückgezogenes Leben wurden mir angenehmer als Gespräch und Gesellschaft. Und ich fand für mich selbst einen Ort des zurückgezogenen Lebens in Sarıyer am Bosporus.

Dort wurde Gaus-al-Asam (= Geylani) (möge Gott mit ihm zufrieden sein) ein Meister, ein Doktor und ein Führer für mich mit seiner Schrift Futuhul-Ghayb (= Entschleiern des Verborgenen), und Imam-i Rabbani (Gott möge mit ihm zufrieden sein) wurde ein Gefährte, ein mitfühlender Freund und ein Lehrer mit seinem Buch Mektubat (= Buch der Briefe).

Dann war ich äußerst glücklich, ich hatte mich dem betagten Alter genähert, ich hatte mich von der Zivilisation

---

[15] Diese Wahrheit wurde so klar bewiesen wie 2x2=4 in anderen Traktaten des Risale-i Nur, und besonders im 10. Wort und im 29. Wort

zurückgezogen, und ich hatte mich dem sozialen Leben entwunden. Ich danke Gott.

Und so, geachtete Leute, die das betagte Alter betreten haben, und die durch seine Warnungen oft an den Tod denken.

Gemäß des Lichts der Glaubenslehren, wie sie vom Koran gelehrt werden, sollten wir günstig auf betagtes Alter, auf Tod und Krankheit schauen, und sollten sie sogar in einer Hinsicht lieben.

Da wir einen unbegrenzt kostbaren Schatz wie den Glauben haben, sind betagtes Alter und Krankheit und Tod angenehm. Wenn es Dinge gibt, die nicht zu billigen sind, so sind es Sünde, Laster, Neuerungen und Irreleitung.

ELFTE TRÖSTUNG

Nach meiner Rückkehr aus der Kriegsgefangenschaft lebte ich zusammen mit meinem Neffen Abdurrahman[16] in einer Villa auf dem Kiefernberg (Çamlıca) zu Istanbul. Vom Standpunkt des weltlichen Lebens hätte meine Situation als höchst glücklich für Leute wie wir gehalten werden können.

---

[16] Anmerkung der Redaktion: Abdurrahman war der Sohn von Nursis älterem Bruder Abdullah. Er wurde 1903 in Nurs-Köyü (= wörtliche Übersetzung: Lichtdorf; liegt im alpinen Gebirge südlich des Van-Sees) geboren. Er war Nursis spiritueller Sohn, Schüler und Helfer. Nach dem Ersten Weltkrieg schloss er sich in Istanbul seinem Onkel an, und er publizierte auch eine kurze Biografie über Said Nursi. Er starb in Ankara 1928, wo er begraben wurde.

Denn ich war der Kriegsgefangenschaft (in Russland) entronnen, und beim Darul-Hikmet (= das Islamische Haus der Weisheit; die Oberste Religionsbehörde des Osmanischen Reiches; eine Art Verfassungsgericht) waren wir erfolgreich, Wissen in der erhabensten Weise auszubreiten, und ich als Gelehrter konnte mich völlig meiner Arbeit widmen. Ich wurde sehr gebührlich mit Lob und Ehre überschüttet. Ich lebte auf dem Kiefernberg (Çamlıca) - dem schönsten Fleck von Istanbul. Alles war für mich in bester Ordnung. Und ich war zusammen mit (dem nun verstorbenen) Abdurrahman, mit meinem Neffen, der sehr intelligent und sehr opferwillig war, und er war mein Schüler, Diener, Schreibknecht und spiritueller Sohn in einem. Es war mir klar, dass ich eigentlich der glücklichste Mensch auf der Welt war, aber als ich in den Spiegel guckte, entdeckte ich graue Haare auf dem Schädel und im Schnurrbart.

Ich hatte in der Lager-Moschee zu Kostroma (in Russland, an der oberen Wolga) eine geistige Erweckung erfahren. Und als ich jetzt in den Spiegel sah, war die spirituelle Erweckung wieder da. Daher sann ich jetzt über die Umstände und Ursachen nach, an denen ich gefühlsmäßig regelrecht hing und die mir als Mittel zum Glück in dieser Welt erschienen. Aber jeder Umstand, den ich nun untersuchte, erschien mir jetzt als verrottet; es lohnte sich nicht, an ihm zu hängen. Jeder Umstand war täuschend und enttäuschend. Und gerade damals erfuhr ich eine unerwartete und unvorstellbare Treulosigkeit und Hinterlist eines Freundes, den ich immer für sehr treu gehalten hatte. Ich fühlte mich von der Welt angeekelt. Ich sagte mir: „Bin ich denn völlig hintergangen worden? Ich gewahre, dass viele Leute neidisch auf meine Lage blicken, die aber in

Wirklichkeit bedauernswert ist. Sind denn all diese Leute verrückt? Oder bin ich verrückt geworden, dass ich all diese Leute als weltlich gesinnt durchschaue?"

Das vorgerückte Alter (Nursi war 1918/19 etwa 44 Jahre alt) ließ mich auf alle Fälle aufschrecken, denn ich sah zunächst die Vergänglichkeit all der eintägigen Sachen, an denen ich klebte. Und ich betrachtete mich selbst, und ich fand mich äußerst ohnmächtig. Und mein Gemüt, das Unsterblichkeit begehrte, aber an den eintägigen Sachen klebte, die mir ewig erschienen - mein Gemüt sagte also: „Da ich hinsichtlich meines Körpers ein vergängliches Wesen bin, was Gutes kann denn aus diesen eintägigen Dingen kommen? Da ich kraftlos bin, was kann ich von diesen kraftlosen Dingen erwarten? Was ich brauche ist Jemand, Der Ewig und Bleibend ist; das ist Jemand, Der Vor-Ewig und All-Kraftvoll ist, und Der mir die Heilmittel für meine Krankheiten liefert." Und ich begann zu suchen.

Zunächst suchte ich Zuflucht bei meinem alten Wissen, das ich in meiner Jungmannzeit erworben hatte, und ich suchte darin nach Trost und Hoffnung. Aber unglücklicherweise hatte ich bis zu dieser Zeit meinen Verstand mit der Philosophie vollgestopft, wie auch mit Islam-Wissenschaft, und ganz irrigerweise war mir die Philosophie als Quelle des Fortschritts und als Werkzeug der Erleuchtung erschienen. Doch diese philosophischen Angelegenheiten hatten meinen Geist sehr beschmutzt und waren ein Hindernis für meinen spirituellen Fortschritt. Da plötzlich! Durch die Gnade und Großzügigkeit des Allmächtigen Gottes kam mir die heilige Weisheit des All-Weisen Koran zu Hilfe. Und die koranische Weisheit wusch und spülte den Schmutz dieser philosophischen Angelegenheiten weg.

Beispielsweise, die geistige Düsternis, die aus Wissenschaft und Philosophie entstand, hatte meinen Geist in das Universum hineingetaucht. Aber wie auch immer ich nach einem Licht Ausschau hielt, so konnte ich in diesen Sachen kein Licht finden, und ich konnte nicht atmen. So ging das weiter, bis die Unterweisung in der Göttlichen Einheit, die vom All-Weisen Koran durch die Losung "Kein Gott außer Gott!" gegeben wurde, mit ihrem glänzenden Licht all diese Schichten der Düsternis zerstreute, und ich konnte behaglich atmen. Aber meine Begierde-Seele und Satan, die auf das von den Leuten der Irreleitung und von der Philosophie Gelehrte bauten, griffen meine Vernunft und mein Herz an. Aller Dank sei Gott, denn die nervige Debatte mit meiner Begierde-Seele endete mit dem Sieg meines Herzens. Diese Gedankenüberlegungen sind teilweise in vielen Traktaten des Risale-i Nur beschrieben. Und da sie mir genügend zahlreich erscheinen, erläutere ich hier nur einen einzigen Beweis von Tausenden Beweisen, um ein tausendstel Teil jenes Sieges des Herzens zu zeigen. Auf diese Weise mögen auch die Gemüter von gewissen alten Leuten gereinigt werden, die in ihrer Jugend beschmutzt wurden und deren Herzen krank gemacht wurden und deren Seelen verdorben wurden durch Sachen, die teilweise Irreführung und teilweise Unsinn sind, obwohl sie Philosophie oder Wissenschaften der Zivilisation genannt werden. Und durch die Göttliche Einheit mögen die Leute gerettet werden vom Übel Satans und vom Übel der Begierde-Seele. Und zwar folgendermaßen:

Meine Begierde-Seele sagte im Namen der Philosophie: „Gemäß der Natur der Dinge intervenieren die Dinge/Wesen im Universum gegenseitig. Jedes Ding/Wesen schaut auf eine Ursache. Die Frucht muss am Baum und durch den Baum gesucht werden, und der Same durch den Erdboden. Was soll das also bedeuten, wenn man die winzigste und die unbedeutendste Sache bei Gott sucht und wenn man Ihn darum anfleht?"

Durch das koranische Licht entfaltete sich der Sinn der Göttlichen Einheit in der folgenden Weise: Wie das größte Ding so kommt auch das winzigste und partikularste Ding direkt hervor aus der Kraft des Schöpfers des gesamten Universums und aus Seinem Schatze. Das kann in keiner anderen Weise geschehen. Die Ursache ist nur ein Schleier. Was die Schöpfungskunst anbelangt, so sind zuweilen die kleinsten und unwichtigsten Geschöpfe doch großartiger als die im Ausmaß größten Geschöpfe. Wenn auch eine Fliege nicht von größerer Kunst als ein Hühnchen ist, so ist sie doch nicht von geringerer Kunst. Deshalb sollte zwischen Groß und Klein kein Unterschied gemacht werden. Entweder sollte alles auf materielle Ursachen aufgeteilt werden oder alles sollte zugleich einem einzigen (Göttlichen) Wesen zugeschrieben werden. Und gerade wie das erstere unmöglich ist, so ist das letztere notwendig und gebieterisch.

Denn wenn alle Dinge/Wesen einem einzigen (Göttlichen) Wesen zugeschrieben werden, d.h. dem Vor-Ewigen All-Kraftvollen Gott, und da Sein Wissen, dessen Existenz sicher ist durch die Ordnung und Weisheit in allen Dingen/Wesen, alles umfasst; und da das Maß aller Dinge bestimmt ist in Gottes Wissen; und da erwiesenermaßen die Dinge/Wesen, die unbegrenzt voller Kunst sind, mit unbegrenzter Leichtigkeit aus dem Nichts ins Dasein treten; und da gemäß zahlloser mächtiger Beweise dieser All-

Wissende All-Kraftvolle Gott jedes Ding/Wesen zu erschaffen vermag durch den Befehl von „Sei! - und es ist!" - so einfach wie Zündholz zu entflammen, und wie erklärt wurde in vielen Traktaten des Risale-i Nur und besonders im 20. Brief und am Ende des 23. Lichtblitzes, so besitzt Er (= Gott) unbegrenzte Kraft - da dies nun der Fall ist, so entsteht die außergewöhnliche Leichtigkeit und Mühelosigkeit, die wir beobachten, aus jener allumfassenden (göttlichen) Erkenntnis und aus jener riesigen (göttlichen) Kraft.

Beispielsweise, wird eine spezielle Lösung auf ein Buch geschmiert, das in unsichtbarer Tinte geschrieben ist, so zeigt dieses große Buch plötzlich sichtbar seine Existenz und macht sich selbst lesbar. Genau in der gleichen Weise sind die eigentümliche Form und das bestimmte Maß eines jeden Dinges/Wesens in der all-umfassenden Erkenntnis des Vor-Ewigen All-Kraftvollen festgelegt. Durch den Befehl von „Sei! - und es ist!" und mit jener grenzenlosen Kraft Gottes und mit dem alles durchdringenden Willen Gottes wendet der Absolut All-Kraftvolle Eine Gott eine Manifestation Seiner Kraft auf ein Ding/Wesen an, die als Erkenntnis existiert, und mit äußerster Leichtigkeit und Mühelosigkeit wird dem Ding/Wesen Existenz gegeben, ähnlich wie die Lösung auf die Schrift ausgebreitet wird. Gott entfaltet und lässt die Zierden Seiner Weisheit lesen.

Werden aber nicht alle Dinge insgesamt jenem Vor-Ewigen All-Kraftvollen Gott, jenem Kenner Aller Dinge zugeschrieben, dann müssten die Bestandteile (Partikel) eines Dinges/Wesens von selbst zu dem eigentümlichen Maß in der Mannigfaltigkeit der Dinge/Wesen und Körper der Welt zusammengefunden haben, und die wirkenden

Bestandteile in einem winzigen Ding wie dem Fliegenkörper müssten die Geheimnisse kennen, wie solch eine Fliege zu erschaffen sei, und sie müssten des Fliegenkörpers Kunst in den kleinsten Einzelheiten kennen. Denn wie alle Verständigen zustimmen werden: natürliche Ursachen und physikalische Ursachen können nicht aus Nichts etwas erschaffen. Falls ja, so müssten sie zur Erschaffung das Ding/Wesen zusammensetzen. Und wenn sie es zusammensetzen würden, was für ein belebtes Ding auch immer das sein mag, so befinden sich innerhalb des Lebewesens die Muster der meisten Elemente und die meisten der Mannigfaltigkeiten der Dinge/Wesen, denn lebende Geschöpfe sind ganz einfach wie ein Same oder wie eine Essenz des Universums, und die Ursachen müssten natürlich einen Samen aus dem gesamten Baum zusammensetzen, und sie müssten ein Lebewesen aus dem gesamten Angesicht der Erde zusammensetzen, und sie müssten in einem feinen Sieb absieben und müssten in der feinfühligsten Balance abmessen. Aber da natürliche Ursachen unwissend und leblos sind und kein Wissen besitzen, um einen Plan, einen Index, ein Modell oder ein Programm zu bestimmen, entsprechend dem sie die Bestandteile (Partikel) schmelzen und gießen könnten, welche in die immaterielle Form jenes fraglichen Dinges/Wesens eingehen, damit sie dessen Ordnung nicht zerstreuen und verderben, so wird daraus klar, wie unmöglich und unvernünftig der Gedanke ist, sie könnten ohne Modell und ohne Maß die Partikel der Elemente, die wie Fluten fließen, dazu veranlassen, ohne sich zu Zerstreuen in einem geordneten Format aufeinander zu bleiben, denn jedes Ding/Wesen hat eine einzige Form und ein einziges Maß inmitten zahlloser und unberechenbarer

Möglichkeiten. Dann wird gewiss jedermann, der in seinem Herzen nicht an Blindheit leidet, das sehen.

Ja, als Folge dieser Wahrheit und gemäß des Sinns des Koranayats: „Jene, die ihr neben Gott anruft, können nicht einmal eine Fliege erschaffen, selbst wenn sie sich alle dazu versammeln würden"[17]; wenn alle materiellen Sachen/Ursachen sich versammeln würden und wenn sie Willen hätten, so könnten sie doch keine einzige lebende Fliege samt deren Systeme und Organe und deren eigentümliche Balance zusammensetzen. Und selbst wenn sie die Partikel zu einer Fliege zusammensetzen könnten, so könnten sie die Partikel nicht in dem besonderen Maß des Lebewesens bleibend erhalten. Und selbst wenn sie das vermöchten, so könnten sie die winzigen Partikel, die beständig erneuert werden und ins Dasein und Wirken treten, nicht regelmäßig und ordentlich arbeiten lassen. Da das so ist, so können selbstverständlich die Sachen/Ursachen das Besitzrecht für die Dinge/Wesen nicht beanspruchen. Das will besagen: der wahre Besitzer der Dinge/Wesen ist jemand anders. Ja, ihr Wahrer Besitzer ist solcherart gemäß des Ayats „Eure Erschaffung und eure Auferstehung ist wie die einer einzigen Seele."[18]

Er (= Gott) erweckt zum Leben all die Lebewesen auf dem Angesicht der Erde so leicht, wie Er das Leben einer einzigen Fliege erweckt. Er erschafft den Frühling so leicht, wie Er eine einzige Blume (Blüte) erschafft. Denn Er

---

[17] Koran, 22:73; Das heißt, sollten all die Dinge, die ihr außer Gott anruft und anbetet, sich versammeln, so könnten sie nicht einmal eine Fliege erschaffen.

[18] Koran, 31:28

braucht sich nicht anzustrengen, um die Dinge/Wesen zusammenzusetzen. Da Er der Besitzer des Befehls von „Sei! - und es ist!" ist; und da in jedem Frühling, den Er aus dem Nichts erschafft, zahllose Attribute, Zustände und Formen der unzähligen Dinge/Wesen zusammen mit den Elementen ihres körperlichen Daseins vorhanden sind; und da alle winzigen Partikel sich innerhalb von Gottes Wissen und Kraft bewegen, so erschafft Er jedes Ding/Wesen mit unendlicher Leichtigkeit, wie wenn ein Streichholz entflammt wird. Und gar nichts verwirrt die Bewegung des Dinges/Wesens um ein Jota. Und diese winzigen Partikel sind wie eine reguläre, gutgeordnete Armee in der gleichen Weise, wie die Planeten eine gehorsame Armee sind. Da die Dinge/Wesen/ Partikel in Bewegung sind und dabei von jemandes Vor-Ewiger Kraft abhängen, und da sie funktionieren gemäß den Prinzipien jener Vor-Ewigen Erkenntnis, so kommen diese Werke ins Dasein im Einklang mit der Kraft. Man soll sie (= die Dinge/Wesen) nicht als unbedeutend einschätzen, wenn man ihre unwichtigen Persönlichkeiten betrachtet. Denn durch die Stärke aus der Verbindung mit jener (göttlichen) Kraft kann eine Fliege einen Nimrod töten; kann eine Ameise den Palast des Pharaos zerstören; kann der winzige Pinien-Samen auf seinen Schultern die berggleiche Last des Pinien-Baumes tragen. Wir bewiesen diese Wahrheit in zahlreichen Textstellen des Risale-i Nur; ist ein einfacher Soldat in die Königliche Armee eingeschrieben und somit dem König verbunden, so kann er einen anderen König gefangen nehmen, und als Mitglied der königlichen Armee dehnt er sein eigenes Vermögen hunderttausendfach aus - und genauso, da alle Dinge mit der Vor-Ewigen (Göttlichen) Kraft verbunden sind, können sie Wunder der Kunst manifestieren und sie dehnen dabei das Vermögen der natürlichen Ursachen hunderttausendfach aus. Kurz - die Tatsache, dass die Existenz aller Dinge innerhalb unbegrenzter Kunst und innerhalb unbegrenzter Mühelosigkeit ist, zeigt, dass sie die Werke eines Vor-Ewigen All-Kraftvollen Gottes sind, der allumfassende Erkenntnis hat. Andernfalls würde trotz hunderttausend Bemühungen kein Ding/Wesen ins Dasein kommen, sondern Würde die Schranken der Möglichkeit verlassen und die Schranken der Unmöglichkeit betreten, und nichts würde jemals entstehen. Ja, ihr Ins-Dasein-Treten wäre unmöglich und ausgeschlossen. Durch diesen höchst edlen, kraftvollen, profunden und klaren Beweis wurde meine Begierde-Seele(Nefs), die zeitweilig ein Jünger Satans und das Sprachrohr der Leute der Irreleitung und der Philosophen war, schachmatt gesetzt, und sie kam zum vollständigen Glauben, wofür Gott aller Preis sei. Die Begierde-Seele sagte: Ja, was ich brauche ist ein Schöpfer und Herrgott, Der die Kraft besitzt, die geringsten Gedanken meines Herzens und meine geheimsten Wünsche zu kennen; und er wird die verborgensten Bedürfnisse meines Geistes befriedigen, und er wird die mächtige Erde in das Jenseits transformieren, um mir ewige Glückseligkeit zu geben, und Er wird diese Welt beseitigen und an ihre Stelle das Jenseits setzen, und Er wird die Himmel erschaffen, wie Er eine Fliege erschafft, und wie Er die Sonne als ein Auge im Gesicht des Himmels befestigt, so kann er ein Splitterchen in die Pupille meines Auges setzen. Denn wer keine Fliege erschaffen kann, der kann sich in die Gedanken meines Herzens nicht einschalten, und Er kann die Schwingungen meines Geistes nicht hören. Wer den Himmel nicht erschaffen kann, der kann mir nicht ewige Glückseligkeit geben. In diesem Fall ist mein Herrgott Jener, Der meine Herzensgedanken reinigt, und Er füllt und entleert die Himmel mit Wolken in einer Stunde, und Er wird diese Welt ins Paradies transformieren, und Er wird mir die Paradiestore öffnen, und Er wird mich bitten, einzutreten.

Nun denn, meine betagten Genossen, die wie meine Begierde-Seele unglücklicherweise einen Teil des Lebens in lichtloser materialistischer Philosophie verbracht haben! Versteht doch aus der heiligen Losung von „Kein Gott außer Gott", die beständig durch die Zunge des Korans ausgesprochen wird, wie kraftvoll und wahr und unerschütterlich und fehlerlos und unwandelbar heilig diese Losung ein Glaubenspfeiler (eine Glaubensdoktrin) ist, und wie sie alle geistige Düsternis zerstreut hat und wie sie alle geistigen Wunden heilt.

Es ist, als ob das Einschalten dieser langen Geschichte unter die Tröstungstore meines betagten Alters unfreiwillig war. Ich wollte sie nicht einschalten; ja, ich hielt sie zurück, denn ich dachte, sie wäre lästig. Aber ich kann sagen, dass ich mich gezwungen fühlte, sie zu schreiben. Auf jeden Fall sei nun zum Hauptthema zurückgekehrt.

Durch die grauen Haare, die auf dem Schädel und in meinem (Schnurr-)Bart erschienen, und durch die Treulosigkeit eines alten Freundes empfand ich Ekel vor den Freuden des weltlichen Lebens Istanbuls, das so glitzernd und oberflächlich und angenehm und gülden war. Meine Begierde-Seele suchte spirituelle Freuden statt der Genüsse, mit denen sie geplagt wurde. Sie wollte ein Licht, einen Trost in diesem vorgerückten Alter, das in der Sicht der Achtlosen kalt, mühsam und unangenehm ist. Und aller Preis sei Gott und hunderttausendfacher Dank sei Gott entboten, denn ich fand wahre, bleibende und süße Genüsse des Glaubens in „Kein Gott außer Gott" und im Lichte der Göttlichen Einheit statt all jener falschen, unangenehmen, fließenden weltlichen Genüsse, und durch das Licht der Göttlichen Einheit sah ich das vorgerückte Alter, das in der Sicht der Achtlosen kalt und mühsam ist, als höchst licht und warm und leuchtend.

Daher, o ihr betagten Männer und Frauen! Wenn ihr Glauben habt und wenn ihr betet und wenn ihr Flehgebete darbringt, die den Glauben erleuchten und steigern, dann könnt ihr euer betagtes Alter als ewige Jugend betrachten. Denn ihr könnt dadurch (= Glaube und Gebet) ewige Jugend gewinnen. Das betagte alter, das in Wahrheit kalt, mühsam, hässlich, düster und schmerzvoll ist, das ist das betagte Alter der Leute der Irreführung; ja, ihre Jugend ist ebenfalls so. Diese Leute sollten weinen mit Seufzer und Bedauern. Aber ihr, ehrenwerte gläubige betagte Leute, solltet freudevoll Dank entbieten und sagen: „Aller Preis und Dank sei Gott für jede Lage!"

ZWÖLFTE TRÖSTUNG

Einstmals wurde ich im Bezirk Barla in der Provinz Isparta, festgehalten, und zwar in einer aufreibenden Gefangenschaft unter dem Namen Verbannung. Mein Zustand war wahrhaft erbärmlich; ich litt an Krankheit, betagtem Alter und Heimatlosigkeit; ich lebte einsam und allein in einem Dorfe, abgeschnitten von aller Gesellschaft und Kommunikation. Dann, in Seiner vollkommenen Gnade gewährte mir der Allmächtige Gott ein Licht hinsichtlich der feinedlen Punkte und Mysterien des All-Weisen Korans; und das Licht war ein Trostmittel für mich. Mit dem Licht versuchte ich, meinen jämmerlichen, kummervollen und traurigen Zustand zu vergessen. Ich konnte mein Heimatland (am Van-See), meine Freunde, Verwandten und Bekannten vergessen, aber o wehe, da war ein Mensch, den ich nicht vergessen konnte, und das war Abdurrahman, mein Neffe, zugleich mein geistlicher Sohn, mein höchst selbstaufopfernder Schüler und mein tapferster Freund.

Er hatte sich von mir sechs oder sieben Jahre vorher getrennt (1923!). Weder wusste er, wo ich war, so dass er zu meiner Hilfe und zu meinem Troste hätte herbeieilen können, noch kannte ich seine Lage, so dass ich mit ihm hätte korrespondieren können und wir einander hätten stützen können.

Nun, in meinem betagten Alter brauchte ich jemand, der so treu und selbstaufopfernd war wie er. Da gab mir völlig unverhofft jemand einen Brief.

Ich öffnete den Brief und sah, dass er von Abdurrahman war, geschrieben in einer Weise, die sein wahres Selbst zeigte.

Der Brief zeigte klar drei Fälle der Gunsterweisung (Keramet), und ein Teil wurde in die Textstelle des 27. Briefes eingeschlossen.

Der Brief ließ mich weinen und lässt mich immer noch weinen.

Der verstorbene Abdurrahman schrieb im Brief ernsthaft und aufrichtig, dass er angeekelt war von den Genüssen der Welt, und dass sein größtes Begehren sei, zu mir zu kommen, um in meinem betagten Alter mein Leibdiener zu sein, so wie ich ihn hegte und pflegte, als er ein Knabe war. Er wollte mir auch mit seiner Feder helfen, damit die Mysterien des Korans ausgebreitet werden, was meine wahre Pflicht in dieser Welt ist. Er schrieb sogar in seinem Brief: „Schicke mir zwanzig oder dreißig Traktate, und ich will von jedem Traktat zwanzig oder dreißig Abschriften machen, und ich werde andere veranlassen, davon wieder Abschriften zu machen."

Dieser Brief ließ mich Hoffnung hinsichtlich der Welt schöpfen.

Ich dachte daran, dass ich einen tapferen Schüler gefunden hatte, der fast so intelligent wie ein Genie war, und der mir treuer und enger als ein wirklicher Sohn helfen würde. Ich vergaß meine quälende Gefangenschaft, Einsamkeit, Verbannung und Betagtheit.

Bevor er den Brief schrieb, bekam er eine Abschrift des Zehnten Worts, des Traktats über den Glauben an das Jenseits. Es war, als ob der Traktat ein Heilmittel für ihn war und all seine spirituellen Wunden heilte, die er während der sechs oder sieben Jahre erhalten hatte. Mit einem wahrhaft starken und leuchtenden Glauben schrieb er dann den Brief an mich, als ob er den Tod erwarte. Dann ein, zwei Monate später, während ich gerade nochmals daran dachte, welch glückliches, irdisches Leben ich mit Abdurrahman hätte, o wehe, erhielt ich plötzlich eine Nachricht von seinem Tode. Ich war von der Nachricht so erschüttert, dass ich noch fünf Jahre später davon betroffen war.

Die Nachricht bedrängte mich mit Kummer, Sorge und Trennungspein, weit schlimmer als die quälende Gefangenschaft, Einsamkeit, Verbannung, Betagtheit und Krankheit, die ich damals litt.

Die Hälfte meiner privaten Welt war mit dem Tode meiner Mutter gestorben, und nun starb mit Abdurrahmans Tod die andere Hälfte. Meine Bande zur Welt waren nun völlig abgeschnitten.

Denn wenn er weitergelebt hätte, so wäre er eine kraftvolle Hilfe bei meinen Pflichten gewesen, die auf das Jenseits schauten, und er wäre ein würdiger Nachfolger geworden, um meinen Platz nach mir ganz einzunehmen, und er wäre ein höchst selbstaufopfernder Freund und Tröster gewesen. Er wäre mein klügster Schüler und Gefährte gewesen, ein höchst vertrauenswürdiger Schützer und Besitzer des Risale-i Nur (Sendschreiben des Lichtes).

Ja, hinsichtlich Menschlichkeit sind solche Verluste äußerst strapazierend und schmerzvoll für Leute wie mich.

Es ist wahr, nach außen hin erschien ich gefasst darüber, aber ein heftiger Sturm tobte in meinem Geist.

Wenn nicht von Zeit zu Zeit der Trost aus dem koranischen Lichte mich getröstet hätte, so wäre es für mich nicht möglich gewesen, das auszuhalten. Damals pflegte ich, alleine in den Bergen und Tälern bei Barla herumzuwandern. Ich saß an einsamen Flecken inmitten meiner Sorgen, und die Bilder von glücklichen Lebenstagen in früheren Zeiten mit treuen Schülern wie Abdurrahman gingen durch meine Vorstellung wie im Kino, sie brachen meine Widerstandskraft, die vom betagten Alter und von der Verbannung schon zermürbt war.

Plötzlich wurde mir der heilige Sinn dieses Koranayats entfaltet: „Alles wird vergehen außer Sein (= Gottes) Angesicht. Sein ist der Befehl. Und zu Ihm werdet ihr zurückkehren."[19]

Der Koranayat ließ mich verkünden:
„O Bleibender (Gott), Du bist es, Der Bleibend ist!
O Bleibender, nur Du bist Bleibend!"
Und der Ayat tröstete mich wahrhaftig.
Dann, wie beschrieben im Traktat "Die Fernstraße der Sunna (Gewohnheiten) des Propheten" (11. Lichtblitz), sah ich mich an der Spitze von drei riesigen Leichnamen, während ich in jenem einsamen Tale und traurigen Zustand war.

Erstens, ich sah mich selber als einen Grabstein am Grab vom fünfundfünzigmal gestorbenen Said, und meine fünfundfünfzig Jahre waren im Laufe meines Lebens begraben worden.

Der zweite Leichnam war der riesige Leichnam all meiner Genossen, die seit der Zeit Adams gestorben und im Grabe der Vergangenheit begraben waren. Ich sah mich selbst als winziges lebendes Geschöpf, wie eine Ameise, an der Spitze jenes Leichnams, und ich wanderte über das Gesicht dieses Jahrhunderts, der wie ein Grabstein war.

---

[19] Koran, 28:88

Der dritte Leichnam war die größere Welt, die wie Menschenwesen und wie die reisenden Welten, die jedes Jahr sterben, ebenfalls sterben würde - im Einklang mit dem obigen Koranayat - dies war verkörpert in meiner Vorstellung.

„Aber wenn sie (= die Mekkaner) sich abwenden, dann sage (O Muhammed): ´Gott genügt mir, es gibt keinen Gott außer Ihm; in Ihn lege ich mein Vertrauen. Er ist der Herrgott des Obersten Throns´."[20]

Dieser Koranayat beleuchtete mit seinem wahren Trost und mit seinem unauslöschlichen Licht jene schreckliche Vision, die aus meinem Kummer über den Tod Abdurrahmans auftauchte; der Koranayat kam mir zu Hilfe mit seinem anspielenden Sinn, und er besagt: da der Allmächtige Gott existiert, nimmt Er die Stelle von allem ein. Da Er andauernd ist, so ist Er gewisslich genügend. Eine einzige Manifestation Seiner Gunst nimmt den Platz der gesamten Welt ein.

Und eine einzige Manifestation Seines Lichts gibt den Sinn des Lebens an die oben erwähnten riesigen Leichname und zeigt, dass sie keine Leichname sind, sondern dass sie ihre Pflicht erfüllt haben, dass sie zu anderen Welten gegangen sind.

Diese Mysterien wurden im Dritten Geistesblitz erläutert, so dass das Obige genügt, und hier sage ich nur, dass die beiden Wiederholungen der Losung „O Bleibender (Gott), Du bist der Bleibende! O Bleibender, Du bist der

---

[20] Koran, 9:129

Bleibende!", was den Sinn von „Alles wird vergehen..." beleuchtet, mich von jenem höchst kummervollen und traurigen Zustand retteten. Es war wie dies:

Beim ersten Mal, da ich sprach: „O Bleibender (Gott), Du bist der Bleibende", begann der Spruch eine Heilung wie ein chirurgischer Eingriff inmitten endloser spiritueller Wunden, die aus dem Verscheiden der Welt und aus dem Verscheiden der Freunde in dieser Welt kommen, an denen ich hing, und die mich bindenden Fesseln wurden zerbrochen.

Beim zweiten Mal war die Losung „O Bleibender, Du bist der Bleibende!" eine Salbe und ein Gegengift für all diese unzähligen Wunden.
Das will besagen:
„Du (o Gott) bist ewig. Lass jene, die scheiden, so tun. Du bist genug für mich. Da Du bleibend bist, ist eine Manifestation Deiner Gnade genug anstelle aller Dinge, die vergänglich sind. Da Du existierst, so existiert für jemanden, der die Verbindung mit Deiner Existenz durch Glauben kennt und durch den Islam handelt, entsprechend dieser Beziehung alles. Vergänglichkeit und Niedergang, Tod und Nichtexistenz sind ein Schleier, eine Erneuerung; sie sind wie eine Wanderung von einem Reich ins andere Reich."

Da ich dies dachte, wurde mein schmerzharter, trauriger, kummervoller, düsterer, schrecklicher, trennungsbefleckter Gemütszustand verwandelt in einen glücklichen, fröhlichen, angenehmen, leuchtenden, lieblichen, vertrauten Gemütszustand. Meine Zunge und mein Herz, ja durch die

Zunge der Disposition riefen alle Partikel meines Seins: „Aller Preis sei Gott."

Ein Tausendstel jener Manifestation der Gnade ist dies: Ich kehrte von jenem sorgenvollen Tal und von jener melancholischen Gemütsverfassung zum Dorfe Barla zurück, und dort sah ich, dass ein junger Mann, genannt Kuleönlü Mustafa, gekommen war, um mir ein paar Fragen über das Fünfzeitengebet und den Abdest (rituelle Waschung) zu stellen. Obwohl ich damals keine Besucher empfing, gleichsam durch Vorahnung, begriff mein Geist seine Aufrichtigkeit des Geistes und die zukünftigen wertvollen Dienste für das Risale-i Nur[21], und ich wies ihn nicht ab; ich nahm ihn an.[22]

---

[21] Mit seiner edlen Feder machte Mustafas jüngerer Bruder, Kücük Ali, mehr als siebenhundert Abschriften von Traktaten des Risale-i Nur, und so wurde er ein Abdurrahman. Er trainierte auch andere Abdurrah-mane.

[22] Diese Fußnote ist von Nursis Schüler Husrev:

Er (= Mustafa Kuleönlü) zeigte, dass er nicht nur würdig war, von Bediüzzaman empfangen zu werden, sondern dass er auch der Zukunft würdig war. Ein Vorfall, der die Voraussage des Ustad (= des Grossen Meisters) bestätigt, dass Mustafa, der erste Student des Risale-i Nur, der Zukunft würdig war:

Am Tage, der dem Vorabend des Eid al-Adha (Opferfest, Kurban-Bayrami) vorausgeht, wollte der Ustad einen Frischluft-Ausgang machen. Er schickte mich weg, das Pferd zu holen.

Ich sagte zu ihm: „Geh nicht (ins Erdgeschoss) hinunter. Ich will die Türe (des Hauses in Barla) von der Rückseite zusperren und vom Holz-Lagerraum aus rausgehen." Ustad

Es wurde später klar, dass der Allmächtige Gott mir den Mustafa geschickt hatte, als Muster an Stelle von Abdurrahman; und als würdiger Nachfolger würde er vollständig die Pflicht eines wahren Erben im Werke des Risale-i Nur ausführen, als ob Gott sage: „Ich nahm einen Abdurrahman von dir, aber ich werde dir dreißig Abdurrahmane geben, wie den Mustafa, den du siehst, und sie werden Schüler, Neffen, spirituelle Söhne,

---

sagte: „Nein, geh du zur Türe hinaus." Und er ging hinunter (ins Erdgeschoss). Nachdem ich hinausgegangen war, verriegelte er die Türe. Ich ging hinaus, und er kehrte ins Obergeschoss zurück. Er schlief dann. Eine Weile später kam Kuleönlü Mustafa mit Hadschi Osman. Ustad pflegte niemand zu empfangen. Und so ging er nicht an die Türe, um jemanden reinzulassen. Besonders um diese Stunde würde er keine zwei Männer reinlassen; er hätte sie weggeschickt. Nichtsdestoweniger, als unser Glaubensbruder Kuleönlü Mustafa, um den es sich hier handelt, mit Hadschi Osman ankam, war es, als ob die Türe durch die Zunge ihrer Veranlagung sage: „Ustad (= Großer Meister) lässt dich nicht rein, aber ich will dir öffnen." Und obgleich die Türe von innen verriegelt war, so öffnete sie sich von selber für Mustafa. Das will besagen: Gerade wie die Zukunft als wahr erwies, was der Ustad über ihn gesagt hatte: „Mustafa ist würdig der Zukunft:", so ebenfalls bezeugte die Türe dies.
Gezeichnet Husrev
Zusatz durch Said Nursi:
Ja, was Husrev geschrieben hat, ist korrekt, und ich bestätige es. Das Tor grüßte an meiner Stelle diesen gesegneten Mustafa und ließ ihn rein.
Said Nursi

Glaubensbrüder und selbstaufopfernde Kameraden in dieser Pflicht für die Religion sein."

Ja, Preis sei Gott, Er gab mir dreißig Abdurrahmane.

So sagte ich zu mir: „O weinendes Herz! Da du dieses Muster sahst, und da durch ihn Gott die schwersten deiner spirituellen Wunden heilte, solltest du sicher sein, dass Gott alle anderen Wunden heilen wird, die dir weh tun."

Und so, meine betagten Glaubensbrüder und Glaubensschwestern, die wie ich in der Zeit des betagten Alters ein Kind oder einen Verwandten verloren, den ihr sehr liebtet, und die ihr tragen müsst die sengenden Sorgen der Trennung zusammen mit den Bürden des betagten Alters!

Ihr habt aus meiner Lage verstanden: sie war viel schlimmer als eure Lage; sie wurde kuriert und geheilt durch einen Koranayat. Da dies so ist, so sind Heilmittel und Heilung eurer Schwierigkeiten in der heiligen Apotheke des All-Weisen Korans. Wenn ihr Zuflucht nehmt zu ihm durch Glauben, und wenn ihr diese Heilmittel benutzt durch Gottesanbetung, so werden die schweren Bürden eures betagten Alters und eure Sorgen beträchtlich erleichtert.

Der Grund, dieses lange Stück zu schreiben, war, um mehr Gebete für Abdurrahman zu erbitten, und nicht, um euch zu ermüden. Und indem ich meine schlimmste Wunde in einer äußerst kummervollen und unangenehmen Weise zeige, die euch ungebührlich bestürzen und anwidern mag, will ich zeigen, welch wunderbares Heilmittel und prächtiges Licht das heilige Gegengift des All-Weisen Korans ist.

DREIZEHNTE TRÖSTUNG

In dieser Tröstung beschreibe ich nun eine wichtige Szene aus meinem Leben; der Text wird zwangsläufig etwas lang sein, aber ich hoffe, ihr werdet nicht gelangweilt oder beleidigt werden.

Nachdem ich aus der russischen Kriegsgefangenschaft im Großen Kriege gerettet wurde, hielt mich der Dienst der Religion im Hause der islamischen Weisheit in Istanbul für zwei oder drei Jahre. Dann, durch die Führung des All-Weisen Korans und durch den spirituellen Einfluss des Gaus-al-Asam (= Geylani), sowie durch das Erwachen des betagten Alters fühlte ich eine Überdrüssigkeit am zivilisierten Leben Istanbuls und einen Ekel vor seinem glitzernden sozialen Leben. Es ergriff mich ein Verlangen nach meiner Heimat (am Van-See) und ich dachte: da ich nun mal sterben muss, so will ich in meiner Heimat sterben, und ich ging nach Van.

Vor allem anderen ging ich, um meine Horhor-Medrese zu besuchen. Ich sah, dass die Armenier sie während der russischen Besatzung zerstört hatten, so wie die Masse der Gebäude in Van.

Die Horhor-Medrese lag direkt am Fuß der berühmten Van-Burg, die wie ein berghoher Monolith ist.

Meine wahren Freunde, Glaubensbrüder und engen Schüler traten vor mein geistiges Auge. Tatsächliche Martyrer waren einige dieser meiner selbstaufopfernden Freunde geworden, und andere Freunde waren wegen des Unheils gestorben und waren im wesentlichen Martyrer geworden.

Ich konnte meine Tränen nicht zurückhalten. Ich kletterte auf die Spitze der Burg, welche die Medrese bis zu den Spitzen zweier Minarette überragt; und ich setzte mich dort oben hin. In meiner Vorstellung kehrte ich sieben oder acht Jahre zurück.

Ich hatte eine starke Vorstellungskraft, und in meinem Geiste wanderte ich in der gesamten damaligen Zeit herum. Es war niemand dabei, der mich von diesen Phantasien ablenken und mich aus jener Zeit herausholen konnte. Denn ich war allein.

Als meine Schau dieser sieben oder acht Jahre sich ausdehnte, sah ich genug, um ein Jahrhundert aufzufüllen.

Ich sah, dass die Stadt Van zu Füßen der Burg völlig abgebrannt und zerstört war. Traurig schaute ich auf die Stadt; es war, als wären von damals (1915/16) bis jetzt zweihundert Jahre vergangen. Die meisten Leute jener Häuser waren meine Freunde oder Bekannte gewesen. Die Mehrheit von ihnen war im Durcheinander gestorben, möge Gott Barmherzigkeit mit ihnen haben, oder sie waren in eine jämmerliche Fremde gezogen.

Abgesehen vom armenischen Viertel waren alle von Muslimen bewohnten Häuser zerstört worden. Mein Herz wurde zerrissen.

Ich war so betrübt, dass tausend Augen geweint hätten, wenn ich sie gehabt hätte. Aus der Fremde war ich in mein

Heimatland zurückgekehrt. Ich dachte, ich sei vor der Fremde gerettet. Aber o wehe! Die jämmerlichste Fremde erfuhr ich in meiner Heimat. Ich sah, dass Hunderte meiner Schüler und Freunde, wie Abdurrahman in der "Zwölften Tröstung", das Grab betreten hatten und dass ihre Häuser zerstört waren.

Es gab einige Lyrik-Zeilen, die schon lange in meinem Kopfe waren, aber ich hatte ihren wahren Sinn nie verstanden.

Erst in dieser traurigen Situation begriff ich völlig ihren Sinn. Die Lyrik-Zeilen sind diese: „Gäbe es keine Trennung von den Freunden, so könnte der Tod nicht an unseren Geist gelangen, um ihn hinweg zu nehmen."[23]

Das will besagen: was den Menschen am meisten tötet, ist die Trennung von denen, die er liebt.

Ja, nichts hatte mir mehr Leid und Sorge zugefügt als jene Lage. Wäre nicht Beistand vom Koran und vom Glauben gekommen, hätten Kummer, Sorge und Leid meinen Geist vertrieben.

Seit den frühen Zeiten haben Dichter die Zerstörung von Orten beklagt, wo sie mit ihren Lieben zusammen waren. Und ich hatte dies in höchst schmerzhafter Form vor meinen eigenen Augen gesehen. Ich war der Jemand, der nach zweihundert Jahren an den Heimstätten der geliebten Freunde vorbeigegangen war, und mein Herz und mein

---

[23] Anmerkung von Mary Weld: Im Urtext auf Arabisch sind diese Zeilen sind von Mutanabbi.

Geist schlossen sich mit meinen Augen an, und alle weinten zusammen. Eine nach der anderen kamen mir die glücklichen Szenen meines Lebens in den Sinn aus den beinahe zwanzig Jahren, die ich als Dozent mit meinen geschätzten Studenten verbracht hatte: die Flecken, die nun in Ruinen vor meinen Augen lagen, waren damals florierend und glücklich; und die Szenen erschienen vor mir wie Bilder im Kino, dann starben sie hinweg und verschwanden.

Dies passierte für einige Zeit vor dem Auge meiner Phantasie.

Dann fühlte ich mich verblüfft über den Gemütszustand der Weltgesinnten: wie kommt es, dass sie sich täuschen?

Denn die Lage dort zeigte klar, dass diese Welt vergänglich ist, und dass die Menschenwesen Gäste in dieser Welt sind.

Ich sah mit meinen eigenen Augen, wie wahr die beständig wiederholten Worte der Leute der Hakikat (Theosophie) sind: „Die Welt ist grausam, verräterisch und schlecht; lass dich nicht von ihr täuschen!"

Ich sah auch: gerade wie der Mensch verbunden ist mit Körper und Haushalt, so ist er auch verbunden mit seiner Stadt, mit seiner Heimat, ja mit der Welt.

Denn während ich mit beiden Augen über die Erbärmlichkeit des betagten Alters hinsichtlich meines Körpers weinte, wollte ich mit zehn Augen nicht allein über das betagte Alter meiner Horhor-Medrese weinen, sondern auch über ihren Tod. Und ich fühlte den Zwang zum

Weinen mit hundert Augen angesichts des halben Todes meines schönen Heimatlandes.

In einem Hadith (= Ausspruch Muhammeds) wird ausgesagt, dass an jedem Morgen ein Engel herausschreit: „Ihr werdet geboren, um zu sterben, und ihr baut Gebäude, damit sie zerstört werden."[24]

Ich hörte diese Wahrheit nicht mit meinen Ohren, sondern mit meinen Augen.

Zehn Jahre später weine ich immer noch wenn ich mir die Situation vorstelle, so wie ich damals weinen musste.

Ja, die Ruinen der Häuser zu Füßen der uralten, Tausende Jahre alten Burg, und die achthundert jährige Stadt seit acht Jahren vergreist und ruiniert, und der Tod meiner Horhor-Medrese, die geschäftig und blühend war und der Treffpunkt der Freunde war - alles deutete auf die gigantische Größe des immateriellen Leichname aller Medresen im osmanischen Reich, das gestorben war; der große Monolith der Van-Burg war ein Grabstein für sie alle geworden. Es war, als ob meine Schüler, die mit mir vor acht Jahren in der Horhor-Medrese gewesen waren, zusammen mit mir in ihren Gräbern weinten.

Ja, die Ruinen der Stadt Van und ihre zerstreuten Steine weinten zusammen mit mir. Ich sah sie weinen.

---

[24] al-Ajluni: Kashf'ul-Khafa 2041; al-Munawi: Fayzul-Qadir v, 483 no:8053; al-Haythami: Majma'uz-Zawa'id, i, 94

Dann verstand ich, dass ich dieses Fremdsein in meiner eigenen Heimat (am Van-See) nicht aushalten konnte. Ich dachte, dass ich mich entweder denen im Grabe anschließen müsse oder mich in eine Berghöhle zurückziehen müsse, um dort auf den Tod zu warten. Ich sagte mir selber, „Die unerträglichen, sengenden Trennungen, welche die Geduld und die Widerstandskraft zerbrechen, lassen sicherlich den Tod dem Leben vorziehen. Die Schmerzen eines Lebens so wie dieses können nicht ertragen werden."

Ich warf dann einen Blick über die sechs Aspekte und sah sie alle als schwarz. Die Achtlosigkeit, die aus meinem starken Kummer kam, zeigte mir die Welt als schrecklich, leer, elend und im Begriff, über meinem Schädel zusammenzubrechen.

Mein Geist suchte einen Stützpunkt angesichts der zahllosen feindlichen Unheile. Des Geistes endlose Begierden, die sich zur Ewigkeit erstrecken, suchten etwas, das sie befriedigen könne. Ich wartete auf Trost angesichts des Kummers und der Sorgen, die aus diesen endlosen Trennungen und Toden und jenen endlosen Verwüstungen kommen.

Plötzlich wurde mir die Wahrheit der Ayate des All-Weisen Korans manifestiert: „Es preist Gott, was in den Himmeln und was auf der Erde ist, und Er ist der Erhabene, der Allweise. Sein ist das Königreich der Himmel und der Erde. Er macht lebendig und lässt sterben, und Er hat Macht über alle Dinge."[25]

---

[25] Koran, 57:1-2

Dieser Koranayat rettete mich vor jener jämmerlichen, schrecklichen, traurigen, trennungsbefleckten Vorstellung und öffnete meine Augen. Ich sah, dass die Früchte an den Gipfeln der Obstbäume auf mich schauten, als lächelten sie, und sie sagten: „Bemerke uns gut! Schaue nicht allein auf die Ruinen!" Die Wahrheit des Ayats ließ mich den folgenden Gedanken haben: „Eine Stadt ist wie ein künstlerischer Brief, geschrieben von der Hand des Menschen, der ein Gast ist. Dieser Brief auf der Ebene zu Van wurde ausgewischt durch einen Strom namens russische Invasion. Warum macht dich das so sehr traurig? Betrachte doch den Vor-Ewigen Beschrifter, betrachte den Wahren Eigner und Herrn und Meister aller Dinge. Seine Erlasse auf dieser Buchseite von Van dauern an, in glänzender Weise geschrieben zu werden, wie du das immer siehst. Dein Weinen über diese öden Ruinen resultiert aus dem Irrtum, dass du den Wahren Eigner der Dinge vergessen hast, dass du nicht daran gedacht hast, dass die Menschen Gäste sind, und sie erscheinen dir als Eigner."

Ein Tor zur Wahrheit eröffnete sich aus diesem Irrtum, aus diesem versengenden Anblick, und meine Seele war gerüstet, die wahre Wirklichkeit vollständig zu akzeptieren. Wie Eisen ins Feuer geworfen wird, damit es schmelze und dann nütze, - so waren jener kummervolle Anblick und jener schreckliche Gemützustand wie Feuer, das meine Seele schmolz. Durch die Wahrheit der obigen Ayate zeigte der Koran der Wunderhaften Darlegung der Seele den Prachtglanz der Glaubenswahrheiten, und der Koran brachte die Seele dazu, diesen Prachtglanz zu akzeptieren.

Ja, aller Dank sei Gott, wie schlussfolgernd in Textstellen des Risale-i Nur, z.B. im 20. Brief, bewiesen wurde: durch den Prachtglanz des Gottesglaubens gibt die Wahrheit der Koranayate einen Stützpunkt dem Geist und dem Herzen, und er/sie entfaltet sich gemäß jedermanns Glaubensstärke. Das war so kraftvoll, dass es mir eine Stärke gab, die Unheilen entgegentreten konnte, die hundertfach schrecklicher als die Situation waren, die ich sah.

Es wurde diese Mahnung ausgesprochen: „Alles ist unterworfen dem Befehl des Wahren Eigners dieses Landes, ist unterworfen Deinem Schöpfer. Die Zügel aller Dinge sind in Seinen Händen. Deine Verbindung zu Ihm ist genügend."

Ich erkannte meinen Schöpfer und vertraute auf Ihn, und alle Dinge, die feindlich erschienen, gaben ihre Feindschaft auf, und die kummervollen Dinge, die mich weinen ließen, fingen an, mich glücklich zu machen.

Und wie wir (=Nursi) mit sicheren Beweisen in vielen Textstellen des Risale-i Nur (=Sendschreiben des Lichtes) gezeigt haben: durch das Licht, das aus dem Glauben ans Jenseits hervorgeht, wurde mir solch eine Stütze angesichts meiner endlosen Begierden gegeben, dass sie nicht allein für meine Anhänglichkeit und Gier nach unbedeutenden, zeitweiligen, kurzen, irdischen Freundschaften ausreichte, sondern auch für meine unzähligen, weitreichenden Begierden in der Welt der Dauer, für die immerwährende Glückseligkeit durch alle Ewigkeit. Denn durch eine einzige Manifestation Seiner Gnade legt der All-Gnädige und All-Barmherzige Gott in jedem Frühling auf die Tischtafel jener Jahreszeit zahllose Massen von ergötzlichen, kunstvollen Wohltaten, um Seine Gäste für ein, zwei Stunden zu befriedigen. Gott beliefert sie mit diesen, die wie eine Art Häppchen oder Leckerbissen sind.

Er rüstet für Seine Diener zahllose Arten von Wohltaten, und für eine endlose Zeit füllt Er acht permanente Paradiese mit ihnen aus Seinen immerbleibenden Wohnstätten.

Wer gläubig ist, baut auf die Gnade solch eines All-Gnädigen und All-Barmherzigen Einen Gottes, und wer seine Beziehung kennt, findet gewisslich solch eine Quelle des Beistandes, dass selbst der kleinste Grad für unzählige Tröstungen sorgt, die bis zur Ewigkeit reichen, und er lässt sie andauern.

Weiterhin, durch die Wahrheit der Koranayate wurde das Licht, das aus der Glaubenspracht kommt, in solch brillanter Weise manifestiert, dass es jene Aspekte wie das Tageslicht erhellte.

Es beleuchtete meine Sorge um meine Schüler/Studenten und Freunde in meiner Horhor-Medrese und in der Stadt Van mit diesem Wink: „Die Welt, zu der deine Freunde gegangen sind, ist nicht finster. Sie sind nur woanders hingegangen, du wirst sie wieder treffen." Das Licht setzte meinen Tränen ein Ende und ließ mich begreifen, dass ich in dieser Welt andere ihnen ähnelnde Männer finden würde, die ihren Platz einnehmen würden.

Ja, aller Preis sei Gott, Er erweckte zu Leben die tote Van-Medrese und die Medrese von Isparta, und Er erweckte meine Van-Freunde dem Sinn nach zusammen mit den zahlreichen und wertvollen Anhängern und Freunden hier (=Provinz Isparta). Der Koranayat macht auch bekannt, dass die Welt nicht leer und sinnlos ist, und dass mein Eindruck von der Welt als verwüstetes Land falsch war: wie verlangt von Gottes Weisheit verwandelt der Wahre Eigner die künstlichen Szenen, die vom Menschen gemacht sind, und Er erneuert Seine Erlasse. Je mehr die Früchte gewisser Bäume abgepflückt werden, desto mehr wachsen nach; und so sind Tod und Trennung bei der Menschheit auch Erneuerung und Wandel.

Vom Gesichtspunkt des Glaubens sind sie eine Erneuerung, und diese produziert nicht die kummervolle Sorge, die aus dem Mangel an Freunden kommt, sondern eine süße Freude, die aus dem Scheiden kommt, um sich an einem anderen besseren Orte wieder zu treffen.

Die Koranayate beleuchteten auch das Angesicht der Dinge/Wesen im Universum, die düster in der früheren gespenstigen Lage erschienen.
Ich wollte Dank dafür entbieten, und die folgenden arabischen Zeilen fielen mir ein, die jene Wahrheit genau beschrieben. Ich sagte:
„Aller Preis sei Gott für das Glaubenslicht,
das die Illusion von Wesen als feindselige Fremde,
dem Tode geweiht und wild, als weinende Waisen, zerstreut,
und das Glaubenslicht zeigt sie als liebende Brüder, lebend und vertraut, fröhlich damit beschäftigt,
die Namen Gottes zu erwähnen und Ihn zu rühmen."

Das will besagen: wegen der Achtlosigkeit, die aus meinem kummervollen Gemütszustand kam, erschienen einige Wesen im Universum meiner achtlosen Seele als feindselig und fremd, andere als schreckliche Leichname, und noch andere als Waisen, die über ihre Einsamkeit weinten. Durch das Glaubenslicht sah ich diese alle als Freunde und Brüder. Was die schrecklichen Leichname anbelangt, so waren einige lebend und freundlich, während andere von ihren Pflichten entlassen waren.

Durch das Glaubenslicht sah ich das Heulen der Waisenkinder als Murmeln von Dhikr (Rezitation von heiligen Losungen) und Gotteslob; ich entbot endlosen Dank und Preis dem Glorreichen Schöpfer; Er gab mir Glaube; Er war der Quell all dieser ungezählten Wohltaten. Und richtigerweise erkannte ich, dass alle Dinge/Wesen in meiner persönlichen Welt, die so gigantisch wie die Welt ist, mit dem Gottespreis und Gotteslob beschäftigt sind, und ich wollte sie benutzen, um zu sagen: „Aller Preis und Dank seien Gott für das Glaubenslicht!", zusammen mit all diesen Wesen, die den Satz äußern, einzeln und insgesamt, durch die Zunge der Disposition.

Überdies, die Genüsse des Lebens, die durch meinen achtlosen und schrecklichen Gemütszustand zu nichts reduziert wurden, und meine Tröstungen, die völlig verwelkt waren, und meine persönlichen Freuden und Labsale, die innerhalb der engsten Bande gefasst waren, ja zerstört, expandierten durch das Glaubenslicht so plötzlich, dass jene enge Sphäre rund um mein Herz das gesamte Universum erfasste - und statt der Wohltaten, die im Garten der Horhor-Medrese verwelkt und ihren Geschmack verloren hatten, machte das Glaubenslicht jedes Reich dieser Welt und des Jenseits zu einer gnadenvollen Tischtafel der Wohltaten. Dies alles wurde klar bewiesen in anderen Textstellen des Risale-i Nur (= Sendschreiben des Lichtes). Das Glaubenslicht zeigte nicht die ungefähr zehn

Glieder des Menschen, wie Augen, Ohren und Herz, sondern die hundert Glieder in der Form eines äußerst langen Armes, den jeder Gläubige gemäß seines Grades hinstreckt zu jenen zwei Tischtafeln des Höchst Gnädigen Gottes, um die Wohltaten allseitig zu sammeln. Damals sprach ich die folgenden Worte, um diese erhabene Wahrheit auszudrücken und um für diese endlosen Wohltaten zu danken: „Bis zum Äußersten, mit allen Partikeln meines Seins, entbiete ich Preis und Dank meinem Schöpfer für das Licht und die Gunst des Glaubens; denn der Glaube zeigt mir, dass diese Welt und das Jenseits überfließen mit Wohltaten und Gnade, und der Glaube erlaubt mir und allen wahren Gläubigen, von diesen beiden gigantischen Tischtafeln zu profitieren, mit den Händen all ihrer Sinne, die sich entwickeln und entfalten durch das Licht von Glaube und Islam."

Da der Glaube so ungeheuer wirksam in dieser Welt ist, wird er sicherlich im Ewigen Reich solche Früchte und Ausstrahlungen haben, dass sie nicht erfasst werden können mit dem Verstand in dieser Welt, noch beschrieben werden können.

Und so, ihr alten Leute, die ihr wie ich wegen betagten Alters die Schmerzen der Trennung von zahlreichen Freunden erfahren. Um wie viele Jahre älter der Älteste von euch auch sein mag, so erscheint mir, dass im Sinne ich viel älter als er bin. Denn da ich von Natur her übertriebenes Mitleid für meine Mitmenschen habe, erfuhr ich wegen dieses Mitgefühls die Leiden von Tausenden Glaubensbrüdern, zusätzlich zu meinen eigenen Schmerzen, und deswegen fühle ich mich, als hätte ich Hunderte Jahre gelebt.

Wie sehr ihr das Unglück der Trennung erlitten habt, so seid ihr nicht so sehr wie ich dem Unheil ausgesetzt gewesen. Denn ich habe keinen Sohn, dass ich nur an ihn denken könnte. Ich fühle Schmerzen und Mitleid angesichts der Sorgen von Tausenden Moslem-Söhnen, und sogar von unschuldigen Tieren, wegen dieses übertriebenen Mitleids und Mitgefühls in meiner Natur.

Ich habe kein eigenes Haus, das ich nur an es denken könnte. Durch islamischen Eifer bin ich vielmehr an dieses Land gebunden, und sogar an die islamische Welt, als ob sie meine Heimstätten wären. Ich bin betrübt über die Schmerzen meiner Mitmoslems in diesen beiden großen Häusern, und ich bin traurig, von ihnen weggehen zu müssen.

Und so war das Glaubenslicht genügend für mich und all meine Sorgen, die aus dem betagten Alter und aus den Schmerzen der Trennung kommen.

Das Glaubenslicht gab mir eine unauslöschliche Hoffnung, eine unangreifbare Glaubenstreue, ein unauslöschbares Licht, einen nichtendenden Trost. Der Glaube ist dann gewisslich mehr als genug für euch angesichts der Düsternis, Achtlosigkeit, Sorgen, Kümmernisse des betagten Alters. In Wahrheit, das betagte Alter, das äußerst schwarz und lichtlos und trostlos ist und die kummervollste und schrecklichste Trennung ist, ist das betagte Alter und die Trennung der Leute der Irreleitung und der Liederlichen.

Diese Glaubenserfahrung, die solche Hoffnung, Licht und Trost und deren Wirkungen gewährt, ist möglich, indem man eine bewusste gottesanbetende Haltung annimmt, würdig des betagten Alters und angemessen dem Islam.

Es ist nicht möglich, indem man die Jugendlichen nachäfft, indem man den eigenen Kopf in die Achtlosigkeit steckt und indem man das betagte Alter vergisst. Baue auf das Hadith (= Ausspruch Muhammeds), das sinngemäß besagt: „Die besten eurer Jugendlichen sind jene, welche die gereiften Alten nachahmen. Und die schlimmsten eurer Greise sind jene, welche die Jugendlichen nachäffen."[26]

Das will besagen: Die besten eurer Jugendlichen sind jene, die den Alten in Selbstdisziplin ähneln und sich des Lasters enthalten. Und die schlimmsten eurer Alten sind jene, die den Jugendlichen ähneln, indem sie sich in Liederlichkeit und Achtlosigkeit hineinstürzen.

Meine betagten Glaubensbrüder und Glaubensschwestern!
Es gibt ein Hadith (= Ausspruch Muhammeds), das besagt:
„Die Göttliche Gnade schämt sich, die Gebete der betagten Gläubigen von sechzig oder siebzig Jahren nicht zu erhören, wenn die Gebete dem Göttlichen Hofe dargebracht werden."[27]

---

[26] Ali Mawardi: Adabud-Dunya wad-Din 27; Ghazzali: Ihya Ulumid-Din, i, 142; al-Munawi: Fayzul-Qadir iii, 487
[27] al-Ajluni: Kashf'ul-Khaf'a i, 244; al Haythami: Majma'uz-Zawa'id, 149

Da die Göttliche Gnade euch in solcher Achtung hält, so seid auch ihr respektvoll gegenüber dieser Achtung, indem ihr eure Gottesanbetung durchführt.

VIERZEHNTE TRÖSTUNG

Die Zusammenfassung zu Beginn des 4. Lichtstrahls über den leuchtenden Ayat „Gott genügt uns."[28] beschreibt, wie ich durch die Weltgesinnten (= Machthaber) von allem isoliert war, wie ich von fünf Sorten der Verbannung betroffen war. Wegen der Achtlosigkeit, die aus dem Schmerz kam, schaute ich nicht auf die tröstenden Lichter des Risale-i Nur (=Sendschreiben des Lichtes), die mir geholfen hätten, sondern direkt in mein Herz, und ich suchte meinen Geist.

Ich sah, dass ein überwältigendes Begehren nach Unsterblichkeit, eine intensive Liebe zur Existenz, eine große Sehnsucht nach Leben, zusammen mit einer unbegrenzten Ohnmacht, in mir herrschten.

Aber eine schreckliche Vergänglichkeit löschte die Unsterblichkeit aus. Da ich solch einen Gemütszustand erlitt, rief ich wie der Poet aus:
Während das Herz seine Unsterblichkeit begehrte,
wollte die Wirklichkeit das Verscheiden meines Körpers.

Ich wurde gepeinigt von einer unheilbaren Krankheit, die nicht einmal Lokman hätte heilen können. Ich beugte meinen Schädel in Verzweiflung. Zu Hilfe kam mir

---

[28] Koran, 3:173

plötzlich der Ayat des Korans: „Gott genügt uns. Welch vorzüglicher Sachwalter!"[29]

Und der Ayat forderte mich auf, ihn mit Aufmerksamkeit zu lesen. So rezitierte ich den Koranayat fünfhundertmal jeden Tag. Je mehr ich den Koranayat rezitierte, wurden mir von seinen vielen Lichtern neun Ebenen seines Sinns entfaltet, nicht allein im Grad "der Gewissheit beim Grade der Erkenntnis" (ilmelyakin), sondern im Grad "der Gewissheit beim Grade des Schauens" (aynelyakin).

Die Erste Ebene des Leuchtenden Koranayats „Für uns genügt Gott!" Wegen eines Schattens in meinem wesentlichen Sein von einer Manifestation eines Namens des Gottes des Ruhmes und der Vollkommenheit, Der, absolute Vollkommenheit besitzend, Sich Selbst gehört und aus keinem anderen Grunde der Liebe würdig ist, hatte ich ein angeborenes Begehren nach Unsterblichkeit, aber nicht auf meine eigene Unsterblichkeit gerichtet, sondern auf die Existenz, Vollkommenheit und Unsterblichkeit jenes Absolut Perfekten Gottes. Doch aus Achtlosigkeit verlor jene angeborene Liebe ihren Weg, wurde angeheftet an den Schatten und verzückt vom Spiegel der Unsterblichkeit.

Der Koranayat: „Für uns genügt Gott, und Er ist der Beste Sachwalter der Angelegenheiten!" lüftete dann diesen Schleier. Ich sah und fühlte und erfuhr beim Grade der "absoluten Gewissheit" (hakkal-yakin), dass die Freude und Glückseligkeit meiner Unsterblichkeit genau und in perfekter Weise in der Unsterblichkeit des Bleibenden Einen (Gottes) der Vollkommenheit lag, sowie im

---

[29] Koran, 3:173

Bestätigen meines Herrn und Meisters und Gottes, und im Glauben an Ihn, und im Gehorsam zu Ihm.

Der Beweis dafür wurde im 4. Lichtstrahl erläutert, im Traktat über den Koranayat „Für uns genügt Gott!", und zwar in zwölf Sektionen, die äußerst tiefgründig und feinedel sind. Leute mit edlem Feingefühl werden mit Verwunderung gefüllt werden. Die Zweite Ebene des Leuchtenden Koranayats „Für uns genügt Gott!"

Zu einer Zeit, als in meinem betagten Alter, in Verbannung, Einsamkeit und Isolation, die Weltgesinnten (= die Machthaber) mich mit ihren Spionen und Strategien angriffen, trotz der schrankenlosen Ohnmacht meiner Natur, sagte ich zu meinem Herzen: „Ganze Armeen greifen einen einzelnen Mann an, dessen Hände gebunden sind, und der krank und schwach ist. Gibt es nicht irgendetwas, bei dem er Hilfe suchen kann?"

Ich nahm Zuflucht zum Koranayat „Für uns genügt Gott, und Er ist der Beste Sachwalter der Angelegenheiten!" Und der Koranayat informierte mich über das folgende:

Durch das Dokument des Glaubens wirst du verbunden mit einem Herrscher der Absoluten Kraftmacht, Der in jedem Frühling in vollkommener Ordnung alle pflanzlichen und tierischen Armeen, bestehend aus vierhunderttausend Nationen, auf dem Angesicht der Erde ausstattet.

Zusätzlich legt Er in die "Extrakte" des Höchst Gnädigen, bekannt als Samen und Körner, die wie Fleisch, Zucker und andere Speise "Extrakte" sind, die kürzlich von den Leuten der Zivilisation entdeckt wurden, aber hundertfach perfekter sind, all den Unterhalt der riesigen Armeen des Menschen zuvorderst und aller Tiere. Er lagert in jenen "Extrakten" die Anweisungen des Göttlichen Ratschlusses hinsichtlich ihrer Zubereitung und ihrer Entwicklung, und Er legt sie in ihre winzigen schützenden Schachteln. Die Erschaffung dieser winzigen Koffer geschieht mit solcher Leichtigkeit, Geschwindigkeit und Fülle aus der "Kaf-Nun"-Fabrik, die geleitet wird vom Befehl „Sei! Und es ist", dass der Koran verkündet: „Der Schöpfer befiehlt nur, und das Ding/Wesen entsteht."

Wenn du solch eine Stütze hast, kannst du durch das Dokument der Verbindung des Glaubens auf eine unbegrenzte Stärke und Kraft bauen. Als ich diese Lektion aus dem Ayat entnahm, fand ich solch eine moralische Stärke aus dem Glauben, dass durch seine Kraft ich nicht allein meine gegenwärtigen Feinde, sondern die ganze Welt hätte herausfordern können. Aus ganzem Herzen verkündete ich: „Für uns genügt Gott, und Er ist der Beste Sachwalter der Angelegenheiten!" Die Dritte Ebene des Leuchtenden Koranayats „Für uns genügt Gott!"

Zu einer Zeit, als meine Anhänglichkeit an die Welt zerbrochen war, weil ich den Druck jener Verbannungen und Krankheiten erlitt, erinnerte mich der Glaube daran, dass ich bestimmt war für die ewige Glückseligkeit in einer ewigen Welt, in einem immerwährenden Reich. Reuig gab ich das Seufzen auf, das weitere Kümmernis und Verlangen verursacht, und ich wurde fröhlich und glücklich.

Jedoch, dieses Ziel der Phantasie und des Geistes und des Ergebnisses der menschlichen Natur konnte nur realisiert werden durch die unbegrenzte Macht eines Absolut

Allmächtigen Einen (Gottes), Der die Tat und die Ruhe, das Verhalten und die Zustände kennt und notiert, in Wort und Tat, von allen Kreaturen; und Gott nimmt zu Seinem Freund und Gesprächspartner den unbedeutenden und absolut ohnmächtigen Menschen, und Er gibt ihm einen Rang allen Dingen/Wesen überlegen. Das konnte nur verwirklicht werden durch Gottes unbegrenzte Gunst, die Er dem Menschen erweist und durch die Wichtigkeit, die Gott dem Menschen einräumt. Ich dachte nach über diese zwei Punkte, d.h. über die Aktivität solch einer Kraft (Gottes) und über die wahre Wichtigkeit des anscheinend unbedeutenden Menschen. Ich wollte eine Erklärung, die den Glauben vertiefen und das Herz befriedigen würde. Wieder nahm ich Zuflucht zum Koranayat, und er sagte mir, ich solle auf das „NA" (= „Für uns") achten und darauf, wer zusammen mit mir da sagt: „Für uns genügt Gott!"

Sofort schaute ich und sah, dass unzählige Vögel und Fliegen, die Miniaturvögel sind, und unzählige Tiere und unbeschränkte Pflanzen und Bäume durch die Zunge der Disposition gleich mir verkündeten:

„Für uns genügt Gott, und Er ist der Beste Sachwalter der Angelegenheiten!" Sie zeigen jedermann die Gewaltigkeit und Majestät einer Kraft, die vor unseren Augen besonders im Frühling in höchst überfließender Fülle, mit der größten Leichtigkeit, und auf einer gigantischen Skala, von Eiern, Samen, Körnern und flüssigen Tröpfchen, die alle einander ähneln und deren Substanz gleich ist, die hunderttausend Sorten an Tieren, die hunderttausend Pflanzenarten und die hunderttausend Varietäten an Bäumen erschafft, ohne Irrtum, Defekt oder Verwirrung, in geschmückter, ausgewogener, gutgeordneter Fasson, und in Formen, die alle verschieden voneinander sind.

Da sie so zusammen in dieser Weise gemacht sind, eins im andern, und einander ähnelnd, und in der gleichen Weise, zeigen sie uns Gottes Einheit und Einzigkeit. Ich begriff, dass irgendeine Einmischung oder Beteiligung am fürstlichen, schöpferischen Akt der Verfügung, womit solch unzählbare Mirakel entfaltet werden, unmöglich war.

Jene, die meine Persönlichkeit und meinen menschlichen Charakter verstehen wollen, der dem aller Gläubigen gleich ist, und jene, die wie ich sein möchten, sollten schauen auf die Erklärung von „Ich" in der ersten Person Plural „Uns", in „Für uns genügt Gott!", d.h. die Erklärung meiner selbst.

Was ist mein anscheinend unbedeutendes, bedürftiges Sein - wie jenes aller Gläubigen? Was ist Leben? Was ist Menschsein? Was ist Islam? Was ist sicherer, verifizierter Glaube? Was ist Wissen über Gott? Wie sollte Liebe sein? Sie (= die fragenden Leser) sollten begreifen und lernen.

Die Vierte Ebene des Leuchtenden Koranayats „Für uns genügt Gott!"

Einstmals als Ereignisse wie betagtes Alter, Verbannung, Krankheit und Niederlage mein Sein/Dasein erschütterten, fiel dies mit einer Periode der Achtlosigkeit zusammen.

Ich geriet in kummervolle Angst, dass mein Sein, an dem ich stark hing und von dem ich gefesselt war - ja alle Geschöpfe sind es - in die Nichtexistenz dahinginge. Wieder einmal nahm ich Zuflucht zum Koranayat. Er sagte mir: „Bemerke meinen Sinn sorgfältig und schaue durch das Teleskop des Glaubens!"

Also schaute ich mit dem Auge des Glaubens und sah, dass wie bei allen Gläubigen mein winziges Sein der Spiegel eines grenzenlosen (Göttlichen) Wesens war, und durch unbegrenzte Expansion, wodurch unzählige Existenzen gewonnen werden, und durch das Wort der Weisheit, das die Früchte von zahlreichen dauernden Existenzen erzeugt, weit wertvoller als es selbst, wusste ich mit der "Gewissheit beim Grade der Erkenntnis" (ilmelyakin), dass in dieser Verbindung (mit Gott) für einen Augenblick zu leben wertvoller war, als ewig zu leben. Denn durch das Bewusstsein des Glaubens begriff ich, dass dieses mein Wesen das Kunstwerk, der Artefakt und die Manifestation des Notwendig Existierenden Einen (Gottes) war. So war ich gerettet vor der Angst, der Einsamkeit und vor zahlreichen Trennungen und ihren Schmerzen, und ich konnte Beziehungen und Bande der Brüderlichkeit bilden mit Dingen/Wesen bis zur Zahl der Göttlichen Akte der Göttlichen Namen, die mit Dingen und besonders mit lebenden Dingen verbunden sind, und ich wusste, dass es eine permanente Vereinigung gab mit allen Dingen/Wesen, die ich liebte, und es gab nur eine zeitweilige Trennung.

Und so, durch Glaube und durch die Verbindung des Glaubens, gewann mein Sein wie alle Wesen die Lichter von unzähligen Existenzen, unberührt von Trennung.

Kurz: der Tod ist keine Trennung, er ist Vereinigung. Er ist Wechsel der Wohnstätte; er ist das Hervorbringen einer ewigen Frucht.

Die Fünfte Ebene des Leuchtenden Koranayats „Für uns genügt Gott!"

Zu einer anderen Zeit, als mein Leben erschüttert war durch sehr harte Umstände, lenkte ich meine Aufmerksamkeit auf das Leben. Ich sah, dass mein Leben geschwinde verrann; das Jenseits nahte; wegen des Drucks, den ich erlitt, begann mein Leben, ausgelöscht zu werden. Wie im Textstück des Risale-i Nur über den Gottesnamen "Immer-Lebender" erläutert ist, dachte ich dann sorgenvoll, wie das Leben mit seinen wichtigen Funktionen und mit seinen großen Einträglichkeiten und Tüchtigkeiten nicht verdient, so geschwinde ausgelöscht zu werden, sondern für eine lange Zeit anzudauern.

Wieder nahm ich Zuflucht zu meinem Meister, dem Koranayat „Für uns genügt Gott, und Er ist der Beste Sachwalter der Angelegenheiten!" Diesmal sagte der Koranayat zu mir: „Betrachte das Leben vom Standpunkt des Immer-Lebenden und Selbst-Subsistenten Einen (Gottes), Der dir Leben gibt!"

So schaute ich und sah: die Gesichtspunkte meines Lebens, die auf mich schauten, waren nur ein Gesichtspunkt, aber die Aspekte, die auf den Immer-Lebenden und Selbst-Subsistenten Einen schauten, waren einhundert Aspekte. Und wenn mit den Resultaten ein einziger Aspekt auf mich schaute, so schauten tausend Aspekte auf meinen Schöpfer. Da dies der Fall ist, genügt es, einen Augenblick lang innerhalb der Schranken des Göttlichen Wohlgefallens zu leben; eine lange Zeit ist dazu nicht erforderlich. Diese Wahrheit mag in vier Sachen erläutert werden. Jene, die nicht tot sind oder lebendig sein wollen, sollten die Natur und die Realität des Lebens und seine wahren Rechte in jenen vier Sachen sehen; sie werden sie finden und zum Leben erhoben werden.

Eine Zusammenfassung davon ist dies: Je mehr das Leben auf den Immer-Lebenden und Selbst-Subsistenten schaut, und je mehr der Glaube das Leben und der Geist des Lebens wird, desto mehr wird es andauern und beständige Früchte schaffen.

Es wird auch so erhaben, dass es die Manifestation der Ewigkeit empfängt; es schaut nicht länger auf die Kürze oder Länge einer Lebensspanne.
Die Sechste Ebene des Leuchtenden Koranayats „Für uns genügt Gott!"

Zu einer Zeit, als meine vorgerückten Jahre und mein betagtes Alter mich davor warnten, dass auch ich verscheiden müsse binnen der Ereignisse der Endzeit, die von der Zerstörung der Welt erzählen, von der Zeit des allgemeinen Abschieds, entfalteten sich in meiner Natur die Gefühle der Liebe zur Schönheit und das Begehren nach Lieblichkeit und die Faszination durch Vollkommenheit. Sie entfalteten sich in einer außergewöhnlichen Weise. Ich sah mit außergewöhnlicher Klarheit und Sorge, dass Vergänglichkeit und Niedergang, die immer zerstörend sind, und Tod und Nichtexistenz, die beständig Trennungen verursachen, diese wunderschöne Welt und diese schönen Geschöpfe in schrecklicher Weise zerrissen und deren Schönheit zerstörten. Die metaphorische Liebe in meiner Natur kochte auf und rebellierte gegen diese Situation. Um Trost zu finden, nahm ich wieder Zuflucht zum Koranayat „Für uns genügt Gott!" Der Koranayat sagte mir: „Rezitiere mich und erwäge meinen Sinn sorgfältig!" So betrat ich das Observatorium des Ayats der Licht-Sure: „Gott ist das Licht der Himmel und der Erde."[30] Und ich schaute durch das Teleskop des Glaubens auf die entferntesten Ebenen des Koranayats: „Für uns genügt Gott!"

Dann schaute ich durch das Mikroskop der Einsicht des Glaubens auf des Ayats edelste Mysterien, und ich sah das folgende: Spiegel, Glasstücke, transparente Dinge und sogar Luftblasen (im Wasser) zeigen die verschiedenen verborgenen Schönheiten des Sonnenlichts und der sieben Farben.

Und durch ihr Verschwinden und Wiederkommen, und durch verschiedene Kapazitäten und Brechungen erneuern sie jene Schönheit; und durch ihre Reflektionen entfalten sie die verborgenen Schönheiten und Lieblichkeiten der Sonne und des Sonnenlichts. In genau der gleichen Weise: um als Spiegel zu wirken für die heilige Schönheit des All-Schönen Einen (Gottes) des Ruhmes, der Vor-Ewigen und Nach-Ewigen Sonne, und für die immerbleibende Lieblichkeit Seiner Schönsten Namen, und um ihre Manifestationen zu erneuern, kommen und gehen ohne Unterlass diese schönen Geschöpfe, diese lieblichen Artefakte, diese exquisiten Dinge/Wesen. Im Risale-i Nur sind kraftvolle Beweise in Einzelheit dargelegt, die zeigen, dass die in den Dingen/Wesen offenkundigen Schönheiten nicht ihr Eigentum sind, sondern Zeichen, Hinweise, Blitze und Manifestationen einer transzendenten heiligen Schönheit (Gottes), die (unbedingt) manifest werden will. Die Erläuterung beginnt mit der Aussage, dass drei dieser

---

[30] Koran, 24:35

Beweise in vernünftigster Weise kurz erwähnt wurden. Jedermann mit edler Auffassungskraft, der die Abhandlung (Risale) sieht, wird verblüfft sein, und er wird von der Abhandlung Nutzen ziehen, und er sieht sich genötigt, andere dazu zu bringen, von der Abhandlung zu profitieren. Im zweiten Beweis insbesondere werden fünf Punkte erläutert. Jedermann, dessen Verstand nicht verrottet ist und dessen Herz nicht verdorben ist, wird die Beweise schätzen, bewundern, sie empfehlen und ausrufen: Maschaallah! Fetebarakallah! (=Wunderwerk Gottes! Gnadenwerk Gottes!).

Alle werden wahrnehmen und bekräftigen, dass das anscheinend niedrige, bedürftige Dasein des Menschen ein fabelhaftes Wunderwerk ist; und somit werden sie es hochschätzen.

FÜNFZEHNTE TRÖSTUNG[31]

Es wurde mir (1944) Emirdag (in Westanatolien) als Verbannungsort zugewiesen[32]. Dort wurde ich wirklich

---

[31] Diese 15. Tröstung wurde geschrieben, um in Zukunft den "Traktat für die alten Leute" zu vervollständigen, und um als Quelle dafür zu dienen, da die Zeit, wo das Risale-i Nur geschrieben wurde, drei Jahre vorher zu Ende gegangen war. (Anmerkung des deutschen Übersetzers: 1950, als die Verbannung aufgehoben wurde, war auch das Risale-i Nur fertig. Von 1950 bis zu seinem Tode 1960 schrieb Nursi nur noch Fußnoten und Ergänzungen, aber keine Traktate. Deshalb blieb dieser Traktat unvollendet.)
[32] Anmerkung der englischen Übersetzerin Mary Weld: Emirdag war (damals 1944) eine Kleinstadt in der Mitte

94

einer völligen Isolation unterworfen. Ich wurde des Lebens überdrüssig, weil sie (= die Machthaber, die Behörden) mich mit Bespitzelung und willkürlicher Behandlung quälten. Es war hart für mich, das alles auszuhalten, und ich bedauerte, aus dem Gefängnis entlassen worden zu sein. Mit all meinem Geiste sehnte ich mich nach dem Denizli-Gefängnis, und am liebsten wäre ich im Grabe gelegen. Aber während ich dachte, das Gefängnis und das Grab seien solch einem Leben vorzuziehen, und während ich beschloss, das eine oder das andere aufzusuchen, kam mir die Gnade Gottes zu Hilfe: sie gewährte den Anhängern des Großen Lehrhauses[33], deren Schreibfedern wie Kopier-Maschinen

---

Westanatoliens, wohin Bediüzzaman 1944 verbannt wurde, nachdem er aus dem Denizli-Gefängnis (1943/44) entlassen worden war. Die Verbannung in Emirdag dauerte bis 1951. Sie war unterbrochen durch die zwanzig Monate Afyon-Gefängnis, von Januar 1948 bis September 1949. (Anmerkung des deutschen Übersetzers: Die Verbannung wurde 1950 aufgehoben. 1951 zog Nursi von Emirdag nach Isparta. Aber Isparta war Nursi zu groß, zu lärmend, zu laut, zu geschäftig, und so kehrte er nach einer Weile wieder in das ruhige Emirdag zurück, das sein Hauptwohnsitz bis zu seinem Tode blieb.)
[33] Anmerkung der englischen Übersetzerin Mary Weld: Großes Lehrhaus (= Medresetüz-Zehra). Für diese Universität und für diesen Universitätstyp kämpfte der Bediüzzaman sein Leben lang. Diese Universität sollte in Ostanatolien (Van und danach in anderen Orten, wie Bitlis und Hakkari) gebaut werden. In ihr sollten die Islamwissenschaft und die moderne Naturwissenschaft gemeinsam gelehrt und studiert werden. Bediüzzaman

waren, eine Hektograf-Maschine, die gerade angekommen ist. Die Hektograf-Maschine schafft in einem Gang fünfhundert Kopien der wertvollen Bände des Risale-i Nur. Ich sah dadurch neue Siege kommen und schöpfte Tröstung in diesem elenden Leben, und ich entbot nicht endenden Dank.

Die versteckten Feinde konnten die Verbreitung des Risale-i Nur nicht aushalten, und sie stachelten die Staatsbehörden an, gegen uns vorzugehen. Wieder wurde das Leben schwer für mich. Da wurde plötzlich die fürstliche Gnade (Gottes) manifest: die mit dem Fall betrauten Beamten, die eigentlich das Risale-i Nur am meisten brauchten, studierten die beschlagnahmten Kopien sehr aufmerksam und sorgfältig, und die Traktate ließen ihre Herzen geneigt werden. Statt zu kritisieren würdigten die Beamten die Traktate des Risale-i Nur, und der Studienkreis erweiterte sich sogar sehr. Das schuf einen Nutzen hundertfach größer als die materiellen Verluste, und unsere Angst und Not verschwanden.

---

bekam vom Sultan Reschad Sponsorgelder und legte 1913 die Fundamente am Ufer des Van-Sees, bei Van.
Aber dann kam der Erste Weltkrieg dazwischen, und der Bau blieb unvollendet. Mit der Ausbreitung des Risale-i Nur in den ersten Dekaden der Republik wurden in der gesamten Türkei Lehrhäuser (Medresen) für das Risale-i Nur aufgemacht. Hier wurden die Traktate studiert und handschriftlich kopiert. Bediüzzaman nannte seine Anhänger im übertragenen Sinne Schüler des Großen Lehrhauses(Medresetüz-Zehra).

Aber heimliche, feindliche Heuchler lenkten die Aufmerksamkeit der Staatsbehörden auf meine Person. Sie gedachten meiner früheren politischen Aktivitäten.

Sie machten mich bei der Justiz, bei der Kultur-Behörde, bei der Polizei und beim Innenministerium verdächtig. Der Argwohn gegen mich breitete sich aus, weil verschiedene Gruppen und die verborgenen kommunistischen Anarchisten gegen mich hetzten. Sie übten Druck auf uns aus, sperrten uns ein und konfiszierten die Texte des Risale-i Nur, die in ihre Hände kamen. Die Aktivität der Anhänger/Schüler des Risale-i Nur kam zum Stillstand. Einige Beamten machten falsche Anschuldigungen und sie verbreiteten außergewöhnliche Verleumdungen, aber niemand glaubte daran.

Dann verhafteten mich die Staatsbehörden in den kältesten Wintertagen unter einem nichtigen Vorwand, und sie steckten mich in Einzelhaft in eine große und extrem kalte Gefängnis-Abteilung, und sie ließen mich zwei Tage ohne Heizofen.

In meiner kleinen Zelle musste ich den Ofen mehrmals jeden Tag anzünden; ich hatte immer glühende Kohlen in der Kohlenpfanne; ich war krank und schwach; und nur mühsam konnte ich das alles aushalten: Ich kämpfte in dieser Situation; ich litt an Fieber und Kälte, und ich litt unter schrecklichem Stress und Ärger. Aber durch Göttliche Gnade wurde mir eine Wahrheit in meinem Herzen entfaltet. Das Herz sprach die folgende Warnung zu meinem Geist: „Du nanntest das Gefängnis die Medrese-i Yusufiya (= Josef-Schule; Lehrhaus des alttestamentlichen Propheten Josef). Im Denizli-Gefängnis (1943/44) waren die Vergünstigungen tausendfach größer als dein Elend, und es gab spirituellen Nutzen, und die anderen Häftlinge profitierten vom Risale-i Nur, das sehr große Siege errang - all das ließ dich endlosen Dank entbieten statt zu klagen. Der Dank machte jede Stunde der Haft und Härte zu zehn Stunden Gottesanbetung, und sie machten jene dahingehenden Stunden ewig. So Gott will werden jene Gepeinigten in dieser dritten Josef-Schule, die vom Risale-i Nur profitieren und Tröstung finden, diese deine kalte, strenge Not erhitzen und sie in Freude verwandeln. Wenn jene, denen du zürnst, getäuscht werden und dich schlecht behandeln, ohne dass es ihnen bewusst wird, so sind sie deines Zornes gar nicht wert. Und wenn sie dich absichtlich quälen und leiden lassen, aus Hass und aus Irreleitung, werden sie sehr bald die Einzelhaft des Grabes durch die ewige Hinrichtung des Todes betreten, und sie werden immerwährende Qual und Pein erleiden. Weil sie dich unterdrücken, erntest du Verdienst (bei Gott) und spirituelle Genüsse, und vergängliche Stunden werden ewig gemacht, und du vollführst wahrhaft gelehrte und religiöse Pflichten."

Mit all meiner Stärke rief ich aus: „Aller Preis sei Gott." Aus Menschlichkeit bemitleidete ich jene Tyrannen und betete: „O mein Herrgott, reformiere sie." Ich schrieb in meiner Erklärung an das Innenministerium: bei diesem neuen Vorfall sind die wahrhaft Schuldigen die Tyrannen, die in zehn Hinsichten ungesetzlich im Namen des Gesetzes handeln. Sie (= die Ankläger, die Behörden) fanden die tollsten Vorwände, so dass sie den Gutgesinnten durch ihre Verleumdungen und Fabeln zeigten - wer die Verleumdungen hört, lacht darüber, und wer die Wahrheit liebt, der weint - dass sie keinen Weg des Rechts und des

Gesetzes haben, um das Risale-i Nur und seine Anhänger anzugreifen, und so verirren sie sich in Wahnsinn.

Zum Beispiel: die Beamten, die uns einen Monat lang beobachteten, konnten nichts Negatives finden, und deshalb schrieben sie ein Memorandum und behaupteten: „Saids Diener kauften Raki (= Anis-Schnaps) im Laden und brachten ihn zu Said."

Sie konnten niemanden finden, der sich als Zeuge für das Memo hergab, aber schließlich fanden sie einen betrunkenen Fremdling, und unter Drohung sollte er als angeblicher Zeuge das Memo unterschreiben. Selbst dieser sagte: „Gott verzeihe uns! Wer würde diese Lüge bezeugen?" So waren sie (= die Beamten) gezwungen, das Memo zu zerreißen.

Ein Zweites Bespiel: Jemand, den ich nicht kannte und den ich immer noch nicht kenne, lieh mir sein Pferd, so dass ich heraus konnte (aus Emirdag). Im Sommer pflegte ich an den meisten Tagen für zwei Stunden (mit dem Phaeton-Wagen) auszufahren, um mit meiner Krankheit besser zurechtzukommen und um frische Luft zu schnappen. Ich gab mein Wort, dass ich dem Besitzer des Pferdes und des Phaeton-Wagens Bücher im Werte von fünfzig Lira (Stand 1945) geben würde, denn ich wollte meine Regel nicht brechen (= nichts umsonst anzunehmen, ohne Gegengabe), und ich wollte ihm nichts schuldig sein.

Gibt es da irgendeine Möglichkeit, dass in solch einer Angelegenheit Schädigung wäre? Aber der Gouverneur und die Gerichtsbeamten und die Polizei fragten uns fünfzigmal, wem das Pferd gehöre. Als ob das ein wichtiger politischer Fall wäre, der für die öffentliche Sicherheit Belang hätte:

Um dieser sinnlosen Fragerei ein Ende zu bereiten, sagte ein Mann treuherzig, dass das Pferd ihm gehöre, und ein anderer Mann, dass der Phaeton ihm gehöre, und sie wurden mit mir eingesperrt. Wir beobachteten zahlreiche kindische Eskapaden wie diese beiden Beispiele, und wir lachten lauthals. Und wir begriffen, dass jene, die das Risale-i Nur und seine Anhänger angriffen, sich selbst zum Narren machten. Ein erheiternder Vorfall aus diesen Beispielen war, dass auf dem Papier, das meine Verhaftung ermächtigte, als Grund angegeben war, ich hätte "die öffentliche Ordnung gestört". Ich hatte das Dokument nicht gesehen, aber ich sagte dem Staatsanwalt: „Ich habe über dich in der letzten Nacht geredet. Ich sagte zum Polizeibeamten, der mich für den Polizeichef verhörte: 'Wenn ich der öffentlichen Sicherheit dieses Landes nicht diente wie tausend Staatsanwälte und tausend Polizeichefs, so möge mich Gott dreifach verdammen!'"

In diesen frostigen Umständen (= Gefängnis Afyon! zwei Winter!) bedurfte ich sehr der Ruhe, und ich musste sehr aufpassen, mich nicht zu erkälten, und am besten war es, nicht an die Welt zu denken. Da wurde ich von Zorn und von Groll gegen jene überwältigt, die mich in diese unerträgliche Verbannung, Isolation, Haft und Unterdrückung geschickt hatten, wodurch sie ihren Hass und ihre Missgunst ausgedrückt hatten. Göttliche Gnade kam mir zu Hilfe, und das Folgende wurde meinem Herzen eingegeben: „Der Göttliche Ratschluss, der reine Gerechtigkeit ist, hat einen großen Anteil an der unrechtmäßigen Unterdrückung, die diese Leute dir

100

zufügen. Und du hast in diesem Gefängnis Nahrung zu essen; deine Ernährung rief dich hierher."

Mit Zufriedenheit und Ergebung sollte darauf reagiert werden. Und fürstliche Weisheit und Gnade haben einen Anteil, damit jene in diesem Gefängnis (= Afyon) erleuchtet und getröstet werden, und damit du Belohnung (bei Gott) gewinnst.

Dieser Schicksalsanteil sollte mit endlosem Dank und mit Geduld ertragen werden. Und deine Seele(Nefs) hat einen Anteil daran, wegen ihrer Fehler, die dir nicht bewusst sind. Angesichts dieses Anteils solltest du deiner Seele(Nefs) sagen, dass sie diesen Schlag verdient hat, und sie sollte Reue zeigen und Vergebung suchen. Und einige deiner geheimen Feinde haben einen Anteil daran, weil sie intrigierten und gewisse einfältige und argwöhnische Beamte täuschten und sie zu solcher Unterdrückung anstachelten.

Angesichts dieses Anteils haben die schrecklichen, immateriellen Schläge, die das Risale-i Nur diesen Heuchlern versetzt hat, an ihnen vollständig Rache genommen. Das ist genug für sie.

Der letzte Anteil liegt bei den Beamten, die das tatsächliche Werkzeug waren. Angesichts dieses Anteils, und weil sie vom Risale-i Nur, das sie (eigentlich) kritisieren wollten, hinsichtlich des Glaubens profitierten, ob sie es wollten oder nicht, ist es ein Akt der Großmütigkeit, ihnen im Einklang mit der koranischen Regel zu verzeihen: „Jene, die ihren Zorn unterdrücken und den Leuten vergeben; fürwahr, Gott liebt jene, die Gutes tun."[34]

Wegen dieses völligen Glückes und Dankesgefühls, das ich aus dieser wahrhaftigen Mahnung empfing, beschloss ich, einen harmlosen Verstoß zu begehen, um mir eine Gefängnisstrafe einzufangen, um in dieser neuen "Josef-Schule" zu bleiben und um jenen zu helfen, die gegen mich waren.

Für einen Mann wie mich, der fünfundsiebzig Jahre alt war, keine Familie hatte, von dessen siebzig geliebten Menschen fünf am Leben waren, war das Grab hundertmal besser als dieses Gefängnis. Denn siebzigtausend Abschriften der Traktate des Risale-i Nur waren in freiem Umlauf und würden meine mit dem Risale-i Nur verbundenen Pflichten durchführen, und ich hatte Glaubensbrüder und (geistliche) Erben, die weitermachen würden, dem Glauben zu dienen, mit Tausenden Zungen statt mit meiner einen Zunge.

Dieses Gefängnis (= Afyon, 1948/49, zwanzig Monate) war ebenfalls hundertmal angenehmer und nützlicher als die eingeschränkte Freiheit draußen, ausgeliefert jener Tyrannei und Unterdrückung.

Denn draußen musste ich ganz allein die willkürliche Behandlung von Hunderten Beamten erleiden, aber hier im Gefängnis war ich zusammen mit Hunderten anderen Häftlingen und hatte nur die kleinen Willkürmaßnahmen von ein, zwei Männern zu ertragen, wie vom Gefängnisvorsteher und vom Hauptwärter, und das wird

---

[34] Koran, 3:134

(mir) Nutzen sichern. Und bei all dem erhält man im Gefängnis die brüderliche Freundlichkeit und Tröstung vieler Mithäftlinge. Ich dachte daran, dass die Barmherzigkeit des Islam und der menschlichen Natur als Freundlichkeit den Greisen in solch einer Lage gezeigt wird und so die Härte des Gefängnisses in Gnade umgewandelt wird, und ich ergab mich (willig) dem Gefängnis.

Zurzeit, da ich dieses dritte Gerichtsverfahren hatte (= Afyon 1948/49), saß ich auf einem Stuhl vor dem Gerichtstor, weil ich wegen Schwäche, betagten Alters und Krankheit mich nicht auf den Füssen halten konnte.

Der Richter erschien plötzlich und zornig fragte er auf beleidigende Weise: „Warum wartet er nicht stehend?" Wegen meinem betagten Alter wurde ich zornig gegenüber dieser unbarmherzigen Behandlung.

Dann schaute ich und sah, dass eine große Schar Moslems sich um uns versammelt hatte, und sie beobachteten mit vollständiger Freundlichkeit und in brüderlicher Art. Ich wurde plötzlich an die folgenden zwei Wahrheiten gemahnt:

DIE ERSTE WAHRHEIT:

Die versteckten Feinde meiner Person und des Risale-i Nur hatten gewisse einfältige Beamte getäuscht; sie hatten die Absicht, die Eroberungssiege des Risale-i Nur aufzuhalten, indem in der Öffentlichkeit mein guter Ruf, welchen ich auf keinen Fall wollte, zerstört werden sollte, und sie wollten meine Persönlichkeit in den Augen der Leute zerstören; sie hatten die Beamten angetrieben, mich verachtungsvoll zu behandeln. Siehe diese hundert Leute (aus dem einfachen Volk) statt der Beleidigungen des einen Mannes.

Für die Dienste des Risale-i Nur am Glauben - als eine Göttliche Gunst - entbieten sie (= die Leute aus dem einfachen Volk) ihre Sympathie, indem sie deine Dienste würdigen, und sie heißen dich willkommen, und sie begleiten dich (vom Gefängnis bis zum Gerichtshof). Am zweiten Tag hast du die Fragen des Staatsanwalts im Büro des Verhör-Rates beantwortet, und etwa tausend Leute (aus dem Volk) haben sich auf dem Gerichtsplatz gegenüber den Fenstern des Gerichtsgebäudes versammelt; sie zeigten dadurch ihre Sorge (für dich); durch bloße Anwesenheit schienen die Leute den Beamten zu sagen, uns nicht zu treten. Die Polizei konnte die Leute nicht dazu bringen, auseinander zu gehen. Es wurde meinem Herzen eingegeben, dass in dieser gefährlichen Zeit diese Leute einen wahren Trost wollen, ein unauslöschliches Licht, einen kraftvollen Glauben und eine gewisse Frohbotschaft über die ewige Glückseligkeit, und dass sie (= die Volksmassen) nach diesen (geistigen Gütern) von Natur aus suchen.

Sie (= die Volksmassen) müssen gehört haben, dass das, wonach sie suchten, im Risale-i Nur zu finden ist, so dass sie meiner unwichtigen Person mehr Aufmerksamkeit erweisen, als mir gebührt, denn ich habe ja nur ein paar kleine Dienste für den Glauben geleistet.

ZWEITE WAHRHEIT:

Einige getäuschte Individuen behandelten uns (= die Afyon-Häftlinge) schlecht; sie wollten uns beleidigen und unseren guten Ruf in der Öffentlichkeit zerstören; sie hatten den unbegründeten Argwohn, wir würden die öffentliche Ordnung stören. Ich wurde (durch die geistliche Mahnung) daran erinnert, dass als Ausgleich die unzähligen Leute der Wahrheit (Hakikat) und die kommenden Generationen uns applaudieren und uns würdigen würden.

Ja, durch die Stärke eines sicheren, verifizierten Glaubens hindern das Risale-i Nur und seine Anhänger/Schüler die schreckliche Korruption und die Anstrengungen der Anarchie daran, die öffentliche Ordnung unter dem Schleier des Kommunismus zu zerstören. Sie arbeiten daran, die öffentliche Ordnung und Sicherheit aufrechtzuerhalten, so dass in diesen zwanzig Jahren (= seit 1930!) drei oder vier betreffende Gerichtshöfe und die Polizeibehörden von zehn Provinzen keinerlei Vorfälle finden und aufzeichnen konnten, dass Anhänger/Schüler des Risale-i Nur die öffentliche Ordnung verletzt hätten, und dabei sind die Anhänger/Schüler des Risale-i Nur ziemlich zahlreich und sind in jedem Landesteil zu finden. Und die ehrliche Polizei von drei Provinzen meldete: „Die Anhänger/Schüler des Risale-i Nur sind eine moralische Polizei; sie helfen uns, die öffentliche Ordnung zu bewahren. Durch gewissen, verifizierten Glauben hinterlassen sie in jedem Kopf, der das Risale-i Nur liest, etwas, das ihn vom ungebührlichen Fehlverhalten abhält. Sie arbeiten daran, die öffentliche Ordnung aufrechtzuerhalten."

Ein Beispiel dazu war das Denizli-Gefängnis (1943/44, zehn Monate). Als das Risale-i Nur dort eintrat und die "Früchte des Glaubens" für die Häftlinge geschrieben wurden, wurden innerhalb von drei, vier Monaten mehr als zweihundert dieser Häftlinge so außergewöhnlich gehorsam und erwarben solch religiöses und rechtschaffenes Verhalten, dass ein Mann, der drei oder vier Menschen ermordet hatte, davon Abstand nahm, Bettwanzen zu töten. Die Häftlinge wurden völlig barmherzige, harmlose Mitglieder der Nation. Die Gefängnisbeamten waren verblüfft über diese Situation und schauten anerkennend.

Einige Burschen sagten sogar vor Antritt der Gefängnisstrafen: „Wenn die Nurdschus im Gefängnis bleiben, so wollen wir verhaftet werden, um von ihnen unterrichtet zu werden, und wir möchten wie sie werden. Wir werden uns durch ihre Unterweisung bessern."

Jene, welche die Anhänger/Schüler des Risale-i Nur beschuldigen, sie würden die öffentliche Ordnung stören, sind sicherlich ernsthaft getäuscht worden und haben sich narren lassen, oder sie täuschen absichtlich oder unabsichtlich die Staatsmacht, weil sie Anarchisten sind, und sie wollen uns zermalmen und zerdrücken. Wir sagen dies zu ihnen: „Da der Tod nicht getötet werden kann und das Grab nicht geschlossen werden kann, und da die Reisenden in diesem Gästehaus der Welt, Konvoy nach Konvoy, die Erde mit großer Geschwindigkeit und Lärm betreten und dann verschwinden, so werden wir gewiss sehr bald voneinander scheiden. Ihr werdet die Strafe für eure Tyrannei in schrecklicher Weise erhalten. Auf alle Fälle werdet ihr den Galgen des Todes und der ewigen Auslöschung besteigen, welcher die Entlassungspapiere der unterdrückten Leute des Glaubens bildet.

Die vergänglichen Genüsse, die ihr in dieser Welt empfangen habt und die euch immerbleibend erschienen, werden in immerbleibende kummervolle Schmerzen verwandelt.".....

Somit möchte ich wegen des heiligen Trostes für die Schmerzen und Abenteuer meines betagten Alters, die aus dem Glauben und aus dem Koran entstehen, nicht dieses höchst elende Jahr meines betagten Alters für zehn der glücklichsten Jahre meiner Jugend eintauschen. Besonders da jede Stunde der Häftlinge, die bereuen und das Fünfzeitengebet (Namas) verrichten, zu zehn Stunden Gottesanbetung werden, und hinsichtlich des Verdienstes (bei Gott) jeder vergängliche Tag, verbracht in Krankheit und Unterdrückung, zehn Tage des ewigen Lebens einbringt.

Ich verstand aus diesen Mahnungen, wie sehr diese Tage für einen Mann wie mich Dank verdienen, der am Tor des Grabes darauf wartet, an die Reihe zu kommen. Ich rief: „Endloser Dank sei meinem Herrgott." Und ich war glücklich über mein betagtes Alter und zufrieden mit meiner Haft.

Denn das Leben verweilt nicht, es geht geschwinde dahin. Wenn es in Freude und Glück dahingeht, vergeht es ohne Dank (zu Gott) und in Achtlosigkeit, da das Vergehen des Genusses Schmerz ist. Es wird vergänglich, lässt Sünden zurück, und es scheidet dahin.

Aber wenn das Leben im Gefängnis und in der Härte verbracht wird, wird es ewig in einer Hinsicht, da das Vergehen des Schmerzes eine Art Genuss ist und als eine Art Gottesanbetung betrachtet wird, und durch seine guten Früchte gewinnt es ewiges Leben. Das Leben wird Sühne für die Fehler, welche die Ursache für vergangene Sünden und Haft waren, und reinigt sie. Von diesem Standpunkt aus sollten jene der Häftlinge, welche den Pflichtanteil (Fars) des Fünfzeitengebets machen, Dank (an Gott) in Geduld entbieten.

SECHSZEHNTE TRÖSTUNG

Einstmals in meinem betagten Alter wurde ich aus dem Gefängnis in Eskisehir entlassen, nachdem ich eine Haftstrafe von einem Jahr (1935/36) abgesessen hatte. Sie (= die Machthaber) verbannten mich nach Kastamonu (1936-43)[35], wo ich zunächst für zwei, drei Monate Gast in der Polizeistation war. Man mag verstehen, welche Qual ein Mensch wie ich an solch einem Platz erlitt, denn ich wollte Einsiedler sein, ich wollte nicht einmal meine besten Freunde sehen, und ich konnte die Veränderungen in der Kleidung nicht aushalten.[36] Und während ich solcherart litt,

---

[35] Anmerkung der englischen Übersetzerin Mary Weld: Kastamonu war (und ist) Provinzhauptstadt im Ilgaz-Gebirge in der Nord-Türkei. Der Bediüzzaman bekam im März 1936 Kastamonu als Verbannungsort zugewiesen, nachdem er aus dem Eskisehir-Gefängnis (1935/36) entlassen worden war. Er blieb sieben Jahre in Kastamonu, bis 1943. Dann wurde er ins Denizli-Gefängnis (1943/44) geschickt.

[36] Anmerkung der englischen Übersetzerin Mary Weld: Das bezieht sich darauf, dass es durch die Kleidungsgesetze, erlassen in den ersten Jahren der Republik, staatliche Vorschrift wurde, europäische Kleidung zu tragen; die "Hut-Verordnung" von 1925 erlaubte nur Hüte der

kam die Gnade Gottes plötzlich meinem betagten Alter zu Hilfe. Der Inspektor und die Polizisten in der Polizeistation wurden meine festen Freunde. Sie tadelten mich kein einziges Mal, weil ich keinen (europäischen) Hut trug, und wie Diener nahmen sie mich öfters zu Reisen rund um die Stadt mit, wann immer ich wollte.

Dann bekam ich als Wohnung ein Haus gegenüber der Polizeistation. Ich nannte das Haus "Risale-i Nur Medrese von Kastamonu".

Ich begann damit, weitere Traktate des Risale-i Nur zu schreiben. Heldenhafte Anhänger des Risale-i Nur, wie Feyzi, Emin, Hilmi, Sadik, Nazif und Salahaddin, besuchten die Medrese (= Lehrhaus), um die Traktate abzuschreiben und zu verbreiten.

Wir hielten gelehrte Debatten, sogar prächtiger als jene, die ich in meiner Jungmannzeit mit meinen früheren Studenten gehabt hatte.

Aber unsere verborgenen Feinde erregten den Argwohn einiger Beamten, und auch einige selbstsüchtige Hodschas (= Moschee-Vorsteher) und Scheichs (= Meister des Sufismus) hetzten gegen uns. Sie brachten es dahin, dass wir und andere Anhänger (des Risale-i Nur) aus fünf oder sechs Provinzen in die "Josef-Schule" des Denizli-Gefängnis gebracht wurden (1943). Die Einzelheiten dieser Sechszehnten Tröstung sind klar in den kurzen Briefen geschildert, die ich heimlich aus dem Denizli-Gefängnis an

---

europäischen   Mode   und   ächtete   bisherige Kopfbedeckungen.

meine Glaubensbrüder schickte, sowie in den Kastamonu-Briefen und im Buchband, der die Verteidigungsreden vor dem Gericht enthält. Ich weise wegen der Einzelheiten auf die Briefe und auf meine Verteidigungsrede hin, und hier will ich nur kurz folgendes andeuten:

Ich verbarg die vertraulichen und wichtigen Textsammlungen, besonders jene Texte über den Sufyan und über das Wunderwirken des Risale-i Nur, unter den Kohlehaufen und Schürholzhaufen, damit sie nach meinem Tode publiziert werden könnten, oder nachdem die Machthaber zu Sinnen gekommen wären und der Wahrheit lauschen würden.

Als ich deswegen heiteren Gemüts war, stürmten plötzlich einige Detektive und der stellvertretende Staatsanwalt mein Haus. Sie zogen jene geheimen und wichtigen Traktate aus dem Schürholz heraus, dann verhafteten sie mich und schickten mich zum Gefängnis in Isparta, obwohl ich krank war. Wir waren sehr bestürzt und traurig über den Schaden, der das Risale-i Nur getroffen hatte, aber dann kam uns Göttliche Gnadenanmut zu Hilfe. Die Behörden lasen sorgfältig und neugierig jene wichtigen Traktate, die versteckt waren und deren sie so sehr bedurften, und die staatlichen Ämter wurden Studienzentren für das Risale-i Nur. Sie begannen das Lesen, weil sie eigentlich kritisieren wollten, aber sie fingen an, die Texte zu schätzen. In Denizli sogar, obwohl wir das nicht wussten, lasen zahlreiche Leute die gedruckte Ausgabe des "Höchsten Zeichen" (Ayet-ül-Kübra), offiziell und inoffiziell, und sie stärkten ihren Glauben. Dies ließ die Gefangenenunbill, die wir erlitten, unwichtig werden.

Später schickten sie (= die Behörden, die Machthaber) uns (von Isparta) zum Denizli-Gefängnis, und man steckte mich in eine Einzelzelle in einer stinkenden, kalten, feuchten Gefängnisabteilung. Ich war höchst unglücklich wegen meines betagten Alters, meiner Krankheit und wegen der Schwierigkeiten, die meinetwegen meine Freunde heimsuchten, und ich war höchst entnervt, weil Traktate des Risale-i Nur konfisziert worden waren und weil die Aktivitäten für das Risale-i Nur aufhörten. Aber da kam mir plötzlich die Göttliche Gnade zu Hilfe. Sie verwandelte jenes riesige Gefängnis in ein Lehrhaus (Medrese) für das Risale-i Nur, in eine "Josef-Schule".

Das Risale-i Nur verbreitete sich durch die diamantenen Federn der Helden des "Großen Lehrhauses" (Medresetüz-Zehra).

Der große Held des Risale-i Nur kopierte handschriftlich und unter diesen harten Bedingungen zwanzigmal den Traktat "Früchte des Glaubens", und die Kollektion "Verteidigungsreden" im Zeitraum von drei, vier Monaten.

Die Eroberungssiege begannen innerhalb und außerhalb des Gefängnisses. Das verwandelte unsere Verluste in jenem Unglück in bedeutende Gewinne, und unser Elend in Freude. Dies zeigte wieder einmal den Sinn des Koranayats: „Aber es ist möglich, dass du eine Sache nicht magst, die gut für dich ist."[37]

Wir wurden dann einer strengen Kritik unterworfen, weil die Aussage des ersten Experten-Komitees falsch und

---

[37] Koran, 2:216

oberflächlich war. Der Bildungsminister machte wilde Angriffe. Und es wurde ein Statement gegen uns veröffentlicht.

Es tauchten Berichte auf, dass sie (= die Feinde, die Machthaber) darauf abzielten, einige von uns hinzurichten. Da kam die Göttliche Gnade uns zu Hilfe.

Vom Experten-Komitee in Ankara wurde erwartet, dass ein streng kritischer Bericht formuliert werde, aber die Ankara-Experten lieferten eine positive Empfehlung. Obgleich sie weniger als zehn Irrtümer in fünf Kisten der Abschriften des Risale-i Nur fanden, bewiesen wir vor Gericht, dass die angeblich irrigen Punkte doch völlig korrekt waren und dass die Ankara-Experten sich in den Angelegenheiten irrten, von denen sie sagten, sie wären falsch. Wir zeigten fünf bis zehn Fehler und Irrtümer in ihrem fünf seitigen Schreiben. Das Traktat "Früchte des Glaubens", die Verteidigungsreden und das gesamte Risale-i Nur schickten wir an die staatlichen Behörden und an das Justizministerium. Durch die vertraulichen Traktate hatten wir schmerzhafte Hiebe erwartet, aber die Ankara-Experten antworteten äußerst milde, und sie waren höchst versöhnlich und griffen uns gar nicht an. Der Premierminister schickte uns sogar einen tröstenden Brief.

Dies bewies scharf, dass als ein Wunder der Göttlichen Gnade die Wahrheiten des Risale-i Nur die Widersacher besiegt hatten und sie dazu brachte, die Traktate wie einen Wegweiser zu studieren. Das machte jene breiten Kreise zu einer Art Studienzirkeln und rettete den Glauben zahlreicher zögernder und verwirrter Leute, verursachte uns geistliche Freude und Nutzziehung, die unser Elend weit übertrafen.

Dann vergifteten mich die versteckten Feinde; und der verstorbene Hafis Ali, der Märtyrer-Held des Risale-i Nur, ging statt meiner zum Hospital, reiste an meiner statt zum Zwischenreich, und ließ uns verzweifelt weinen. Bevor dieses Unglück passierte, hatte ich mehrmals auf dem Berge zu Kastamonu betont: „Meine Glaubensbrüder, gebt nicht Fleisch dem Pferde, und gebt nicht Gras dem Löwen." Das will besagen: „Gebt nicht alle Traktate an jedermann, damit sie diese nicht benutzen, um uns anzugreifen."

Obgleich Hafis Ali (Gott möge Gnade mit ihm haben) sieben Wandertage weit weg war, schrieb er damals an mich, als ob er mit seinem geistlichen Telefon gehört habe: „Ja, Ustad (= Großer Lehrer, Großer Meister), es ist eine Gunsterweisung(Keramet) des Risale-i Nur, dass man Pferden kein Fleisch geben sollte, und Löwen kein Gras. Vielmehr, da den Pferden Heu gegeben werden sollte, und den Löwen Fleisch, so gab er jenem löwenharten Hodscha (= Moschee-Vorbeter) den Traktat über die Aufrichtigkeit."

Ich erhielt seinen Brief sieben Tage später. Wir haben die Sache überprüft, und zur gleichen Zeit, da ich die Worte auf dem Berge ausrief, schrieb er die seltsamen Worte in seinem Brief.

So kam uns gerade zur Zeit, da der Held des Risale-i Nur starb und wir durch die geheimen Heuchler bedrängt wurden, die mit ihren Intrigen darauf abzielten, dass wir bestraft wurden, und wir besorgt waren, ich würde auf behördlichen Befehl zum Hospital geschickt, weil ich vom Gifte krank war, die Göttliche Gnadenanmut zu Hilfe.

Durch die aufrichtigen Gebete meiner gesegneten Glaubensbrüder verschwand die vergiftende Lebensgefahr, und gemäß machtvoller Zeichen war unser Märtyrer im Grabe mit dem Risale-i Nur beschäftigt, und mit dem Risale-i Nur antwortete er den fragenden Engeln; und der Denizli-Held, Hasan Feyzi (Gott möge Gnade mit ihm haben), der nach dem System von Hafis Ali arbeiten würde, und seine Freunde dienten heimlich und wirkungsvoll dem Risale-i Nur. Weil die anderen Häftlinge durch das Risale-i Nur ihren Glauben retteten, traten selbst unsere Widersacher dafür ein, dass wir aus dem Gefängnis entlassen wurden, und wie die (koranischen) Gefährten der Höhle verwandelten die Anhänger/Schüler des Risale-i Nur jenen Ort der Schicksalsprüfung in eine Höhle der Asketen früherer Zeiten; zusammen mit ihren Anstrengungen, leichten Herzens Abschriften der Traktate zu machen und sie zu verteilen, bewies all dies, dass die Göttliche Gnade uns zu Hilfe gekommen war.

Es kam der folgende Gedanke in mein Herz: selbst große Gesetzes-Interpreten, wie Imam-i Asam, hatten Haft erlitten, und ein oberster Mudschtahid (=Ausdeuter), wie Imam Ahmad ibn Hanbal, wurde wegen einer einzigen Sache im Koran im Gefängnis schwer gemartert, und er hielt die Folter in vollkommener Geduld aus, und er blieb nicht stumm in der fraglichen Sache; und zahlreiche Religionsführer und Religionsgelehrte waren völlig geduldig und unerschüttert, entboten Dank, obwohl sie größere Qualen als wir erlitten. So bist du sicherlich verpflichtet, endlosen Dank zu entbieten für die wenigen Schwierigkeiten, die du durchmachst, obgleich Belohnung und Gewinn, die du erhältst, beträchtlich sind für diese vielen Wahrheiten des Korans.

Ja, ich beschreibe nun kurz eine Manifestation der Gottesgnade inmitten schändlicher Tyrannei des Menschen: Als ich zwanzig Jahre alt war, sagte ich öfters:

„Am Ende meines Lebens will ich mich vom gesellschaftlichen Leben in eine Höhle oder auf einen Berg zurückziehen, so wie es jene taten, welche die Welt aufgaben und sich in uralten Zeiten in Höhlen zurückzogen."

Und während des Großen Krieges wurde ich als Gefangener in Nordwest-Russland festgehalten (1916-1918). Ich fällte diese Entscheidung: „Nach dieser Kriegsgefangenschaft werde ich mein Leben in Höhlen verbringen. Ich werde mich dem politischen und sozialen Leben entziehen und mich nicht mehr einmischen." An diesem Punkt wurden die fürstliche Gnade und die Gerechtigkeit des Göttlichen Ratschlusses manifestiert.

In einer Weise weit besser als meine Entscheidung und mein Wunsch, aus Barmherzigkeit für mein betagtes Alter, wandelte Gott die Höhlen, die ich mir vorgestellt hatte, in Gefängnisse, in öde Orte, in Einsamkeit an Orten der Schicksalsprüfung und Einzelhaft. Gott gewährte mir die Josef-Schule und Orte der Einzelhaft, wo meine Zeit nicht vergeudet wurde, die den Berghöhlen der Asketen und Einsiedler weit überlegen waren. Gott gab den Nutzen für das Jenseits von einer Höhle, und Er gab unermüdlichen Dienst für die Wahrheiten des Glaubens und des Korans. Ich hatte sogar beschlossen, irgendein Verbrechen zu begehen, um im Gefängnis zu bleiben, nachdem meine Freunde entlassen worden waren.

Junggesellen wie Husrev und Feyzi wären bei mir geblieben, und unter irgendeinem Vorwand wäre ich in der Gefängnisabteilung für Einzelhaft geblieben, um nicht Menschen zu treffen und um nicht meine Zeit mit unnötigem Gerede und für egoistisches Gehabe zu verbringen.

Aber dann schickte der Göttliche Ratschluss und unser Schicksal uns zu einem anderen Ort der Schicksalsprüfung. Im Einklang mit dem Koranayat „Aber es ist möglich, dass du eine Sache nicht magst, die gut für dich ist" und im Einklang mit dem Spruch „Gutes liegt in dem, was Gott erwählt!" wurden uns aus Barmherzigkeit mit meinem betagten Alter und um uns noch härter im Dienste am Glauben arbeiten zu lassen, Pflichten außerhalb unseres Willens und unserer Kraft in dieser dritten Josef-Schule gegeben.

Ja, es gibt drei Beispiele der Weisheit und wichtiger Nutzziehungen in Bezug auf den Dienst am Risale-i Nur, dass die Göttliche Gnade - aus Mitleid für mein betagtes Alter - die in meiner Jugend beabsichtigten Höhlen, als ich keine mächtigen, verborgenen Feinde hatte, in die Einzelhaft des Gefängnisses verwandelte:

ERSTES BEISPIEL DER WEISHEIT UND NUTZZIEHUNG

Zu dieser (Verbannungs-)Zeit (1925-1950) ist für Schüler/Anhänger des Risale-i Nur eine Versammlung ohne Schaden nur in der Josef-Schule möglich. Außerhalb ist eine Versammlung zu aufwendig und erregt Argwohn. Einige meiner Besucher mussten sogar vierzig bis fünfzig

Liras (Stand 1948/49) für die Reise zahlen, und dann sahen sie mich nur zwanzig Minuten, oder sie mussten umkehren, ohne mich überhaupt gesehen zu haben. Ich hätte willig die Härte des Gefängnisses gewählt, um einigen meiner Glaubensbrüder näher zu sein. Das bedeutet, dass für uns das Gefängnis eine Wohltat und ein Fall der Gnade ist.

ZWEITES BEISPIEL DER WEISHEIT UND NUTZZIEHUNG

Der Dienst am Glauben in dieser (Verbannungszeit durch das Risale-i Nur hat dadurch zu sein, dass es überall angeboten wird und allen angeboten wird, die seiner bedürfen. Und durch unsere Inhaftierung wird die Aufmerksamkeit auf das Risale-i Nur gelenkt, das ist wie eine Werbung. Die Widerspenstigen oder jene, die seiner am meisten bedürftig sind, finden es und retten ihren Glauben. Ihre Widerspenstigkeit wird gebrochen, und sie werden vor Gefahren gerettet, und der Studienkreis des Risale-i Nur wird ausgedehnt.

DRITTES BEISPIEL DER WEISHEIT UND NUTZZIEHUNG

Die Anhänger des Risale-i Nur, die ins Gefängnis gesteckt werden, lernen voneinander Benehmen, Charaktereigenschaften, Aufrichtigkeit und Selbstaufopferung, und nicht länger suchen sie irdischen Nutzen in ihrem Dienst am Risale-i Nur.

Ja, da sie in der Josef-Schule mit ihren eigenen Augen die zehn oder vielleicht hundert Nutzziehungen sahen, die für jede Härte und Schwierigkeit gewonnen werden, und da sie die guten Ergebnisse sahen, sowie den ausgedehnten und aufrichtigen Dienst am Glauben, sind sie erfolgreich, reine Aufrichtigkeit zu erlangen, und nicht länger erniedrigen sie sich selbst, indem sie persönliche Nutzziehungen suchen.

Ein reinedler, aber trauriger, dennoch zugleich angenehmer Punkt hinsichtlich dieser Orte der Schicksalsprüfung, der nur mich selbst betrifft, ist dieser:

Ich beobachtete die gleiche Situation hier (= im Gefängnis Afyon), die ich in den alten Medresen im meiner Heimatregion (am Van-See) in meiner Jugendzeit sah. Denn dem Brauch nach wurde in den Ost-Provinzen für die Bedürfnisse der Medresen-Schüler zum Teil von außerhalb gesorgt (Dorfleute brachten den Schülern das Essen). In einigen Medresen waren Küchen für die Schüler vorhanden. Und dieser Platz der Schicksalsprüfung (= Afyon-Gefängnis 1948/49) hat noch andere Parallelen zu den alten Medresen im Osten. Wenn ich das Gefängnis hier beobachte und ein angenehmes Bedauern und Verlangen spüre, reise ich in meiner Vorstellung zu jenen alten süßen Zeiten der Jugendzeit, und ich vergesse die Schwierigkeiten des betagten Alters.

Heimweh

6. Brief

„Im Namen des Hochgelobten; und fürwahr gibt es kein Ding, das Ihn nicht lobpreist." „Der Friede Allahs, Sein Erbarmen und Sein Segen sei mit Euch beiden und Euren Brüdern, solange Tag und Nacht einander ablösen, die Tage sich neigen, Sonne und Mond einander ablösen und die Polarsterne uns den Weg weisen."

Meine Brüder, die ihr so voll Begeisterung seid und meine Gefährten, die ihr so voller Eifer seid und die Quelle meines Trostes in dieser Fremde, die man die Welt nennt.

Denn Gott der Gerechte hat euch ja schon euren Anteil am Verständnis meiner Abhandlungen und Auslegungen geschenkt, die Er mir in Seiner Güte zuteil werden ließ; und darum habt ihr sicherlich auch ein Anrecht darauf, auch an meinen Empfindungen Anteil zu nehmen. Um euch nicht allzu sehr zu betrüben, will ich den überaus leidvollen Teil meines Schmerzes über die Trennung und über die Fremde beiseite lassen und euch nur einen Teil davon erzählen. Es ist nun folgendes:

Ich bin in diesen zwei, drei Monaten ganz allein geblieben. Manchmal fand sich einmal in fünfzehn, zwanzig Tagen ein Gast bei mir ein. Die übrige Zeit bin ich allein. Ja seit fast zwanzig Tagen waren selbst die Hirten in den Bergen hier nicht mehr in meiner Nähe, haben sich zerstreut...

So habe ich zur Nachtzeit, auf diesen Bergen, fremd, still, stumm und allein im Raunen und Rauschen der Bäume mich inmitten einer fünffach farbig verschlungenen Fremde gesehen.

Erstens: Es ist ein Geheimnis des Alters, dass die überwältigende Mehrheit derer, die mir nahe standen, Freunde und Verwandte, mich in der Fremde allein gelassen hat. Sie sind in die Zwischenwelt (Alem-i Berzah) hinüber gegangen und haben mich hier zurückgelassen. In mir blieb nichts als Heimweh. So öffnete sich mir in dieser Fremde noch ein weiterer Bereich dieser Fremde. Es entstand in mir ein Gefühl der Trennung und der Fremde gegenüber den meisten Geschöpfen, mit denen ich noch im vergangenen Frühling verbunden war und die mich nun verlassen hatten. Und inmitten dieser Fremde öffnete sich mir noch ein weiterer Kreis der Fremde: man hatte mich in die Trennung von meiner Heimat und den Lieben daheim fallen und darin allein gelassen, sodass mich ein Gefühl der Trennung überkam und noch eine neue Fremde in mir geboren wurde. Und in dieser Fremde legte sich mir die Fremde der Nacht und der Berge wie noch eine neue Fremde auf mein Gemüt. Und aus dieser Fremde heraus erkannte ich nun, dass meine Seele (ruh), die bereit ist, aus diesem vergänglichen Gasthaus die Reise in die unendliche Ewigkeit anzutreten, sich hier in einer überwältigenden Fremde befindet. „Fasubhana´llah" (gepriesen sei Gott!) sagte ich da und dachte darüber nach, wie man diese Fremde und Dunkelheit ertragen könne.

Da schrie mein Herz:
„Oh Herr! Ich bin in der Fremde, ein Nichts, schwach und ohne Macht, ohne Kraft.
Alt und krank und hilflos bin ich; und keine Wahl mehr ist mir geblieben.
Ich flehe zu Dir um Deine Gnade! Ich suche Deine Vergebung.
Vor Deinen Toren, oh DU Mein Gott, stehe ich und rufe zu Dir um Deine Hilfe."

Da kamen mir plötzlich das Licht des Glaubens, der Segen des Koran und die Freigiebigkeit des Allbarmherzigen zu Hilfe. Sie verwandelten diese fünf Fremdheiten, die mir so voll Dunkelheit gewesen waren und es öffnete sich mir ein lichtvoller, vertrauter Kreis.

Mein Mund sprach: „Allah ist unser Genügen und der vortrefflichste Anwalt."

Mein Herz zitierte die Ayat: „Wenn sie sich von dir abwenden, sprich: Allah ist mein Genügen. Es gibt keinen Gott außer Ihm. Auf Ihn vertraue ich und Er ist der Herr des gewaltigen Thrones." (Koran, 9:129)

Auch mein Verstand wandte sich an meine Seele (nefs), die da schrie in ihrer Qual und in ihrer Angst und sagte zu ihr:
Lass du Ärmster deine Klagen! Vertraue auf Gott vor dem Unglück!
Denn wisse, dass ein Fehler ist, zu klagen, sich im Unglück noch zu plagen.
Hast du gefunden den, der dich plagte, wisse:

Glück und Freundschaft und ein Geschenk umhüllt dir die Plage.

So lass denn nun dein Klagen! Danke!

Es lächeln die Rosen. Es freut sich die Nachtigall.

Findest du Ihn nicht, dann wisse, dass die Welt liegt in Qualen, Vernichtung in ihr, Zerstörung in ihr.

Es droht dir eine Welt voll Unglück (= Hölle)! Was klagst du über dein kleines Missgeschick? Komm doch, vertraue!

Voll Vertrauen lache ihr ins Gesicht, der Plage! Auch sie wird lachen, die Plage.

Wird lächelnd sich umwandelnd dir entschwinden.

Ich sprach auch wie einer meiner Lehrer, Maulana Celaleddin einmal zu seiner Seele (nefs) gesagt hatte: „Er sagte: ´Bin Ich nicht dein Herr?´ Du hast gesagt: ´Doch! Du bist mein Herr.´ Was also ist nun deine Dankespflicht in ´Bela! (= in jenem Augenblick, wo du ja gesagt hast)´? Was hast du auf dich genommen in ´Bela´? was ruht für ein Geheimnis in ´Bela´?" „Es heißt gleichsam: Ich klopfe an Seine Tür in meiner Armseligkeit und Nichtigkeit." Nun antwortete mir auch meine Seele: „Wahrlich, meine Hilfsbedürftigkeit und mein Vertrauen und die Zuflucht, die ich in meiner Armseligkeit suche, öffnen in der Tat die Tore des Lichtes und vertreiben alle Finsternis. Gepriesen sei Allah für das Licht des Glaubens und den Islam."

Und ich erkannte, welch hohe Wahrheit der folgende Ausspruch von Hikem-i Ataiyye enthält, wenn er sagt: „Was hat der gefunden, welcher Ihn verloren hat und was hat der verloren, der Ihn gefunden hat?" Das heißt: „Wer Gott den Gerechten gefunden hat, was kann er noch verlieren? Und wer Ihn verloren hat, was kann er noch gewinnen?" Denn: „Wer Ihn gefunden hat, hat alles gefunden. Wer Ihn nicht gefunden hat, kann nichts mehr finden; und hätte er etwas gefunden, käme es gleich einem Unglück auf ihn herab." Nun verstand ich das Geheimnis des Hadith: „Selig sind die Fremdlinge (ghuraba´)" und dankte dafür.

Nun also meine Brüder sind diese Fremdheiten, die mir so voll Dunkelheit gewesen waren, durch das Licht des Glaubens wirklich erhellt und erleuchtet worden. Doch wirken sie immer noch in gewissem Grade auf mich ein und haben mir den folgenden Gedanken eingegeben: Ist denn nun, da ich nun einmal ein Fremdling bin, der in der Fremde lebt und in die Fremde geht, meine Aufgabe in dieser Herberge beendet, sodass ich nun euch und meine "Sözler" (Worte) zu Stellvertretern ernennen und alle meine Bindungen sämtlich abbrechen kann...

Dieser Gedanke war mir in den Sinn gekommen und darum hatte ich euch auch gefragt: Sind die bereits niedergeschriebenen "Sözler" (Worte) schon ausreichend? Fehlt daran noch etwas? Das heißt: Ist meine Aufgabe nun beendet? sodass ich in der Ruhe meines Herzens mich in eine leuchtende, wohltuende, wahrhaftige Fremde stürzen und die Welt vergessen könnte, so wie Maulana Dschelaluddin gesagt hat: „Weißt du, was Ekstase (sema´) ist? Sich selbst verlieren, in der völligen Vergänglichkeit einen Vorgeschmack der Ewigkeit genießen." Darf auch ich so sagen und nach einer erhabenen Fremde suchen? Darum also habe ich euch mit dieser Frage belästigt.

Umgang mit den Eltern

21. Brief

„Wenn eines von ihnen oder beide bei dir ein hohes Alter erreichen, so sag nicht zu ihnen: 'Pfui!', und fahre sie nicht an, sondern sprich zu ihnen ehrerbietige Worte. Und senke für sie aus Barmherzigkeit den Flügel der Untergebenheit und sag: 'Mein Herr, erbarme dich ihrer, wie sie mich aufgezogen haben, als ich klein war.' Euer Herr weiß besser, was in eurem Inneren ist. Wenn ihr rechtschaffen seid, so ist Er für die, die immer wieder umkehren, voller Vergebung."[38]

O achtloser Mensch, in dessen Haus eine betagte Mutter oder ein alter Vater leben, ein Invalide oder ein Arbeitsunfähiger aus dem Kreise deiner Verwandten oder Glaubensgenossen! Studiere die obigen Koranayate sorgfältig und siehe, wie auf fünf Ebenen auf verschiedene Weise Kinder aufgefordert werden, freundlich und milde zu ihren betagten Eltern zu sein. Ja, die höchste Wahrheit in dieser Welt ist die Barmherzigkeit der Eltern zu ihren Kindern.

Und die erhabensten Rechte sind ihre Rechte auf Respekt als Vergütung für ihr Mitleid. Denn die Eltern opfern ihr Leben mit großer Freude und geben ihr Leben auf das Leben der Kinder. In diesem Falle: jedes Kind, das seine Menschlichkeit nicht verloren hat und nicht in ein

---

[38] Koran, 17:23-25

Ungeheuer verwandelt wurde, ehrt diese geachteten, treuen, sich selbst aufopfernden Freunde, dient ihnen aufrichtig und versucht, ihnen Freude zu bereiten und sie glücklich zu machen. Onkel und Tanten, mütterlicherseits und väterlicherseits, sind wie Väter und Mütter.

Und verstehe daraus, wie gewissenlos es ist, gegen jene gesegneten betagten Leute verächtlich zu sein und ihren Tod zu wünschen. Und wisse, welch bösartige Falschheit und Unbilligkeit es ist, das Ende des Lebens jener zu wollen, die ihr Leben für das Deine geopfert haben.

O du, der du dich abmühst, um deinen Lebensunterhalt zu sichern! Das Werkzeug der Fülle und Gnade in deinem Heim und derjenige, der Unheil abweist sind jene betagten und blinden Verwandten, die du herabsetzest. Hüte dich und sage nicht: „Ich habe ein geringes Einkommen; ich halte mich nur mühsam über Wasser!" Denn wäre nicht die Fülle, die durch ihrer Gegenwart entsteht, so wären deine Verhältnisse noch härter. Glaube diese Tatsache, die ich dir sage: ich kann das sehr deutlich beweisen und kann dich überzeugen. Aber um die Diskussion nicht zu verlängern, kürze ich sie ab. Sei damit zufrieden. Ich schwöre, dass dies absolut sicher ist; meine bösgesinnte Triebseele und mein eigener Teufel sogar haben sich unterworfen. Du solltest von der Tatsache überzeugt sein, welche die Widerspenstigkeit meiner Seele zerschmetterte und meinen Teufel zum Verstummen brachte.

Ja, der All-Glorreiche und All-Freigebige Schöpfer, Der, wie das Universum bezeugt, unbegrenzt Gnadenvoll, Barmherzig, Wohltätig und Großzügig ist, versorgt Säuglinge mit der feinsten Nahrung, wenn Er sie in die Welt schickt, denn Er lässt die Nahrung aus den Brüsten der Mutter in ihre Münder fließen. So, ebenfalls, Er liefert in Hülle und Fülle die Nahrung für die betagten Menschen, die wie Kinder sind, ja noch bedürftiger, und sie verdienen Freundlichkeit und Milde. Er bürdet ihren Lebensunterhalt nicht Habsüchtigen und Geizigen auf. Alle Lebewesen, alle Arten verkünden durch die Zunge ihres Daseins die Wahrheit, die durch den folgenden Koranayat ausgedrückt wird:

„Gott ist es, der Unterhalt beschert und Kraft und Festigkeit besitzt."[39] „Und wie viele Tiere gibt es, die nicht ihren eigenen Unterhalt herbeitragen. Gott beschert ihnen und euch den Unterhalt."[40]

Diese Koranayate drücken diese freigebige Wahrheit aus. Ja, es sind nicht allein betagte Verwandte, auch gewisse Geschöpfe wie Katzen sind dem Menschen Freund, auch ihr Unterhalt wird in der Fülle geschickt mit der Nahrung für die Menschenwesen. Ein Beispiel, das dies bekräftigt und das ich selber beobachtete, ist folgendes: Meine nahen Freunde wissen, dass für zwei bis drei Jahre meine mir zugewiesene Menge ein halber Brotlaib täglich war. Und die Brotlaibe in diesem Dorfe waren klein, und das war sehr oft nicht ausreichend für mich. Da kamen vier Katzen und blieben bei mir als meine Gäste, und die gleiche Brot-Ration langte für sie und für mich. Häufig blieb sogar noch etwas übrig.

---

[39] Koran, 51:58
[40] Koran, 29:60

Diese Situation geschah oft so oft, dass ich sicher wurde, dass ich Nutzen aus dem Speisewunder ziehe, die wegen der Katzen kam. Ich verkünde höchst deutlich, dass sie keine Bürde für mich waren. Auch waren sie es nicht, die mir verpflichtet gewesen wären, sondern ich ihnen. O Mensch! Wenn ein Tier, das gleichsam wild ist, ein Werkzeug der Fülle ist, wenn es zum Heim eines Menschenwesen kommt, dann kannst du für dich selbst vergleichen, welch Werkzeug der Fülle und Gnade der Mensch ist, das edelste der Geschöpfe, und die Gottgläubigen, die vollkommensten der Menschen, und die kraftlosen und kränklichen Alten, die unter den Gläubigen des Respekts und der Barmherzigkeit am würdigsten, und die Verwandten, die unter den kränklichen Alten der Freundlichkeit, der Liebe und der Pflege am meisten würdig sind, und die Eltern, welche die ehrlichsten und treuesten Freude unter den Verwandten sind, wenn sie im hohen Alter in einem Hause leben. Gemäß des Sinns des Hadis: „Wären nicht die Alten, doppelt gebeugt vom Alter, so würde euch eine Flut großen Unheil heimsuchen!"[41] kannst du sehen, welch wichtiger Grund sie sind, damit Unheil abgewiesen wird.

Und so, o Mensch, komm zu Sinnen! Wenn du nicht früher stirbst, so wirst du alt. Ehrst du nicht deine Eltern, gemäß der Bedeutung hierin: „Die Strafe ist ähnlich der Tat, die sie verlangt!" werden deine Kinder dich nicht ehren. Wenn du dein Leben im Jenseits liebst, so ist dies eine wichtige Schatzkammer für dich: Ehre die Alten und gewinne ihr Wohlgefallen. Auch wenn du diese Welt liebst, versuche

---

[41] Al-Ajluni, Kashf al-Khafa ii, 163; Suyuti, Kanz al-Ummal ix, 167: Ghazali, Ihya'ulum al-din 341.

doch, den Alten Gutes zu tun, damit durch sie dein Leben leicht sein möge und dein Unterhalt dir in Fülle zuteil werde. Denn wenn du die Alten verachtest, ihren Tod wünschest und ihr feinfühliges und leicht verletzliches Herz verwundest, wirst du den Sinn dieses Koranayats verdeutlichen: „Er verliert das Diesseits und das Jenseits."[42]

Willst du die Gnade des Höchst Gnädigen Gottes, sei gnädig zu jenen in deinem Heim, die Gott dir anvertraut hat. Es gab einen Mann namens Mustafa Cavus, einer meiner Brüder des Jenseits. Ich sah immer, dass er in seinem religiösen und in seinem weltlichen Leben sehr erfolgreich war. Den Grund dafür kannte ich nicht. Später verstand ich, dass der Grund für seinen Erfolg war, dass er die Rechte seiner betagten Eltern verstand, und er beachtete deren Rechte haargenau; deswegen fand er Behaglichkeit und Gnade.

Gott wollte es, er richtete ebenso sein Leben im Jenseits ein. Jene, die sich ein gutes Schicksal wünschen, sollten sich bemühen, ihm zu ähneln...

O Gott! Gewähre Heil dem Manne, der sagte: „Das Paradies ist unter den Füssen der Mütter."[43]

Und gewähre Heil seiner gesamten Familie und all seinen Gefährten.

---

[42] Koran, 22:21

[43] Suyuti, al-Jami al-Saghir, 3642; al-Ajluni, Kashf al-Khafa i, 335; al-Albani, Sahihi al-Jami al-Saghir wa ziyadatihi 1259, 1260.

"Ehre sei Dir (=Gott)! Wir (=die Engel) haben keine Erkenntnis außer jener, die Du uns gelehrt hast. Ja, du bist All-Wissend, All-Weise."[44]

---

[44] Koran, 2:32

Heilmittel für Kranke - Krankenseelsorge

25. Lichtblitz

Diejenigen, die da so ein Unheil trifft, sagen: Wir sind Geschöpfe Gottes, und zu Ihm werden wir heimkehren.[45]

Und so, wie er (Gott) mich speiset, und tränkt, so wird er (Gott) mich auch heilen, wenn ich krank bin.[46]

In diesem Lem'a (Lichtsblitz) erklären wir zusammengefasst die 25 Heilmittel für die Menschen, von denen jeder zehnte krank ist, damit es den Betroffenen Trost spendet und zur Salbe für ihre Wunden wird.

Das erste Heilmittel

Oh, nach Heilung suchender Mensch!
Mach dir keine Sorgen, sei geduldig. Vielleicht ist deine Krankheit für dich kein Leid, sondern eine Art von Heilung. Das Leben ist ein Kapital, und es ist vergänglich. Wenn es keine Früchte trägt, ist es verloren.

Mit Bequemlichkeit und Unachtsamkeit vergeht es sehr schnell. Die Krankheit schenkt deinem Kapital durch viel Gewinn Früchte. Es lässt dein Leben nicht zu schnell vergehen, bringt es zum Stehen und verlängert es, bis es Früchte trägt. In einem berühmten Sprichwort, das darauf

---

[45] Koran, 2:156
[46] Koran, 26:79-80

hinweist, dass durch Krankheit das Leben lang wird, heißt es: "Die schlechte Zeit dauert sehr lang. Die glückliche Zeit jedoch ist sehr kurz."

Das zweite Heilmittel

Oh ungeduldiger Kranker!
Sei geduldig und dankbar. Diese Krankheit kann jede Minute deines Lebens in eine Stunde umwandeln, die zu einem Gebet wird. Denn es gibt zwei Arten von Gebet. Das Erste ist das festgelegte Gebet wie das tägliche Gebet, und das Bittgebet. Das andere, das nicht festgelegte, besteht aus Gottesdiensten, die durch Krankheiten und schlechte Ereignisse hervorgerufen werden, wobei das dazu führt, dass der Betroffene sich seinem Schöpfer zuwendet, ihn anfleht und somit einen geistigen Gottesdienst ausübt. Es gibt bestätigte Überlieferungen[47] darüber, dass ein Leben mit Krankheiten zu einem Gottesdienst für den Gläubigen wird, solange er sich über Gott nicht beschwert.

In manchen bestätigten Überlieferungen wird berichtet, dass eine Minute krank zu sein von geduldigen und dankbaren Kranken zu einer Stunde Gottesdienst und eine Minute von Frommen zu einem Tag Gebet umgewandelt wird. Daher solltest du über deine Krankheit, die aus einer Minute deines Lebens tausend Minuten macht und dir ein langes Leben schenkt, nicht klagen, sondern dafür danken.

---

[47] el-Elbanî, Sahihu Camii's-Sagir,256

Das dritte Heilmittel

Oh ungeduldiger Kranker!
Der Mensch ist nicht allein auf dieser Welt, um sich zu vergnügen, denn diejenigen, die auf diese Welt kommen, verlassen sie beständig wieder. Die Jungen werden alt, und der Mensch dreht sich beständig um Tod und Trennung.

Obwohl der Mensch das vollkommenste und erhabenste Geschöpf ist, am besten ausgestattet in Bezug auf Gliedmaßen und Talente, verbringt er sein Leben wie ein Tier in Sorge und Schwierigkeiten, in dem er an die schöne Zeit in der Vergangenheit und an die mit Sorgen belastete Zukunft denkt. Das bedeutet, dass der Mensch nicht nur auf dieser Welt ist, um sein Leben in Bequemlichkeit und Lust zu verbringen. Im Gegenteil – ausgestattet mit einem enormen Kapital, kam der Mensch auf die Erde, um zu arbeiten und Handel zu treiben für ein ewiges, immerwährendes Leben.

Das Kapital, das ihm dafür gegeben wurde, ist seine Lebenszeit. Wenn es keine Krankheiten gäbe, würden Gesundheit und Wohlergehen das Leben von der schönen Seite zeigen und das Jenseits vergessen lassen. Der Mensch will sich nicht an das Grab und an den Tod erinnern und verschwendet sein Kapital für Unsinniges und Vergnügungen. Die Krankheit jedoch öffnet ihm das Auge. Es sagt zu seinem Körper: "Du bist nicht unsterblich und auf dich gestellt. Du hast eine Aufgabe, lass den Hochmut, denk an deinen Schöpfer; denk daran, dass du ins Grab kommen wirst und bereite dich darauf vor."

Von diesem Standpunkt aus betrügt die Krankheit nie. Sie ist ein Wegweiser, der mahnt und Rat vermittelt. Daher sollte man nicht klagen, sondern dankbar sein, und wenn es einem schwer fällt, sollte man um Geduld bitten.

Das vierte Heilmittel

Oh, du klagender Kranker!
Dein Recht ist nicht zu klagen, sondern zu denken und geduldig zu sein. Denn dein Körper, deine Gliedmaßen und Talente sind nicht dein Besitz. Du hast sie nicht gemacht. Du hast sie nicht von anderen Geschöpfen gekauft. D.h., es ist im Besitz von jemandem anderen. Der Besitzer kann sein Eigentum in Anspruch nehmen, wie er es wünscht.

Im 26. Wort heißt es z.B.: Ein reicher, begabter Künstler lässt einen armen Mann gegen Bezahlung für eine Stunde Modell sitzen; lässt ihn ein Hemd, einen Anzug anprobieren, den er sehr kunstvoll angefertigt hat, um sein Kunstwerk und wertvolles Vermögen zu zeigen. Er nimmt dabei Änderungen vor und bearbeitet es, um seine hervorragende Kunst zu zeigen, schneidert, ändert, verlängert und nimmt Kürzungen vor. Hätte der arme Mann, der für einen Lohn arbeitet, das Recht zu sagen: „Du machst mir Schwierigkeiten! Durch das Verbeugen und Aufstehen störst du mich. Du zerstörst die Schönheit dieses Hemdes, das mir gut steht, durch das Schneiden und Kürzen."

Hat er das Recht zu sagen: „Du hast mir Unrecht getan."?
Oh Kranker! Wie in diesem Beispiel dreht und ändert dich Gott, der Erhabene in verschiedenen Formen. Um die Zeichen seiner Attribute zu zeigen, dreht und ändert Er in

verschiedenen Formen das Hemd, welches Er mit Auge, Ohr, Verstand und Herz bestückt und dir angezogen hat.

Und wie du seinen Namen Razzaq (d.h. der allen Geschöpfen Unterhalt Gebende) kennst, solltest du auch seinen Namen "Schâfii" (=Heilender) durch deine Krankheit erkennen.

Da das Leid und Elend ein Teil der Gesetze Seiner Attribute zeigt, enthalten sie einen Glanz von Weisheit und Lichtsblitzen aus Barmherzigkeit, und diese Strahlen beinhalten viele Schönheiten. Wenn der Vorhang aufgehen würde, würdest du hinter dem Vorhang der Krankheit, vor der du Angst hast und Hass empfindest, schöne Bedeutungen finden.

Das fünfte Heilmittel

Oh, du mit Krankheiten belasteter Mensch!
Durch viele Erfahrungen bin ich heute zu der Überzeugung gekommen, dass eine Krankheit für manche ein Geschenk Gottes, ein Geschenk seiner Barmherzigkeit ist.

Obwohl ich dessen nicht würdig bin, kamen in den letzten acht bis neun Jahren mehrere Kranke zu mir, und baten um meine Gebete. Ich bemerkte, dass all diese kranken jungen Leute begannen hatten, mehr über das Jenseits nachzudenken als andere junge Leute. Sie entbehren die Trunkenheit der Jugend und ersparen sich bis zu einem gewissen Grad die tierischen Begierden und die Unachtsamkeit. Ich höre sie also an und warne sie, dass ihre Krankheit eine Göttliche Gabe ist im Rahmen ihrer Widerstandskraft. Ich sagte also: „Mein Bruder, ich bin nicht gegen deine Krankheit! Warum soll ich für dich dann beten? Habe Geduld bis die Krankheit dein Bewusstsein geweckt hat! Wenn sie ihre Aufgabe erfüllt hat, wird der Allerbarmer der Schöpfung dir, wenn Er will, Genesung schenken." Und ich sagte weiter: „Ein Teil derer, die in deinem Alter sind, fallen auf Grund ihrer Gesundheit in einen tiefen Schlummer. Sie verlassen das Gebet, denken nicht an das Grab und vergessen Gott. Eine Stunde äußerliches Vergnügen im irdischen Leben erschüttert und zerstört ein ewiges Leben. Du siehst mit dem Auge der Krankheit das Grab, was dein Ziel ist und wo du auf jeden Fall hinkommen wirst und weiter die dahinter steckenden Ziele des Jenseits und verhältst dich dann dementsprechend. Das heißt, dass für dich die Krankheit eine Gesundheit ist. Bei manchen ist jedoch die Gesundheit eine Krankheit..."

Das sechste Heilmittel

Oh, über Schmerzen klagender Kranker!
Ich frage dich: „Denk an dein vergangenes Leben und vergleiche die Zeit, in der du glücklich warst mit der Zeit, in der du gelitten hast." Du wirst entweder „Oh!" oder „Ah!" sagen. Das heißt; dein Herz oder deine Zunge wird entweder „Gott sei Dank" oder „Was für eine Sehnsucht!" oder „Schade" sagen. Bedenke: das Leid, was dich getroffen hat und die Erinnerung daran hebt ein seelisches Glücksgefühl hervor, das dein Herz danken lässt. Denn das Ende von Leiden ist das Glück. Das Leiden hat auf der Seele einen Geschmack hinterlassen, so dass mit dem Erinnern der Geist sich wohl fühlt, woraus Dankbarkeit resultiert. Die Geschehnisse, welche dich Wâ-esefâ, Wâ-hasratâ sagen lassen, sind jene, die in deinem Geist eine ewige Trauer hinterlassen haben, so dass du jedes Mal,

wenn du daran denkst, traurig wirst und Sehnsucht hast. Ein mit unislamischen Vergnügungen verbrachter Tag kann den Menschen seelisch ein Jahr lang leiden lassen. Und ein Leid, das mit einem Tag Kranksein kommt und endlich ist, trägt mit der geistigen Wohltat auch die Freude, die durch die Genesung wieder kommt. Denke jetzt an das Resultat deiner Krankheit und an die Wohltat, die du bekommen wirst. Sage: "Dies wird schon vergehen." Und danke, anstatt zu klagen.

Das sechste Heilmittel[48]

Oh, an das weltliche Vergnügen denkender und durch die Krankheit leidender Bruder!

Wenn diese Welt ewig wäre und es auf unserem Weg den Tod nicht gäbe, der Wind der Trennung nicht wehen würde und wenn es in der sorgenvollen und stürmischen Zukunft die geistig-winterlichen Jahreszeiten nicht gäbe, würde ich mit dir auf Grund deiner Situation Mitleid empfinden. Aber die Welt wird eines Tages auffordern, zu gehen und ihre Ohren für unsere Hilferufe schließen. Daher sollten wir auf die Liebe zu ihr durch die Warnungen dieser Krankheiten verzichten. Bevor sie uns verlässt, sollten wir versuchen, die Welt in unserem Herzen zu verlassen. Ja, die Krankheit deutet auf diese Bedeutung und sagt: "Dein Körper ist weder aus Stein noch aus Eisen. Du bist aus verschiedenen Substanzen geschaffen, die sich zersetzen können. Lass den

---

[48] Da dieser Lichtblitz wie in meinen Sinn kam, wurde es in der sechsten Stufe als zwei Heilmittel geschrieben, und haben wir es nicht geändert. Vielleicht dachten wir, indessen ein Geheimnis gibt.

Hochmut, verstehe deine Schwäche, erkenne deinen Besitzer (Gebieter) und denke daran, warum du auf dieser Welt bist.

Das Vergnügen und der Genuss der Welt dauern nicht an, und wenn es unerlaubt ist, ist es endlich, schmerzlich und sündhaft. Weine nicht, weil du durch die Krankheit diesen Genuss verloren hast. Im Gegenteil, denk an den geistigen Gottesdienst und an die Wohltat und versuche dich, an diesem zu erfreuen.

Das siebte Heilmittel

Oh, der den Genuss seiner Gesundheit vergessende Kranker!
Deine Krankheit nimmt dir nicht den Genuss der göttlichen Gaben weg. Im Gegenteil, sie mehrt den Geschmack. Denn etwas, das andauert, verliert seine Wirkung. Die Leute der Wahrheit (Ahl-i Hakikat) stimmen überein und sagen: „Alles wird durch das Gegenteil erfasst." Wenn es die Dunkelheit nicht gäbe, würde man vom Licht nichts wissen, und es wäre ohne Freude. Wenn es die Kälte nicht gäbe, würde man die Wärme nicht verstehen. Wenn es den Hunger nicht gäbe, würde das Essen nicht schmecken. Ohne den Durst würde das Trinken nicht schmecken. Gäbe es die Sorgen nicht, bliebe das Wohlergehen ohne Freude. Gäbe es die Krankheit nicht, hätte man keine Freude an der Gesundheit.

Da der Schöpfer den Menschen alle Sorten Seiner Gaben kosten lässt und die Menschen zum Danken auffordert, hat Er die Menschen mit Fähigkeiten und Organen ausgestattet, so dass sie die verschiedenen Gaben kosten und erkennen können. Dies zeigt, dass genauso wie Er dir Gesundheit und Wohlergehen geschenkt hat, Er dir auch Krankheiten und Sorgen geben wird. Ich frage dich:

„Wenn dein Kopf, deine Hände oder dein Magen nicht erkranken würden, könntest du dich an den göttlichen Gaben erfreuen und danken?" Du wärst nicht nur undankbar, sondern würdest auch überhaupt nicht an die Gesundheit denken und somit unbewusst deine Zeit mit Unachtsamkeit und vielleicht sogar mit Vergnügungen verschwenden.

Das achte Heilmittel

Oh, sich auf das Jenseits besinnender Kranker!
Die Krankheit ist wie eine Seife. Sie wäscht den Schmutz deiner Sünden und reinigt sie. Laut der Überlieferungen des Propheten ist uns bekannt, dass Krankheiten eine Entschädigung für die Sünden sind. In einer Überlieferung heißt es: „So wie das Herunterfallen der Früchte eines reifen Baumes lässt auch das Zittern eines gläubigen Kranken die Sünden fallen."[49]

Die Sünden sind im ewigen Leben ewige Krankheiten. Diese sind sogar im irdischen Leben Krankheiten für das Herz, das Gewissen und für die Seele.

Wenn du geduldig bist und nicht klagst, kannst du dich durch diese endliche Krankheit von vielen unendlichen Krankheiten befreien.

---

49 Buchari, Merda: 1, 2, 13, 16; Müslim, Birr: 45; Rikak: 57; Müsned, 1: 371, 441 etc.

Wenn du nicht an die Sünden denkst, das Jenseits oder Gott nicht kennst, dann hast du so eine erschütternde Krankheit, die eine Million mal größer ist als die kleine Krankheit, die du besitzest.

Daher flehe um Hilfe. Denn dein Herz, dein Geist und dein Ego (ich) stehen mit der ganzen Schöpfung der Erde in Zusammenhang. Durch Trennung und durch die Vergänglichkeit bricht dieser Zusammenhang, und es entstehen bei dir große Wunden.

Wenn du vom Jenseits nicht überzeugt bist, wirst du den Tod als eine ewige Hinrichtung betrachten. Somit hast du einen mit Wunden übersäten kranken Körper. Daher sollte man zuerst für diesen wunden, kranken, großen, geistigen Körper nach Heilmittel suchen, welche der Glaube und die Steigerung des Bewusstseins im Glauben sind.. Der kürzeste Weg, das Heilmittel zu finden, ist der, durch die materielle Krankheit, welche den Vorhang des Schlummers zerreißt und somit mit dem Fenster der Schwäche dir die Kraft und Barmherzigkeit Gottes vorstellt.

Ja, wenn du Gott nicht kennst, hast du eine Welt voller Sorgen. Die Welt eines Menschen, der von Gott überzeugt ist, ist voller Licht und Freude.

Je nach dem Grad seines Glaubens wird er die Kraft seiner Überzeugung spüren.

Mit der spirituellen Freude und Heilung, welche durch den Glauben (Iman) kommt, werden die Sorgen von kleinen weltlichen Krankheiten schmelzen.

Das neunte Heilmittel

O, du Kranker!
Der Grund, warum man sich wegen Krankheiten besorgt zeigt und davor Angst hat, ist der, dass die Krankheiten zum Tod führen können. Da der Tod aus der Sicht der Unbewussten äußerlich erschreckend wirkt, löst es bei den Kranken als erstes Schrecken aus. Du solltest folgendes wissen und dir dessen bewusst sein: "Der Tod ist vorbestimmt und nicht veränderlich." Viele gesunde Menschen, die um schwer Kranke geweint haben, sind selbst gestorben und die schwer Kranken sind gesund geworden und haben weitergelebt.

Zweitens: Der Tod ist so schrecklich, wie es oberflächlich ausschaut. Durch das Licht des Allweisen Koran haben wir in vielen Schriften des Risale-i Nur eindeutig bewiesen, dass für die Gläubigen der Tod eine Befreiung von der Last des Lebens bedeutet. Für sie bedeutet es eine Verschnaufpause vom Gottesdienst, welcher aus Anweisungen und Unterweisung in der Arena der Versuchung dieser Welt besteht. Außerdem ist es ein Weg, die Bekannten und Verwandten, von denen 99% bereits im Jenseits weilen, wiederzusehen. Es ist ein Mittel, um zur wirklichen Heimat und zum unendlichen Glück zu gelangen.

Es ist eine Einladung aus dem Gefängnis der Welt in den Garten des Paradieses. Es ist außerdem eine Gelegenheit, von der Großzügigkeit des barmherzigen Schöpfers für den eigenen Dienst eine Belohnung zu bekommen. Da die Wirklichkeit des Todes solcherart ist, sollte man ihn nicht als etwas Schreckliches betrachten, sondern im Gegenteil, ihn als einen Anfang der Barmherzigkeit und des Glückes ansehen.

Die Angst, die manche Geistliche vor dem Tod haben, ist nicht die, dass der Tod etwas Schreckliches ist, sondern sie hoffen, durch ein längeres Leben mehr gute Taten vollführen zu können, durch die sie dann Verdienste erwerben. Ja, für die Gläubigen ist der Tod eine Tür zur Barmherzigkeit. Für die, die nicht glauben, jedoch ist es ein Brunnen ewiger Dunkelheit.

Das zehnte Heilmittel

Oh Kranker, der du dich unnötigerweise sorgst!
Du sorgst dich um die Schwere der Krankheit, doch diese Sorge erschwert dir deine Krankheit. Wenn du willst, dass deine Krankheit leichter wird, dann versuche, dir keine Sorgen zu machen. D.h. denke an die Vorteile, an die Wohltat und an die baldige Besserung der Krankheit. Dies wird die Sorgen verfliegen lassen und das Übel an den Wurzeln packen.

Ja, die Sorge verdoppelt das Leid der Krankheit. Neben der physischen Krankheit verursacht die Sorge eine geistige Krankheit. Die körperliche Krankheit dauert dann wegen diesem Zustand an.

Wenn durch die Hingabe zu Gott, durch den Willen und mit dem Gedanken an die Weisheit der körperlichen Krankheit die Sorge vergehen würde, wäre eine wichtige Wurzel der körperlichen Krankheit abgeschnitten. Besonders durch unnötige Besorgtheit wird eine kleine Krankheit zehnfach so groß. Durch das Meiden von unnötigen Sorgen, verschwinden neun Zehntel der Krankheit. Sorge verschlimmert Krankheit, und ist somit eine Beschuldigung gegen die Weisheit Gottes, kritisiert die Barmherzigkeit Gottes. Weil es ein Klagen gegen Gott ist, wirkt sie auf den Kranken wie ein Schlag ins Gesicht und die Situation wird schlechter dadurch.

Ja, so wie die Dankbarkeit die Gaben mehrt, verhält es sich auch mit dem Beklagen. Es mehrt das Leiden.

Sorge ist sogar eine Krankheit in sich. Das Heilmittel dafür besteht darin, die Weisheit und den Zweck in der Krankheit zu kennen. Da du die Weisheit und den Nutzen kennst, solltest du diese Salbe benutzen und dich befreien. Sag statt „Ah", „Oh" und statt „Wâ-esefa", „Elhamdulillahi Ala külli hal." (=Für jede Situation sage ich Preis sei Gott.)

Das elfte Heilmittel

Oh, ungeduldiger kranker Bruder!
Obwohl die Krankheit dir spontanes Leid beschert, so erzeugt ihr Ende in der Vergangenheit bis heute ein immaterielles Vergnügen und Freude für den Geist als Belohnung dafür, dass du sie ertragen hast. Von heute an, ja sogar von jetzt an, gibt es keine Krankheit mehr, und natürlich gibt es kein Leid aus dem Nichts.

Wenn es kein Leid gibt, dann kann es auch kein Leiden geben.

Da du dir falsche Vorstellungen machst, wirst du ungeduldig. Mit dem Vergehen der Krankheit bis heute ist auch das Leiden vergangen. Die Wohltat und der Geschmack zum Schluss sind geblieben.

Anstatt zu profitieren und dich zu freuen, ist es verrückt, Bedenken zu haben und ungeduldig zu werden. Die zukünftigen Tage sind noch nicht da. Ist es nicht verrückt, an all dies, an die Krankheit, die nicht vorhanden ist, über die Tage, die noch nicht da sind, an das Leiden, das nicht existiert, mit Furcht zu denken, ungeduldig zu sein und ohne Grund dreifaches Bedenken zu haben?

Da die vergangene Zeit, die du mit Krankheit verbracht hast, dir Freude macht, und da in der Zeit danach die Krankheit und das Leid nicht existieren, solltest du deine ganze Geduld und Kraft, die dir dein Schöpfer gegeben hat, nicht vergeuden.

Sammle sie gegen das Leid, das du jetzt hast. Sag, „O, mein Allergeduldigster!" und hab Vertrauen.

Das zwölfte Heilmittel

Oh, Kranker, der du wegen seiner Krankheit die Gottesdienste und regelmäßigen Gebete versäumst und darüber betrübt bist!

Du solltest wissen, dass ein Hadith besagt: „Ein frommer Gläubiger, der auf Grund von Krankheit die regelmäßigen Gebete, die er sonst verrichtet, nicht ausüben kann, erhält den gleichen Lohn."[50] Für einen Kranken, der seine Pflichtgebete so weit als möglich mit Geduld und im

---

[50] Buchari, Jihad: 134; Müsned, 4: 410, 418.

Vertrauen auf Gott verrichtet, nimmt die die Krankheit, in dieser Zeit der schweren Krankheit den Platz von Sunna-Gottedienst ein – und zwar in aufrichtiger Weise.

Die Krankheit lässt zudem den Menschen seine Ohnmacht und Schwäche erkennen, so dass er sowohl mit Worten als auch mit der Zunge seiner Ohnmacht Bittgebete spricht. Gott hat den Menschen eine grenzenlose Schwäche gegeben, damit er sich immer an Gott wende und bete. Gemäß der Bedeutung des Ayats: „Sage: ohne eure Gebete würde sich mein Herr nicht um euch kümmern"[51] d.h. „welche Bedeutung hättet ihr, wenn ihr keine Gebete und Bittgebete verrichten würdet?" liegt die Weisheit der Schöpfung und der Grund für ihren Wert in aufrichtigem Gebet und Bitten. Da eine Ursache davon Krankheit ist, sollte man von diesem Standpunkt aus nicht darüber klagen, sondern Gott dafür danken und die Quelle für das Bittgebet, welche durch die Krankheit geöffnet wurde, sollte nicht bei Wiedergewinnen der Gesundheit verschlossen werden.

Das dreizehnte Heilmittel

Oh, Unglücklicher, der du über deine Krankheit klagst!
Die Krankheit ist für manchen ein wichtiger Schatz. Es ist ein wertvolles göttliches Geschenk. Jeder Kranke kann seine Krankheit dafür halten.

Die Stunde des Todes ist ungewiss; um den Menschen vor völliger Verzweiflung und Unachtsamkeit zu bewahren, und um ihn zwischen Hoffnung und Angst schweben zu lassen und damit sowohl diese Welt als auch das Jenseits zu

---

[51] Koran, 25:77

bewahren, hat Gott in seiner Weisheit die Todesstunde verborgen. Sie kann jederzeit eintreffen; ereilt sie den Menschen in Unachtsamkeit, so kann dies dem ewigen Leben schweren Schaden zufügen. Doch Krankheit vertreibt die Achtlosigkeit; sie bringt den Menschen dazu, an das Jenseits zu denken, erinnert an den Tod und bereitet ihn somit vor. Manche Krankheiten sind so lohnend, dass sie einer Person in 20 Tagen einen Rang einbringen, den diese in 20 Jahren nicht hätte erreichen können.

Zum Beispiel hatten wir zwei Freunde (Allah möge ihnen Segen schenken), die jetzt verstorben sind. Einer von ihnen hieß Sabri aus Ilema und der andere Vezirzâde Mustafa aus Islamköy.

Obwohl die beiden weder lesen noch schreiben konnten, bemerkte ich verwundert, dass sie im Dienste des Islam und in der Ernsthaftigkeit sehr voraus waren. Ich kannte den Grund nicht. Nach ihrem Tod erst habe ich es verstanden. Beide hatten nämlich eine schwere Krankheit.

Durch die Rechtleitung auf Grund dieser Krankheit befanden sie sich in einer Situation der Frömmigkeit und in einem wertvollen Dienst und haben sich in einem nützlichen Zustand für das Jenseits befunden. Ich hatte für sie manchmal gebetet. Jetzt sehe ich jedoch, dass diese Gebete, die ich für ihre Genesung sprach, irdisch betrachtet eigentlich gegen sie waren. So Gott will, wird mein Gebet für ihr Wohlergehen im Jenseits anerkannt werden.

Ich glaube, dass diese zwei einen Gewinn gemacht haben, welcher einem zehn Jahre lang dauernden Gebet gleich ist.

Wenn beide wie die anderen jungen Menschen sich auf ihre Gesundheit und ihre Jugend verlassen hätten, unachtsam gewesen wären und dem Vergnügen gefolgt wären und der Tod sie mitten im Schmutz der Sünden erreicht hätte, dann hätten sie aus ihren Gräbern ein Nest für Skorpione und Schlangen gemacht, anstatt einer Schatztruhe des Lichts.

Da Krankheiten dieser Art Vorteile haben, sollte man nicht klagen, sondern mit Geduld und Dankbarkeit dem gnadenreichen einzigen Gott vertrauen.

Das vierzehnte Heilmittel

Oh, blind gewordener kranker Mensch!
Wenn du wüsstest, was für ein Licht und welch spirituelle Augen sich hinter dem blinden Auge eines Gläubigen befindet, würdest du „Hunderttausend mal Dank sei Gott, dem Barmherzigen" sagen.

Dies möchte ich mit einem Beispiel erläutern: Eines Tages erblindete die Tante von Suleiman aus Barla, die mir acht Jahre lang treu diente. Diese fromme Frau suchte mich vor dem Tor der Moschee auf und bat mich für sie zu beten, damit ihre Augen sich wieder öffneten. Ich habe von der Frömmigkeit dieser Frau als Fürbitte Gebrauch gemacht und auf folgende Weise gebetet: „Oh mein Schöpfer, öffne ihr ihretwillen das Auge."

Am zweiten Tag kam ein Augenarzt aus Burdur und (öffnete) heilte ihr das Auge.

Nach vierzig Tagen schloss sich das Auge wieder. Ich war sehr betroffen. Ich betete viel für sie. So Gott will, wird dieses Gebet für ihr Leben nach dem Tod angenommen. Sonst wäre mein Gebet für sie eine Verwünschung, da sie nach vierzig Tagen starb. Möge Allahs Erbarmen mit ihr sein.

Diese Verstorbene konnte die schönen Gärten von Barla nicht mehr sehen. Dafür aber gewann sie für vierzigtausend Tage den Blick auf die Gärten des Paradieses in ihrem Grab, da sie den wahren Glauben hatte und vollkommen rechtschaffen war.

Ja, wenn ein aufrichtig gläubiger Mensch blind wird, und in diesem Zustand ins Grab kommt, wird er je nach seinen Taten, mehr als die anderen Verstorbenen, die Welt des Licht erblicken. So wie wir auf der Erde vieles sehen, was die Blinden nicht sehen können, genau so werden die Blinden im Grab, falls sie als Gläubige gestorben sind, besser als die anderen Verstorbenen sehen können.

Als ob sie durch ein Fernrohr schauen würden, werden sie je nach der Stufe des Zustandes im Grab die Gärten des Paradieses erblicken und betrachten. So kannst du mit Dankbarkeit und Geduld hinter dem Schleier deines jetzigen Auges ein Auge finden, das lichtgefüllt ist und mit dem du, wenngleich unter der Erde, das Paradies über den Himmeln erblicken kannst. Der Augenarzt, der den Vorhang vor deinem Auge heben und dich sehen lassen wird, ist der allmächtige Koran.

Das fünfzehnte Heilmittel

Oh, klagender Kranker (Mensch), klage nicht, indem du deine Krankheit nur äußerlich betrachtest. Erkenne die Bedeutung und sag „Ah". Wenn die Krankheit nicht eine schöne Bedeutung hätte, dann hätte der Barmherzige Schöpfer seinen geliebten Dienern keine Krankheit gegeben.

In einer gesunden Überlieferung des Propheten (Friede sei mit Ihm) (Hadith) heißt es: „Diejenigen, die den größten Prüfungen ausgesetzt sind, sind die Propheten, dann die Heiligen und Leute wie sie." Das bedeutet: „Diejenigen, die die größten Schwierigkeiten und Leiden durchmachen sind die besten und vollkommensten der Menschen."[52]

Insbesondere der Prophet Eyyub (=Hiob) (Friede sei mit Ihm), aber auch andere Propheten, Sufis und die Frommen haben die Krankheiten, die sie durchgemacht haben, als reinen Gottesdienst und als ein Geschenk der Barmherzigkeit Gottes betrachtet und mit Geduld dafür gedankt. Sie haben es als einen operativen Eingriff betrachtet, ausgeführt von der Barmherzigkeit des Schöpfers.

Oh, klagender Kranker (Mensch)!

Wenn du dieser erleuchteten Karawane angehören willst, dann danke mit Geduld. Wenn du klagst, werden sie dich zu

---

[52] el- Münavi, Feyzü'l- Kadir, 1: 519, Nr. 1056, el- Hakim, el- Müstedrek, 3: 343; Buchari, Merda : 3.

ihrer Karawane nicht zulassen. Du wirst dann in die Grube der Unachtsamen fallen und einen dunklen Weg gehen.

Ja, es gibt Krankheiten, die, wenn sie zum Tode führen, eine Art von Märtyrertum (Schahid) sind, das eine Stufe der Heiligkeit ist wie das Märtyrertum. Jene z.B., die an Krankheiten nach einer Geburt sterben, an Bauchschmerzen, Ertrinken, Verletzungen und Pest, werden zu Märtyrern. So gibt es also gesegnete Krankheiten, die diejenigen, die daran sterben, auf die Stufe der Heiligen stellen.

Da die Krankheit die Liebe und die Verbundenheit zur Welt vermindert, erleichtert sie die Trennung von der Welt durch den Tod, was für die Bewohner der Erde sehr traurig und schmerzlich ist, und macht es manchmal sogar wünschenswert.

Das sechzehnte Heilmittel

Oh, über sein Leiden klagender Kranker!
Die Krankheit lehrt Respekt und Barmherzigkeit, was im gesellschaftlichen Leben der Menschen das Wichtigste und Schönste ist. Denn es befreit den Menschen von Hochmut, was zur Grausamkeit und Unbarmherzigkeit führt.

Denn in der Bedeutung von:
„Der Mensch ist wirklich aufsässig, dass er sich für selbstherrlich hält"[53] fühlt eine bösgesinnte Triebseele, die sich aufgrund von Gesundheit und Wohlergehen für selbstherrlich hält, oft keinen Respekt ihren Mitmenschen

---

[53] Koran 96:6-7

gegenüber, die den Respekt verdienen. Den Kranken und Elenden gegenüber empfindet sie kein Mitleid, obwohl diese Freundlichkeit und Mitgefühl verdienen.

Erst wenn sie selbst krank wird, erkennt sie durch diese Krankheit ihre Schwäche und zeigt ihren kranken Mitmenschen den zustehenden Respekt. Der Mensch empfindet den ihn besuchenden oder ihm helfenden gläubigen Mitmenschen gegenüber Respekt, empfindet gegenüber Leidenden Mitleid, welches eine Art von Mitgefühl und eine wichtige Eigenschaft des Islams ist. Und vergleicht er sie mit sich selbst, dann bedauert er sie aufrichtig und empfindet Mitleid mit ihnen. Er bemüht sich, ihnen zu helfen, zumindest betet er für sie, besucht sie und fragt nach ihrem Befinden, was im islamischen Recht (Scharia) Sunnah (Tradition des Propheten (Friede sei mit Ihm)) ist und erwirbt sich damit geistige Verdienste (Sawab).

Das siebzehnte Heilmittel

Oh, der sich über seine Unfähigkeit zu guten Taten beklagender Kranker. Bedanke dich. Die Krankheit öffnet dir das Tor zur besten Wohltat. Die Krankheit lässt den Kranken und den Krankenpflegern, die ihre Arbeit für Gott tun, viel Sawab (Belohnung) zukommen und ist ein wichtiger Grund für ein geschätztes Bittgebet. Ja, in der Krankenpflege gibt es für die Gläubigen, wichtige Sawabs (Verdienste). Es ist Sunnah (Tradition d. Propheten (Friede sei mit Ihm)) und eine Vergeltung für die Sünden, wenn man die Kranken, ohne sie zu belästigen, nach ihrem Befinden fragt und sie besucht.

In einer Überlieferung des Propheten Muhammed (Friede sei mit Ihm) heißt es: „Holt euch die Gebete der Kranken, denn ihre Bittgebete werden angenommen."[54]

Besonders, wenn die kranke Person aus der Verwandtschaft ist, insbesondere Vater oder Mutter, so ist es ein wichtiger Gottesdienst, sich um sie zu kümmern und wird mit einer großen Belohnung belohnt.

Das Herz eines Kranken zu trösten hat die Bedeutung von wichtigen Almosen. Wie gesegnet ist jenes Kind, das die Herzen der Eltern, die traurig sind, zufrieden stellt und in ihre Gebete aufgenommen wird.

Das gute Benehmen der Kinder gegenüber den Eltern während ihrer Krankheit, welches eine Antwort auf die Güte der Eltern ist und eine Realität in der Gesellschaft darstellt, wird von den Engeln mit Maschaallah (Donnerwetter) und Barekallah (Möge Gott sie Segnen) gelobt.

Ja, zu Zeiten von Krankheit gibt es Freuden, die durch Güte, Mitleid und Barmherzigkeit derer entstehen, die sich um den Kranken liebevoll kümmern und somit das Leiden auf ein Nichts reduzieren. Es ist ein wichtiger Aspekt, dass das Gebet eines Kranken erhört wird. Ich betete seit 30-40 Jahren für eine Genesung vom Bandscheibenvorfall, an dem ich leide. Ich habe jedoch verstanden, dass die Krankheit für das Bittgebet gegeben worden ist. Da das Bittgebet (Dua) durch Gebete nicht beseitigt werden kann, d.h. da das Gebet

---

[54] İbn-i Maje, Jenais: 1; Dailemi, Müsnedü'l- Firdews, 1: 280

sich nicht selbst beseitigen kann, habe ich verstanden, dass das Ergebnis des Gebets für das jenseits bestimmt ist und selbst eine Art Gottesdienst ist. Denn durch die Krankheit sieht man seine Schwäche und sucht Zuflucht beim göttlichen Hof, dem Dergâh. Daher habe ich nicht daran gedacht, mit dem Bittgebet aufzuhören, obwohl mein Gebet 30 Jahre lang nicht erfüllt (erhört) wurde. Die Krankheit ist die Zeit für das Bittgebet (Dua). Die Genesung ist nicht das Resultat vom Gebet. Wenn Gott, der Allmächtige eine Genesung schenkt, dann wegen Seiner Großzügigkeit. Es ist nicht richtig zu sagen, dass das Gebet nicht erhört wurde, weil es nicht auf die Art in Erfüllung ging, wie wir es erwartet haben.

Dies weiß der Schöpfer. Er (Gott) gibt das, was für uns gut ist. Manchmal wandelt Er unsere Gebete zu unserem Vorteil für das Jenseits um und nimmt sie so an. Es liegt nahe, dass ein Gebet angenommen wird, welches durch das Geheimnis der Krankheit an Ernsthaftigkeit gewonnen hat und aus dem Bedürfnis der Schwäche kommt.

Die Krankheit ist somit der Grund für ein ernsthaftes Gebet. Der Kranke und der Krankenpfleger, die einen vollkommenen Glauben (Iman) haben, sollten von diesem Gebet (Dua) Gebrauch machen.

Das achtzehnte Heilmittel

Oh, Kranker, der du klagst, anstatt dich zu bedanken!
Die Klage hat ihren Ursprung im Recht. Jedoch hast du keines deiner Rechte verloren, dass du klagst. Vielleicht hast du deine Pflicht, zu danken, nicht erfüllt. Vielmehr gibt es viele Danksagungen, jene zu entrichten deine Pflicht ist,

und du dies versäumt hast. Ohne dass Gott dir das Recht dazu gegeben hätte, beklagst du dich so, als würdest du Rechte verlangen in einer Art die nicht rechtens ist. Du kannst nicht zu denen hinaufschauen, die dir überlegen und gesund sind, und dich dann beklagen. Deine Aufgabe ist es, zu denen zu schauen, denen es gesundheitlich noch schlechter geht als dir, und dankbar zu sein. Ist deine Hand gebrochen, dann schau auf die, deren Hand abgetrennt ist. Fehlt dir ein Auge, dann schau auf die Blinden, denen beide Augen fehlen, und sei Gott dankbar. Niemand hat das Recht, auf diejenigen aufzuschauen, denen es besser geht und zu klagen.

Während eines Leides hat jeder das Recht, auf die zu schauen, deren Zustand schlechter ist, und dankbar zu sein. Dieses Geheimnis wird an manchen Stellen des Risale-i Nur mit Beispielen erklärt.

Folgendes Beispiel mag als Zusammenfassung dienen:
Ein Mann verlangt von einem armen Teufel, dass er bis zur Spitze eines Minaretts klettere. Für jede Stufe, die er hinaufklettert, gibt er ihm ein Geschenk. An der Spitze des Minaretts gibt er ihm das größte Geschenk. Er erwartet von ihm, dass er sich für seine Geschenke bedankt. Aber der Mann vergisst jene Geschenke, die er auf den Stufen gesehen hat, bedankt sich nicht und schaut weiter hinauf und sagt: "Ah, wäre doch das Minarett höher. Dann könnte ich noch weiter hinauf klettern. Warum ist es nicht so hoch wie der Berg dort oder wie das andere Minarett?"

Da der Mensch aus dem Nichts geschaffen ist, nicht als Stein, als Baum oder als Tier, sondern als Mensch und als Muslim, erfreut er sich die meiste Zeit über an Gesundheit und Wohlergehen und erhält Gaben von hohem Wert. Wenn jemand aber trotz alledem sich beschwert und ungeduldig ist, weil er mancher Gaben nicht würdig ist, oder weil er sie durch Missbrauch verloren hat oder sie nicht erlangen konnte, und die Göttliche Fürstlichkeit kritisiert und sagt: „Was habe ich bloß getan, dass mir dies zustößt?" so ist dies ein Zustand und eine immaterielle Krankheit, die verhängnisvoller ist als die physische Krankheit.

Dies ist so, als ob man mit einer gebrochenen Hand kämpfen würde, was die Krankheit noch erschwert.

Der Vernünftige ist jener, der in Übereinstimmung mit dem Vers „Wir sind Geschöpfe Gottes, und zu ihm werden wir heimkehren." (Koran, 2:156), sich fügt und Geduld hat, bis die Krankheit ihre Aufgabe erfüllt hat und dann verschwindet.

Das neunzehnte Heilmittel

Die Attribute Gottes, des Allmächtigen, zeigen mit dem Begriff Esma-ul Husna (Schönsten Namen Gottes) an, dass sie schön sind. Das ausgeklügeltste, schönste und umfassendste Spiegelbild des Ewig Angeflehtseins unter den Geschöpfen ist das Leben. Das Spiegelbild vom Schönen ist wiederum auch schön. Der Spiegel, der die Tugend der Schönheit zeigt, wird schön. So wie alles, das von solcher Schönheit dem Spiegel getan wird, gut und schön ist, so ist auch alles, was dem Leben passiert, in Bezug auf die Wirklichkeit, gut. Denn es trägt die schöne Schrift der Schönsten Namen, die gut und schön sind.

Wenn das Leben auf die Dauer in Gesundheit und in Wohlstand dahinfließen würde, wäre es ein unvollkommenes Spiegelbild. Es würde die Unvollkommenheit (Fehlerhaftigkeit) und das Nichts in Erinnerung rufen und bedrücken. Der Wert des Lebens wäre dadurch vermindert. Die Freude am Leben würde in Bedrückung umgewandelt.

Denn um die Zeit schneller zu verbringen, wird der Mensch sich aus Langeweile entweder dem Laster oder der Vergnügungssucht hingeben. Wie bei einer Gefängnisstrafe wird er seinem kostbaren Leben gegenüber feindselig, möchte es töten und es schnell hinter sich bringen. Verläuft ein Leben jedoch in Abwechslung, Taten und verschiedenen Situationen, so wird es als kostbar empfunden und lässt die Wichtigkeit des Lebens und die Lebensfreude erkennen. Auch bei Schwierigkeiten und Leid will so ein Mensch nicht, dass das Leben vergeht. Er klagt nicht aus lauter Langeweile und sagt: „Ach, die Sonne ist noch immer nicht untergegangen" oder „die Nacht ist noch nicht zu Ende."

Ja, frag einmal einen Menschen, der reich ist, nichts zu tun hat, sich ausruht und alles besitzt, wie es ihm geht. Er wird sicher sagen, dass die Zeit nicht vergeht. Er wird Backgammon oder irgend etwas anderes spielen wollen, oder sich mit etwas anderem vergnügen, damit die Zeit vergeht. Oder du wirst ihn klagen hören wie etwa: „Dies fehlt mir. Ach, hätte ich doch dies oder jenes gemacht".

Dann frag einen Leidenden, einen Arbeiter oder einen Armen, der sich in schwieriger Situation befindet, wie es ihm geht. Ein vernünftiger Mensch wird dir folgende Antwort geben: „Gott sei dank, es geht mir gut. Ich arbeite.

Ich wünschte, die Sonne würde nicht so schnell untergehen, damit ich diese Arbeit beenden kann. Die Zeit vergeht schnell. Das Leben steht nicht still, es fließt dahin. Ja, die Zeiten sind hart für mich, aber das geht vorbei. Alles geht so schnell vorbei." Er sagt tatsächlich, wie wertvoll das Leben ist, und wie sehr er es bedauert, dass die Zeit so schnell vergeht. Das heißt, dass er durch Schwierigkeiten und durch Arbeiten den Wert des Lebens erkennt und Freude daran hat.

Der Wunsch nach dem Vergehen der Zeit zeigt doch, dass Bequemlichkeit und Gesundheit das Leben ungenießbar machen.

Oh, kranker Bruder! Du solltest wissen, dass, wie es auch in den anderen Teilen des Risale-i Nur ausführlich und genau bewiesen ist, der Ursprung von Leid, Kummer und sogar von Sünden das Nichts ist. Das Nichts ist das Schlechte. Es ist dunkel, eine nicht veränderbare Bequemlichkeit, Ruhe, Stille und auf der Stelle verharrender Zustand. Diese sind dem Nichts so nahe, dass sie das Dunkle im Nichts fühlen lassen und bedrücken.

Handeln und Veränderung aber sind Existenz und machen die Existenz verständlich. Die Existenz ist rein gut; sie ist Licht.

Da dies die Wahrheit ist, wurde jene Krankheit in deinen Körper als Gast geschickt, um viele Aufgaben zu erfüllen, damit es das wertvolle Leben reinigt, stärkt, sich entwickeln lässt und damit die anderen Fähigkeiten in deinem Körper dem kranken Organ mit Liebe helfen und die Zeichen der einzelnen Attribute des Allweisen Schöpfers zeigen. So

Gott will, wird sie ihre Aufgabe schnell erfüllen und wieder gehen. Und sie wird der Gesundheit sagen: „Komm und bleibe an meiner Stelle ewig und erfülle deine Aufgabe. Dies ist dein Heim. Bleib in Frieden."

Das zwanzigste Heilmittel

Oh, Kranker, der du nach Heilung suchst!
Die Krankheit hat zwei Seiten. Die eine ist tatsächlich und die andere ist eingebildet.
Was die wirkliche Seite anbelangt, so hat der Allweise und Glorreiche Heiler auf der Erde, die eine große Apotheke ist, für jedes Leid ein Heilmittel erschaffen. Diese Heilmittel bedürfen aber der Krankheiten. Er hat für jede Krankheit ein Heilmittel geschaffen. Es ist erlaubt, für Heilzwecke die Heilmittel zu nehmen. Aber man muss wissen, dass die Wirkung und Heilung von Gott kommen. So wie Er die Krankheit gibt, gibt er auch die Heilung.

Es ist ein wichtiges Heilmittel, sich an die Anweisungen eines Arztes zu halten, der einen vollen Glauben hat. Denn die meisten Krankheiten beruhen auf Missbrauch, Nichteinhalten der Diät, Verschwendung, Fehler, dem Nachgehen von Vergnügungen und auf Unachtsamkeit.

Ein gläubiger Arzt wird natürlich im erlaubten Rahmen Vorschläge machen und Anweisungen geben. Er wird den Missbrauch und die Verschwendung untersagen und Trost spenden. Der Kranke wird den Anweisungen und dem Trost Vertrauen schenken, und sein Leid wird sich vermindern. Er wird sich, statt bedrückt zu sein, wohler fühlen.

Aber die zweite Seite, die aus der sinnlosen Sorge besteht, sieht anders aus:

Der Arznei wird keine Bedeutung geschenkt. Je mehr Bedeutung man dieser schenkt, desto größer wird sie. Wenn man ihr keine Bedeutung beimisst, wird sie kleiner und löst sich auf. Es ist so wie bei den Bienen. Je mehr sie gestört werden, desto mehr schwirren sie um den Menschen herum, und wenn sie in Ruhe gelassen werden, fliegen sie davon. Je mehr Gedanken man an einen hängenden Faden in der Dunkelheit verschwendet, desto größer wird er. Manchmal verscheucht man ihn wie einen Verrückten. Wenn dem aber keine Bedeutung beigemessen wird, sieht man, dass der einfache Faden keine Schlange ist, und man lacht über seine Panik. Wenn die Hypochondrie länger anhält, wird sie in Realität umgewandelt. Dies ist für nervöse Menschen eine schlimme Krankheit. Es macht aus einem Kern eine Kuppel, und die Stärke des Geistes wird gebrochen.

Wenn diese Person auf herzlose, „halbe" Ärzte trifft, wird ihr sinnloses Sorgen gefördert. Und die Reichen verlieren entweder ihr Vermögen, ihren Verstand oder ihre Gesundheit.

Das einundzwanzigste Heilmittel

Oh, kranker Bruder!
Obwohl deine Krankheit physische Schmerzen mit sich bringt, so umhüllt dich dennoch eine immaterielle Freude, die die physischen Schmerzen beheben wird. Wenn du Eltern und Verwandte hast, wird deren Güte, die du längst vergessen hast, wieder erwachen und du wirst den schönen

Anblick, den du in deiner Kindheit genossen hast, wieder genießen können.

Auch die vielen verborgenen Freunde werden dich durch deine Krankheit liebevoll ansehen, und angesichts dieses Umstandes wird dein physischer Schmerz unbedeutend erscheinen. Die Personen, denen du ohne jegliche Gegenleistung gedient (geholfen) hast, werden dir wegen deiner Krankheit mit Güte dienen (helfen). Du wirst der Herr der Herren sein.

Durch die Güte und Art der Barmherzigkeit, die die Menschen den Mitmenschen gegenüber empfinden, hast du viele hilfreiche und gütige Freunde gefunden. Du hast nach vielen mühsamen Diensten von der Krankheit den Befehl erhalten, Pause zu machen, und ruhst dich somit aus. Daher sollte dieses dürftige Leid, gegenüber den vielen Freuden, dich dazu veranlassen, dass du dankst und nicht klagst.

Das zweiundzwanzigste Heilmittel

Oh, von Schlaganfall oder sonstiger schwerer Krankheit betroffener Bruder!

Als erstes möchte ich dir eine gute Nachricht vermitteln. Schlaganfall wird für Gläubige als ein Segen betrachtet. Dies hörte ich früher öfters von Sufis, aber wusste nicht, warum. Ein Grund dafür leuchtete mir folgendermaßen ins Herz: Die Gottesfürchtigen und Gottesliebenden haben zwei Grundsätze, um eine Vereinigung mit Gott zu erreichen, sich von den großen spirituellen Gefahren zu befreien und die ewige Glückseligkeit zu erreichen.

Der Erste ist die Betrachtung des Todes (Rabita-i Mewt). Zu denken, dass die Welt vergänglich ist und dass man ein vergänglicher Gast mit Aufgaben ist, arbeitet auf das ewige Leben hin.

Der Zweite: Durch Fasten, religiöse Übungen und Askese versuchen sie, ihre egoistischen Zwänge abzutöten, um sich von den Gefahren des Egos und von den blinden Gefühlen zu befreien.

Und du, mein Bruder, der du die Gesundheit einer Hälfte deines Körpers verloren hast. Diese zwei kurzen und einfachen Grundsätze wurden dir ohne dein Zutun geben, damit dich der Zustand deines Körpers auf die Vergänglichkeit der Erde und des Menschen aufmerksam macht. Somit kann die Erde dich nicht länger ersticken, die Unachtsamkeit kann dein Auge nicht blenden, und die Zwänge des Egos können einen gebrechlichen Menschen nicht mit niederen und tierischen Gelüsten täuschen. So ist er fähig, sich von den Versuchungen der Triebseele zu befreien.

Auf diese Weise kann ein Gläubiger durch das Geheimnis des Glaubens an Gott, der Gottergebenheit und des Gottvertrauens von einer Krankheit wie dem Schlaganfall in kurzer Zeit profitieren, so wie die Heiligen durch schwere Prüfung. Dadurch verliert die schwere Krankheit an Bedeutung.

Das dreiundzwanzigste Heilmittel

Oh, alleinstehender kranker Mensch!
Selbst wenn dein Zustand als alleinstehender und von zu Hause entfernter Kranker in sich schon härteste Herzen erweichen und gütig machen kann; kann dies ein Ersatz sein für deinen All-Barmherzigen Schöpfer? Denn am Anfang aller Koransuren stellt Er sich uns vor mit den Eigenschaften „Der Barmherzige, der Allerbarmer" und lässt mit einem Blitzstrahl Seiner Güte alle Mütter ihre Kinder mit dieser wunderbaren Zärtlichkeit aufziehen, und füllt mit einer Manifestation seiner Gnade das Angesicht der Erde jeden Frühling mit wunderbaren Gaben, und eine einzige Manifestation Seiner Gnade bedeutet das ewige Leben im Paradies mit all seinen Wundern. So wird doch gewiss deine Beziehung zu Ihm durch den Glauben, die Tatsache, dass du ihn anerkennst und durch die Sprache der Ohnmacht deiner Krankheit anflehst, und der Umstand, dass du krank, allein und weit weg von zu Hause bist, Seinen barmherzigen Blick auf dich richten, was alles andere unwichtig macht. Da es Ihn gibt und da Er auf dich schaut, bedeutet dies alles für dich. Diejenigen, die wirklich allein und von ihrer Heimat entfernt sind, sind jene, die mit Ihm nicht durch Glauben und Gottergebenheit verbunden sind, oder dem keine Bedeutung beimessen oder dies nicht ernst nehmen.

Das vierundzwanzigste Heilmittel

Oh du, der du dich um die unschuldigen kranken Kinder und um alte Menschen kümmerst, die wie unschuldige Kinder sind!

Ihr habt einen wichtigen Handel für das Jenseits vor euch. Gewinnt diesen Handel durch den Willen und durch Ausdauer. Die Krankheiten der unschuldigen Kinder sind für ihre feinen Körper eine Art von Übung, eine Entbehrung, eine Art Injektion und eine göttliche Erziehung, um sie für die zukünftigen Schwierigkeiten in der Welt abzuhärten. Die Leute der Wahrheit haben bewiesen, dass den Eltern, vor allen Dingen den Müttern, die die Gesundheit ihrer Kinder der ihrer eigenen bevorzugen, geistiger Lohn zukommt.

Die Pflege der alten Menschen ist ein großer Verdienst. In ihre und vor allem in die Gebete der Eltern aufgenommen zu werden und ihre Herzen zufrieden zu stellen, ist ein Grund für das Glück im Diesseits und Jenseits. Dies ist aus Überlieferungen und Ereignissen aus der Geschichte bekannt.

Ein Kind, das seinem alten Vater gehorcht hat, ist ein glückliches Kind und wird das auch bei seinem Kind erleben. Ein Kind, das seinem Vater, wie hier angegeben, nicht gehorcht, wird neben der Strafe im Jenseits auch durch verschiedene Katastrophen im Diesseits bestraft.

Ja, der Islam verlangt, dass nicht nur die alten und unschuldige Verwandte gepflegt werden sollen, sondern auch andere Gläubige, wenn man ihnen begegnet. Denn durch das Mysterium des Glaubens gibt es eine wahrhafte Brüderlichkeit, und der Islam fordert, den ehrwürdigen Kranken beizustehen, so weit man vermag.

Das fünfundzwanzigste Heilmittel

Oh, ihr kranken Geschwister!
Wenn ihr für jedes Leid eine nutzvolle Heilung und ein wirklich gesegnetes Heilmittel sucht, dann lasst euren Glauben vervollkommnen. D.h. bereut und bittet um Vergebung für eure Sünden, verrichtet die Fünfzeitengebete, leistet Gottesdienst, macht Gebrauch vom Glauben, dem heiligen Heilmittel, und von der Medizin, die aus dem Glauben entsteht.

Ja, diejenigen, die dies nicht wissen, haben wegen der Liebe und Anhänglichkeit zu dieser Welt einen geistig gesehen kranken Körper, der so groß wie die Welt ist. Der Glaube gibt diesem geistigen Körper Heilung, der so groß wie die Welt ist und durch das Leid von Tod und Trennung verwundet ist. An vielen Stellen des Risale-i Nur haben wir bewiesen, dass der Glaube von Wunden befreit, und dass Glaube eine wirkliche Heilung bringt. Um euch nicht zu langweilen, möchte ich hier kurz zusammenfassen:

Das Heilmittel des Glaubens lautet wie folgt: Es zeigt seine Wirkung durch die Erfüllung der Pflichten. Achtlosigkeit, die Lüste des Nafs (Ego), das Vergnügen und die uns untersagten Handlungen verhindern die Wirkung der Heilung.

Da die Krankheit die Achtlosigkeit beseitigt, die Lust hemmt und die Zuwendung zum verbotenen Vergnügen verhindert, sollten wir davon Gebrauch machen. Macht Gebrauch von der heiligen Medizin und dem Licht des Glaubens durch Reumut, Bitte um Vergebung, Gebete und Anflehungen.

Möge Gott euch Genesung schenken und eure Krankheiten zu einer Vergeltung für eure Sünden machen. Amin, Amin, Amin....

Sie sagen „Lob sei Gott, der uns hierher geleitet hat, wir wären nicht geleitet gewesen, wenn Gott uns nicht geleitet hätte, wahrlich. Die Gesandten unseres Herrn kamen mit der Wahrheit."[55]

Preis sei dir (Gott), wir haben Wissen nur von dem, was du uns gelehrt hast, denn du bist der Allwissende, der All-Weise.[56]

---

[55] Koran, 7:43
[56] Koran, 2:32

Umgang mit dem Tod

1. Brief

Im weisen Koran (Furkan) wird (mit den Worten: „Er, der den Tod und das Leben schuf, um euch zu prüfen, wer von euch am besten handelt" (Koran, 67:2) und anderen Ayat verständlich gemacht, dass Leben und Tod gleichermaßen erschaffen wurden und gleichermaßen eine Gnade (ni´met) sind. Wohingegen der Tod doch ganz offensichtlich eine Auflösung, die Vernichtung, Verfall, Erlöschen der Lebensfunktionen, das Ende jeglicher Freude ist... wie also könnte er erschaffen und eine Gnade sein?

Antwort: Wie wir bereits am Ende der "Ersten Frage" gesagt haben, ist der Tod eine Dienstentlassung, das Ende der Arbeit, ein Ortsveränderung, ein Zustandswechsel, eine Einladung zu einem beständigen Leben, ein Anfang, eine Einführung in ein beständiges Leben. So wie das Leben durch Erschaffung und Planung in die Welt kommt, so geschieht auch der Weggang aus dieser Welt durch eine Erschaffung und Planung, in weiser und sinnvoller Leitung. Denn auf der untersten Ebene des Lebens ist der Tod eines Pflanzenlebens ein Zeichen für ein noch besser ausgeführtes Kunstwerk als das Leben. Denn obwohl der Tod von Früchten, Kernen und Körnern äußerlich als Zerfall, Auflösung, Fäulnis erscheint, ist er vielmehr gleich dem Kneten ein überaus wohlgeordneter chemischer Prozess, eine wohlausgewogene Vermischung von Bestandteilen und eine weisheitsvolle Zusammenstellung von Molekülen, die nach der unsichtbaren Weisheit des Todes im neu aufkeimenden Leben wieder erscheint. Das heißt also, dass der Tod eines Saatkorns der Beginn des Lebens ist für die neue, grünende Saat, ja sogar dem Leben selber gleich kommt, weil der Tod ebenso wie das Leben erschaffen worden und wohlgeordnet ist.

Was aber den Tod als eine Gnadengabe betrifft, so wollen wir hier auf vier Aspekte unter all den vielen Aspekten hinweisen.

Erstens: Er ist eine große Gnade, als eine Befreiung von den schweren Pflichten des Lebens, entbindet von der drückenden Verantwortung im Leben und ist ein Eingangstor zum Bersah, um neunundneunzig seiner hundert Freunde wieder zu treffen.

Zweitens: Er ist ein Weg heraus aus diesem engen, bedrückenden, unruhevollen irdischen Kerker mit all seinen Erschütterungen, um zur vollen Entfaltung eines Lebens, das beständig voll Freude ohne Leiden ist, zu gelangen und in eine Sphäre des Erbarmens des Ewigen Geliebten (Mahbub-u Baki) einzugehen.

Drittens: Neben dem Alter gibt es noch viele Faktoren, welche die Lebensbedingungen erschweren und den Tod weit mehr als das Leben als eine Gnade erscheinen lassen. Ein Beispiel: Wenn deine Eltern, dein Großvater und dessen Vorväter schon hochbetagt sind und dir viel Kummer und Mühe bereiten hier und heute vor deinen Augen in ihrem erbärmlichen Zustand lebten: du würdest verstehen, welch großen Schaden das Leben, welch große Gnaden der Tod geben kann! - Ein anderes Beispiel: Verständlich ist auch, wie schwierig das Leben der schönen, geflügelten Insekten, den Lieblingen der schönen Blumen, unter winterlichen Bedingungen wäre und welch eine Gnade doch ihr Tod ist!

Viertens: So wie auch der Schlaf eine Erholung, eine Barmherzigkeit, eine Ruhepause besonders für alle Opfer von Unfällen und Krankheiten ist, so ist auch des Schlafes großer Bruder, der Tod für alle Opfer von Unglücken und solche, die vom Schicksal verfolgt, den Tod herbeisehnen, in gleicher Weise ein Gnadengeschenk. Wenn demgegenüber für die Leute des Irrweges, wie wir bereits in verschiedenen »Worten« unwiderlegbar bewiesen haben, der Tod Qual über Qual und Strafe über Strafe ist, so steht das jetzt hier nicht zur Debatte.

Wahrnehmung von Tod

2. Lichtstrahl

Einmal saß ich auf der Spitze eines hohen Berges. Aufgrund eines spirituellen Erwachens, das stark genug war, um meine Achtlosigkeit zu vertreiben, erschienen mir der Tod und das Grab in all ihrer drängenden Wirklichkeit wie auch die Vergänglichkeit und die Kurzlebigkeit in all ihren schmerzhaften Formen. Wie bei jedem, wallte mein angeborener Wunsch nach Unsterblichkeit auf und rebellierte gegen den Tod. Das mir angeborene Mitgefühl und Mitleid erhob sich gegen die Vernichtung der vollkommenen Menschen, der berühmten Propheten, der Heiligen und der Reinen, für die ich große Liebe und Zuneigung empfinde. Mein Mitgefühl erhob sich wütend gegen das Grab. Ich schaute in die sechs Richtungen, um Hilfe suchend, aber ich fand keinen Trost, keinen Beistand. Als ich in die Vergangenheit schaute, sah ich einen großen Friedhof, als ich in die Zukunft blickte, Dunkelheit, oben sah ich Schrecken und rechts und links traurige Situationen und die Angriffe zahlloser schädlicher Dinge. Plötzlich kam mir das Geheimnis der Einheit Gottes zu Hilfe und zog den Schleier zurück und enhüllte das Antlitz der Wirklichkeit. Es sagte: „Schau"

Zuerst betrachtete ich das Gesicht des Todes, den ich so sehr fürchtete. Ich sah, dass für die Menschen des Glaubens er eine Entlassung aus den Pflichten war. Die bestimmte Stunde waren die Entlassungspapiere. Sie war ein Wechsel der Wohnstatt, die Einführung in ein ewiges Leben und die

Tür, die dorthin führte. Sie war die Entlassung aus dem Gefängnis dieser Welt und der Flug in die Gärten des Paradieses. Sie war die Möglichkeit, in die Gegenwart des Höchst Gnadenvollen zu treten um den Lohn für den Dienst zu erhalten. Sie war ein Ruf, das Reich der Seligkeit zu betreten. Indem ich dies mit Sicherheit verstand, begann ich den Tod zu lieben.

Beileidsmitteilung für ein verstorbenes Kind

17. Brief

Mein sehr lieber Bruder Hafiz Halit Efendi.

Ich bedauere den Tod Ihres Sohnes sehr. Aber die Zur Kenntnisnahme von Unfällen und die Schicksalsergebenheit sind Aspekte des Islam. Möge Gott Ihnen Geduld geben und den Verstorbenen für Sie zu einem Fürsprecher im Jenseits machen.

Wir werden für Sie und für andere, die in Ihrer Situation und sich vom Verbotenen fernhaltende Gläubige sind, fünf Punkte aufzählen, die eine große erfreuliche Botschaft beinhalten und wirklichen Trost spenden.

Der Erste Punkt:

Dieser ist aus dem heiligen Koran. Das Geheimnis und die Bedeutung von "Die Unsterblichen Knaben"[57] lautet wie folgt: Die verstorbenen minderjährigen Kinder der bewussten Gläubigen werden für immer ins Paradies eintreten, und sie werden entsprechend dem Paradies dort immer als Kinder bleiben und auf den Schößen der Eltern, die ins Paradies eintreten durften, ein Grund zur Freude sein. Die Eltern werden auch hier das Glück haben, ihre

---

57 Koran, 56:7
170

Kinder zu liebkosen, da alles, was Freude macht, im Paradies zu finden sein wird.

Manche sagen, dass es im Paradies kein Kinder-Liebkosen gibt, da es nicht der Ort für Nachkommenschaft ist. Dies ist jedoch von der Wahrheit entfernt.

Der Koranvers zeigt, dass es eine große Freude und Glück für die Gläubigen ist, ohne Leid Millionen von Jahre ihre Kinder zu lieben und zu liebkosen. Dies ist verglichen zu den zehn Jahren, in denen man sein Kind sorgevoll liebt, mehr Wert.

Der Zweite Punkt:

Einmal befand sich ein Mann im Gefängnis. Sein geliebtes Kind wurde zu ihm geschickt. Der arme Gefangene litt unter seinem Leid und darunter, dass er nicht im Stande war, es seinem Kind angenehm zu machen. Später schickte ihm ein barmherziger Richter einen Mann. Dieser sagte: "Dieses Kind ist zwar dein Kind, aber es gehört zu meinem Volk. Ich werde es nehmen und in einem schönen Palast aufwachsen lassen."

Der Mann fing an zu weinen und zu klagen und sagte: "Ich werde mein Kind, das ein Trost für mich ist, nicht hergeben."

Seine Freunde sagten zu ihm: "Deine Klage ist sinnlos. Wenn du Erbarmen mit diesem Kind hast, wird es in einen schönen bequemen Palast gehen, anstatt in diesem leidvollen und unbehaglichen Gefängnis zu bleiben. Wenn du wegen deinem eigenen Nafs (Ego) klagst und deinen Vorteil suchst und das Kind hier bleibt, wird um einen endlichen Vorteil willen dein Kind auf Grund der Schwierigkeiten leiden. Wenn es aber geht, hast du tausend Vorteile. Das Kind wird ein Grund für die Barmherzigkeit des Herrschers (Königs) sein, was für dich als Fürbitte zählt. Der König wird dich sehen wollen. Dazu wird er das Kind sicher nicht ins Gefängnis schicken, sondern dich in den Palast rufen und veranlassen, das Kind zu sehen. Dies geht nur unter der Bedingung, wenn du Vertrauen und Gehorsamkeit gegenüber den König zeigst."

So wie in diesem Beispiel sollte man, mein lieber Bruder, im Todesfall von Kindern der Gläubigen, wie es bei Dir der Fall ist, folgendermaßen denken: Dieses Kind ist unschuldig. Sein Schöpfer ist barmherzig und großzügig. Er hat es unter Seine Obhut der Vollkommenheit und Barmherzigkeit genommen, statt unter meine unvollkommene Erziehung und Liebe.

Er hat es aus dem schwierigen und leidvollen Gefängnis der Erde befreit und ihn ins Paradies, Cennet'ul Firdaws geschickt. Was für eine große Freude für das Kind. Wer weiß, was aus ihm geworden wäre, wenn es auf der Welt geblieben wäre. Daher habe ich kein Mitleid mit ihm und betrachte es als ein Glück. Wegen dem Vorteil, das mein Nafs (Ego) hat, habe ich auch kein Mitleid mit mir und bin daher nicht traurig. Wenn er auf der Welt geblieben wäre, hätte ich seine Liebe von nur zehn Jahren genossen, die gemischt mit Sorgen wären.

Wenn aus ihm ein Rechtschaffener geworden wäre, dann wäre mir dies im Weltlichen behilflich, aber durch den Tod wird es ein Fürsprecher und somit ein Grund für ein glückliches und ewiges Leben und Grund dafür sein, es im ewigen Leben zehn Millionen von Jahren zu lieben und sich mit ihm zu unterhalten.

Daher wird jemand, der einen unsicheren Vorteil verliert, aber dafür tausend Vorteile gewinnt, die sicher sind und später eintreten werden, nicht hoffnungslos klagen.

Der Dritte Punkt:

Das verstorbene Kind ist ein Geschöpf des Barmherzigen Schöpfers. Es war sein Diener und wurde als ein Kunstwerk und Freund vorübergehend in Obhut und Besitz seiner Eltern gegeben. Er hat Vater und Mutter zu seinen Pflegern gemacht. Als Belohnung dafür hat Er ihnen die Freude und Liebe gegeben. Steht es dir zu, hoffnungslos traurig zu sein, zu klagen und zu jammern, wenn der barmherzige Schöpfer, der einen Anteil von 999 von 1000 besitzt, von dir das Kind als ein Zeichen seiner Barmherzigkeit nimmt? Dies würde nur demjenigen zustehen, der nicht glaubt und vom rechten Weg abgekommen ist.

Der Vierte Punkt:

Die hoffnungslose Klage und Trauer hätten dann einen Sinn, wenn die Welt ewig bestehen würde, der Mensch ewig leben und die Trennung ewig sein würde. Aber da die Erde ein Gästehaus ist, werden wir und ihr auch dorthin gehen, wo das verstorbene Kind hingegangen ist. Der Tod ist nicht nur für es, sondern für alle ein Weg. Da die Trennung nicht für immer ist, wird man sich später im Barzah (Aufenthaltsort der Seelen bis zum Jüngsten Tag) und im Paradies treffen (sehen).

Daher sollte man "Er hat gegeben; Er hat genommen; Elhamdulillahi alâ kulli hal(Preis sei Gott für jeden Zustand);" sagen, Geduld haben und danken.

Der Fünfte Punkt:

Die Güte ist eines der schönsten, feinsten und wunderbarsten Zeichen Gottes, des Barmherzigen, und sie ist ein sicher erleuchtetes Wundermittel. Sie ist wirkungsvoller als die Liebe und führt schneller zu Gott. Die metaphorische und die weltliche Liebe wandelt sich mit vielen Hindernissen in die wirkliche Liebe und findet Gott. Die Güte jedoch bindet das Herz ohne Hindernisse schneller und reiner an Gott. Sei es Vater oder Mutter; beide lieben ihr Kind wie die ganze Welt. Wenn ihnen das Kind genommen wird und sie glücklich und wirklich aufrichtige Gläubige sind, dann werden sie ihr Gesicht von der Welt abwenden und den wirklichen Erhalter erkennen und sagen: „Da die Welt vergänglich ist, trifft es unser Herz nicht."

Das Interesse am Ort, wo das Kind hingekommen ist, wird geweckt und gewinnt einen (großen) göttlichen Zustand. Den Unwissenden und vom rechten Weg abgekommenen Leuten wird dieses Glück und die frohe Kunde, die in diesen fünf Punkten vorkommt, fehlen. Wie groß das Leid in ihrem Zustand ist, können sie mit folgendem vergleichen.

Wenn man sein geliebtes, niedliches, einziges Kind leiden sieht, die grundlose Furcht auf der Erde als ewig bestehend annimmt und als Folge vom Nichtglauben oder durch Abkommen vom rechten Weg den Tod als ein Nichts und die Trennung für immerwährend betrachtet, und nicht an das Barmherzige im Paradies des Allerbarmers denkt und an die Gaben des Firdaws-Paradieses, dann kann man sich vorstellen, wie groß die hoffnungslose Trauer ist.

Aber die zwei Welten, die Anlass zur Glückseligkeit geben, sind der Glaube und die Anwendung. Sie sagen dem Gläubigen: Der barmherzige Schöpfer wird dein Kind, das sich in diesem gewaltigen Zustand befindet, aus dieser schmutzigen Erde ins Paradies nehmen. Er wird es zu einem Fürsprecher am Jüngsten Tag und zu einem ewigen Kind machen. Mach dir keine Sorgen. Die Trennung wird vorübergehend sein.

Sage:
Gott ist der Allmächtige Herrscher, und wir sind Geschöpfe Gottes, und zu ihm werden wir heimkehren. (Koran, 2:156) und habe Geduld.

Gottesvorstellung und Gottvertrauen

20. Brief

In jedem der Elf Wörter dieses Satzes, die das "Wort der Einheit (Tauhid)" formen, liegt eine frohe Botschaft. Und in jeder Botschaft liegt eine Genesung und in jeder Genesung eine innere Freude.

Erstes Wort:
In dem Wort "Es gibt keinen Gott außer Allah!" "La ilaha illa'llah" liegt folgende frohe Botschaft: Die Menschenseele (ruh), die grenzenlos vielen Bedürfnissen verfallen und den Angriffen von grenzenlos vielen Feinden ausgesetzt ist, findet in diesem Wort den Punkt, von dem aus sie um Hilfe bitten kann, der ihr das Tor zur Schatzkammer der Barmherzigkeit öffnet, die all ihre Bedürfnisse zu decken vermag, und sie findet darin den Stützpunkt, der ihr ihren Angebeteten und Schöpfer, der der Herr über die absolute Macht ist, die ihr Sicherheit vor allem Übel ihrer Feinde gewährt, zu verstehen gibt und ihr bekannt macht. Es zeigt ihr ihren Herrn und verweist darauf, wer ihr König ist. Dieser Hinweis befreit das Herz von ihrer vollständigen Einsamkeit und die Seele (ruh) von zerstörender Trauer und verschafft ewige Freude und bleibenden Frohsinn.

Zweites Wort:
"Er ist ein einziger." "Vahdahu", in diesem Wort liegt eine heilende, glückliche, frohe Botschaft. Es ist dies wie folgt: Die Menschenseele und das Menschenherz, die mit den meisten Arten im Kosmos verbunden sind und durch diese Verbundenheit bis zum Ersticken ins Elend und in Verwirrung geraten, finden in dem Wort

176

"Er ist ein einziger." "Vahdahu" eine Burg und ihre Rettung, so dass sie aus aller Verwirrung und allem Elend befreit werden. Das heißt: "Er ist ein einziger." "Vahdahu" sagt sinngemäß: Gott ist einer. Mach dir nicht solch vergebliche Mühe, indem du dich anderen Dingen (außer Gott) zuwendest. Verpflichte dich ihnen nicht zur Dankbarkeit, indem du sie anbettelst. Unterwirf dich ihnen nicht, indem du ihnen hinterher läufst. Zittere nicht vor ihnen in deiner Angst. Denn: Der König des Kosmos ist einer. Die Schlüssel aller Dinge liegen bei Ihm. Die Zügel aller Dinge liegen in Seiner Hand. Alles geschieht durch Seinen Befehl. Findest du Ihn, so hast du alles gefunden, was du wünschst und dich vor grenzenlos vielen Dankesschulden und Ängsten gerettet.

Drittes Wort:
"Er hat keinen Partner." "La scharika lahu", das heißt: So wie Seine Gottheit und Seine Herrschaft keinen Teilhaber kennt, so kann es Gott nur in der Einzahl, nie in der Mehrzahl geben. Genauso braucht Er auch bei der Erschaffung (aller Dinge), der Versorgung (aller Lebewesen), und der Ausführung (all Seiner Pläne) keinen Teilhaber. Manchmal geschieht es, dass der König zwar nur einer ist, es in seiner Herrschaft auch keine Teilhaberschaft gibt, die Beamten aber in der Ausführung (seiner Pläne) sich als seine Teilhaber zählen und verhindern, dass ein jeder (frei und ungehindert) vor ihn hin treten kann. Sie sagen: "Du musst auch bei uns vorsprechen!" Gott der Gerechte, der der König aller Ewigkeiten ist, der keinen Teilhaber in Seiner Herrschaft kennt, braucht auch bei der Ausübung Seiner Herrschaft keine Helfer und keine

Teilhaber. Ohne Seinen Befehl und Seinen Willen, ohne Seine Macht und Seine Kraft kann kein Ding an keinem Ding etwas bewirken. Jeder kann sich unmittelbar an Ihn wenden. Da Er keinen Teilhaber und keine Helfer hat, wird dem Mann, der sich an Ihn wenden will, nicht gesagt: "Das ist verboten. Du darfst nicht vor Ihn hin treten." So bringt denn jedes Wort für die Menschenseele folgende frohe Botschaft: Die Menschenseele, die den Glauben mit ihren Händen ergriffen hat, kann ohne Hindernis, ohne Einmischung, ohne Sperre, ohne Widerstand, in jeder Lage, für jeden Wunsch, in jeder Zeit, an jedem Platz, in die Audienz des majestätischen Schönen, vollkommen Allmächtigen, der alle Ewigkeiten und die Schatzkammern der Barmherzigkeit besitzt und Herr über die Schätze der Glückseligkeit ist, treten und ihre Bedürfnisse vortragen. Indem sie Seine Barmherzigkeit findet und sich auf Seine Macht stützt, kann sie vollkommene Freude und Frohsinn erlangen.

Viertes Wort:
"Sein ist das Reich." "Lahul'mulk", das heißt: Das ganze Reich ist Sein Eigentum. Du bist sowohl Sein Eigentum. Ihm gehört, was du hast und was du bist, die Arbeit, die du verrichtest und der Platz, an dem du arbeitest. So verkündet dieses Wort eine solche heilende Botschaft und sagt dir: Oh Mensch! Halte dich nicht selbst für dein Eigentum. Denn du kannst dich selbst nicht verwalten. Diese Bürde ist dir zu schwer. Allein kannst du dich nicht schützen. Vor Unglücken kannst du dich nicht behüten und die elementaren Notwendigkeiten nicht herbeischaffen. Daher verfalle nicht unnötig in Sorge und quäle dich nicht! Das Reich gehört einem anderen. Jener Eigentümer ist sowohl allmächtig als auch barmherzig. Verlasse dich auf Seine

Macht und bezweifele nicht seine Barmherzigkeit. Lass die Sorgen los und fühle dich wohl. Wirf die Mühsal von dir weg und finde zur Freude. Darüber hinaus besagt es: Diese Welt, die du in deinem Inneren liebst und dich mit ihr verbunden fühlst, über deren desolaten Zustand du traurig bist und der du doch nicht helfen kannst, ist das Eigentum des barmherzigen Allmächtigen. Vertraue dieses Gut Seinem Eigentümer an. Überlass es Ihm! Ziehe nicht Anstrengung und Qual daraus, sondern Freude. Er ist sowohl der Weise als auch der Barmherzige. In Seinem Reiche verfügt Er nach Seinem Wohlgefallen, lenkt und leitet es, so wie Er es will. Im Moment des Schreckens sage wie Ibrahim Hakki "Wollen wir doch einmal sehen, was der Herr macht und wie schön Er es macht." Beobachte doch einmal vom Fenster aus und begib dich nicht hinein in die Dinge.

Fünftes Wort:
"Sein ist der Dank." "Lahul'Hamd", das heißt: Alles Lob, Preis und Dank gehört und gebührt Ihm. Also sind die Gnadengeschenke von Ihm und kommen aus Seiner Schatzkammer. Was aber die Schatzkammer betrifft, so ist sie immer vorhanden. Nun bringt dieses Wort eine frohe Kunde und sagt dir: Oh Mensch! Gräme dich nicht, wenn Geschenke verfallen. Denn die Schatzkammer der Barmherzigkeit erschöpft sich nicht. Denke nicht an das Ende der Freude und klage nicht über dein Leid. Denn dieses Geschenk ist die Frucht einer unendlichen Barmherzigkeit. Solange noch der Baum lebt, gibt es immer wieder eine neue Frucht an Stelle der vorangegangenen. Wenn du in deiner Freude über ein Gnadengeschenk in Dankbarkeit an deine Freude über diese Gunst Seiner Barmherzigkeit denkst, welche eine noch hundert Mal

größere Freude mit sich bringt, kannst du deine Freude mit einem Mal noch hundertfach steigern. Wie das Geschenk eines Apfels, welches ein ruhmreicher König dir macht, dich die Freude Seiner königlichen Huld erleben lässt, die die Freude über den Geschmack eines Apfels hundert, ja tausend Mal übersteigt, so öffnet dir das Wort "Sein ist der Dank." "Lahul'Hamd", das heißt mit Lob und Dank, d. h. indem du in der Gabe, in dem Geschenk die Schenkung verspürst, in ihr seinen Geber erkennst, und an die Gunst Seiner Barmherzigkeit denkst, d.h. an die Zuwendung Seiner Liebe und an die Fortdauer Seiner Schenkung, das Tor zu einer inneren Freude, die die Freude über das Geschenk tausendfach übersteigt.

Sechstes Wort:
"Er belebt." "Yuhyi", das heißt: Derjenige der das Leben gibt, ist Er. Derjenige, der das Leben durch Versorgung fortsetzt, ist auch Er. Derjenige, der die Bedingungen für das Leben gewährleistet, ist wiederum Er. Die hohen Ziele des Lebens gehören Ihm und die bedeutenden Ergebnisse sind auf Ihn hin ausgerichtet. Neunundneunzig Prozent seiner Frucht gehören Ihm. Also ruft jenes Wort dem vergänglichen und schwachen Menschen, von weitem folgendermaßen zu, bringt ihm die frohe Botschaft und sagt: Oh Mensch! Mühe und plage dich nicht, die schwere Last des Lebens auf deine Schultern zu nehmen! Verfalle nicht in Trübsal, wenn du an das Vergehen des Lebens denkst. Bereue nicht, dass du in die Welt gekommen bist, wenn du nur ihre irdischen und unbedeutenden Früchte siehst. Vielmehr gehört die Lebensmaschine in dem Schiff, das dein Körper ist, dem Aussichselbstbestehenden und Lebendigen (Hayy ve Qayyum). Er deckt alle Ausgaben und sorgt für alles Lebensnotwendige. Dieses Leben kennt

sehr viele Zielsetzungen und (ebenso viele) Ergebnisse und Sein sind sie alle. Du bist nur ein Steuermann auf diesem Schiff. Versieh deine Aufgabe gut, dann nimm deinen Lohn und danach ruh dich aus! Denke daran, wie kostbar dieses Lebensschiff ist, welch schönen Nutzen es bringt, wie gastfreundlich und barmherzig der Herr ist, der der Eigentümer dieses Schiffes ist, freue dich, danke und verstehe, dass alle Ergebnisse, die dieses Schiff erbringt, in gewisser Weise in das Buch deiner Taten eingetragen werden und dir das Leben geben und sichern, das dir für die Ewigkeit bleibt und dauert, wenn du deine Aufgabe aufrichtig erfüllst.

Siebtes Wort:
"Und Er gibt den Tod." "Wa yumit", das heißt: Derjenige, der den Tod gibt, ist Er, d.h.: Er entbindet dich von der Aufgabe deines Lebens, tauscht deinen Platz in dieser vergänglichen Welt und befreit dich von den Anstrengungen deines Dienstes. Das heißt: Er versetzt dich aus dem vergänglichen Leben ins ewig bleibende Leben. Dieses Wort ruft den Menschen und Dschinnen mit lauter Stimme zu und sagt: Gute Nachricht für Euch! Der Tod ist keine Hinrichtung, er ist nicht das Nichts, kein Verwehen und Vergehen, kein Ende, keine ewige Trennung, keine völlige Leere, kein Zufall, kein Abbruch ohne einen, der wieder aufbaut, im Gegenteil: er ist eine Entlassung durch einen allweisen und allbarmherzigen Schaffer (fa'il), ein Platzwechsel. Er ist ein Transport zur ewigen Glückseligkeit, zu Eurer eigentlichen Heimat. Er ist ein Tor, (hinter dem die Menschen) zusammenkommen, um (hinüber zugehen) in die Welt des Zwischenreiches (Bersah), ein Versammlungsort für Neunundneunzig Prozent Eurer Freunde.

Achtes Wort:

"Und Er ist der Lebendige, der nicht stirbt." "Wa huva hayyulla yamut", das heißt: Der unvergängliche Angebetete (Ma'budu Lamyesal), der immerwährende Geliebte (Mahbubu Layesal), der Schönheit (Cemal), Vollkommenheit (Kemal) und Güte (ihssan) besitzt, die unendlich hoch über aller Vollkommenheit, Schönheit und Güte steht, die in allem Sein der ganzen Schöpfung sichtbar wird und Anlass zur Liebe ist. Ein einziger Funke Seiner Schönheit ist genug für alle Geliebten. Sein immerwährendes Leben reicht von Ewigkeit zu Ewigkeit. Es ist rein von allem Unrat des Zerfalls und der Vergänglichkeit, ungetrübt von allen Störungen, verursacht durch Fehler und Mängel. So macht also dieses Wort allen Menschen und Dschinnen, allen, die über ein Bewusstsein verfügen, und allen (Gott)liebenden bekannt: Gute Nachricht für Euch! Ihr habt einen Geliebten, der euch ewig bleibt, der die Wunden der grenzenlos vielen Trennungen von eurem Geliebten heilt und mit Salbe bestreicht. Weil es Ihn aber gibt und da Er für ewig bleibt, soll euch kein Kummer quälen, was immer auch geschehen mag. Vielmehr sind die Schönheit und die Güte, die edlen Vorzüge und die Vollkommenheit, die der Grund eurer Liebe zu euren Geliebten ist, nur der Schatten eines überaus schwachen Schattens des Abglanzes ewiger Schönheit, der die vielen Schleier des Geliebten durchdringt, der für ewig bleibt. Ihr Untergang soll euch nicht verletzen. Denn sie sind eine Art Spiegel. Der Wechsel dieser Spiegel erneuert und verschönert die prachtvolle Erscheinung Seiner Schönheit. Ist Er aber da, so ist alles da.

Neuntes Wort:

"In Seiner Hand ist das Gute." "Biyedihil'hayr", das heißt: Alle Wohltaten liegen in Seiner Hand. Alles, was ihr Gutes tut, wird auf Seinem Konto gebucht. Alle guten Taten, die ihr verrichtet, werden bei Ihm registriert. Dieses Wort ruft also den Menschen und Dschinnen zu und verkündet ihnen frohe Botschaft. Es sagt: Oh ihr Hilflosen! Wenn ihr auf den Friedhof umzieht, sollt ihr nicht verzweifeln und wehklagen: "Oh weh! Unser Besitz wurde zerstört, und unsere Arbeit wurde zunichte. Wir sind aus dieser schönen und weiten Welt heraus und in jene enge Erde hineingekommen." Denn alles was euch gehört, wird für euch aufbewahrt. Alle eure Taten wurden aufgezeichnet. Alle eure Dienste wurden eingetragen. Der majestätische Herr, der eure Dienste belohnen wird und in dessen Hand alles Gute liegt und der alle Wohltaten hervorzubringen weiß, nimmt Euch hinweg und lässt euch vorübergehend unter der Erde verweilen. Dann lässt er euch in Seine Audienz bringen. Welch ein Glück für euch, dass ihr eure Dienste und eure Aufgaben zu Ende gebracht habt. Eure Mühe ist zu Ende und ihr geht in Seine Ruhe und Barmherzigkeit ein. Dienst und Anstrengung sind beendet und ihr geht, euren Lohn zu empfangen. Mit Sicherheit wird der majestätische Allmächtige, der die Samenkerne und Körner aufbewahrt, die die Seiten des Buches der Taten des vergangenen Frühlings und die kleinen Speicher seiner Dienste sind, und in dem kommenden Frühling überaus prachtvoll, ja hundertfach ertragreicher als den ursprünglichen Kern wieder aufkeimen lässt und ausbreitet, auch die Ergebnisse eures Lebens genauso aufbewahren und eure Dienste in Überfülle belohnen.

Zehntes Wort:

"Und Er ist aller Dinge mächtig." "Wa huva ala kulli schay'in kadier", das heißt: Er ist der Eine in Seinem Herrschaftsbereich und in Seinem Wesen. Er ist aller Dinge mächtig. Nichts fällt Ihm schwer. Die Erschaffung eines Frühlings ist Ihm so leicht wie die Erschaffung einer Blume. Die Erschaffung des Paradieses ist Ihm so leicht wie die Erschaffung eines Frühlings. Die grenzenlos vielen Kunstwerke die Er an jedem Tag, in jedem Jahr und in jedem Jahrhundert von Grund auf neu erschafft, bezeugen mit unendlich vielen Zungen Seine unendliche Macht. Auch dieses Wort bringt eine gute Nachricht. Es sagt: Oh Mensch! Die Dienste, die du versiehst, und die Anbetung Gottes, die du verrichtest, ist nicht vergeblich. Ein Ort der Belohnung, ein Land der Glückseligkeit sind für dich bereitgestellt. Anstelle dieser deiner vergänglichen Welt erwartet dich ein ewig bleibendes Paradies. Glaube an das Versprechen des majestätischen Schöpfers, den du anbetest, und den du erkennst, und verlass dich darauf. Es ist Ihm unmöglich, Seinem Versprechen entgegengesetzt zu handeln. Seine Macht kennt in keiner Hinsicht irgend eine Unvollkommenheit. In Seiner Tätigkeit kann eine Schwäche nicht aufkommen. Wie Er deinen Garten erschafft, so vermag Er auch das Paradies für dich zu erschaffen und hat es sogar erschaffen und es dir versprochen. Da Er es dir versprochen hat, wird Er dich auf jeden Fall auch dahin bringen. Nun aber ist es ganz offensichtlich, dass in jedem Jahr mehr als dreihunderttausend Arten und Völker unter den Tieren und Pflanzen auf der Erde in vollkommener Ordnung und Wohlausgewogenheit, in höchster Geschwindigkeit und mit vollendeter Leichtigkeit wieder versammelt und verbreitet werden. Mit Sicherheit ist einer, der in Seiner Majestät so allmächtig ist (dies alles zu bewirken), auch dazu in der Lage, Sein Versprechen einzulösen. Da also nun ein so absolut Allmächtiger in jedem Jahr tausenderlei Musterbeispiele der Wiederversammlung und des Paradieses erschafft, und da Er nun einmal durch alle Seine vom Himmel herab gesandten Erlasse die ewige Glückseligkeit verspricht und das Paradies verkündet, und da alle Seine Ausführungen und Handlungen nun einmal wahr und wirklich, aufrichtig gemeint und ernst zu nehmen sind, und da alle Vollkommenheit (soweit wir sie wahrnehmen können) nun einmal durch das Zeugnis Seiner Werke auf Seine unendliche Vollkommenheit (jenseits unseres Fassungsvermögens) hinweisen und für sie Zeugnis ablegen und es bei Ihm keinerlei Fehler und Mängel gibt, und da als hässlichste Eigenschaften, als Fehler und Mängel gelten, nicht zu seinem Wort zu stehen, es zu brechen, zu lügen und zu täuschen, wird dieser Allmächtige in Seiner Majestät, der Allweise in Seiner Vollkommenheit, der Allbarmherzige in Seiner Schönheit mit Sicherheit und in jedem Fall Sein Versprechen einlösen, die Pforte zur ewigen Glückseligkeit öffnen und euch, oh Ihr Leute des Glaubens, ins Paradies, in die ursprüngliche Heimat eures Vaters Adam führen.

Elftes Wort:
"Und zu Ihm ist unsere Bestimmung." "Wa ilaihil'masier", das heißt: Die Menschen, die für Geschäft und dienstlichen Auftrag mit wichtigen Aufgaben in diese Welt, an diesen Ort der Prüfung, gesandt werden, und ihr Geschäft abgeschlossen, ihren Auftrag erfüllt und ihren Dienst vollendet haben, werden wieder zu dem majestätischen Schöpfer, der sie gesandt hat, zurückkehren und sich mit

ihrem gastfreundlichen (keriem) Herrn begegnen. Das heißt: Sie verlassen diesen vergänglichen Ort und werden mit der Gegenwart Seiner Hoheit an dem ewig bleibenden Ort beehrt. Das heißt: Sie befreien sich von dem Gewirr aus (bewirkenden) Ursachen und von dem verfinsternden Schleier aus (bewirkenden) Mitteln und werden sich mit dem allbarmherzigen Herrn am Sitz Seines ewigen Königreiches ohne alle verschleiernde (Mittel und Ursachen) treffen. Jeder wird unmittelbar (und ganz) persönlich den kennen lernen, der sein Schöpfer, Angebeteter, Versorger, Herr und Besitzer ist, und Ihn finden. Nun bringt dieses Wort eine solch frohe Botschaft, wie sie über jeglichen frohen Botschaft steht. Und sie besagt:

Oh Mensch! Weißt du eigentlich, wohin du gehst? Und wohin du geführt wirst? Du gehst in das Land der Barmherzigkeit und in die Gegenwart des majestätischen Schönen (Cemil), dessen Schönheit eine Stunde zu schauen nicht einmal einem tausendjährigen Leben im Paradies gleichkommt, wo eine einzige Stunde im Paradies zu leben aber nicht einmal einem glücklichen Leben von tausend Jahren auf Erden gleichwertig ist, wie bereits am Schluss des Zweiunddreißigsten Wortes gesagt wurde. Was die Schönheit und Vollkommenheit allen Seins auf Erden und derer, in die ihr verliebt und denen ihr verfallen seid, und nach denen ihr sehnsüchtig verlangt, betrifft, so sind sie eine Art Schatten der Erscheinung Seiner Schönheit und kommen von der Vollkommenheit Seiner Namen. Das ganze Paradies ist mit all seinen Feinheiten eine Erscheinung Seiner Barmherzigkeit. Was all die Arten von Liebe und Begeisterung, Zuneigung (des Schülers) und Anziehungskraft (des Lehrers) betrifft, so sind sie ein Funke

Seiner Liebe. Ihr geht zu dem immerwährenden Angebeteten, dem für ewig Geliebten in das Land Seiner Gegenwart. Und ihr werdet eingeladen in das Paradies, wo Sein ewiges Gastmahl ist. Daher sollt ihr durch das Tor des Grabes nicht weinend gehen, sondern in Heiterkeit. Außerdem bringt dieses Wort folgende frohe Botschaft. Es besagt: Oh ihr Menschen! Ihr sollt euch nicht vorstellen und nicht denken, dass ihr in die Vergänglichkeit, in das Nichts, in die Verlorenheit, in die Finsternis, in die Vergessenheit, in die Verwesung, in die Auflösung, geht, oder in der Vielfalt (der Ursachen) ertrinken werdet! Ihr geht nicht in die Vergänglichkeit (fena), sondern in die Beständigkeit (beqa), werdet nicht in das Nichts, das Fernesein, sondern in die immerwährende Anwesenheit geführt werden, tretet nicht in die Finsternis, sondern in die Welt des Lichtes ein. Ihr seid auf dem Weg zu eurem wahren Besitzer und Eigentümer und kehrt zur Residenz des ewigen Königs zurück. Ihr werdet nicht in der Vielfalt ertrinken, sondern im Lande der Einheit des Allgegenwärtigen wieder aufatmen dürfen. Ihr seid nicht auf Trennung, sondern auf eine Zusammenkunft hin angelegt.

Gottvertrauen

24. Brief

Wie bereits im Anhang zum Sechsundzwanzigsten Wort erwähnt wurde, gab es da einen geschickten Meister, der ein kostbares Gewand mit vielen Ausschmückungen und allen Verzierungen anfertigen wollte. Dazu bestellte er sich einen armen Mann gegen einen angemessenen Lohn als Modell. Um seine Kunstfertigkeit und Geschicklichkeit zu zeigen, misst er, schneidet, kürzt, verlängert er über diesem armen Mann das Gewand, lässt ihn auch sich hinsetzen oder wieder aufstehen und lässt ihn noch manch andere Stellungen einnehmen. Ja hat denn dieser arme Mann überhaupt ein Recht dazu, diesem Künstler zu sagen: „Warum fasst du denn dieses Kleid, das mich doch so schmückt, an und änderst es und machst mir derartige Umstände, dadurch, dass du mich aufstehen und wieder hinsetzen heißt und mich so in meiner Ruhe störst?"

Genauso aber ist es, wenn der Schöpfer in Seiner Herrlichkeit das Wesen eines jeden Dinges zu Seinem Modell annimmt, um daran aufzuzeigen, wie Seine Namen so herrlich verziert sind und wie vollendet seine Kunst ist. Jedes Ding und alles, was da lebt umkleidet Er mit einem Körper, ausgestattet mit Sinnesorganen und einem Empfindungsvermögen. Darauf zeichnet Er Ornamente mit Seiner Feder allen Geschehens (qadha) und allen Vorherwissens (qader) und zeigt so die Manifestationen Seiner Namen. So gibt Er allem Sein auch den Lohn, der ihm zukommt, in Gestalt seiner Vollendung, in Form von Genuss, durch Seinen Segen.

Ja hat denn irgendein Lebewesen oder Ding das Recht dem Schöpfer in Seiner Herrlichkeit, welcher das Geheimnis (sirr) des Wortes: „Der König des Reiches verfügt in Seinem Königreich so, wie Er will." offenbart, entgegenzuhalten: „Du bereitest mir Schwierigkeiten. Du störst mich in meiner Ruhe."? Gott bewahre! Dinge und Lebewesen haben in der Tat gegenüber dem, der da notwendiger Weise sein muss, in gar keiner Form irgendein Recht, Klage zu erheben. Vielmehr ist es billig und recht, dass sie allezeit mit Preis und Dank der ihnen verliehenen Stufe des Seins die Ehre geben. Denn alle diese ihnen verliehenen Stufen des Seins sind eine bereits vorgegebene Tatsache und verlangen nach dem, der sie hervorgerufen hat. Die jedoch nicht verliehenen Stufen sind eine bloße Wahrscheinlichkeit. Eine bloße Wahrscheinlichkeit besitzt jedoch keine wahre Existenz und die Zahl der Möglichkeiten ist unendlich. Was aber keine Existenz, kein Dasein hat, das erfordert auch niemanden, verlangt nach keinem, der es ins Dasein gerufen hätte. Was lediglich möglich wäre, wahrscheinlich sein könnte, das kann auch keine Ursache haben. So kann z.B. ein Stückchen unbelebter Materie nicht fragen: „Warum bin ich keine Pflanze?" Es kann sich nicht beklagen. Da es jedoch als ein Stückchen Materie ins Dasein getreten ist, steht es ihm wohl an, seinem Schöpfer dafür zu danken. Eine Pflanze kann nicht fragen, warum sie kein Tier ist und sich nicht darüber beklagen. Da sie jedoch ins Dasein gelangt und zugleich mit ihm das Leben empfangen hat, steht es ihr wohl an, Dank zu sagen. Was nun die Tiere betrifft, so können sie nicht danach fragen, warum sie keine Menschen geworden sind und sich auch nicht darüber beklagen. Da sie jedoch ins Dasein gelangt und zugleich mit ihm Leben und das kostbare Juwel des Geistes (ruh) empfangen haben, steht es ihnen darüber hinaus nur noch wohl an, dafür Dank zu sagen. Diese Beispiele ließen sich noch weiter vermehren. Oh du Ankläger-Mensch! Du bist nicht im Unerschaffenen geblieben. Du hast dich mit dem Geschenk eines Körpers bekleidet, hast das Leben verkostet. Du bist nicht starr und leblos geblieben, kein Tier geworden. Du hast zur Gnade des islamischen Glaubens gefunden, bist nicht im Irrtum verblieben, hast Gesundheit und Geborgenheit als Geschenk erfahren, usw.

Oh du Undankbarer! Woher nimmst du dir denn das Recht dazu, so nichtig und gierig Gott den Gerechten anzuklagen, weil Er dir die hohen und erhabenen Gnadengaben nicht verliehen hat, die du auch gar nicht verdient hast, weil sie im Bereich des bloß Möglichen und gar nicht Vorhandenen geblieben und nicht in deine Hand gelangt sind, und so Seine Gnadengaben in Undankbarkeit zu verkehren, anstatt Ihm für alle die Stufen des Daseins (das unbelebte wie das belebte, das vegetative, animalische, wie das menschliche), die Er dir als reine Gnadengabe verliehen hat, Dank zu sagen?! Stiege also ein Mann zu der erhabenen Stufe eines hohen Ranges empor, etwa so wie man in einem Minarett hinauf steigt, und empfinge dieser an jedem Treppenabsatz ein großes Geschenk und würde er dann anstatt für die empfangenen Geschenke zu danken vielmehr sagen: „Warum kann ich denn nicht in einem noch höheren Minarett noch weiter hinaufsteigen?" sich darüber beklagen, weinen und seufzen, so würden selbst die Toren begreifen, welches Unrecht er damit beginge, in welch einen Abgrund der Undankbarkeit er dadurch fiele, was für eine große Dummheit er damit machte.

Oh du gottvergessener Mensch, der du dich beklagst, ohne ein Recht dazu zu haben, gierig bist und nie genug bekommst, verschwendest ohne Maß zu halten! Wisse und sei dir dessen sicher, dass Bescheidenheit auch eine Form der Dankbarkeit ist, die ihren Lohn in sich enthält, während die Gier eine Form der Undankbarkeit ist, die dich zugleich noch zum Verlierer macht, dass Mäßigung eine schöne und lohnende Weise ist, ein Geschenk in Ehren zu halten, während Verschwendung eine hässliche und nachteilige Weise ist, ein Geschenk zu missachten. Hättest du Verstand, würdest du dich um Bescheidenheit bemühen und nach der Zufriedenheit streben. Wenn dir die Dinge unerträglich vorkommen, so sage: „Ya Sabur (Oh Du, der Geduld schenkt)!" und bitte so um Geduld, sei zufrieden mit deinem Anteil und beklage dich nicht! Bedenke, wen du hier anklagst und vor wem, und schweig still! Wenn du dich aber nun schon beklagen willst, dann klage deine Seele (nefs) vor Gott dem Gerechten an, denn der Fehler liegt bei ihr.

Furcht

29. Brief

Einmal fürchtete sich eine bedeutende Persönlichkeit – möge Gott (seiner Seele) gnädig sein – in ein Ruderboot einzusteigen. Eines Abends gingen wir miteinander zu der (damals noch einzigen) Brücke in Istanbul. Dort wollten wir ein Boot nehmen. Ein Auto gab es nicht. Wir mussten nach (dem Stadtteil) Sultan Eyyüb. Also drängte ich ihn. Er aber sagte: „Nein, ich habe Angst. Vielleicht wird (das Boot) untergehen!"

Ich sagte ihm: „Was denkst du denn, wie viele Boote es hier am Goldenen Horn gibt?"

Er sagte: „Vielleicht tausend."

Ich sagte zu ihm: „Und wie viele gehen davon jedes Jahr unter?"

Er sagte: „Vielleicht ein oder zwei, in manchem Jahr gar keines."

Ich fragte ihn: „Wie viel Tage hat das Jahr?"

Er sagte: „Etwa dreihundertsechzig."

Ich sagte ihm: „Die (Gefahr mit diesem Boot) unterzugehen, die (wie in einem Alptraum) in dir aufsteigt ist eins zu dreihundertundsechzigtausend. Sich vor einer derartigen Möglichkeit zu fürchten, ist nicht menschlich. (Noch nicht einmal) ein Tier kann das!..."

Und weiter sagte ich zu ihm: „Wie lange glaubst du, dass du noch leben wirst?"

Er sagte: „Ich bin schon alt. Doch wäre es möglich, dass ich noch zehn Jahre lebe."

Ich sagte zu ihm: „Da deine Todesstunde unbekannt ist, könntest du jeden Tag sterben. Also ist dein Tod an einem der nächsten dreitausendsechshundert Tagen möglich. So ist denn deine Chance nicht dreihunderttausend zu eins, wie bei diesem Boot, sondern die Möglichkeit ist dreitausend zu eins und es ist möglich, dass du noch heute stirbst. Also zittere! weine! mach dein Testament!"

So sagte ich zu ihm. Da kam er denn zitternd zu Verstand und stieg in das Boot. Auf dem Boot sagte ich zu ihm: „Gott der Gerechte hat dir die Nerven gegeben, dich zu fürchten, damit du dein Leben retten sollst und nicht, um es zu zerstören! Er hat dir das Leben nicht gegeben, um es dir schwer zu machen, zu einer Last und zu einer Strafe für dich. Sich zu fürchten, wenn das Risiko eins zu zwei, drei vier, oder selbst eins zu fünf oder sechs ist, ist eine vorausschauende Furcht und mag deshalb auch erlaubt sein. Sich aber zu fürchten, wenn das Risiko eins zu zwanzig, dreißig oder vierzig ist, gleicht einem Albtraum und das Leben in ihr einer Folterqual!"...

Erschaffung des Negativen (Theodizeeproblem)

12. Brief

„Im Namen dessen, der gepriesen sei. Und es gibt kein Ding, das ihn nicht in Dankbarkeit lobpreist. Friede sei mit euch und mit euren Freunden!"

Meine geliebten Brüder!

Ihr habt mir in der letzten Nacht eine Frage gestellt, auf die ich euch keine Antwort gegeben habe, denn es ist nicht erlaubt, die Glaubensfragen nach Art eines Streitgesprächs zu behandeln. Ihr habt jedoch ein solches Streitgespräch miteinander geführt. Deshalb schreibe ich jetzt eine ganz kurze Antwort auf die drei Fragen, über die ihr euch gestritten habt. Eine ausführliche Erklärung könnt ihr in den "Sözler" (Worte) finden, deren Titel sich der Herr Apotheker notiert hatte. Dabei war mir aber das Sechsundzwanzigste Wort nicht mehr eingefallen, das vom Vorauswissen Gottes und von der menschlichen Entscheidungsfreiheit handelt. Ihr könnt dort nachlesen; das hatte ich euch noch nicht gesagt. Lest das aber nicht so wie eine Zeitung! Der Grund (sirr) dafür, dass ich den Herrn Apotheker empfohlen hatte, diese "Sözler" (Worte) zu lesen, ist jedoch der: Bei solcher Art Fragen kommen die Zweifel aus einer Glaubensschwäche gegenüber den Grundsätzen des Glaubens. Diese "Sözler" (Worte) aber sind ein vollkommener Beweis für diese Glaubensgrundsätze.

Eure erste Frage: Wo findet sich der Sinn (hikmet) dafür, dass Hasret Adam aus dem Paradies vertrieben wurde?

Antwort: Die Weisheit (hikmet) liegt in dem (mit ihr verbundenen) Auftrag... Adam wurde mit einer Aufgabe betraut und dazu gesandt, dass der Geist des Menschen sich vollkommen entwickle, der Same aller menschlichen Begabung sich öffne und entfalte und das Wesen des Menschen zu einem Spiegel werde, in dem sich alle Namen Gottes sammeln. Dies war der Zweck seiner Aufgabe. Wäre Adam im Paradies geblieben, wäre seine Stellung (makam) der eines Engels gleich geblieben, hätten sich seine menschlichen Begabungen nicht entfalten können. Dagegen aber ist die Zahl der Engel, die permanent auf der selben Stufe (makam) verharren, groß. Für diese Art Anbetung ist der Mensch nicht notwendig. Vielmehr verlangt die Weisheit Gottes nach einem Ort der Prüfung, welcher den Fähigkeiten des Menschen entspricht. Ist er doch dafür bestimmt, auf unendlich vielen Stufen emporzusteigen. Aus diesem Grunde wurde er nach dem bekannten Sündenfall, so wie er nun einmal im Gegensatz zu den Engeln in seiner Natur lag, aus dem Paradies vertrieben.

Eure zweite Frage: Wofür wurde der Teufel erschaffen und weshalb ist er da? Zu welchem Zweck (hikmet) hat Gott der Gerechte den Teufel und das Böse geschaffen? Ist die Schaffung des Bösen böse und Schaffung des Schlechten schlecht?

Antwort: Gott bewahre! Nicht die Erschaffung des Bösen ist böse, vielmehr das Böse zu tun ist böse. Denn Erschaffung und Dasein beziehen sich auf ihren Sinn und den ganzen

Zweck. Das Tun aber steht in einem bestimmten Zusammenhang, geschieht zu einem besonderen Zweck. Zum Beispiel: Die Regenwolken, die heraufziehen, kommen aus tausenderlei Gründen und jede dient einem guten Zweck. Wenn jedoch einzelne durch ihr falsches Verhalten zu Schaden kommen, so dürfen sie deswegen nicht etwa sagen: „Die Existenz des Regens ist keine Barmherzigkeit." Es wäre ungerecht, wollte einer behaupten: „Die Erschaffung des Regens ist böse." Vielmehr ist das falsche, das verkehrte Tun, der Missbrauch böse für ihn. So liegt auch in der Erschaffung des Feuers eine Fülle von Segen. Segen aber ist gut. Wenn jedoch eine durch ihr falsches Verhalten und ihr verkehrtes Tun einen Feuerschaden erleidet, so darf sie dann nicht sagen: „Die Erschaffung des Feuers ist schlecht." Denn das Feuer ist nicht einzig dazu erschaffen, sie zu brennen, denn sie hat durch ihr eigenes falsches Verhalten ihre Hand in das Feuer gesteckt, das ihr das Essen kochen sollte und sich so einen Diener zum Feind gemacht.

Zusammenfassung: Wenn ein großes Gut mit ein wenig Schlechtem verbunden ist, so ist dies akzeptabel. Wollte also jemand, weil ein wenig Schlechtes nicht sein soll, das jedoch viel Gutes hervorbrächte, nun das Schlechte vermeiden, so hieße dies doch, viel Schlechtes zu tun. Zum Beispiel: Wenn es bei einem Gasbrand notwendig geworden ist, den Finger abzuschneiden, so ist dies gut und schön, denn es ist nur ein äußerliches Übel. Schneidet man nicht den Finger ab, muss man (statt dessen später) die ganze Hand abnehmen. Das aber wäre ein großes Übel.

So ist den die Erschaffung und das Dasein des Bösen, des Unheils, der Zerstörung und des Zerfalls, der Teufel und jeglicher Art Schädlinge weder böse noch hässlich. Denn sie sind zu vielen bedeutenden Zwecken erschaffen worden. Zum Beispiel: Da die Engel nicht von den Teufeln gequält werden, gibt es für sie auch keine Fortentwicklung. Ihre Stellung (makam) ist festgelegt und unterliegt keinem Wandel. Genauso werden auch die Tiere nicht von den Teufeln gequält, ihre Rangordnung ist festgelegt, mangelhaft. Was aber die Menschenwelt betrifft, so ist ihre Stufenleiter nach oben und unten hin ohne Grenze. Von Nimrod angefangen über die Pharaonen bis hin zu den Heiligen und Propheten führt ein sehr langer Weg in vielen Stufen aufwärts.

So wurde denn bei der Erschaffung der Teufel, im Geheimnis (sirr) unserer Verantwortung, verbunden mit der Sendung der Propheten, ein Ort der Prüfung eröffnet, um Erfahrungen zu sammeln, sich zu bemühen (Dschihad), (ja in guten Werken miteinander) zu wetteifern, um die niederen, kohlengleichen Geister von den diamantengleichen, erhabenen Geistern zu scheiden und zu trennen. Wenn dieses Bemühen und der Wetteifer nicht wären, würden die (verschiedenen) Begabungen des menschlichen Geistes, die den Diamanten und der Kohle gleichen, beieinander bleiben. Der Geist von Ebu Baqr asSiddiq in den höchsten Höhen und der Geist von Abu Dschehil in der tiefsten Tiefe befänden sich miteinander auf der gleichen Stufe. Das heißt, die Erschaffung der Teufel und allen Unheils sind, da sie sich auf große und allgemeine Belange erstrecken, nicht von ihrem Dasein her böse, nicht hässlich, sondern führen durch das, aus ihrem Missbrauch und dem persönlichen Umgang mit ihnen, durch das eigene Tun entstandene Böse, Hässliche, zu dem, was dem menschlichen Daseinsbereich zugehört, nicht zu dem, was dem Bereich der göttlichen Schöpfung zugehört.

Ihre weitere Frage: Gott der Gerechte schickt das Unglück, bringt Katastrophen (über die Welt). Ist das nicht eine Ungerechtigkeit gegenüber allen unschuldigen (Menschen), ja sogar gegenüber den Tieren?

Antwort: Gott bewahre! Sein ist das Reich. Er verfügt über Sein Eigentum so wie Er will. Ja, ließe dich ein Künstler gegen ein Honorar Modell stehen, hieße dich ein künstlerisch entworfenes und ausgestaltetes Gewand anziehen und würde Er es nun, um Seine Kunstfertigkeit und Geschicklichkeit vor Augen zu führen, ausmessen und zuschneiden, es kürzen oder verlängern, ließe dich hinsetzen oder aufstehen, würdest du dann etwa zu Ihm sagen: „Du hast aus dem Kleid, das mich doch so geschmückt hatte, ein hässliches gemacht, mir dadurch, dass du mich aufstehen und wieder hinsetzen hießest, Umstände gemacht"? Du wirst es sicherlich nicht sagen. Sagtest du es aber, hättest du einen Unsinn gesagt. Genauso aber ist es, wenn der Schöpfer in Seiner Herrlichkeit dich mit einem künstlerisch gestalteten Körper bekleidet und ihn mit solchen Sinnen wie Gesicht, Gehör, Geruch Geschmack ausgeschmückt hat, um zu zeigen, wie Seine verschiedenen Namen so schön verziert sind, dich krank werden lässt, dich einem Unglück aussetzt, dich hungrig oder satt werden lässt oder dich durstig macht und dich zwischen diesen verschiedenen Zuständen hin und her wirft. Um das Wesen des Lebens stärker hervortreten zu lassen und dir die Erscheinungsweisen Seiner Namen vor Augen zu führen, lässt er dich in so vielen Lebensumständen herumwirbeln. Wolltest du aber nun sagen: „Warum hast du mir dieses

Unglück zustoßen lassen?" würden dich hundert Weisheiten schweigen heißen, wie wir ja in unserem Beispiel darauf hingewiesen haben. Es ist in der Tat das Verweilen, die Ruhe, die Trägheit, die Eintönigkeit, der Stillstand eine Art des Nicht-Seins und also ein Schaden. Bewegung und Veränderung bilden das Dasein und also dessen Güte (d.h. Qualität). Das Leben findet seine Vollendung in der Bewegung, entfaltet sich mit den Unglücken. Das Leben wird mit den Namen Gottes, die dabei durch mannigfaltige Ereignisse in Erscheinung treten, herausdestilliert, gewinnt seine Kraft, wächst, blüht und gedeiht, und gestaltet sich zu der Feder, die (über die Seiten des Lebens) geführt wird, um das eigene künftige Geschick damit niederzuschreiben, erfüllt so seinen Sinn, erlangt ein Recht auf seinen jenseitigen Lohn.

Dies also sind kurzgefasst die Antworten auf die (oben angeführten) drei Streitfragen. Weitere Erklärungen finden sich in den dreiunddreißig "Worten" (Sözler). Lieber Bruder, lies diesen Brief bitte dem Apotheker und denen, die du unter denen, welche diese Disputation mit angehört haben, für geeignet hältst, vor! Grüße (Selam) meinerseits diesem Apotheker, der mein neuer Schüler ist, und sage ihm auch: „Derart kritische Fragen über den Glauben gleich diesen oben erwähnten Fragen, darf man innerhalb einer Gemeinschaft nicht nach Art eines unausgewogenen Streitgesprächs behandeln, weil derartige unausgewogenen Streitgespräche, obwohl sie doch ein Heiltrank sein könnten, zu Gift werden für diejenigen welche derartige Disputationen durchführen, als auch für deren Zuhörer und ihnen zum Schaden gereichen. Man sollte derartige Glaubensfragen vielmehr mit einem gewissen Gleichmut, mit Wohlausgewogenheit und

Gerechtigkeit und der Bereitschaft zu einem echten Dialog besprechen." Und sage ihm weiter: „Wenn in deinem Herzen Zweifel über derartige Disputationen auftauchen und ihr auch in den "Worten" (Sözler) die Antwort nicht findet, könnt ihr mir jederzeit persönlich schreiben." Des Weiteren sage dem Herrn Apotheker: „Was den Traum von seinem verstorbenen Vater betrifft, so habe ich in meiner Vorstellung die folgende Deutung gefunden: Da sein verstorbener Vater ein Arzt war, hat er bestimmt auch vielen frommen und gesegneten, ja heiligmäßigen Menschen helfen können und die Seelen (ervah) dieser Gesegneten, die mit ihm zufrieden waren und nun verstorben sind, und die sein Sohn als dessen nächster Verwandter bei dessen Hinscheiden in der Gestalt von Vögeln gesehen hat, sind nun als seine Fürsprecher zu ihm gekommen, um ihm ihr Willkommen zu entbieten. Das war es, was mir dazu eingefallen ist." Allen Freunden, die in jener Nacht da waren, meinen Gruß (Selam) und mein Gebet.

Schicksal und freier Wille

26. Wort

„Und es gibt kein Ding, das wir nicht bei uns in Vorrat hätten, aber wir senden davon nur herab, in bestimmten Maßen." (Koran, 15:21) „Und von allen Dingen haben wir berichtet in einer klaren Schrift." (Koran, 36:12). Die göttliche Vorherbestimmung und die Freiheit des menschlichen Willens sind zwei wichtige Fragen. Hier wollen wir versuchen, einige von den feinen Wahrheiten darüber, innerhalb von vier Abschnitten aufzuzeigen.

Erster Abschnitt: Die göttliche Vorherbestimmung und die Freiheit des menschlichen Willens, wie sie auf der letzten Stufe die Grenzen der muslimischen Lehre und des islamischen Glaubens aufzeigen, sind der Sache nach und dem menschlichen Gewissen entsprechend Teilbereiche des Glaubens. Demgegenüber sind sie kein Teilbereich philosophischer oder persönlicher Betrachtungsweise. Denn wenn der Gläubige alles, sogar sein Tun und auch sich selbst immer Gott dem Gerechten anheim stellt, tritt ihm die Freiheit des menschlichen Willens entgegen, damit er sich letztendlich von Zuständigkeit und Verantwortung nicht entbinden kann. Sie sagt ihm: „Du bist zuständig und verantwortlich." Sodann kommt ihm die göttliche Vorherbestimmung entgegen, damit er auf die guten Taten und die Vollkommenheiten, die durch ihn erwachsen, nicht stolz wird. Sie sagt: „Bekenne deine Grenzen, du bist nicht der, welcher das tut."

In der Tat stehen die göttliche Vorherbestimmung und die menschliche Willensfreiheit auf der letzten Stufe des geistigen und des praktischen Islam. Die göttliche Vorherbestimmung, um die Seele vor Hochmut, und die menschliche Willensfreiheit, um die Seele vor der Verantwortungslosigkeit zu retten, gehören zu den Glaubensgrundsätzen. Sich von der Verantwortlichkeit der Bosheiten, die die triebverhaftete Seele in ihrer Eigenwilligkeit begeht, zu entbinden und an der göttlichen Vorherbestimmung festzuhalten und mit den Schönheiten, mit denen er begnadet wurde, stolz und hochmütig sein und sie auf seine persönliche Entscheidungsfreiheit zurückzuführen, widerspricht ganz und gar dem Sinn der Vorherbestimmung und der Weisheit der menschlichen Entscheidungsfreiheit. Es sind keine philosophischen Fragen, die eine solche Verhaltensweise rechtfertigen könnten. In der Tat findet der Glaube an die Vorherbestimmung Gottes unter dem einfachen Volk, das geistig nicht fortgeschritten ist, immer Anwendung. Sie gilt aber für die vergangenen und unglücklichen Ereignisse und ist ein Heilmittel für die Verzweiflung und das Leid. Sie gilt nicht für die zukünftigen Ereignisse und Sünden, sodass sie ein Grund für Müßiggang und einen liederlichen Lebenswandel sein könnten. Das heißt, die Frage nach der göttlichen Vorherbestimmung ist nicht ein Bestandteil des Glaubens, um sich aus seiner misslichen Lage zu erretten und von seiner Verantwortung zu entbinden, sondern wurde Bestandteil des Glaubens, um sich vor Hochmut und Stolz bewahren zu können. Jener Bruchteil menschlicher Willensfreiheit wurde Bestandteil religiöser Überzeugung, um auf sie die menschliche Bosheit zurückführen zu können, nicht aber um sie als Quelle aller guten Werke angeben zu können und so einen pharaonengleichen Stolz zu nähren.

So ist denn, wie ja der Koran sagt, der Mensch für seine Bosheit voll und ganz verantwortlich, denn er ist es, der das Böse erstrebt. Da die Bosheit Zerstörungscharakter hat, vermag der Mensch durch ein wenig Bosheit viel Zerstörung anzurichten. Und dafür verdient er mit Recht eine fürchterliche Strafe. - Vergleichbar einem Streichholz, das ein Haus in Brand zu stecken vermag. - Aber bei guten Werken hat er kein Recht darauf stolz zu sein. Dabei ist sein Anteil zu gering. Denn, der, der das Gute wünscht und fordert, ist die Barmherzigkeit Gottes und der es schafft, ist die Macht des Herrn. Wunsch nach dem Guten und Antwort dafür, Ruf danach und dessen Ursachen kommen beide von dem Gerechten. Der Mensch wird allein dazu ermächtigt durch Gebet, durch Glaube, durch Bewusstwerdung und Zustimmung.

Wer aber das Böse wünscht, ist die Begierde des Menschen (entweder durch seine Fähigkeit oder durch seine Entscheidung), so wie einige Dinge durch die schönen, weißen Strahlen der Sonne Schwärze und Fäulnis bekommen. Diese Schwärze ist aber auf ihre Eigenschaften zurückzuführen. Der jedoch das Schlechte durch göttliches Gesetz hervorruft, das so viele schöne Dinge zu Folge hat, ist wiederum der Gerechte. Die Ursache und der Wunsch nach dem Bösen entspringen aber aus der Begierde des Menschen, sodass sie die Verantwortung dafür trägt. Die Erschaffung und das ins Dasein bringen, die dem Gerechten gehören, sind schön und gut, weil sie noch weitere schöne Folgen und Früchte haben. So lautet denn das Geheimnis dahinter wie folgt: Das Erwerben des Bösen ist böse. Das

Erschaffen des Bösen ist nicht böse. So sollte denn ein fauler Mann, wenn er Schaden von dem Regen erleidet, der doch viele Segnungen in sich enthält, nicht sagen: „Regen ist kein Segen." Es liegt in der Tat in dem Erschaffen und Ins-Dasein-bringen von dem ein klein wenig Schlechten auch sehr viel Gutes. Wegen des ein klein wenig Schlechten sehr viel Gutes verlassen, heißt, sehr viel Schlechtes entstehen lassen. Darum wird dieses ein Teil Schlechte als Gutes gezählt. In dem, was Gott erschafft, gibt es nichts Schlechtes oder Hässliches. Vielmehr ist es auf die Einstellung des Dieners und auf seine Eigenschaften zurückzuführen. Denn so wie das göttliche Vorherwissen, so gilt auch hinsichtlich der Ziele und Früchte, dass sie frei sind von allem, was schlecht oder hässlich wäre, desgleichen gilt auch hinsichtlich von Mittel und Grund, dass diese geheiligt sind und frei von Schuld und Sünde. Denn die göttliche Vorherbestimmung bezieht sich auf die eigentlichen Gründe und wird gerecht. Die Menschen errichten mit äußerlich sichtbaren Mitteln der Gerechtigkeit ein Gebäude und stürzen in die Ungerechtigkeit, wo die göttliche Vorherbestimmung gerecht ist. Zum Beispiel: Der Richter verurteilt dich wegen Diebstahls zu einer Haftstrafe. Du bist aber kein Dieb. Doch es gibt da einen heimlichen Mord, von dem niemand etwas weiß. So hat dich denn auch göttliche Vorsehung zu dieser Gefängnisstrafe verurteilt. Doch die göttliche Vorherbestimmung verurteilt dich aber auf Grund deines heimlichen Mordes und bewirkt Gerechtigkeit. Was den Richter betrifft, so hat er dir dadurch, dass er dich wegen Diebstahls zu Unrecht verurteilt hat, Gewalt angetan. Hier wird in zweierlei Hinsicht sichtbar, wie die göttliche Vorherbestimmung und das Erschaffen Gottes in ein und derselben Sache gerecht und das menschliche Tun ungerecht werden kann.

Vergleiche andere Dinge damit. Das heißt also, dass die göttliche Vorherbestimmung und das Erschaffen hinsichtlich des Anfangs und des Endes, des Wesentlichen und der Einzelheiten, der Ursachen und deren Folgen frei von Bosheit und Fehlerhaftigkeit sind.

Wenn man sagt: Wenn im Bereich menschlichen Willens keine Möglichkeit gegeben ist, etwas aus dem Nichts zu erschaffen und in der Hand des Menschen nichts anderes liegt, als eine schöpferische Vorstellung, wie kommt es dann, dass der Koran, dessen Verkündigung ein Wunder ist, dem Menschen den Zustand eines Rebellen und eines Feindes dem Schöpfer der Himmel und der Erde gegenüber zuschreibt? Der Schöpfer der Erde und der Himmel klagt ihn gewaltig an. Um dem gläubigen Diener gegen diesen rebellischen Menschen zu helfen, bietet Er sich selber und Seine Engel an. Er nimmt ihn als Feind überaus ernst.

Antwort: Es ist dies so, weil Nichtglaube, Rebellion und Bosheit negativ und destruktiv sind. In Wirklichkeit können gewaltige Zerstörungen und endloses Fehlen auf eine Ursache zurückgeführt werden, die nur eingebildet ist und fehlt.

So wie ein riesiges Schiff untergeht, weil der Steuermann nicht seine Pflicht erfüllt hat, und damit die Anstrengungen aller Arbeiter und Angestellten zunichte gemacht hat, sind diese Zerstörungen auf einen einzigen Fehler zurückzuführen. So können auch Nichtglaube und Sünde, da sie von negativer und destruktiver Art sind, und der freie Wille des Menschen nur eine Annahme ist, Zerstörungen anrichten und die Ursache einer fürchterlichen Wirkung sein. Denn da der Nichtglaube, der eine einzige Sünde ist, eine Beleidigung des ganzen Weltalls mit Wertlosigkeit und Sinnlosigkeit, eine Anschuldigung der Lüge allen Seins, die die Beweise der Einheit Gottes aufzeigen und eine Verachtung aller Erscheinungen der Gottesnamen, ist es lautere Weisheit, wenn Gott der Gerechte anstelle des ganzen Weltalls, allen Seins und der göttlichen Namen den Nichtgläubigen heftig anklagt und ihn fürchterlich bedroht und es ist lautere Gerechtigkeit, wenn er ihn für ewig bestraft. Da der Mensch nun einmal durch Nichtglaube und Auflehnung in die Richtung der Zerstörung geht, kann er durch ein Wenig Aktivität sehr viele Dinge vollbringen. Darum brauchen die Leute des Glaubens gegen sie große Unterstützung von Gott dem Gerechten. Übernehmen auch zehn starke Männer die Überwachung und Instandhaltung eines Hauses und ein boshaftes Kind beschäftigt sich jedoch damit dieses Haus in Brand zu stecken, dann müsste man den Erziehungsberechtigten dieses Kindes, ja sogar den König selber ersuchen und sie ständig (um Hilfe) bitten. In gleicher Weise bedürfen auch die Gläubigen viel Beistand bei Gott dem Gerechten, um solchen sittenlosen Leuten der Auflehnung widerstehen zu können.

Zusammenfassung: Wenn der Mann, der über das göttliche Vorherwissen und die Freiheit des menschlichen Willens spricht, in der göttlichen Gegenwart lebt und einen vollkommenen Glauben besitzt, so führt er sich selbst und die Welt auf Gott den Gerechten zurück und weiß, dass sie Seiner Herrschaft unterstehen. Dann hat er auch das Recht, über das göttliche Vorherwissen und die menschliche Willensfreiheit zu sprechen. Da er nun einmal weiß, dass seine Seele und alle Dinge Gottes des Gerechten sind, kann er sich auch auf seinen freien Willen stützen und dafür die Verantwortung übernehmen. Er erkennt an, dass er der Ort ist, von dem das Böse ausgeht und erweist der Heiligkeit des Herrn die Ehre. Er verbleibt im Bereich der Anbetung und tut seine Schuldigkeit gegenüber dem göttlichen Anerbieten. So behält er denn auch das göttliche Vorherwissen im Blick, um nicht stolz zu werden auf die Vollkommenheiten und die Schönheiten, die durch ihn zum Ausdruck kommen, und anstatt überheblich zu werden, dankt er. Bricht ein Unglück über ihn herein, sieht er darin die göttliche Vorherbestimmung und faßt sich in Geduld. Ist der Mensch, der über das göttliche Vorherwissen und die menschliche Willensfreiheit spricht, einer von den gottvergessenen Leuten, so hat er kein Recht über das göttliche Vorherwissen und die menschliche Willensfreiheit zu sprechen. Denn eine eigenwillige Seele, die durch ihre Irrtümer und durch ihre Gottvergessenheit auf Abwege geraten ist, und die Welt auf deren Ursachen zurückführt, teilt diesen zu, was Gott gehört und übereignet sogar sich selbst. Ihre Taten schreibt sie sich selbst und deren Ursachen zu. Ihre Verantwortlichkeit und ihre eigene Fehlerhaftigkeit überträgt sie dem Schicksal. Damit aber wird die Diskussion über den freien Willen als einer letzten Endes von Gott dem Gerechten verliehenen Fähigkeit sinnlos und damit zugleich auch die über das göttliche Vorherwissen, das letztendlich die Quelle unserer Betrachtungsweise sein sollte. Sie ist ganz und gar aller Weisheit entgegengesetzt und ein Betrug der Seele, um sich vor der eigenen Verantwortlichkeit zu retten.

Zweiter Abschnitt: Den Leuten der Wissenschaft gewidmet ist sie eine Wissenschaft die feinfühlig und sorgfältig untersucht. Wenn du sagst: „Wie lässt sich der Glaube an die göttliche Vorherbestimmung mit dem Glauben an den freien Willen des Menschen vereinbaren?"

Antwort: Auf siebenfältige Weise...

Erstens: So wie das All durch Ordnung und Ausgewogenheit eine Weisheit zum Ausdruck bringt und durch seine Gerechtigkeit Zeugnis ablegt für den Gerechten und Allweisen, so wurde dem Menschen mit Sicherheit auch ein uns in seinem Wesen unbekannter freier Wille gegeben, welcher ihm Quelle zu Lohn und Strafe ist. So wie wir sehr viele Weisheiten des Gerechten Allweisen nicht kennen, so ist unsere Unkenntnis kein Beweis dafür, dass sich die Freiheit des menschlichen Willens mit der göttlichen Vorherbestimmung nicht vereinbaren lassen.

Zweitens: Notwendigerweise verspürt jeder in sich selbst einen Willen. Er weiß von innen heraus um das Vorhandensein eines solchen Willens. Das Wesen der Existenzen zu kennen ist die eine Sache, und ihre Erscheinungsform zu kennen ist eine andere Sache. Es gibt viele Dinge: Obwohl uns die Erscheinungsform offensichtlich ist, bleibt uns ihr Wesen dennoch unbekannt... So ist es auch mit dem freien Willen, den wir hier mit einreihen können. Es ist nicht alles begrenzt auf das Wissen, das wir davon haben. Unsere Unwissenheit beweist nicht, dass er nicht vorhanden ist.

Drittens: Der Glaube an den freien Willen ist nicht unvereinbar mit dem Glauben an die göttliche Vorherbestimmung. Vielmehr bestätigt der Glaube an die göttliche Vorherbestimmung den Glauben an die Freiheit des menschlichen Willens. Denn die Vorherbestimmung ist eine Art des göttlichen Wissens. Das göttliche Wissen kennt, was unser freier Wille entscheidet. Weil dies aber so ist, bestätigt der Glaube an die Vorherbestimmung Gottes, dass wir über einen freien Willen verfügen, er hebt ihn nicht auf.

Viertens: Die Vorherbestimmung ist Wissen. Das Wissen ist aber von Kenntnissen abhängig. Das heißt, so wie etwas geschehen ist, so ist dementsprechend auch unsere Kenntnis davon. Die Kenntnisse sind aber nicht vom Wissen abhängig. Das heißt, die Grundlagen im Wissen sind nicht Hauptgründe, dem, was zu Stande kommen wird, einen sichtbaren Körper zu verleihen und ihn zu verwalten. Denn das, was zu Stande kommen wird, sein Wesen und sein sichtbarer Körper sind auf Wille und Macht angewiesen. Ferner ist die Urewigkeit nicht ein Ende der vergangenen Kettenreihe, sodass man sie für die Entstehung der Dinge als Ursprung hält und dementsprechend von einer Zwangsläufigkeit ausgeht, sondern, die Urewigkeit ist mit einem Spiegel vergleichbar, der von der Höhe herab schaut und die Vergangenheit, die Gegenwart und die Zukunft zugleich erfasst. Sich innerhalb der vergangenen Seite, die sich im Bereich des Möglichen erstreckt, ein Ende vorzustellen und es die Urewigkeit zu nennen und sich einzubilden, dass sich die Dinge in das Wissen des Urewigen einreihen, während wir selber außerhalb dessen stehen und dementsprechend zu urteilen, entspricht nicht der Wahrheit. Um dieses Geheimnis zu entschleiern, betrachte das folgende Beispiel: In deiner Hand befinde sich ein Spiegel. Stell dir nun vor, nach der rechten Seite hin erstrecke sich die Vergangenheit und nach der linken Seite hin erstrecke sich die Zukunft. Der Spiegel aber erfasst nur das, was ihm gegenüber liegt. Des Weiteren erfasst er zu beiden Seiten eine gewisse Strecke. Den größten Teil jedoch erfasst er nicht. Je tiefer sich dieser Spiegel befindet, desto weniger vermag er zu sehen. Je mehr man ihn jedoch nach oben empor zieht, desto mehr erweitert sich die Reichweite dieses Spiegels. Allmählich erfasst er mehr und mehr alle beiden Erstreckungen gleichzeitig und im selben Augenblick. Und darum kann man also nun nicht mehr sagen, dass der Spiegel in dieser Stellung durch seine Projektion bei dieser Entfernung die ablaufenden Zeiten einander vorausgehen, nachfolgen, einander entsprechen oder einander entgegengesetzt sind. Da die Vorherbestimmung zu dem Wissen des Urewigen gehört, erfasst das Wissen des Urewigen nach der Erklärung einer Hadith „aus einem hohen Blickwinkel heraus von Ewigkeit zu Ewigkeit alles, was geschah und was geschehen wird, in einem, und umfasst es von seinem hohen Standpunkt aus." Wir und unsere Beurteilung können nicht außerhalb dessen stehen, sodass es (das Wissen des Urewigen) einem Spiegel gleichen sollte, der auf Seiten der Vergangenheit steht.

Fünftens: Die Vorherbestimmung steht mit Ursache und Wirkung gleichzeitig in Beziehung. Das heißt: diese Wirkung tritt mit dieser Ursache ein. Weil dies aber so ist, darf man nicht sagen: „Es war nun einmal diesem Mann bestimmt, zu dieser Zeit zu sterben. Was war die Schuld dessen, der aus freiem Willen geschossen hat. Und hätte dieser nicht geschossen, wäre jener dann dennoch gestorben."

Frage: Warum darf man so nicht sagen?

Antwort: Das ist so, weil sein Tod mit dem Schuss aus seinem Gewehr in göttlicher Vorherbestimmung im Zusammenhang steht. Stellst du dir vor, er hätte nicht geschossen, dann heißt das, dass du dir vorstellen musst, dass dieser Zusammenhang in der göttlichen Vorherbestimmung nicht existierte. Woraus willst du dann seinen Tod schließen? Du musst dir die göttliche Vorherbestimmung entweder nach Art der Schule Djebri vorstellen: Die Ursache ist das eine, die Wirkung etwas anderes; oder die göttliche Vorherbestimmung leugnen, wie dies die Schule der Mu'tezila tut, dich von "den Leuten der Sunnah und der Gemeinschaft" trennen und dich der Gruppe der Irregehenden anschließen. Weil dies so ist, sagen wir, die Leute der Wahrheit: „Wäre der Schuss nicht abgefeuert worden, so bliebe auch der Tod des Mannes für uns unbestimmt." Die Schule Djebri sagt: „Hätte er nicht geschossen, wäre er dennoch gestorben." Die Schule Mu'tezile sagt: „Hätte dieser nicht geschossen, wäre jener nicht gestorben."

Sechstens: Nach der Lehre Maturidis ist die Neigung (etwas zu tun), welche einer Willensentscheidung grundsätzlich vorausgeht, eine Vorstellung, die sich auf den Diener zurückführen lässt. (D.h. also: Eine Vorstellung, die sich der Mensch selbst macht, wird zur Neigung, etwas zu tun.) Jedoch nach der Lehre von Esh'ari wird (die Neigung etwas zu tun) nicht auf den Diener zurückgeführt, weil sie unter dem Blickwinkel von etwas bereits Gegebenem betrachtet wird. (Mit anderen Worten: Die Neigung, etwas zu tun, stammt von Gott.) Doch der Gebrauch, (den der Mensch von seiner ihm von Gott eingegebenen) Neigung macht, ist nach Esh'ari nur eine vorgestellte Sache (d.h. also eine menschliche Angelegenheit). Dann aber ist diese Neigung (nach Maturidi) oder dieser Gebrauch (also nach Esch'ari das, was der Mensch daraus macht) nur eine bedingte Sache. Sie haben in Wahrheit keine äußere Existenz (mit anderen Worten: Die Vorstellung, die sich der Mensch macht, und aus der dann die Neigung erwächst, etwas zu tun, bzw. das, was er aus seiner Neigung macht, sind menschlich vergängliche Dinge und keine konkreten, ewig göttlichen Werke).

Was eine vorgestellte Sache betrifft, so benötigt sie keine vollständige Ursache, sodass aus der Existenz der vollständigen Ursache die Notwendigkeit, die Zwangsläufigkeit und die Unerlässlichkeit in die Mitte kommt und die menschliche Willensfreiheit aufhebt. (D.h.: Wenn alle notwendigen Vorbedingungen eines Geschehens erfüllt sind, dann geschieht, was geschehen muss, zwangsläufig und ohne den Einfluss des menschlichen Willens.) Wenn jedoch die Ursache einer vorgestellten Sache eine Gestalt annimmt, die den Grad einer Priorität hat, kann diese vorgestellte Sache sich als gesichert erweisen. Wenn aber dies nun einmal so ist, kann man sie zugleich auch wieder fallen lassen. Der Koran sagt dann in diesem Augenblick dazu: „Das ist schlecht, tu es nicht!" Wenn der Diener in der Tat als Schöpfer handeln könnte und die Fähigkeit etwas zu erschaffen besäße, wäre zugleich auch seine Willensfreiheit aufgehoben. (Mit anderen Worten: Wäre der Mensch ein Schöpfer, dann hätte sein Wunsch die Fähigkeit etwas zu erschaffen, ohne dass dazwischen noch ein Entscheidungsspielraum bliebe.) Denn nach dem Grundsatz der Quellenlehre (= Koran, Tradition, Analog und Übereinstimmung) und der Weisheit (= Auslegung der Lehren des Koran) heißt ein Grundsatz: „Was nicht notwendig ist, kommt nicht zu Stande." (Das heißt: Wo die Voraussetzungen nicht gegeben sind, da entsteht auch nichts.) D.h. erst wenn die Ursachen vollständig sind, kann etwas ins Dasein treten. (D.h. erst wenn alle Bedingungen erfüllt sind, kann auch die Wirkung eintreten.) Was aber die vollständige Ursache betrifft, so erfordert sie die Wirkung mit Notwendigkeit und Zwangsläufigkeit. (D.h.: Wenn alle Voraussetzungen erfüllt sind, muss zwangsläufig auch die Wirkung eintreten.) Dann bleibt kein Wille. (D.h. Ursache und Wirkung lassen keinen Raum mehr für eine freie Entscheidung.)

Wenn du sagst: Eine Vorrangigkeit ohne Vorrang ist unmöglich (d.h. wo kein Unterschied besteht, ist auch keine Wahl möglich), weil jener Anteil des Menschen, den wir eine vorgestellte Sache genannt haben, teils ausgeführt, teils nicht getan werden mag, wenn also kein notwendiger Vorrang gefunden wird, dann wird eine Wahl ohne Vorrang notwendig. (Mit anderen Worten: Es ist dem Menschen gegeben, etwas tun oder lassen zu wollen, je nach seiner Vorstellung. Wo es jedoch weder Vorzüge noch Nachteile gibt, müsste er wählen, ohne eine Auswahl zu haben.) Wenn dies aber so ist, widerspricht das dann nicht dem wichtigsten Grundsatz der Lehre und Wurzel des Wortes (d.h. jener Wissenschaft, die sich mit der Auslegung des Koran befasst?)

Antwort: Eine vorrangige Überlegenheit ohne Vorrang ist unmöglich. Denn ohne Grund und Vorrang ist eine Überlegenheit unmöglich. Andererseits ist eine Wahl ohne eine Bevorzugung möglich und geschieht auch. Wille ist eine Eigenschaft (d.h. es entspricht einer Fähigkeit des Menschen, etwas wollen zu können). Seine Wirkung ist es, eine solche Arbeit zu verrichten (d.h. der Wille ist dem Menschen gegeben, damit er eine Auswahl treffen kann.)

Wenn du sagst: „Da nun einmal Gott der Gerechte den Mord erschafft, warum nennt man mich dann noch einen

Mörder?"

Antwort: Das ist so, weil nach den Grundregeln der Grammatik das Subjekt von einem Prädikat (also einem Verbum) abgeleitet wird, das auf ein Objekt bezogen bleibt und sich nicht auf ein Verbalnomen bezieht, dessen Objekt bereits feststeht. Prädikat ist das, was wir getan haben; und so bekommen wir auch den Titel eines Mörders. Das Verbalsubstantiv (das Morden) ist ein Geschöpf Gottes des Gerechten. Das, was eine Verantwortlichkeit erahnen lässt (also derjenige, welcher in seiner Menschlichkeit den Mord begeht) wird nicht von dem Verbalsubstantiv abgeleitet.

Siebentens: Der menschliche Wille und die Freiheit seiner Entscheidungsfähigkeit ist zwar schwach und nur eine vorgestellte Sache, doch hat Gott der Gerechte in Seiner allumfassenden Weisheit diesen schwachen Bruchteil menschlicher Willensfreiheit zur allgemeinen Bedingung für die Verbundenheit mit Seinem allumfassenden göttlichen Willen gemacht. Denn Er sagt sinngemäß. „Oh mein Knecht! Welchen Weg auch immer dein Wille begehren möge, auf diesen Weg werde ich dich auch führen. Doch wenn dies auch so ist, gehört dennoch die Verantwortung dir!" Wenn du also - um einmal einen wenn auch etwas unpassenden Vergleich zu gebrauchen - ein noch unmündiges Kind auf deine Schultern hebst und ihm die Wahl lässt: „Ich werde dich überall hintragen, wohin du möchtest." Und du bringst nun dieses Kind nach seinem Wunsch auf einen hohen Berg und das Kind erkältet sich dabei oder stürzt, so wirst du sicherlich sagen: „Du hast es ja so gewollt." Und ihm in seiner Verdrossenheit eine Ohrfeige geben. So betrachtet auch Gott der Gerechte und der Beste aller Richter den Willen Seines Dieners in seiner unendlichen Schwäche und macht ihn zur allgemeinen Bedingung für Seinen eigenen alles umfassenden Willen.

Zusammenfassung: Oh Mensch! Du verfügst über einen sehr schwachen Willen, den man als deine freie Entscheidung bezeichnet, einen Willen, der zwar äußerst schwach ist und doch einerseits äußerst weitreichend, wenn es um das Böse geht und um die Zerstörung und andererseits noch dazu äußerst unzureichend, wenn es um das Gute geht. Lege in die eine Hand dieses Willens das Gebet, damit diese Hand sich nach dem Paradies ausstrecke, das eine Frucht am Ende der Kette des Guten ist, und die ewige Glückseligkeit pflücke, die dessen Blume ist. Lege in seine andere Hand die Bitte um Vergebung, damit diese Hand nicht das Böse erreiche und nicht die Frucht jenes verfluchten Baumes pflücke, des Zakkum-Baumes, der aus der Hölle erwächst. Das also heißt, dass Gebet und Gottvertrauen, welche mit großer Kraft die Neigung zum Guten verstärken, während zu gleicher Zeit die Bitte um Vergebung und die Reue die Neigung zum Bösen bricht und die Widerstände zerschlägt.

Dritter Abschnitt: Der Glaube an die göttliche Vorherbestimmung gehört zu den Grundpfeilern des Glaubens. Das heißt: „Jede Sache besteht nach der Bestimmung Gottes des Gerechten." Sichere Beweise für die göttliche Vorherbestimmung sind dermaßen viel, grenzenlos, unzählbar. Mit einer einfachen und allgemein verständlichen Art wollen wir in der folgenden Einführung zeigen, wie stark und allgemeingültig dieser Glaubenspfeiler ist.

Einführung: Sehr viele Koranische Verse wie „Nichts

Feuchtes und nichts Trockenes, was nicht in einer deutlichen Schrift verzeichnet wäre." (Koran, 6:59) stellen fest, dass alles vor seiner Entstehung und nach seiner Existenz verzeichnet ist. Die Verse des großen Koran der Macht, der das Universum genannt wird, bestätigen auch diese Koranische Feststellung durch seine Verse in der Schöpfung wie Anordnung, Ausgewogenheit, Wohlordnung, Gestaltung, Verzierung und Unterscheidung.

In der Tat bezeugen Schriften dieses kosmischen Buches in Versmaß und seine gereimten Wunderzeichen, dass alles verzeichnet ist. Die Beweise dafür, dass alle Dinge vor ihrer Existenz bestimmt und verzeichnet waren, sind alle Prinzipien, Kerne, Mengen und Gestalten und sie sind Zeuge dafür. Denn jedes Samenkorn und jeder Kern ist ein feines Kästchen von der Werkbank "Kaf-Nun", ein kleines Inhaltsverzeichnis, gezeichnet durch die göttliche Vorherbestimmung und gespeichert. Die Macht stellt die Atome nach der Zeichnung jener Vorherbestimmung in Dienst und baut auf jenen Samenkörnchen riesige Wunderwerke der Macht auf. Also gilt alles, was ein Baum erleben wird, mit all den dazugehörigen Ereignissen als in seinem Kern verzeichnet. Denn die Samenkörner sind von ihrem Stoff her homogen und gleich. Von ihrem Stoff her haben sie keinen Unterschied. Überdies zeigt die ausgewogene Menge jedes Dinges eindeutig die göttliche Vorherbestimmung. Egal, welches Lebewesen man zu betrachten vermag, so sieht man eine Menge, eine Gestalt, als kämen sie aus einer überaus weisheitsvollen und künstlerischen Gussform heraus. Um diese Menge, diese Gestalt und dieses Aussehen zu bekommen, muss es entweder eine stoffliche Gussform sein, die wunderbar und äußerst krumm und schief sein soll, oder eine geistige

Gussform, die nach der göttlichen Vorherbestimmung wohlausgewogen und wissensbezogen ist und die der Urewige mit Seiner Macht schneidert und mit diesem Aussehen überzieht.

Betrachte zum Beispiel diesen Baum oder dieses Tier aufmerksam; Atome, die leblos, taub, blind, bewusstlos und einander ähnlich sind, bewegen sich um sein Wachstum und Gedeihen. Sie stoppen sich an krummen und schiefen Grenzen, als würden sie wohl die Stellen der Früchte und Nutzbarkeiten kennen, sehen und wissen. Dann lenken sie zu einer anderen Stelle ab, als würden sie ein noch größeres Ziel verfolgen. Also bewegen sich die Atome nach der geistigen Bestimmung, die aus dem göttlichen Vorherwissen kommt, und auf den geistigen Befehl entsprechend dieser Menge. Da es nun einmal bei den materiellen und sichtbaren Dingen derartig große Erscheinungen der göttlichen Vorherbestimmung gibt, folgen mit Sicherheit auch die Formen, die die Dinge im Laufe der Zeit tragen, und die Zustände die durch deren Bewegungen zu Stande kommen, derartiger Wohlordnung der göttlichen Vorherbestimmung.

In der Tat werden durch einen Kern zweierlei Erscheinungen der göttlichen Vorherbestimmung sichtbar. Die eine ist offensichtlich und gibt von der "Klaren Schrift" als eine Bezeichnung für den Willen und die Seinsbefehle Kunde und setzt darauf Zeichen, und die andere ist theoretisch und berichtet von dem "Klaren Vorbild" als eine Bezeichnung für den Befehl und das Wissen Gottes und weist darauf hin. Was offensichtliche Vorherbestimmung betrifft, so ist sie materielle Eigenschaften, Zustände und Glieder eines Baumes, den jener Kern beinhaltet und später zu betrachten ist. Was aber die theoretische betrifft, so ist sie die Umwandlungen, Zustände, Formen, Bewegungen und Lobpreisungen eines Baumes, der aus jenem Kern erschaffen werden wird, welche er in der Zeitspanne seines Lebens erleben wird. Diese Formen, Zustände, Gestalten und Handlungen, die sich Zeit für Zeit verändern, nennt man den Lebenslauf. So gibt es je ein wohlgeordnetes Maß aus der göttlichen Vorherbestimmung für jenen Baum, für seine Äste und für seine Blätter usw. Da die gewöhnlichsten und einfachsten Dinge nun einmal den Erscheinungen der göttlichen Vorherbestimmung dermaßen stark ausgesetzt sind, so bringt das mit Sicherheit zum Ausdruck, dass alles Sein vor seiner Existenz verzeichnet war, was man durch ein wenig Aufmerksamkeit bemerkt.

Nun, was den Beweis betrifft, dass der Lebenslauf eines jeden Dinges nach seinem Ableben aufgeschrieben wird, so sind alle Früchte, die von der "Klaren Schrift" und dem "Klaren Vorbild" in der Welt kundgeben, und das Gedächtnisvermögen aller Menschen, welches von der "Wohlverwahrten Tafel" berichtet und darauf hinweist, je ein Zeuge und ein Merkmal dafür. In der Tat, was eine jede Frucht betrifft, so wird in ihrem Kern, der ihr Herz ist, der ganze Baum mit seinem gesamten Leben aufgeschrieben. Der Lebenslauf eines Menschen und auch zum Teil vergangene Ereignisse der Welt wird in seinem Gedächtnisvermögen auf solch eine Art eingeschrieben, dass die Hand der Macht durch die Feder Seiner Vorherbestimmung in dieses winzig kleine Vermögen, das so wenig Platz einnimmt wie ein Senfkorn, eine kleine Urkunde von den Taten des Menschen ausstellt und in seine Hand gibt, in die Tasche seines Gedächtnisses steckt, damit der Mensch am Tage der Abrechnung dazu veranlasst wird, sich daran zu erinnern.

Des Weiteren soll der Mensch sich damit innerlich überzeugen können, dass es in all diesem Tohuwabohu der Vergänglichkeit und des Untergangs sehr viele Spiegeln gibt, die nach der Ewigkeit gerichtet sind, und in denen der Allmächtige und Allweise die Identitäten der Untergehenden zeichnet, ihnen Form, Gestalt und Ewigkeit verleiht. Es gibt auch sehr viele Tafeln, die nach der Ewigkeit gerichtet sind, und auf denen der Allwissende Bewahrer und Erhalter den Sinn alles Vergänglichen aufzeichnet.

Zusammenfassung: Da nun einmal das Leben der Pflanzen, welches die einfachste und die unterste Stufe des Lebens ist, in einem solchen Grade von der Ordnung göttlicher Voraussicht abhängig ist, ist mit Sicherheit auch das Leben der Menschen, welches die höchste Stufe des Lebens ist, in all seinen Einzelheiten der göttlichen Vorausschau entsprechend in all seinen Einzelheiten vorgezeichnet und von Seiner Feder niedergeschrieben. Und so geben dann in der Tat, so wie Regentropfen Kunde geben von den Wolken, Wassertropfen auf ihre Quelle verweisen, Urkunden, Ausweise Zeichen setzen von der Existenz eines Großen Melderegisters, so verweist auch die von uns wohlbekannte Ordnung an der materiellen Seite des Lebens, welche die Göttliche Planung sichtbar macht und die innerliche, lebendige Ordnung, welche allem Lebendigen unsichtbar zu Grunde liegt, die Früchte, Spermen, Samenkerne und -körner, Formen und Gestalten, die Tropfen, Urkunden und Ausweisen gleichen, ganz offensichtlich auf Willen und Befehl, wie sie sich im Buch des Lebens, welches wir die "Klare Schrift" nennen, und im Wissen Gottes und im Göttlichen Ratschluss, der »Wohlverwahrten Tafel«, die wir das "Klare Vorbild" nennen, vorfinden.

Kurzum: Wir sehen nun deutlich, das alles was lebt, in der Zeit, da es wächst und sich entfaltet, seine Zellen bis an die äußersten Grenzen schickt, wo sie verharren. Dann ändern die Zellen ihre Richtung. An diesem äußersten Ende bringen sie dann den Ertrag ihrer Weisheit, ihren Gewinn, den Erfolg des Geschäfts. Und ganz offensichtlich sind die äußeren Abmessungen aller Dinge mit dem Stift Göttlicher Voraussicht entworfen und gezeichnet. So erweist es sich denn, dass es außer der bekannten, offensichtlichen göttlichen Voraussicht für die inneren Zustände lebender Wesen auch Trennlinien und Endstellen gibt, gezeichnet mit dem Stift göttlicher Vorausschau, wo wohlgeordnet Früchte wachsen. Die Macht (Gottes) ist der Ausführer, Seine Vorherbestimmung ist der Plan. Die Macht Gottes tuscht dieses bedeutungsvolle Buch des Kosmos über diesem Plan. Wir haben nun ein für alle Mal verstanden, dass die Trennlinien, an denen die Früchte reifen und die Enden, dort wo die Göttliche Weisheit wirkt, im konkret physischen wie im abstrakt spirituellen Sinne mit dem Stift göttlicher Vorausschau entworfen und gestaltet worden sind. Mit Sicherheit sind auch alle Zustände und Verhaltensweisen, denen alles, was da lebt, in der Spanne seines Lebens unterworfen ist mit diesem Stift göttlicher Voraussicht entworfen und gestaltet.

Wenn du sagst: „Die Vorherbestimmung hat uns in der Weise gebunden, dass sie unsere Freiheit aufhebt. Ist nicht der Glaube an die Vorherbestimmung eine Bürde und eine

Einengung für das Herz und den Geist, die sich nach Ungebundenheit und Freizügigkeit sehnen?", so lautet

die Antwort: Nie und nimmer! So wie es keineswegs eine Einengung bedeutet, vielmehr unendlich erleichtert, entspannt, erfreut und erfrischt, verleiht sie Sicherheit und Geborgenheit, Licht und Heiterkeit. Denn: Wenn ein Mensch nicht an die göttliche Vorherbestimmung glaubt, ist er gezwungen, im kleinen Kreise seines bisschen Freiheit, einer vorübergehenden Unabhängigkeit, ein Joch so schwer wie die Welt auf den armseligen Schultern seines Geistes zu tragen. Denn: Der Mensch ist mit dem ganzen Kosmos verbunden. Er hat grenzenlose Wünsche und Erwartungen. Weil seine Macht, sein Wille, seine Freiheit noch nicht einmal dem millionsten Teil von ihnen genügen können, lässt sich leicht verstehen, wie fürchterlich und entsetzlich der Druck der inneren Bedrängnis ist, unter der er leidet. So lässt ihn denn sein Glaube alles Schwere auf das Schiff der göttlichen Vorherbestimmung werfen und gibt ihm Raum, seine Reise in vollkommener Ruhe und in der vollendeten Freiheit des Geistes und des Herzens zu unternehmen. Er nimmt nur der herrschsüchtigen Seele ihre kleinen Freiheiten, vernichtet ihr pharaonisches Wesen, beseitigt ihre Herrschaft und lässt sie nicht so einfach tun, was immer sie gerne möchte. Der Glaube an die göttliche Vorherbestimmung ist so köstlich und von einer solchen Glückseligkeit, wie man sie nicht beschreiben kann. Mit dem folgenden Gleichnis wollen wir auf diese Köstlichkeit, diese Glückseligkeit nur mit einem Beispiel verweisen. Da ziehen also nun zwei Männer zu dem Regierungssitz eines großen Königs. Sie gelangen zu dem privaten Schloss dieses Königs, einem Ort voll eigenartiger Dinge. Der eine kennt den großen König nicht. Er möchte an diesem Ort sich niederlassen, um zu rauben und zu stehlen. Jedoch fühlt er sich gezwungen, die in Schloss und Garten erforderlichen Unterhalts- und Verwaltungsarbeiten zu verrichten, die notwendigen Maßnahmen zu ergreifen, die Einnahmen zu überwachen und für die Bedienung der Geräte zu sorgen. Er muss die seltenen Tiere versorgen und sieht sich noch vielen anderen, ähnlichen Mühen und Anstrengungen ausgesetzt, die ihm beständige Mühen und Sorgen bereiten. Dieser paradiesesgleiche Garten wird für ihn selbst zu einer Hölle. Er bedauert alles. Er kann die Dinge nicht führen. Seine Zeit verbringt er im Bedauern. Und schließlich wird dieser ungezogene Dieb zur Strafe ins Gefängnis geworfen. Der andere Mann aber kennt den König und er weiß, dass er ein Gast des Königs ist. Er ist davon überzeugt, dass alles, was in diesem Schloss und diesem Park geschieht, dem Gesetz entsprechend geordnet vonstatten geht und dass alles planmäßig, in vollkommener Weise und ohne alle Schwierigkeiten bewerkstelligt wird. Er überlässt alle Mühen und Sorgen dem Gesetz des Königs und zieht in ganzer, unbeschwerter Heiterkeit Nutzen aus all den Köstlichkeiten dieses paradiesesgleichen Gartens. Gestützt auf die Güte des Königs und die Schönheit Seiner Verwaltungsvorschriften betrachtet er alle Dinge als angenehm und verbringt sein Leben in vollendeter Köstlichkeit und Glückseligkeit. So verstehe denn nun dieses Geheimnis „Wer an die göttliche Vorherbestimmung glaubt und vertraut, ist geborgen und frei von allen Sorgen."

Vierter Abschnitt: Wenn du sagst: „Im ersten Abschnitt hast du bewiesen, dass alle Dinge der göttlichen Vorherbestimmung schön und gut sind. Selbst das Böse, das aus ihm erwächst, ist gut. Auch das Hässliche ist schön. Doch im Hause dieser Welt widerlegen Katastrophen und

Heimsuchungen diesen Urteilsspruch.", so lautet die Antwort: Oh meine Seele! Du mein Freund, der du aus einem starken Mitgefühl einen heftigen Schmerz empfindest! Alles Dasein ist reine Güte und Nicht-Sein reine Bosheit. Beweis dafür ist, dass alle Güte und jegliche Vollkommenheit (Grund und Basis in ihrem Da- und) Vorhandensein haben, alle Sünden, alles Leid und alle Unvollkommenheiten hingegen ihren Grund in einem Mangel haben.

Denn Mangel und Nichtsein ist nun einmal das reine Böse. Zustände, die auf ein Nichtsein hinauslaufen, oder das Gefühl eines Mangels hinterlassen, haben gleichfalls das Böse zu ihrem Inhalt. Darum findet das Leben, jenes strahlendste Licht des Daseins, kreisend in den verschiedenen Umständen, seine Kraft. Es tritt in unterschiedliche Zustände ein, wird gereinigt, nimmt zahlreiche Eigenschaften an, bringt die ersehnten Früchte, nimmt zahlreiche Stufen ein und zeigt auf schöne Weise die Ornamente der Namen (Gottes), des Spenders des Lebens. So ist es denn diese Tatsache, dass einige Zustände sich unerwartet einstellen und die Lebewesen mit Schmerzen, Leiden, Mühen und Heimsuchungen überfallen, wobei in ihrem Leben die Lichter des Daseins erneuert werden, die Finsternis des Nichtseins sich absondert und das Leben gereinigt wird. Denn: Stillstand, Ruhe und Schweigen, Trägheit und Müßiggang, Ruhepausen, Eintönigkeit und Langeweile sind ihrer Beschaffenheit nach und entsprechend ihrem Zustand eine Art von Negation, Mangel oder Abwesenheit. Sogar das größte Vergnügen wird durch Eintönigkeit wieder zunichte.

Zusammenfassung: Da das Leben nun einmal die

Ornamente der Schönen Namen (Gottes) aufweist, sind auch alle Dinge, die im Leben geschehen können, schön und gut. Zum Beispiel: Da kleidet eine Persönlichkeit, die außerordentlich reich, in unendlichem Maße geschickt und in vielen Künsten erfahren ist, einen ganz gewöhnlichen armen Menschen, der ihm als Modell dienen soll, für eine Stunde und gegen Bezahlung mit einem juwelengeschmückten, künstlerisch gestalteten Gewand, das er verfertigt hat, um sein Kunstwerk vorzuführen und zugleich auch seine beachtliche Wohlhabenheit darzustellen. Er bearbeitet es an ihm, modelliert und verändert es. Auch schneidet, verändert, verlängert, verkürzt er daran, um jegliche Art seiner Kunstfertigkeit zum Ausdruck zu bringen. Wird nun aber etwa jener arme Tagelöhner zu dieser Persönlichkeit sagen: „Sie belästigen mich. Sie lassen mich verschiedene Haltungen annehmen, mich auf und nieder beugen. Du schneidest an meinem Gewand herum, das mich schmückt, verkürzt es und verdirbst mir meine Schönheit!"? Kann man (einem solchen Menschen) recht geben? Darf er denn sagen: „Du handelst unbarmherzig und ungerecht."? So verändert denn gleich ihm auch der Schöpfer in Seiner Herrlichkeit, der Erschaffer ohne Gleichen unter vielen Umständen das Gewand unserer Existenz, mit dem Er die Lebewesen bekleidet, geschmückt mit Augen, Ohren, Herz und Verstand, mit seinen äußerlichen Sinnen und innerlichen Feinheiten, um so die Ornamente Seiner Schönen Namen vorzuführen. Er verändert sie unter vielen verschiedenen Umständen. In den Vorfällen von Schmerz und Leid finden sich, um die starke Auswirkung einiger Seiner Namen aufzuzeigen, Strahlen Göttlicher Barmherzigkeit in diesem Blitz Göttlicher Weisheit und in diesen Strahlen Göttlicher Barmherzigkeit feine innere Schönheiten.

Schlusswort

(Es sind fünf Abschnitte, die die eigensinnige, hochmütige, selbstgefällige, scheinheilige Begierde des Alten Said zum Schweigen bringen und zur Ergebenheit in Gottes Willen zwingen.)

Erster Abschnitt: Da die Dinge nun einmal vorhanden sind und kunstvoll erscheinen, haben sie mit Sicherheit ihren Meister. Bereits im "Zweiundzwanzigsten Wort" wurde unwiderlegbar bewiesen: Wenn nicht alle Dinge dem Einen gehören und von Ihm erschaffen sein sollten, dann würde die Entstehung jedes einzelnen Dinges so kompliziert und schwer sein wie die Entstehung aller Dinge. Wenn alle Dinge dem Einen gehören und von Ihm erschaffen sein sollten, dann wird die Entstehung aller Dinge dermaßen einfach und leicht sein wie die Entstehung jedes einzelnen Dinges. Da jemand die Erde und den Himmel geschaffen und aufgebaut hat, wird dieser äußerst weisheitsvolle und kunstfertige Jemand sicherlich nicht zulassen, dass die Lebewesen, die die Früchte, die Ergebnisse und die Ziele der Erde und des Himmels sind, anderen gehören, und er wird somit das ganze Konzept nicht durcheinander bringen. Er wird sie nicht in die Hände anderer übergeben, und somit alle Seine weisheitsvollen Taten nicht für sinnlos erklären, sie gering achten und entwerten. Er wird nicht zulassen, dass sie ihre Dankbarkeit und ihre Anbetung anderen erweisen.

Zweiter Abschnitt: Oh, du meine stolze Seele! Du gleichst einem Weinstock. Rühme dich nicht, Weintrauben hat dieser Stock sich nicht selbst aufgehängt. Ein anderer hat sie an ihn gehängt.

Dritter Abschnitt: Oh, du meine scheinheilige Seele! Sei nicht stolz, indem du sagst: „Ich habe dem Glauben gedient."

„Wahrlich, Gott vermag diesen Glauben auch durch einen schuldbeladenen Mann zu verstärken." Gemäß diesem Geheimnis sollst du dich als jenen schuldbeladenen Mann sehen, weil deine Seele nicht gereinigt ist. Deinen Dienst und deine Anbetung sieh als einen Dank für die vorher erhaltenen Gaben, als deine naturgegebene Aufgabe, als deine Verpflichtung der Schöpfung gegenüber und als eine Frucht göttlichen Schaffens und Wirkens an. So hüte dich auf diese Weise vor Hochmut und Scheinheiligkeit.

Vierter Abschnitt: Wenn du dir das Wissen über die Wahrheit und die wahrhaftige Bedeutung der Wahrheit wünschst, so strenge dich an, die Erkenntnis Gottes des Gerechten zu erwerben. Alle Wahrheiten der Existenzen sind Lichter des Gottesnamens "der Wahre", Erscheinungen der Gottesnamen und Ausstrahlungen Seiner Eigenschaften. Die Wahrheit eines jeden Dinges, ob es körperlich oder geistig, essenziell oder akzidenziell existiert, und die Wahrheit eines jeden Menschen stützt sich auf das Licht eines jeden Gottesnamens und dessen Wahrheit. Anderenfalls sind die Dinge und die Menschen wahrheitslose und bedeutungslose Gestalten.

Am Schluss des "Zwanzigsten Wortes" wurde dieses Geheimnis ein wenig behandelt. Oh Seele! Wenn du dieses irdische Leben so sehr liebst und dich vor dem Tod versteckst, wisse mit Sicherheit: Das, was du dir als Leben vorstellst, besteht nur aus einer einzigen Minute, in der du dich befindest! Deine ganze Zeit vor dieser Minute und alle weltlichen Dinge, die in diesem Zeitabschnitt vorhanden waren, sind in dieser Minute tot und leblos. Deine ganze Zeit nach dieser Minute und alles, was darin sein wird, ist abwesend und nichtig. Materielles Leben, auf das du dich verlässt, besteht nur aus einer einzigen Minute. Ein Teil der Forscher hat sogar gesagt: „Es besteht nur aus einer einzigen Sekunde, ja vielmehr aus einem einzigen Augenzwinkern." Aus diesem Geheimnis heraus haben manche Gottesfreunde (Heilige) ihr Urteil über die Welt gesprochen, dass die Welt hinsichtlich ihres irdischen Daseins nicht existent ist. Lass daher das materielle Leben der Begierde hinter dir, schwinge dich auf die Lebensstufe des Herzens, des Geistes und der meditativen Wahrnehmung empor und betrachte, wie umfassend ihr Lebensbereich ist. Die Vergangenheit und die Zukunft, die für dich tot sind, bedeuten für sie "das Leben", sind lebendig und existent.

Oh, du meine Seele! Da es nun einmal so ist, weine auch du wie es mein Herz tut und schreie und sage: „Ich bin ein Vergänglicher und mag nicht das Vergängliche. Ich bin schwach und mag nicht das Schwache. Ich übergab meinen Geist dem Gnädigen, sonstiges mag ich nicht. Doch ich mag etwas, was ich aber mag, ist ein bleibender Geliebter. Zwar bin ich ein Stäubchen, ich mag aber eine immerwährende Sonne. Ich bin ja ein Nichts in Nichts. Ich mag aber die ganze Schöpfung im Ganzen."

Fünfter Abschnitt: Dieser Abschnitt wurde mir arabisch eingegeben und so ist er auch hier arabisch angeführt.

Ferner ist dieser arabische Abschnitt ein Hinweis auf eine einzige Stufe von dreiunddreißig Stufen, die im Gedenken von „Allahu Ekber" (Gott ist groß) zum Nachdenken anregen.

„Gott ist groß! Er ist der Allmächtige, der Allwissende, der Allweise, der Freigebige, der Barmherzige, der Gütige, der Designer, der Ewige. Was ist das Universum in Wirklichkeit, als eine Ganzheit und in seinen Teilen, (dieses kosmische Buch mit seinen) Seiten, seinen Abschnitten, was ist das Sein als Ganzes und in seinen Teilen, in seiner zeitlichen und ewigen Existenz anderes, denn der Pinselstrich Seiner Vorausschau, Seiner Anordnungen und Bestimmungen und deren Erfüllung in Allwissenheit und Weisheit, ein fehlerfreier Entwurf entsprechend Seiner Allwissenheit und Weisheit, Gestaltung und Verwaltung entsprechend Seiner Kunstfertigkeit und Seiner Güte, das Design der goldenen Hände Seiner Kunstfertigkeit und Seiner Güte, das Design von Seiner Erleuchtung, (die Er schenkt) in Güte und Freigiebigkeit; und die Blumen (anderes, denn ein Ausdruck) der Feinsinnigkeit Seiner Güte und Freigiebigkeit, (Sein Wunsch), sich bekannt zu machen und geliebt zu werden nach Seinem Erbarmen und Seiner Gnade; und die Früchte (anderes, denn ein Ausdruck) der Fülle Seines Erbarmens und Seiner Gnade, Seines Mitleids und Seines Erbarmens nach Seiner Schönheit, Vollkommenheit, Funken und Erscheinungsweisen Seiner Schönheit und Vollkommenheit durch das Zeugnis der Vergänglichkeit (allen Seins als) Spiegel im Dahinschwinden aller Orte und Erscheinungen, die Beständigkeit dieser transzendenten ewigen Schönheit, ihre beständige Manifestation, ihr Aufscheinen im Wechsel der Jahreszeiten, der Jahrhunderte, der Äonen, der fortdauernde Gnadenerweis, während die Geschöpfe und ihre Tage und alle Völker dahinschwinden?" „In der Tat verweist dieses vollkommene Werk einen jeden Verständigen auf eine präzise Arbeit und diese verweist einen jeden, der vernünftig ist, auf dessen rechten Namen (und Titel) und diese verweisen auf die Vollkommenheit Seiner Eigenschaften, und diese verweisen auf die Vollkommenheit Seiner inneren Haltung, und diese verweist mit absoluter Sicherheit auf die Vollkommenheit Seiner Selbst, so wie es Seinem Wesen entspricht; und das ist die absolute Wahrheit." „Die Vergänglichkeit des Spiegels (des das Universum ist) und der (letztendliche) Untergang allen Seins, während (das Urbild) sich ständig wieder neu manifestiert und damit notwendigerweise den Spiegel (immer wieder neu) wiederspiegelt ist in der Tat der eindeutigste Beweis, dass die offensichtliche Schönheit (der Schöpfung) nicht Bestandteil ihres Erscheinungsortes sein kann. Dies ist die beredteste Aussage und der klarste Beweis einer transzendenten Schönheit und sich stets erneuernden Güte, (ein Beweis) für den Notwendig Seienden, den Beständigen, den (Ewigen) Freund." „Oh Gott, schenke Deinen Frieden unserem Herrn Mohammed von Ewigkeit zu Ewigkeit nach der Zahl der Dinge, welche die göttliche Allwissenheit umfasst, Ihm, Seiner Familie und Seinen Gefährten und segne sie!"

Anhang

„Im Namen Gottes, des Erbarmers, des Barmherzigen."

(Dieser kleine Anhang ist von großer Bedeutung. Jeder kann daraus seinen Nutzen ziehen.)

Es gibt viele Wege, die zu Gott dem Gerechten führen. Alle wahrhaftigen Wege sind aus dem Koran entnommen. Aber manche dieser Wege sind kürzer als andere, noch sicherer, noch umfassender. Hier handelt es sich um den Weg „Schwäche, Armseligkeit, selbstlose Liebe und Nachdenken", den ich neben anderen durch meinen Verstand in meiner Wenigkeit aus dem Koran herausgefunden habe. Ja, die Schwäche ist auch ein Weg wie die Liebe, ja sogar ist sie noch sicherer: Dank des Weges des Gottesdienstes führt sie hin, bis man Geliebter Gottes wird. Die Armseligkeit führt auch zu dem Namen Gottes "der Erbarmer (Rahman)". Ferner ist die selbstlose Liebe ein Weg wie die Liebe, ja sogar noch schärfer und noch umfassender. Er führt zu dem Namen Gottes "der Barmherzige (Rahim)". Ferner ist das Nachdenken auch ein Weg wie die Liebe, ja sogar noch reicher, noch glänzender und noch umfassender. Er führt zu dem Namen Gottes "der Weise (Hakim)". Dieser Weg besteht nicht aus zehn Schritten, die man auf dem esoterischen Weg als "Zehn Feinheiten" nennt, oder nicht Schritte auf sieben Stufen, die man auf dem exoterischen Weg als "Sieben Seelen" bezeichnet, sondern vielmehr besteht er aus "vier Schritten". Er ist mehr als Mystik, er ist die Erkenntnis der Wahrheit. Er ist die Scharia, der Weg der Gebote Gottes. Man soll nicht falsch verstehen: Das heißt, dass man seine Schwäche, Armseligkeit und Fehler Gott dem Gerechten gegenüber erkennt. Das heißt nicht, dass man sie vorführt oder den Leuten zur Schau stellt. Die Gebete dieses kurzen Weges sind: Dem Vorbild des Propheten folgen, die Pflichtgebote einhalten, die großen Sünden verlassen und besonders die Pflichtgebete vorschriftgetreu verrichten und an deren Ende die besonderen Rezitationen vollziehen.

Auf den ersten Schritt weist der Koranvers „Erklärt euch nicht selbst für rein!" (Koran, 53:32) hin.

Auf den zweiten Schritt weist der Koranvers „Und seid nicht wie diejenigen, die Gott vergessen haben, worauf Er sie sich selber vergessen ließ." (Koran, 59:19) hin.

Auf den dritten Schritt weist der Koranvers „Was dich an Gutem trifft, kommt von Gott, was dich an Schlimmen trifft, von dir selbst." (Koran, 4:79) hin.

Auf den vierten Schritt weist der Koranvers „Alles ist dem Untergang geweiht, nur Er (wörtlich: Sein Antlitz) nicht." (Koran, 28:88) hin.

Eine kurze Erläuterung zu diesen vier Schritten ist folgend:

Erster Schritt: Man soll sich nicht für geläutert halten, wie der Koranvers „Erklärt euch nicht selbst für rein!" (Koran, 53:32) hinweist. Denn der Mensch liebt von seinem Wesen und seiner Veranlagung her sich selbst. Ja vielmehr liebt er an erster Stelle und direkt sein Wesen. Er opfert alles andere seinem Selbst. Er lobt sich selbst auf einer Art, wie es dem Angebeteten gebührt. Er erklärt sich selbst von schändlichen Handlungen frei und spricht sich frei, wie dies dem Angebeteten zukommt. Soweit wie möglich hält er sich nicht als geeignet für Fehler und er nimmt sie nicht an. Er verteidigt sich heftig in der Art einer Selbstverehrung. Sogar verwendet er die Anlagen und Fähigkeiten, die seinem Wesen anvertraut sind und ihm dazu verliehen wurden, um den wahren Angebeteten zu loben und zu preisen, für sich selbst. So erfährt er das Geheimnis von „Einem, der seine persönliche Neigung sich zu seinem Gott gemacht hat." (Koran, 25:43) Er sieht sich selbst, er vertraut auf sich selbst, er gefällt sich selbst. So ist auf dieser Stufe und in diesem Schritt die Läuterung und Reinigung der Seele, dass man sich nicht für geläutert und gereinigt hält.

Zweiter Schritt: Wie der Koranvers „Und seid nicht wie diejenigen, die Gott vergessen haben, worauf Er sie sich selber vergessen ließ." (Koran, 59:19) diesen Unterricht erteilt: Er hat sich selbst vergessen, er hat keine Ahnung von sich selbst. Denkt er an den Tod, so gibt er ihn den anderen. Sieht er das Vergehen und den Untergang, so will er sie nicht auf sich beziehen. Wo es um Mühe und Dienst geht, so vergisst er sich, aber wo es um die Belohnung und um die Freude geht, denkt er an sich selbst und bezieht es sehr stark auf sich. Das ist charakteristisch für eine eigenwillige Seele. An dieser Stelle wird sie geläutert, gereinigt und wohlerzogen durch das Gegenteil dieser Haltung. Das heißt, wo die Seele sich vergessen will, soll man sie nicht vergessen. Das heißt, man soll sich vergessen, wo es um Freude und Wünsche geht, und an sich denken, wenn es sich um Tod und Dienst handelt.

Dritter Schritt: Wie der Koranvers „Was dich an Gutem trifft, kommt von Gott, was dich an Schlimmen trifft, von dir selber." (Koran, 4:79) diesen Unterricht erteilt: Die Besonderheit der Seele ist es, das Gute sich selbst zu vermachen und darauf stolz und hochmütig zu sein. In diesem Schritt soll man bei seiner Seele nur Fehler, Mängel, Schwäche und Armseligkeit erkennen und verstehen, dass alle Schönheiten und Vollkommenheiten Geschenke sind, die von dem majestätischen Schöpfer gegeben wurden. Man soll an der Stelle von Stolz Gott danken und an der Stelle von Selbstruhm Gott loben. Auf dieser Stufe ist ihre Läuterung nach dem Geheimnis „Wohl ergeht es dem, der sie von sich aus rein hält." (Koran, 91:9) folgendes: Man soll seine Vollkommenheit in seiner Unvollkommenheit, seine Macht in seiner Schwäche, und sein Reichtum in seiner Armseligkeit wissen.

Vierter Schritt: Wie der Koranvers „Alles ist dem Untergang geweiht, nur Er (wörtlich: Sein Antlitz) nicht." (Koran, 28:88) diesen Unterricht erteilt: Die Seele hält sich für frei und selbständig und unabhängig existent. Daher beansprucht sie eine Art Herrschaft. Sie ist ihrem Angebeteten gegenüber feindselig und aufständisch gesinnt. Sie kann sich so davor retten, indem sie diese folgende Wahrheit begreift. Die Wahrheit ist folgendermaßen: Jedes Ding ist in seinem Wesen, wenn man es aus sich selbst heraus sinnvoll betrachtet, vergänglich, nicht vorhanden, eine Eingebung und nicht existent. Aber wenn man es wie ein Verhältniswort in der Grammatik betrachtet und dass es als ein Spiegel für die Namen des majestätischen Schöpfers dient und beauftragt ist, so ist es ein Zeuge, ein Bezeugter, es hat einen Körper und es existiert. An dieser Stelle ist ihre Läuterung und Reinigung folgendermaßen: In ihrer Anwesenheit ist sie abwesend und in ihrer Abwesenheit ist die anwesend. Das heißt: Wenn sie sich für etwas hält und denkt, sie würde selbständig existieren, so sitzt sie in einer dermaßen großen Finsternis der Abwesenheit im Umfang des ganzen Kosmos. Das heißt, wenn sie auf ihre persönliche Existenz vertraut und Denjenigen, der sie in Wahrheit ins Dasein brachte, vergisst, so liegt sie wie ein Leuchtkäfer mit einem persönlichen Licht im Körper in grenzenloser Finsternis der Abwesenheit und der

Trennungen. So ertrinkt sie. Wenn sie aber den Egoismus verlässt und einsieht, dass sie persönlich nichts ist und nur ein Spiegelbild dessen, der alles in Wahrheit erschafft, da gewinnt sie die ganze Schöpfung und einen grenzenlosen Körper. Denn derjenige, der den Herrn, den Notwendigseienden findet, dessen Namen in allen Schöpfungen in Erscheinung treten, findet alles.

Schlusswort Die Erklärung dieser vier Schritte von dem Weg „der Erkenntnis der eigenen Schwäche, Armseligkeit, selbstlosen Liebe und des Nachdenkens" findet sich in den sechsundzwanzig Worten, die für das Erkennen der Wahrheit, für die Wahrheit der Scharia, des Weges der Gesetzgebung, und über die Weisheit des Koran verfasst wurden. Hier wollen wir auf ein, zwei Punkte nur kurz hinweisen. Es ist dies wie folgt: In der Tat ist dieser Weg noch kürzer. Denn er besteht aus vier Schritten. Wenn die Schwäche die Hand der Begierde von der Seele wegnimmt, schreibt die Seele alles unmittelbar auf Gott den Allmächtigen, den Majestätischen zu. Statt dessen lässt die Liebe, die als wirksamer Weg betrachtet wird, die Hand der Begierde von der Seele wegziehen, so hält sich die Seele dennoch an einer irdischen Geliebten fest. Nachdem sie ihren Untergang erfahren hat, richtet sie sich nach dem wahren Geliebten. Ferner ist dieser Weg noch sicherer. Denn auf diesem Weg kann die Seele nicht in einen geistigen Rausch verfallen und keine überheblichen Ansprüche erheben. Denn man sieht in der eigenen Seele nichts anderes als Schwäche, Armseligkeit und Fehler, sodass man überheblich werden könnte. Ferner ist dieser Weg noch umfassender und eine große Straße. Denn, auf diesem Weg wird nicht gedacht, dass die Welt zum Nichtsein verurteilt ist, wie die Leute "der Einheitslehre des

Seins" tun, um ständig mit der Gegenwart Gottes zu leben, und muss nicht urteilen: „La maudjuda illa hu (Es gibt nichts Existentes außer Ihm.)" Oder man muss sich nicht wie die Leute der "Einheitslehre der Bezeugten" vorstellen, dass die Welt in die Haft der absoluten Vergessenheit verurteilt ist, und sagen „La mashhuda illa hu (Es gibt nichts Bezeugtes außer Ihm.)", um ständig mit der Gegenwart Gottes leben zu können. Vielmehr, da der Koran der Welt ganz eindeutig ihr Nichtsein und ihre Haft erlässt, richtet sich unser Weg auch dementsprechend. Er entbindet alle Existenzen vom Dienst auf eigene Rechnung und stellt sie auf die Rechnung des majestätischen Schöpfers in Dienst. Dieser Weg setzt die Existenzen ein, im Auftrag als Erscheinungsort und Spiegel für die Schönen Namen Gottes zu dienen, und er betrachtet sie wie ein Verhältniswort zu seinem Substantiv, dem Schöpfer. Auf diesem Weg kann man sich vor der absoluten Gottvergessenheit retten, in die ständige Gegenwart Gottes eintreten und in jedem Ding einen Weg zu Gott dem Gerechten finden.

Zusammenfassung: Hier handelt es sich darum, die Dinge vom Dienst auf die eigene Rechnung zu entbinden und sie nicht von sich aus als sinnvoll zu betrachten.

Zweifel

21. Wort 2. Kapitel

Im Namen Gottes, des Gnädigen, des Fürsorglichen!

Und sage: „O mein Herrgott! Ich suche Zuflucht bei Dir vor den Einflüsterungen der Satane. Und ich suche Zuflucht bei Dir, o mein Herrgott, damit sie mir nicht nahe kommen!" (Koran, 23:97–98).

O du Mensch, bedrängt von der Krankheit des Zweifels! Weißt du, wem deine Zweifel ähneln? Einem Unglück! Je wichtiger du die Zweifel nimmst, desto mehr wachsen sie an. Gibst du ihnen keine Wichtigkeit, so sterben sie ab. Wenn du sie groß siehst, so werden sie größer. Wenn du sie klein siehst, so werden sie kleiner. Wenn du sie fürchtest, so schwellen sie an und machen dich krank. Wenn du sie nicht fürchtest, so werden sie leicht und bleiben verborgen. Wenn du ihre wahre Natur nicht erkennst, so bleiben sie und verfestigen sich. Aber wenn du sie erkennst und sie durchschaust, so verschwinden sie. Und so erkläre ich dir nun Fünf Aspekte, die aus der Masse jener unheilvollen Aspekte als häufigste vorkommen. Vielleicht kann der Text hier heilsam für dich und mich sein, denn diese Versuchungen sind solcherart, dass Unwissenheit sie einlädt und Wissen sie abweist. Wenn du sie nicht durchschaust, so kommen sie, aber wenn du sie durchschaust, so gehen sie.

ERSTER ASPEKT

Der Satan wirft zuerst einen Zweifel ins Herz. Wenn das Herz den Zweifel nicht annimmt, so verwandelt sich der Zweifel in Schmähung. Geschildert werden der Einbildung ein paar unsaubere Erinnerungen und ungehörige, hässliche Zustände, die der Schmähung ähneln, und sie lassen das Herz ausrufen „Wehe!" und lassen es in Verzweiflung fallen. Der Mensch, der an Zweifel leidet, nimmt an, dass er vor seinem Herrgott falsch gehandelt hat, und er fühlt schreckliche Aufregung und Angst. Um sich davor zu retten, flieht er vor der Göttlichen Gegenwart, und er will sich in Achtlosigkeit hineinstürzen.

Das Heilmittel für diese Wunde ist dies:
O erbärmlicher Mensch, an Versuchung leidend! Sei nicht bestürzt! Denn was in deinen Sinn, in den Gedanken, kommt, ist nicht Schmähung, sondern etwas Eingebildetes. Und wenn über Nichtglauben nachdenken nicht Nichtglaube ist, so ist über Schmähung nachzudenken nicht Schmähung. Denn gemäß der Logik ist Nachdenken kein Urteil. Und überdies, jene hässlichen Worte sind nicht die Worte deines Herzens, denn dein Herz ist traurig und betrübt über sie.

Vielmehr kommen sie von einer inneren Fähigkeit, die in der Nähe des Herzens gelegen ist, und die das Werkzeug der satanischen Einflüsterungen ist. Der Schaden der Versuchung ist das Denken an den Schaden, d.h., man leidet Schaden im Herzen, weil man sie für schädlich hält. Denn man hält ein Denken für Realität, das bar des Urteils ist. Ebenfalls, man würde etwas dem Herzen zuschreiben, was Satans Werk ist; man meint, Satans Worte kämen vom Herzen. Solch ein Mensch denkt sich das als schädlich, und so wird es schädlich. Das ist auf alle Fälle das, was Satan will.

ZWEITER ASPEKT

Es ist dies: wenn Gedanken im Herzen aufsteigen, so betreten sie, die Form abgestreift, die Einbildung; und in der Einbildung werden sie mit Form bekleidet. Und die Einbildung, immer unter einer Ursache, webt Formen von einer (bestimmten) Sorte. Sie verlässt auf dem Wege die Formen der Dinge, denen sie Wichtigkeit beilegt. Welcher Gedanke auch durch die Einbildung hindurchgeht, sie bekleidet sie entweder oder trägt sie oder färbt sie oder verhüllt sie. Sind die Sinne oder Gedanken rein und sauber, aber die Formen schmutzig und gemein, so gibt es kein Bekleiden, sondern da ist Kontakt. Der Mensch mit Zweifeln verwechselt den Kontakt mit dem Bekleiden. Er ruft aus: „Wehe! Wie verdorben wurde mein Herz. Diese Niedrigkeit und Gemeinheit macht mich fertig!" Der Satan benutzt diese seine Stimmung.

Das Heilmittel für diese Wunde ist wie folgt:
Höre, o du Unglücklicher! Gerade wie die äußere Sauberkeit, die das Werkzeug zur sauberen Korrektheit deiner 5-mal-täglichen Gebete ist, nicht beeinflusst ist von der Unsauberkeit deiner Gedärme und Eingeweide und durch diese nicht besudelt wird, so auch werden die heiligen Sinne, die den unsauberen Formen nahe sind, nicht beschädigt. Beispielsweise denkst du über das göttliche Zeichen nach. Plötzlich fühlst du dich krank oder du fühlst Appetit oder den Druck, Urin abgeben zu müssen. Natürlich sieht deine Einbildung, was notwendig ist, um die Krankheit oder den Bedürfnisdruck zu heilen und wird darauf sehen

und wird langsam für sie niederträchtige Formen weben, und die auftauchenden Sinne werden zwischen ihnen hindurch drängen. Aber da ist kein Schaden in ihrem Passieren, noch ist Besudeln, noch Irrtum, noch Verletzung. Sind da irgendwelche Fehler, dann nur darin, dass ihnen eine Aufmerksamkeit gezollt wurde, und dass man sich Schaden ersonnen hat.

DRITTER ASPEKT

Es ist dies: Es gibt gewisse verborgene Beziehungen zwischen den Dingen. Es gibt sogar die Fäden der Beziehungen in Dingen, wo du es gar nicht erwartest. Sie sind entweder in den Tatsachen, oder deine Einbildung machte sie gemäß der Kunst, mit der sie beschäftigt war, und verknüpfte die Beziehungen. Es ist wegen dieses Mysteriums der Beziehungen, dass man zuweilen zwar ein heiliges Ding sieht, aber Einem doch Schmutziges in den Sinn, ins Bewusstsein, kommen. In der Wissenschaft der Rhetorik wird gesagt: „Gegensatz, der die Ursache der Entfernung in der äußeren Welt ist, ist die Ursache der Nähe in der Einbildung." Das heißt: das Werkzeug, um die Formen von zwei Gegenteilen zusammen zu bringen, ist eine imaginäre Verknüpfung. Das Operieren im Verstand, das aus dieser Verknüpfung entsteht, wird die Assoziation von Ideen genannt.

Beispiel: Während du die 5-mal-tägliche Gebete verrichtest oder Fürbitten vor der Kaaba aussprichst - in der Göttlichen Gegenwart - obgleich du über koranische Verse nachsinnst, ergreift dich diese Assoziation von Ideen und treibt dich hinweg zum weitesten und niedrigsten Unsinn. Ist dein Kopf mit der Assoziation der Ideen solcherart bedrängt, halt! Sei nicht bestürzt! Vielmehr, im Moment, da du nüchternen Sinnes wirst, so wende dich ab. Sage nicht: „Ich habe eine große Missetat begangen" und versteife dich dann darauf, denn sonst gewinnt durch deine Aufmerksamkeit jene schwache Verbindung Stärke. Denn je mehr Bedauern du zeigst, desto mehr Wichtigkeit gibst du der Sache, und deine schwache Erinnerung an die Sache verwurzelt sich, und es entsteht eine eingebildete Krankheit. Fürchte dich nicht; das ist keine Krankheit des Herzens. Diese Sorte der Wiedererinnerung ist meistens unwillentlich. Besonders bei sensiblen, nervösen Leuten ist das häufiger zu finden. Der Satan arbeitet sehr an der Quelle dieser Art von Versuchung.

Die Heilung für diese Wunde ist wie folgt:
Die Assoziation der Ideen ist meistens unfreiwillig. Man ist für sie nicht verantwortlich. Und in der Assoziation ist Nähe; da ist kein Berühren oder Vermischen. Daher geht die Natur der Ideen nicht von der einen zur anderen über und schädigt sich nicht gegenseitig. Gerade wie der Satan und der Engel der Inspiration rund ums Herz einander nahe sind, und genauso wie Sünder und Fromme im gleichen Haus einander nahe sind und sich nicht schaden, so gilt, dass, wenn beim Einsetzen der Ideenassoziation schmutzige Vorstellungen kommen und sich zwischen reine Gedanken drängen, so verursachen sie doch keinen Schaden. Bis es nicht Absicht ist oder in dem man sie für schädlich hält, so ist man zu sehr beschäftigt mit ihnen. Und zuweilen wird das Herz ermüdet, und der Geist, der aktiv sein will, beschäftigt sich mit allem, was ihm nahe kommt. Dann findet der Satan eine Gelegenheit, und er streut schmutzige Dinge hinein und treibt die Sache voran.

VIERTER ASPEKT

Dies ist ein Skrupel, der dann entsteht, wenn man nach der besten Form der Tat sucht. Handelt es sich um die Gottesfurcht, so wird, je strenger er wird, umso strenger wird der Zustand für die Person. Es wird sogar solch ein Punkt erreicht, dass auf der Suche nach der besten Form der Tat der Mensch in etwas Ungesetzliches stürzen kann. Zuweilen lässt die Suche nach einer Sunna den Menschen etwas Verpflichtendes aufgeben. Er sagt: „Ich bezweifle, ob meine Tat gesund war." Und er wiederholt das. Dieser Zustand dauert an, und der Mensch fällt in schreckliche Verzweiflung. Satan zieht Vorteil aus dem Zustand und verwundet den Menschen. Für diese Wunde gibt es zwei Heilmittel.

Das Erste Heilmittel

Zweifel wie diese entsprechen der Denkweise der Mutasiliten[58], die sagen: „Taten und Dinge, für die ein Mensch verantwortlich ist, sind entweder in sich gut oder bezüglich des Jenseits gut, und wegen dieser Güte sind sie dem Menschen anbefohlen. Oder aber sie sind schlecht, und weil sie schlecht sind, so sind sie verboten. Das bedeutet: vom Standpunkt der Realität und vom Standpunkt des

---

[58] Älteste spekulative Schule in der Glaubenslehre des Islam, die nur auf ihren Verstand aufbaute und sagte, „der Mensch ist Schöpfer seiner Taten". Diese Gruppe ist innerhalb des Islam einer der Ersten, die in Abwegen gekommen ist. Der Gründer dieser Denkweise ist Vasil Ibn-i Ata. Sie leugnet den Einfluss der göttlichen auf die menschlichen Taten. Sie werden auch Kadariyya genannt.

Jenseits hängt das Gute und Böse von den Dingen selber ab, und Gottes Gebot und Verbot folgt diesem." Gemäß dieser Gedankenschule entsteht der folgende Zweifel in jeder Tat, die ein Mensch ausführt: „Ich zweifle, ob meine Tat in der guten Weise ausgeübt wird, die sie in ihrer Essenz ist." Aber die wahre Gedankenschule der Ahl-i Sunna wal Dschama'at (Leute der Sunna Muhammeds und seiner Gemeinschaft) sagt: „Der Allmächtige Gott befiehlt eine Sache, und dann wird sie eben gut. Er verbietet eine Sache, und so wird sie eben böse." Das heißt: Güte entsteht auf Befehl (Gottes), und Schlechtigkeit wird existent durch Verbot (Gottes). Das Gute und das Böse schauen auf das Bewusstsein dessen, der die Tat ausführt, und sie werden danach beurteilt. Und diese Güte und diese Schlechtigkeit sind nicht im offenkundigen und auf die Welt blickenden Gesicht, sondern im Gesicht, das auf das Jenseits schaut

Beispiel: Du verrichtest das 5-mal-tägliche Gebet, und du nimmst die rituelle Reinigung (türkisch: Abdest; arabisch: Wudu) durch. Und da gibt es etwas, was dein Gebet oder die Reinigung ungültig machen würde, aber du bist dir dessen gänzlich nicht bewusst. Dein Gebet und deine Reinigung sind daher beide korrekt und gültig. Aber der Mutasilit sagt: „In Wirklichkeit waren mein Gebet und meine Reinigung schlecht und inkorrekt. Aber es kann von dir als gültig betrachtet werden, weil du unwissend warst und nicht wusstest, und daher hast du eine Entschuldigung." Gemäß der Schule der Ahl-i Sunna sage daher nicht über eine Tat, die verträglich mit den Ritualen der Islam ist: „Ich zweifle, ob die Tat korrekt war." Habe über sie keine Zweifel. Vielmehr, sage: „War sie (von Gott) akzeptiert?" Werde nicht stolz und verblendet.

Das Zweite Heilmittel

Dies ist: „Es gibt keinen Zwang im Glauben" (Koran, 2:256). Da die vier Rechtschulen wahr sind, und da das Bemerken eines Fehlers, was zur Suche nach Vergebung führt - für einen Menschen, der von Versuchung bedrängt wird - lobenswerter ist als die Selbstbeweihräucherung, das heißt also: Es ist besser, wenn dieser Mensch seine Tat als makelhaft ansieht und die Vergebung Gottes sucht, als dass er sie als gut ansieht und in Hochmut verfällt; da dies so ist, wirf deinen Zweifel weg und sage zum Satan: „Dieser Zustand ist eine Schwierigkeit. Es ist schwierig, sich der Realität der Dinge bewusst zu sein. Es widerspricht der Leichtigkeit in der Religion, ausgedrückt durch den Satz: 'Es gibt keinen Zwang im Glauben'. Es widerspricht auch dem Prinzip: 'Religion ist Leichtigkeit'. Sicherlich, diese meine Tat ist entspricht einer wahren Rechtsschule. Das ist genug für mich. Und gerade dadurch, dass ich meine Schwäche bekenne, weil ich die Gottesanbetung nicht in einer ihr würdigen Weise machen kann, nehme ich Zuflucht zur Barmherzigkeit Gottes, und demütig suche ich die Vergebung Gottes, und demütig flehe ich, dass meine fehlerhaften Taten von Gott angenommen werden."

FÜNFTER ASPEKT

In Glaubensangelegenheiten sind Versuchungen das, was in der Form von Zweifeln aufkommt. Der unglückliche Mensch, der an Versuchung leidet, verwechselt zuweilen Wahrnehmungen in seinem Verstand mit Vorstellungen (Gedankenbildern). Das heißt: er hält einen Zweifel, der zu seiner Einbildung kommt, für einen Zweifel, der seinen Verstand betreten hat, und er meint, dass seine

Glaubensvorstellung besudelt worden sei. Und zuweilen meint er, ein gedachter Zweifel habe seinen Glauben beschädigt. Und zuweilen meint er, ein gedachter Zweifel sei von seiner Vernunft bestätigt worden. Und zuweilen meint er, das Nachsinnen über eine Sache, die den Nichtglauben betrifft, sei Nichtglaube selber. Das heißt: er meint, es sei glaubensfeindlich, wenn er sein Vermögen ausübt nachzudenken, um die Ursachen der Irreleitung zu verstehen, sie zu studieren und sie in unparteiischer Weise zu durchdenken. Er gerät in Furcht bei seinen Gedankenbildern, die aus den Einflüsterungen des Satans kommen, und er ruft aus: „Wehe! Mein Herz ist verdorben, und mein Glaube ist besudelt!" Da diese Zustände meistens unfreiwillig sind, und da er sie durch seine Willenskraft nicht stoppen kann, so stürzt er in Verzweiflung.

Das Heilmittel für diese Wunde ist wie folgt:
Gerade wie das Sich-Vorstellen von Nichtglaube nicht Nichtglaube selber ist, so ist auch das Erwägen von Nichtglaube noch kein Nichtglaube. Und gerade wie es keine Irreleitung ist, sich die Irreleitung vorzustellen, so ist Nachsinnen über die Irreleitung keine Irreleitung. Denn Sich-Vorstellen, Erwägen, Vermuten und Nachsinnen sind nicht wie die Bestätigung mit der Vernunft und unterscheiden sich von der Hingabe des Herzens. Sie sind also etwas anderes. Sie sind bis zu einem Grade frei. Sie hören nicht auf die Fähigkeit des Wollens. Sie fallen nicht unter die Verpflichtung der Religion. Aber Bestätigung und Hingabe sind nicht dergleichen; sie hängen von einer Balance ab. Und gerade wie Sich-Vorstellen, Erwägen, Vermuten und Nachsinnen keine Bestätigung und Hingabe sind, so können sie auch nicht als Zweifel oder Zögern definiert werden. Aber wenn sie unnötigerweise wiederholt

werden und sich festsetzen, dann kann aus ihnen ein wirklicher Zweifel entstehen. Ständig Partei für die Gegenseite zu ergreifen und dies unvoreingenommenes logisches Denken oder Fairness zu nennen, kann einen Punkt erreichen, dass solch ein Mensch unfreiwillig die Gegenseite begünstigt. Seine Parteinahme für die Wahrheit, was er sollte, wird zerschlagen. Auch er gerät in Gefahr. Und es setzt sich in seinem Hirn fest, wodurch er ein Agent Satans oder des Feindes wird.

Der wichtigste Vorbehalt dieser Art ist dieser: Der Mensch, der daran leidet, verwechselt etwas, was tatsächlich möglich ist, mit etwas, was gedanklich möglich ist. Das heißt: Falls er etwas sieht, was aus sich selbst möglich ist, so dünkt ihm das gedanklich möglich und gedanklich zweifelhaft. Aber ein Prinzip der Theologie ist: Etwas, das aus sich selbst möglich ist, ist nicht gegensätzlich zur Gewissheit, die aus der Erkenntnis kommt, und es widerspricht nicht den Forderungen der Vernunft. Zum Beispiel: Dass das Schwarze Meer in diesem Moment in die Erde versinkt, ist in sich möglich, aber wir urteilen mit Gewissheit, dass das Schwarze Meer an seiner Stelle bleibt, und wir wissen das, ohne es zu bezweifeln, und diese Möglichkeit, die tatsächlich möglich ist, verursacht uns keine Zweifel und rüttelt nicht an unserer Gewissheit. Und zum Beispiel: Es ist in sich selbst möglich, dass es heute keinen Sonnenuntergang gibt, oder dass es morgen keinen Sonnenaufgang gibt. Aber diese Möglichkeit schadet nicht unserer Gewissheit und erweckt keinerlei Zweifel. Grundlose Befürchtungen, die aus Möglichkeiten dieser Art kommen, wie beispielsweise das Aufhören des Lebens dieser Welt und das Wiedererscheinen des Lebens im Jenseits, was sogar Glaubensdoktrinen sind, schaden nicht der Gewissheit des Glaubens. Weiterhin, die gutbekannte Regel "Eine Möglichkeit, die nicht aus irgendwelchem Beweis oder Zeugnis kommt, hat keine Bedeutung!" ist eine der festgesetzten Prinzipien der Wissenschaft von den Grundlagen der Religion und der Jurisprudenz.

Du magst sagen: „Was sind Sinn und Zweck in Versuchungen, die uns heimsuchen, und die so Schaden und Bedrängnis für die Gläubigen sind?"

Die Antwort:
Unter der Bedingung, dass sie nicht zum Exzess führen oder den Menschen überwältigen, sind die Vorbehalte selbst die Ursache der Wachsamkeit, führen zur Suche nach dem besten Wege und sind das Werkzeug zur Ernsthaftigkeit. Sie verbannen die Gleichgültigkeit und verstoßen die Sorglosigkeit. Daher; in diesem Reich der Prüfung und in dieser Arena des Wettbewerbs gibt der Absolut Weise Eine (Gott) die Versuchung in die Hand des Satans als eine Peitsche des Ansporns für uns. Er (Satan) schlägt uns damit auf den Kopf. Wenn die Peitsche zu sehr verletzt, dann sollte man klagen vor Gott, dem All-Weisen und All-Barmherzigen, und man sollte sagen: „A'uzu billahi minaş şhaitanir rajim, Bismillahirrahmanir-rahim" (Ich suche Zuflucht vor dem verfluchten Teufel bei Gott. Im Namen Gottes, des Barmherzigen, des Allerbarmers)[59].

---

[59] Hadith: Bukhari; Bed'ül Hak: 11; Edeb: 76; Müslim: Birr 109; Ebu Dawud, Salat: 18; Tirmizi, Mevakit: 65.

Einflüsterungen und schlechte Gedanken

„Es sind in der Tat die Listen des Teufels nur schwach."
(Koran, 4: 76)

Oh du, meine Seele, die du über den bösen Einflüsterungen
verzweifelt bist! Die Gedankenverbindungen und das
Nachdenken über Vermutungen sind eine Art von
unwillkürlicher Bildformung. Was aber diese Bildformung
betrifft und es sich dabei um etwas Gutes und Lichtvolles
handelt, so geht ihre Auswirkung in gewissem Grade zu
ihren Reflektierungen hinüber, so wie ja auch das Licht und
die Wärme der Sonne in das sie reflektierende Spiegelbild
hinüber gehen. Wenn es sich dabei aber um etwas
Schlechtes handelt, um etwas, das kein Licht durchlässt, so
geht ihre Auswirkung und Eigenschaft nicht in ihre Form
hinüber und kann ihr Bild nicht erreichen. So ist z.B. etwas,
das schmutzig und verdorben ist, in seinem Spiegelbild
weder schmutzig noch verdorben. Auch kann das
Spiegelbild einer Schlange nicht beißen.

So ergibt sich denn aus diesem Geheimnis, dass ein nur
vorgestellter Nichtglaube noch kein Nichtglaube und eine
nur vorgestellte Beleidigung keine Beleidigung ist. Und
ferner liegt der Grund dafür, dass etwas hässlich,
abscheulich oder schmutzig ist, den Leuten der Schule der
Tradition und Gemeinschaft (Ehl-i Sünnet ve Djemaat)
zufolge, welche die Leute der Wahrheit sind, im Verbot
Gottes. Da es sich hier aber nun einmal um ein Nachdenken
über Mutmaßungen, eine Ideenverknüpfung gegen Wunsch

und Willen handelt, kann man es nicht auf ein Verbot (Gottes) beziehen. Wie abscheulich und schmutzig auch immer ein Ding sein mag, so kann doch dessen Bild nicht abscheulich oder schmutzig sein.

Eine Strategie des Satans

13. Lichtblitz

Eine der gefährlichsten Strategien Satans ist diese: Er lässt gewisse sensitive und tölpelhafte Leute das „Sich-den-Nichtglaube-vorstellen" mit dem „Den- Nichtglaube-bestätigen" verwechseln. Satan zeigt, als wäre das Vorstellen der Irreleitung die Bestätigung der Irreleitung. Er produziert in ihrer Vorstellung äußerst hässliche Gedanken über heilige Personen und heilige Dinge. Auch zeigt er Dinge, die wesentlich notwendig sind, zusammen mit jenen, die gedanklich möglich sind, und so lässt er diese Dinge als Zweifel erscheinen, die der Gewissheit des Glaubens entgegengesetzt sind. Wenn dann der armselige sensitive Mensch meint, er sei in Irreleitung gefallen, und dass seine Glaubensgewissheit verloren sei, fällt er in Verzweiflung und Verwirrung, so dass er entweder verrückt wird oder spricht: „Alles ist verloren!" und die Irreleitung ergreift.

Wir haben in einigen Kapiteln erläutert, wie substanzlos diese Strategien Satans sind und daher diskutieren wir sie nur kurz wie folgt: Wie das Bild einer Schlange im Spiegel nicht beißen kann, noch wie der Gedanke an Dreck beschmutzen kann, so können die Gedanken an Nichtglaube und Götzentum, sowie die Schatten der Irreleitung, und die Vorstellungen des hässlichen Missbrauchs und hässlicher Worte im Spiegel der Vorstellung oder des Denkens den Glauben nicht verderben, nicht verändern und respektvolle Höflichkeit nicht beschädigen. Denn die gut bekannte Regel lautet: „So wie das Vorstellen von Missbrauch kein Missbrauch ist, wie auch das Vorstellen des Nichtglaube kein Nichtglaube ist, so ist das Vorstellen der Irreleitung keine Irreleitung."

Was die Frage der Glaubenszweifel anbelangt: Möglichkeiten, die wesentlich möglich sind, sind nicht der Glaubensgewissheit entgegengesetzt und schaden ihr nicht. Eins der festgesetzten Regeln der Wissenschaft der Prinzipien der Religion ist: „Etwas, das von sich aus möglich ist, ist nicht der vom Wissen gelieferten Gewissheit entgegengesetzt." Beispielsweise, wir sind sicher, dass der Barla-See (in Südwestanatolien) an seinem Ort aus Wasser besteht. Aber es ist in sich möglich, dass der See in diesem Moment in den Untergrund versinkt. Das Absinken des Barla-Sees ist innerhalb der Schranken der Möglichkeit. Aber da diese Möglichkeit nicht auf Grund irgendeines Hinweises angenommen werden kann, kann sie keine vernünftige Möglichkeit sein und so Zweifel verursachen. Denn eine andere festgesetzte Regel der Prinzipien der Religion ist: "Eine Möglichkeit, die nicht aus irgendwelchem Beweis oder Zeugnis kommt, hat keine Bedeutung!"

Das heißt: Eine wesentliche Möglichkeit, die nicht aus irgendeinem Anzeichen kommt, kann keine vernünftige Möglichkeit sein und so Zweifel verursachen und Wichtigkeit gewährleisten. Der unglückliche Mensch, diesen satanischen Einflüsterungen ausgesetzt, glaubt, dass wegen solcher wesentlicher Möglichkeiten er seinen sicheren Glauben an die Glaubenswahrheiten verloren habe. Beispielsweise, zahlreiche wesentliche Möglichkeiten über die menschlichen Aspekte des Edlen Propheten Muhammed

(Friede sei mit Ihm) fallen ihm ein, die der Gewissheit seines Glaubens nicht schaden, aber er meint, dass sie dies getan haben, und erst hierdurch erleidet er Schaden.

Auch suggeriert Satan zuweilen schlechte Dinge über den Allmächtigen Gott, indem er dem Herzen einflüstert. Der Mann zittert und er meint, sein Herz sei verdorben, weil er solche Dinge sagt. Aber seine Furcht und sein Zittern und seine mangelnde Zustimmung zeigen, dass diese Worte nicht aus seinem Herzen kommen. Sie kommen vielmehr aus den satanischen Einflüsterungen, und durch Satan wurden sie als Gedanken eingegeben.

Unter den feinedlen Fähigkeiten des Menschen sind eine oder zwei, die ich nicht spezifizieren konnte. Diese Fähigkeiten achten nicht auf den Willen und die Wahrheit; ja, sie können nicht verantwortlich gemacht werden. Zuweilen leiten sie, hören nicht auf die Wahrheit und treten in falsche Dinge ein. Dann flüstert Satan zum Menschen: „Deine Kapazität ist nicht verträglich mit Wahrheit und Glaube, so begehst du unwillkürlich Dinge, die falsch und eitel sind. Das bedeutet, dein Fatum hat dich zum Untergang verurteilt."

Der arme Wicht fällt in Verzweiflung und geht zugrunde. Das Bollwerk des Gläubigen angesichts obiger Strategien Satans sind die Glaubenswahrheiten und die unstrittigen Bestimmungen des Koran, und deren Grenzen werden definiert durch die Prinzipien von gereinigten aktiven Gelehrten. Und angesichts der satanischen Strategien ist das Bollwerk des Gläubigen, Zuflucht bei Gott zu suchen und ihnen keine Wichtigkeit beizumessen. Denn je mehr Wichtigkeit ihnen gegeben wird, desto mehr ziehen sie

Aufmerksamkeit an, und sie wachsen und schwellen an. Gegengift und Heilmittel des Gläubigen für solche spirituellen Wunden ist, der Sunna des Propheten Muhammed (Friede sei mit Ihm) zu folgen.

Wahre Liebe

3. Lichtblitz

(Gefühl und geistliche Freude sind in diesem Lichtblitz bis zu einem gewissen Maße eingemischt, und da ihre Überschwänglichkeit die Prinzipien des Intellekts nicht sehr beachtet, noch die Skalen des Denkens sich ihnen fügen, sollte der Text nicht auf den Skalen der Logik abgewogen werden.)

Im Namen Gottes, des Gnädigen, des Fürsorglichen! „Alles wird vergehen außer Sein (=Gottes) Angesicht. Sein ist der Befehl, und zu Ihm werdet ihr zurückkehren."[60] Die beiden Ausdrücke „Der Bleibende (Gott), Er ist der Bleibende! Der Bleibende, Er ist der Bleibende!"

drücken den Sinn des obigen Koranverses aus, und es werden auch zwei wichtige Wahrheiten ausgesagt. Deswegen haben einige Häuptlinge des Nakschibende-Sufiordens für sich selbst eine spezielle Invokation gemacht, wobei die Ausdrücke wiederholt werden, und das war in der Form eines gedrängten Naksch-Flehgebets. Wir sehen, dass die beiden Ausdrücke den Sinn des obigen mächtigen Verses aussagen, und deswegen erklären wir mehrere Punkte zur signifikanten Wahrheit, die sie aussagen.

---

[60] Koran, 28:88

Erster Punkt

Beim ersten Mal wird „Der Bleibende (Gott), Er ist der Bleibende!" wie eine chirurgische Operation rezitiert; das trennt und isoliert das Herz von allem anderen als Gott. Und zwar folgendermaßen: Hinsichtlich der Reichhaltigkeit seiner Natur ist der Mensch mit fast allen Dingen/Wesen verbunden, und zusätzlich wurde eine schrankenlose Fähigkeit zu lieben seiner Natur eingeschlossen. Aus diesen Gründen nährt der Mensch Liebe zu allen Dingen/Wesen. Da er die gigantische Welt liebt, als wäre sie ein Haus, so liebt er das ewige Paradies, als wäre es ein Garten. Jedoch, die Dinge/Wesen, die er liebt, bleiben nicht; sie verscheiden, und beständig leidet er die Pein der Trennung. Diese seine schrankenlose Liebe wird das Werkzeug für schrankenlose Qual. Der Makel im Leiden solcher Qual ist dem Menschen eigentümlich, denn seines Herzens schrankenlose Fähigkeit zu lieben wurde gegeben, damit er die Liebe zu Dem (Gotte) wende, Der eine unbegrenzte unsterbliche Schönheit besitzt. Indem er die Liebe missbraucht und für vergängliche Dinge hergibt, hat er Unrecht getan, und so leidet er die Strafe für seinen Makel, indem er die Pein der Trennung erfährt. Und wenn er beim ersten Mal „Der Bleibende (Gott), Er ist der Bleibende!" ausspricht, so trennt das seine Anhänglichkeit zu den vergänglichen Dingen; und er verlässt jene Objekte der Liebe, bevor sie ihn verlassen, und er wird so von seinem Makel gesäubert. Die Losung verkündet, dass Liebe auf den Bleibenden Geliebten (Gott) beschränkt ist, und drückt diesen Sinn wie folgt aus: „Der einzig Wahrhaft Bleibende bist Du (o Gott)! Alles andere als Du ist vergänglich. Was vergänglich ist, kann gewiss nicht das Objekt der Anhänglichkeit für mein Herz sein, das für immerwährende

Liebe geschaffen wurde, für Inbrunst, die von Vor-Ewigkeit bis zur Nach-Ewigkeit andauert. Da diese unzähligen Geliebten vergänglich sind und sie mich verlassen und dahingehen, bevor sie so tun, verlasse ich sie rufend: ′Der Bleibende (Gott), Du (o Gott) bist der Bleibende!′ ′Du allein bist unsterblich, und ich weiß und glaube, dass Dinge/Wesen mir unsterblich sein können, wenn Du sie dazu machst. In diesem Falle: sie sollten mit Deiner Liebe geliebt werden. Andernfalls sind sie nicht würdig, dass das Herz sich an sie hängt.′"

Wenn in diesem Zustand das Menschenherz unzählige Objekte der Liebe aufgibt, da es auf ihrer Schönheit und Lieblichkeit den Stempel der Vergänglichkeit sieht, trennt es seine Anhänglichkeit zu ihnen. Trennt das Menschenherz seine Liebe (zu ihnen) nicht ab, leidet es Wunden bis zur Zahl seiner Geliebten. Die zweite Losung „Der Bleibende (Gott), Er ist der Bleibende!" ist eine Salbe und ein Heilmittel für diese Wunden. Und zwar folgendermaßen: „O Bleibender (Gott)! Da Du bleibend bist, ist das genug. Du ergreifst die Stelle aller Dinge/Wesen. Da Du existierst, so existiert alles." Ja, die Schönheit, Wohltat und Vollkommenheit in Dingen/Wesen, welche der Grund der Liebe sind, sind allgemein Zeichen der Schönheit, Wohltat und Vollkommenheit des Wahrhaftig Bleibenden (Gottes), und sie gleiten durch viele Schleier, und sie sind fahle Schatten von denen, Ja, sie sind Schatten der Schatten der Manifestationen Seiner schönsten Namen.

Zweiter Punkt

Eingeschlossen in die Menschennatur ist eine intensive Liebe. Ja, wegen der Vorstellungskraft sieht der Mensch eine Art Unsterblichkeit in allen Dingen/Wesen, die er liebt. Wann immer er an ihr Scheiden denkt und ihr Scheiden sieht, schreit er auf aus den Tiefen seines Seins. All die Klagen bei der Trennung sind Interpretationen des Weinens, die aus der Liebe zur Unsterblichkeit kommen. Gäbe es keine vorgestellte Unsterblichkeit, gäbe es keine Liebe. Es kann sogar gesagt werden, dass der Grund der Existenz des ewigen Reiches und des immerwährenden Paradieses das intensive Begehren nach Unsterblichkeit ist, das aus der leidenschaftlichen Liebe nach Unsterblichkeit kommt und aus dem angeborenen allgemeinen Gebet nach Unsterblichkeit. Der Bleibende Eine (Gott) des Ruhmes akzeptierte des Menschen intensives, unerschütterliches, angeborenes Begehren und sein kraftvolles, wirksames, allgemeines Gebet, denn Er schuf für den vergänglichen Menschen ein ewiges Reich. Der Freigebige und Barmherzige Schöpfer akzeptiert den unbedeutenden Wunsch eines winzigen Magens und dessen Flehen durch die Zunge der Disposition für eine zeitweilige Unsterblichkeit, indem Er unzählige Sorten von köstlichen Speisen erschafft. Ist es dann überhaupt möglich, dass Er das intensive Begehren der gesamten Menschenrasse nicht akzeptiere, das aus einem überwältigenden angeborenen Bedürfnis kommt, und dass Er nicht akzeptiere der Menschheit universales, dauerndes, rechtmäßiges, gerechtes Gebet nach Unsterblichkeit, dargebracht durch Wort und Zustand? Gott verhüte, hunderttausend Mal! Es ist nicht möglich, dass Er das nicht akzeptiere. Das nicht zu akzeptieren wäre unverträglich mit Seiner Weisheit, Seiner Gerechtigkeit, Seiner Gnade, Seiner Macht. Da der Mensch sehr begierig ist nach der Unsterblichkeit, hängen all seine Vollkommenheiten und Genussfreuden von der Unsterblichkeit ab. Und da die Unsterblichkeit eigentümlich ist dem Bleibenden Einen (Gotte) des Ruhmes; und da des Bleibenden Gottes Namen andauernd und unsterblich sind; und da die Spiegel des Bleibenden Gottes Dessen Farbe annehmen und dessen Dekret reflektieren und eine Art Unsterblichkeit manifestieren - dann ist gewiss ist die wichtigste Sache für den Menschen, seine drängendste Pflicht, dass er eine Beziehung zu jenem Bleibenden Gotte bilde und Seinen Namen anhange. Denn alles, was auf dem Wege des Bleibenden Gottes ausgegeben wird, empfängt eine Art von Unsterblichkeit. Die zweite Losung „Der Bleibende Eine (Gott), Er ist der Bleibende!" drückt diese Wahrheit aus. Das heilt des Menschen unzählige geistliche Wunden, und das befriedigt den intensiven Wunsch nach Unsterblichkeit in seiner Natur.

Dritter Punkt

In dieser Welt unterscheiden sich die Wirkungen der Zeit auf die Dinge und auf ihre Vergänglichkeit und ihr Dahingleiten sehr. Und während diese Dinge/Wesen eins im andern sind wie konzentrische Kreise, sind sie unterschiedlich, was die Geschwindigkeit ihres Dahingleitens (Verschwindens) betrifft. Gerade wie die Zeiger einer Uhr, welche die Sekunden zählen, und die Zeiger für Minuten, Stunden und Tage oberflächlich einander ähneln, aber doch in der Geschwindigkeit differieren, so differieren auch voneinander die Sphären des Körpers, der Seele, des Herzens und des Geistes im Menschen. Zum Beispiel, obgleich der Körper an seinem jeweiligen Tage oder in seiner jeweiligen Stunde eine Unsterblichkeit, ein Leben und eine Existenz besitzt, und seine Vergangenheit und Zukunft tot und nichtexistent sind - die Sphäre der Existenz und des Lebens des Herzens erstreckt sich von vielen früheren Tagen bis zum heutigen Tage und bis zu vielen Tagen in der Zukunft. Und die Sphäre seines Lebens und seiner Existenz erstreckt sich von den frühen Jahren bis zum heutigen Tag und bis zu den nachfolgenden Jahren. Wegen dieser Kapazität hinsichtlich Wissen, Liebe, Verehrung des Herrgottes und der Freude jenes Höchst Gnädigen Gottes, welche die Werkzeuge für das Leben des Herzens und des Geistes sind, umfasst das vergängliche Leben in dieser Welt ein beständiges Leben, resultiert in einem ewigen Leben und ähnelt einem immerwährenden Leben. Ja, eine Sekunde auf dem Wege der Liebe und Freude des wahrhaft Bleibenden Einen Gottes ist ein Jahr. Aber ist es nicht in Ihm, so ist ein Jahr eine Sekunde. Ja, eine einzige Sekunde auf Seinem Wege ist unsterblich und ist vieljährig. Hundert Jahre der Leute der Nachlässigkeit hinsichtlich dieser Welt sind wie eine einzige Sekunde. Es gibt den berühmten Ausspruch: „Der Moment einer Trennung dauert ein Jahr, und eine einjährige Union vergeht so geschwind wie ein Moment." Ich sage das völlige Gegenteil von dem: eines Momentes Union um Gottes willen innerhalb der Schranken des Wohlgefallens des Bleibenden Einen (Gottes) des Ruhmes ist ein Fenster der Union, nicht nur von einem Jahr, sondern ein andauerndes Fenster. Aber werden viele Jahre, ja tausend Jahre, in Achtlosigkeit und Irreleitung verbracht, sind sie wie eine Sekunde. Da gibt es einen Spruch, der berühmter als der vorige ist und dies bekräftigt: „Die breite Erde mit Feinden ist wie ein Trinkglas, während das Nadelöhr mit Freunden wie eine breite Arena ist." Ein expliziter Sinn des ersten gut bekannten Spruchs ist dies: da die Union mit vergänglichen Dingen/Wesen vergänglich ist, wie lang auch immer sie ist, ist sie doch kurz. Ein Jahr solch einer Union fließt dahin wie eine Sekunde und ist eine Illusion, ein

Traum, verursacht Bedauern und Sorge. Das Menschenherz, das Unsterblichkeit begehrt, kann in einer einjährigen Union nur den winzigsten Genuss innerhalb eines Bruchteils einer Sekunde empfangen. Und die Trennung eines Momentes ist nicht ein Jahr, sondern viele Jahre. Denn die Arena der Trennung ist breit. Selbst nur für eine Sekunde, die Trennung fügt einem Herzen Jahre der Zerstörung zu, aber das Herz sehnt sich nach Ewigkeit. Denn es ahnt unzählige Trennungen. Aber für die physikalischen und niedrigen Lieben sind Vergangenheit und Zukunft mit Trennungen gefüllt.

In Verbindung mit dieser Sache sagen wir dies: O Mensch! Willst du dein kurzes und nutzloses Leben unsterblich, lang, nützlich und fruchtvoll machen? Da dieses Wohlwollen von der Menschlichkeit verlangt wird, verbringe dein Leben auf dem Wege des wahrhaftig Bleibenden Einen. Denn alles, was hingewendet ist zum Bleibenden Einen Gotte, empfängt die Manifestation der Unsterblichkeit. Da jedermann stark ein langes Leben begehrt und sich nach Unsterblichkeit sehnt, und da es ein Mittel gibt, dieses fließende Leben in ein immerwährendes Leben umzuwandeln, und da es möglich ist, es zu einem langen Leben zu machen; dann wird gewiss jeder, der seine Menschlichkeit nicht verloren hat, das Mittel heraussuchen, und er wird sich anstrengen, die Möglichkeit in eine Realität zu verwandeln und wird dementsprechend handeln. Ja, das Mittel ist dies: arbeiten um Gottes willen, sich mit anderen treffen um Gottes willen, schuften um Gottes Willen, handeln innerhalb der Sphäre von „Für Gott, um Gottes willen, wegen Gottes". Dann werden alle Momente deines Lebens wie Jahre werden.

Auf diese Wahrheit anspielend zeigen die Verse des Koran, dass ein einziger Vers des Korans wie Tausende Monate ist, d.h. etwa achtzig Jahre. Auf diese Wahrheit deutet auch "die Expansion der Zeit", ein erprobtes Prinzip unter den Leuten der Heiligkeit und der Theosophie (Hakikat), und durch dieses Mysterium wird eine Himmelfahrt von ein paar Minuten zu vielen Jahren und beweist die Existenz dieser Wahrheit und demonstriert das tatsächlich. Die wenigen Stunden der Himmelfahrt (Mirac) des Propheten Mohammed (Gottesheil sei ihm) hatten die Länge, Breite und Reichhaltigkeit von Tausenden Jahren. Denn er betrat die Welt der Ewigkeit mittels der Mirac, und ein paar Minuten jener Welt umfassen Tausende Jahre dieser Welt. Zusätzlich gibt es die zahlreichen Vorfälle der "Expansion der Zeit", erfahren durch Heilige, gebaut auf dieser Wahrheit. Es wird erzählt, dass einige Heilige ein Tagwerk in einer einzigen Minute vollbrachten, und einige vollbrachten die Pflichten eines Jahres in einer Stunde, und sie rezitierten den gesamten Koran in einer Minute. Solch wahrhaftige Leute der Wahrheit waren niemals bewusst zum Lügen geneigt. Es kann keinen Zweifel geben, dass sie die Tatsache der "Expansion der Zeit" genau erfuhren[61], und davon wird zahlreich und einmütig berichtet.

---

[61] Die Koranverse: „Sagte einer von ihnen: 'Wie lange sind wir da?' Sie sagten: 'Wir sind da einen Tag oder den Teil eines Tages!'" (Koran, 18:19) und: „So waren sie in ihrer Höhle dreihundert Jahre, und fügt neune dazu!" (Koran, 18:25) deuten auf das Durchqueren der Zeit, während der Koranvers: „Fürwahr, ein Tag in der Sicht eures Herrgottes ist wie tausend Jahre in eurer Zählung!" (Koran, 22:47) auf die Expansion der Zeit deutet.

Eine Art von Expansion der Zeit, bestätigt durch jedermann, wird in Träumen erfahren. Zuweilen wären einer oder viele Tage in der Wach-Welt notwendig, um die Geschehnisse, Worte, Genüsse und Schmerzen eines einminütigen Traums zu erfahren.

Kurz: Gewiss ist der Mensch vergänglich, aber er wurde geschaffen für die Unsterblichkeit und als ein Spiegel für den Bleibenden Einen (Gott), und er wurde beauftragt mit Pflichten, die dauerhafte Früchte erzeugen, und es wurde ihm eine Form gegeben, die ein Mittel ist, um die Eindrücke der dauerhaften Namen des Bleibenden Einen zu manifestieren. Somit gilt: die wahre Pflicht und das wahre Glück des Menschen ist, mit all seinen Kräften und Fähigkeiten an den Namen des Ewig Bleibenden Einen Gottes zu hängen innerhalb der Schranken jener Dinge, die Ihm gefallen; er soll hingewendet sein zum Bleibenden Einen Gott, und er soll zu Ihm hingehen. Wie seine Zunge äußert „Der Bleibende (Gott), Du bist der Bleibende!", so sollten sein Herz, sein Geist, sein Verstand und seine feinedlen Fähigkeiten verkünden: „Er ist der Bleibende (Gott)! Er ist der Vor-Ewige und der Nach-Ewige! Er ist der Immerwährende! Er ist der Beständige! Er ist Der, Welcher Gesucht wird! Er ist der Geliebte! Er ist der, Welcher Gewünscht wird! Er ist Der, Welcher Angebetet wird!"
„Ehre sei Dir (=Gott)! Wir (Die Engel) haben keine Erkenntnis außer jener, die Du uns gelehrt hast. Ja, Du bist All-Wissend, All-Weise!"[62] „O unser Herrgott! Ziehe uns nicht zur Rechenschaft, wenn wir vergessen oder unrecht tun."[63]

---

[62] Koran, 2:32
[63] Koran, 2:282

„Gott genügt uns"

4. Lichtstrahl

(Der Text ist der Bedeutung und des Grades nach der Fünfte Geistesblitz; aber entsprechend der Form und der „Station" ist der Text der 4. Lichtstrahl des 31. Briefes, bzw. des 31. Lichtblitzes. Der Text ist ein wichtiger und schöner Punkt, über den Koranvers „Gott genügt uns"[64]

Bemerkung

Anders als andere Bücher beginnt das Risale-i Nur in verhüllter Weise und entschleiert sich schrittweise. Besonders der Erste Grad dieses Traktats ist nicht allein eine höchst wertvolle Wahrheit, sondern auch äußerst edel und gründlich. Insbesondere für mich selbst hat der Text die Form einer wichtigen Diskussion, die von meinen Gefühlen geleitet ist, und der Text ist eine anregende Konversation über den Glauben, ist eine geheime Rede des Herzens. Der Text war ein Heilmittel für meine verschiedenen schweren Krankheiten. Jene, die vollständig in Harmonie und Übereinstimmung mit mir sind, können den Text vollständig verstehen. Andernfalls wird der Text nicht genügend gewürdigt werden.

Im Namen Gottes, des Gnädigen, des Fürsorglichen!
„Gott genügt uns. Welch vorzüglicher Sachwalter!"[65]

---

[64] Koran 3:173
[65] Koran 3:173

Einmal, als ich von den Machthabern von allen abgeschnitten war, wurde ich von fünf Arten der Verbannung bedrückt. Auch litt ich damals unter dem hohen Alter und an fünf Krankheiten, die zum Teil aus meinen Sorgen herrührten. Die Anspannung machte mich achtlos; ich sah nicht auf das Risale-i Nur, was mich getröstet und mir beigestanden hätte, sondern direkt auf mein Herz und suchte meinen Geist. Ich sah, dass ich von einem überwältigenden Begehren nach Unsterblichkeit besessen war, von einer intensiven Liebe zum Sein, von einer großen Sehnsucht nach Leben, was mit einer unbegrenzten Ohnmacht und einem endlosen Verlangen einherging. Aber eine schreckliche Vergänglichkeit löschte die Unsterblichkeit aus. Da ich diesen Gemütszustand erlitt, rief ich wie der sorgengeplagte Poet Niyazi al-Misri aus:[66]

Während mein Herz die Unsterblichkeit begehrt,
will die Realität, dass mein Körper vergeht.
Ich bin von einer unheilbaren Krankheit betroffen,
die nicht einmal Lokman heilen könnte.

Ich beugte mein Haupt in tiefer Verzweiflung. Plötzlich kam mir der Koranvers zu Hilfe: „Gott genügt uns. Welch vorzüglicher Sachwalter!"

Der Koranvers forderte mich auf, ihn mit Aufmerksamkeit zu lesen. So rezitierte ich ihn jeden Tag fünfhundert Mal. Wertvolle Lichter wurden mir in der Form der "Schau der

---

[66] Dies weist auf Niyazi al-Misri (1218-1294) hin, ein Sufi-Dichter,d er in der Provinz Malatya in der Türkei geboren war. Er studierte in der al-Azhar, daher sein Beiname al-Misri. Er schrieb einen Diwan von Gedichten und andere Werke und unterrichtete für viele Jahre an den religiösen Schulen von Istanbul.

Gewissheit" gezeigt. Von diesen Lichtern beschreibe ich einen Teil kurz. Für die Einzelheiten von neun Lichtern und Graden verweise ich die Leser auf das Risale-i Nur; die aber nur mit „absoluter Gewissheit" und nicht mit der obigen „Schau der Gewissheit" bekannt sind.

Der Erste Grad des leuchtenden Koranverses „Gott genügt uns"

In meinem wesentlichen Sein ist ein Schatten der Erscheinung eines der Namen des Einen Gottes des Ruhmes und der Vollkommenheit; und dieser Gott besitzt absolute Vollkommenheit, er existiert aus Sich Selbst und ist nur um Seiner Selbst willen der Liebe würdig. Aufgrund dieses Schattens hatte ich ein angeborenes Begehren nach Unsterblichkeit, die nicht auf meine eigene Unsterblichkeit gerichtet ist, sondern auf die Existenz, die Vollkommenheit und Unsterblichkeit des Absolut Vollkommenen Einen. Jedoch auf Grund der Achtlosigkeit hatte diese angeborene Liebe ihren Weg verloren, sie wurde dem Schatten angeheftet und war verzückt vom Spiegel der Unsterblichkeit. Da lüftete der Koranvers „Gott genügt uns. Welch vorzüglicher Sachwalter!" den Schleier. Ich sah und erfuhr im Grade der "absoluten Gewissheit", dass Genuss und Glück meiner Unsterblichkeit genau und in vollkommener Form in der Unsterblichkeit des Bleibenden Einen Gottes der Vollkommenheit liegen, darin, das ich meinen Herrgott bestätige, an Ihn Glaube und mich Ihm hingebe. Denn eine unvergängliche Wahrheit wurde durch Seine Unsterblichkeit realisiert. Die Einsicht des Glaubens begründete, dass „mein wesentliches Sein der Schatten eines Gottesnamen ist, der sowohl bleibend wie ewig ist."

Auch, auf Grund der Einsicht des Glaubens kennt man die Existenz des Absolut Vollkommenen Einen - des Einen, Der absolut geliebt wird. Die angeborene, intensive Liebe zu seiner Wesenheit wird zufriedengestellt. Und durch die Einsicht des Glaubens nimmt man die ewige Existenz des Ewig Bleibenden Einen wahr, begreift man die Vollkommenheiten des Universums, begreift man die Vollkommenheiten der Menschheit, und die eigene, natürliche Liebe zu der Vollkommenheit wird vor endloser Pein errettet und wird zu einem Mittel für Genuss und Freude.

Auch bildet sich durch die Einsicht des Glaubens eine Verbindung zum Ewig Bleibenden Einen und durch den Glauben und diese Verbindung entsteht eine Beziehung zu allen Reichen Gottes. Und wegen dieser Verbindung und Beziehung schaut man mit dem Auge des Glaubens auf unendliche Reiche, als ob sie in irgendeiner Weise die eigenen Besitztümer wären, und man hat Nutzen durch sie.

Durch die Einsicht des Glaubens und durch die Verbindung und Beziehung wird auch eine Bande mit allen Dingen gebildet, und eine Art Einheit wird mit ihnen erlangt. Auf diese Weise entsteht, abgesehen von der eigenen persönlichen Existenz, an zweiter Stelle durch die Einsicht des Glaubens und durch jene Verbindung, Beziehung, Bande und Einheit eine schrankenlose Existenz, als ob sie die eigene wäre. Die eigene leidenschaftliche Liebe zur Existenz wird so gestillt.

Durch jene Einsicht des Glaubens und durch Verbindung, die Beziehung und die Bande wird auch eine Brüderlichkeit mit den Menschen der Vollkommenheit erzeugt. Man weiß, dass wegen der ewigen Existenz des Ewigen Bleibenden Einen jene zahllosen Menschen der Vollkommenheit nicht in die Nichtigkeit übergegangen sind und nicht verloren sind. Die Unsterblichkeit und die andauernde Existenz jener zahllosen, vollkommenen Freunde, gibt solch einem Menschen, der sie mit der Einsicht des Glaubens liebt, bewundert und schätzt, und an denen er hängt, einen erhabenen Genuss.

Durch jene Einsicht des Glaubens, durch die Verbindung, Beziehung, Bande und Bruderschaft fühlte und erfuhr ich an mir selbst ebenfalls ein unendliches Glück über das Glück all meiner Freunde. Für ihr Glück würde ich gerne mein Leben und meine Unsterblichkeit opfern. Denn ein guter Freund ist glücklich und zufrieden beim Glück eines aufrichtigen Freundes. Daher fühlte und erfuhr ich durch die Einsicht des Glaubens, dass durch die ewige Existenz des Bleibenden Einen der Vollkommenheit, durch die Existenz des Edlen Gottesgesandten Mohammed (Gottes Segen und Heil sei mit ihm) und seiner Familie und seiner Gefährten, durch die Existenz all meiner Meister und Geliebten, der Propheten, Heiligen und gereinigten Gelehrten und durch die Existenz all meiner unzähligen Freunde, ich vor der ewigen Auslöschung gerettet worden bin und ewige Glückseligkeit erfahren würde. Ich verstand durch das Geheimnis der Beziehungen, der Bande, der Brüderlichkeit und der Freundschaft, dass ihr Glück in mir widergespiegelt wurde und es mich glücklich machte.

Durch die Einsicht des Glaubens wurde ich ebenfalls vor endlosen Sorgen bewahrt, die aus der Liebe zu meinen Genossen, Bekannten und Verwandten herrühren, und ich fühlte endlosen geistlichen Genuss. Denn durch die Einsicht des Glaubens fühlte und begriff ich, dass zuvorderst meine Eltern, all meine Blutsverwandten und all meine Geistesgenossen, für die ich von Natur aus mein Leben und meine Unsterblichkeit gerne und stolz geopfert hätte, durch die ewige Existenz des Wahrhaftigen Bleibenden Einen vor Vernichtung, Nicht-Existenz, ewiger Auslöschung und ewiger Pein und bewahrt waren und unendliche Gnade empfangen. Ich fühlte und begriff, dass anstelle meines unbedeutenden, unwirksamen Mitleids, das Sorge und Pein nach sich zieht, eine unendliche Gnade sie schützte und überwachte. Wie eine Mutter Freude empfindet, wenn sich ihr Kind behaglich und angenehm fühlt und froh ist, so verspürte ich Genuss und Freude angesichts des Heils und des Wohlbehagens all jener Menschen, für die ich Mitleid empfand, unter dem Schutz jener Gnade, und ich verrichtete aufrichtigen Dank.

Auf Grund der Einsicht des Glaubens und der Verbindung wusste und fühlte ich, dass das Risale- i Nur, welches das Ergebnis meines Lebens ist sowie das Werkzeug meines Glücks und meine natürliche Pflicht, davor gerettet ist, verloren zu werden, nutzlos zu sein, vernichtet zu werden und seine Bedeutung zu verlieren. Das Risale-i Nur würde fruchtbar und bleibend sein. Ich hatte die Überzeugung, dass dies so sei, und ich verspürte einen Genuss des Geistes, der den Genuss über meine eigene Unsterblichkeit weit übertraf. Denn ich glaubte, dass durch die ewige Existenz des Bleibenden Einen der Vollkommenheit das Risale-i Nur nicht allein in die Herzen und Gedächtnisse der Leute eingraviert ist, sondern auch von unzähligen empfindenden Geschöpfen und Wesen mit einer Seele studiert würde, und dass das Risale-i Nur Gottes Wohlgefallen finden und in die Wohlverwahrte Tafel eingraviert werden würde, eine behütete Aufzeichnung werden und mit den Früchten der Belohnung verziert werden würde. Ich wusste, dass das Risale-i Nur besonders mit dem Koran verbunden ist, und dass es vom Prophet Mohammed (Gottes Segen und Heil sei mit ihm) erhört wird, und dass es – so Gott will – das Objekt des Göttlichen Wohlgefallens ist. Und ich wusste, dass ein einziger Moment seiner Existenz unter fürstlicher Sicht Gottes weit wertvoller ist als die Würdigung durch alle Menschen dieser Welt.

Ich begriff so, dass ich immer bereit bin, mein Leben und meine Unsterblichkeit aufzuopfern für die Unsterblichkeit, Fortdauer, Aussage und Akzeptanz einer jeden Abhandlung, die die Glaubenswahrheiten beweist, und ich begriff, dass mein Glück darin liegt, dass die Abhandlungen dem Koran dienen. In dieser Weise verstand ich, durch die Verbindung des Glaubens, dass durch Göttliche Unsterblichkeit sie das Objekt der Wertschätzung sind, die hundertfach größer ist als die Wertschätzung durch Menschen. Ich rief mit all meiner Kraft: „Gott genügt uns. Welch vorzüglicher Sachwalter!"

Durch die Einsicht des Glaubens wusste ich auch, dass der Glaube an die ewige Existenz des Bleibenden Einen des Ruhmes, Der immerbleibende Unsterblichkeit und beständiges Leben gewährt, und die Ergebnisse des Glaubens, wie gute Werke, die immerbleibenden Früchte dieses vergänglichen Lebens und die Mittel zur unendlichen Unsterblichkeit sind. Ich überredete meine Triebseele, die Hülse dieser irdischen Unsterblichkeit beiseite zu legen, um jene bleibenden Früchte herzugeben, wie ein Same seine Hülse aufgibt, um in einen fruchtbringenden Baum verwandelt zu werden. Zusammen mit meiner Triebseele sagte ich: „Gott genügt uns. Welch vorzüglicher Sachwalter!" Für uns ist Seine ewige Existenz ausreichend!

Durch die Einsicht des Glaubens und durch die Verbindung der Gottesanbetung wusste ich auch mit der „sicheren Erkenntnis", dass das im Erdboden Liegende erhellt wird und die schweren Erdschichten von den Toten weggenommen werden, und dass der Untergrund, der durch das Tor des Grabes betreten wird, nicht düster und mit Nicht-Existenz befleckt ist. Mit all meiner Stärke rief ich aus: „Gott genügt uns. Welch vorzüglicher Sachwalter!"

Ich hatte die feste Überzeugung und durch die Einsicht des Glaubens wusste ich mit „absoluter Gewissheit", dass, während das intensive Begehren nach Unsterblichkeit in zwei Hinsichten auf die ewige Existenz des Bleibenden Einen der Vollkommenheit blickte, ich zu einem Menschen wurde, der geprellt und verwirrt war, der seine Lieben und das verhüllende Ego verloren hatte und der begonnen hatte, den Spiegel selber zu verehren. Dieses außerordentliche tiefe und kraftvolle Begehren nach Unsterblichkeit regierte mein wesentliches Sein mittels des Schattens des einen Gottesnamen „Absolute Vollkommenheit." Gott wird geliebt und angebetet um Seiner Selbst willen und nicht wegen irgend eines anderen Grundes; und es ist die Natur des Menschen, Gott zu lieben. Gott hat das Begehren nach Unsterblichkeit gegeben. Weil die Vollkommenheit der Göttlichen Wesenheit, die außer Gottes Selbst keinen anderen Grund oder Motiv für Liebe braucht, als Grund der Anbetung ausreicht, wie oben erläutert ist, werden die obigen bleibenden Früchte gewährt. Jede Frucht verdient, dass man nicht allein ein einziges Leben und Unsterblichkeit opfert, sondern, falls möglich, tausende irdische Leben und Unsterblichkeiten. Gott hätte dieses angeborene Begehren sogar noch intensiver gemacht; und dies begriff und fühlte ich. Wäre es in meiner Macht gewesen, hätte ich mit allen Teilchen meines Seins verkündet: „Gott genügt uns. Welch vorzüglicher Sachwalter!" Und mit dieser Absicht verkündete ich das.

Die Einsicht des Glaubens, welche seine Unsterblichkeit und die ewige Existenz Gottes sucht –e inige Früchte davon habe ich oben mit den Ausdrücken „Ebenfalls. ...ebenfalls... ebenfalls" angezeigt - diese Einsicht gewährte mir solchen Genuss und Frohsinn, dass ich mit all meinem Geist, mit all meiner Stärke, aus den Tiefen meines Herzens, zusammen mit meiner Triebseele ausrief: „Gott genügt uns. Welch vorzüglicher Sachwalter!"

Der Zweite Grad des Leuchtenden Koranverses „Gott genügt uns!"

Einst, als ich bedrückt war durch hohes Alter, Verbannung, Einsamkeit und Isolation, wozu noch meine angeborene und unbegrenzte Ohnmacht kam, attackierten mich die Machthaber mit ihren Spionen und Machenschaften, und ich rief aus: „Armeen attackieren einen einzelnen kranken, schwachen Mann, dessen Hände gebunden sind. Gibt es da nichts, was dieser unglückliche Mann als Beistand finden kann?" Ich suchte Beistand beim Koranvers „Gott genügt uns. Welch vorzüglicher Sachwalter!"

Ich sagte mir: durch die Verbindung, die aus dem Glauben kommt, kann man sich auf einen Alleinherrscher stützen, der so absolut machtvoll ist, so dass in jedem Frühling mit perfekter Ordnung alle Armeen der Pflanzen und Tiere auf dem Antlitz der Erde ausgerüstet werden - und diese Armeen umfassen vierhunderttausend Nationen. Und Er erneuert die Uniformen der zwei ordentlichen Armeen der Bäume und der fliegenden Geschöpfe, und Er kleidet sie in ein frisches Gewand, und Er wandelt die Hemden und Mäntel der Hennen und Vögel. Er verwandelt auch das Gewand der Berge und den Schleier der Ebenen.

Dieser Alleinherrscher legt außerdem allen Proviant der gigantischen Armee der Menschen und all der Tiere in die „gnadenvollen Extrakte", die als Samen und Körner bekannt sind, und diese sind weit wundersamer als die Nahrungsextrakte, wie das Fleisch, der Zucker und andere Extrakte, welche die „Zivilisierten" in letzter Zeit entdeckten. Innerhalb dieser Samen und Körner entrollt Er die Instruktionen für ihr Kochen und Wachsen gemäß des Göttlichen Ratschlusses; und Er legt sie zum Schutze in winzige Kästchen. Die Erschaffung dieser Behälter ist mit solch Schnelligkeit, Leichtigkeit und Fülle in der Fabrik von „Sei! und es ist!" geschehen[67], wie der Koran aussagt, dass alles auf bloßen Befehl geschieht. Obgleich all diese Extrakte einander ähneln und aus der gleichen Materie bestehen und eine Stadt nicht erfüllen würden, so könnte der Freigebige Fürsorger alle Siedlungen auf Erden mit den überaus mannigfaltigen und köstlichen Speisen füllen, die Er im Sommer aus ihnen kocht.

So - du magst einen Pfeiler wie dieses durch die Verbindung des Glaubens finden, und du magst auf eine unbegrenzte Kraft und Stärke bauen.

---

[67] Koran, 36:82

Da ich aus dem Koranverse diese Lektion empfing, erwarb ich solch moralische Stärke und Festigkeit des Glaubens, dass ich nicht allein meine gegenwärtigen Feinde herausfordern hätte können, sondern die ganze Welt, und ich rief aus: „Gott genügt uns. Welch vorzüglicher Sachwalter!"

Ich suchte eine Quelle der Hilfe für meine unbegrenzte Armut und Not, und wiederum hatte ich Beistand durch den Koranvers. Er sagte mir: durch die Beziehung der Gottesanbetung und Gottesknechtschaft wirst du verbunden und eingetragen in die Rekrutierungslisten eines Großzügigen Meisters, Der in jedem Frühling und in jedem Sommer hundertfache Tische hinstellt und wegnimmt, die eine Fülle von Speisen tragen, die Er aus dem Nichts, aus unerwarteten Orten und aus der trockenen Erde hervorholt. Die Jahre und die Tage sind gleichsam alle Empfänger für die Früchte der Wohltat und für die Speisen der Gnade, die in nicht endender Abfolge auftauchen. Allgemein und einzeln sind sie Ausstellungen für die Grade des Gewährens eines Barmherzigen Fürsorgers. Man ist der Knecht eines Besitzers der Absoluten Reichtümer, Der solcherart ist. Ist man sich seiner Knechtschaft bewusst, so wird die eigene schmerzliche Armut in angenehmen Appetit verwandelt. Diese Lektion nahm ich auf und ich setzte mein Vertrauen in Gott, und zusammen mit meiner Triebseele verkündete ich: „Gott genügt uns. Welch vortrefflicher Sachwalter"

Der Dritte Grad des Leuchtenden Koranverses „Gott genügt uns!"

Zu einer Zeit fand ich meine Verbindung zu der Welt durch den Druck meiner Verbannung, der Krankheit und der

Ungerechtigkeiten, die ich erlitt, unterbrochen. Der Glaube erklärte mir, dass ich für eine ewige Welt bestimmt sei, für ein immerwährendes Land und für fortgesetzte Glückseligkeit. Die Seufzer „Ah! Ah!" gab ich auf, und ich sagte „Oh! Oh!" Aber dieses Ziel der Vorstellung, das Ziel des Geistes, das Ergebnis der Erschaffung konnte nur erlangt werden durch die unbegrenzte Macht des Absolut Allmächtigen Einen, Der die Bewegung, die Rast, die Taten und Umstände der Geschöpfe kennt und sie aufzeichnet. Er nimmt den unbedeutenden und absolut ohnmächtigen Menschen als einen Freund und Gesprächspartner an. Er gibt dem Menschen einen Rang über allen Geschöpfen. Ich dachte an dies und daran, dass Er dem Menschen unbegrenzte Bedeutung zumisst und ihm unendliche Gnade gewährt. Ich erwog die Aktivität solch einer Kraft und erwog die Bedeutung des Menschen, obwohl der Mensch anscheinend unbedeutend ist. Ich wollte eine Erklärung, die meinen Glauben steigern würde und meinen Geist zufrieden stellen würde. Wiederum nahm ich Beistand beim Koranvers. Er befahl mir: „Beachte sorgfältig das Wort UNS im Ausdruck 'Gott genügt uns!' und siehe, wer dies zusammen mit dir sagt in Worten und in der Sprache der Veranlagung." So schaute ich, und sofort sah ich, dass zahllose Vögel, kleinste Vögel, fliegende Geschöpfe, zahllose Tiere, kleine lebende Geschöpfe und zahllose Pflanzen und Kräuter und unzählige Scharen von Bäumen und Büschen - wie ich in der Sprache ihrer Veranlagung die Bedeutung von „Gott genügt uns. Welch vorzüglicher Sachwalter!" sprachen.

Und sie brachten den Text in Erinnerung. Denn der Eine Gott, Der Verfügung über sie hat und alle Bedürfnisse ihres Lebens garantiert, ist solcherart, dass Er vor unseren Augen und besonders - im Frühling in großer Fülle, Geschwindigkeit und Breite, ohne Irrtum, Fehler oder Verwirrung, aus Eiern, flüssigen Tropfen, Samen und Körnern erschafft, die einander ähneln und deren Materie die gleiche ist. Und Er erschafft die verzierten, ausgewogenen und regelmäßigen hunderttausend Arten der Vögel, die hunderttausend Arten der Tiere, die hunderttausend verschiedenen Pflanzen und die hunderttausend Arten der Bäume, die sich alle durch ihre bestimmten Merkmale voneinander unterscheiden. Mit all dieser Vermischung, Ähnlichkeit und Nähe demonstriert Er uns Seine Einheit und Einzigkeit innerhalb der Größe und Majestät Seiner Macht und Kraft. Ich verstand dann: es ist nicht möglich, dass es irgendeine Einmischung oder Mitregentenschaft in jenem Akt der Herrlichkeit und Verfügung der schöpferischen Kraft gibt, die solch unzählige Wunderwerke entfaltet.

Ich bemerkte als nächstes das "Ich" im Ausdruck „Uns genügt Gott" das heißt ich betrachtete mich selbst, und ich sah, dass unter den Tieren Er mich wundersam aus meinem Ursprung erschaffen hat, einem flüssigen Tropfen, und Er öffnete mein Ohr, setzte das Auge ein, und Er setzte in meinen Haupt ein Gehirn, und in meine Brust setzte Er ein Herz, und in meinen Mund setzte Er eine Zunge, die hunderte Waagschalen und Maßstäbe enthält , damit ich alle Gaben jenes Gnädigsten Gottes abwiege und messe, die in den Schatzkammern der Gnade gelagert sind. Er gravierte auf diese tausende Werkzeuge, um die Schätze der unbegrenzten Erscheinungen Seiner Schönsten Namen zu öffnen und zu verstehen, und Er gab Unterweisungen bis zur Zahl der Gerüche, Geschmäcker und Farben, um diesen Werkzeugen zu helfen.

Überdies fügte Er mit vollkommener Ordnung in diesen Körper die zahlreichen empfindsamen Gefühle und Sinne ein, die feinen nichtkörperlichen Fähigkeiten und innere Sinne. Er schuf mit vollkommener Kunst all die Systeme und Glieder und Fähigkeiten, die notwendig für das menschliche Leben sind, so dass Er mir gestatte, all die Verschiedenheiten Seiner Wohltaten zu erfahren und zu verstehen, und dass mir die zahllosen verschiedenen Erscheinungen Seiner Namen bekannt gemacht werden. Wie den Körper aller Gläubigen machte Er diesen meinen armen Körper, der so unbedeutend erscheint, zu einem schönen Kalender und Tagebuch des Universums; zu einer erleuchteten Zusammenfassung des Makrokosmos; zu einem Miniaturabbild der Welt; zu einem klaren Wunder Seiner Kunstfertigkeit; zu einem begierigen Sucher nach jeder Art Seiner Wohltat; zu einem Werkzeug für sie; und zu einer Liste und zu einem Index, wie zu einem Modell-Garten für die Gaben und Blüten der Gnade; und zu einem verstehenden Empfänger Seiner Göttlichen Verkündigungen. Er gab mir auch Leben, um meine Existenz auszudehnen und zu steigern, was die größte Wohltat ist. Denn durch das Leben kann sich die Wohltat meiner Existenz bis zum Ausmaß der manifesten Welt ausdehnen.

Er gewährte mir auch Menschlichkeit, damit sich durch sie die Wohltat der Existenz in den physikalischen und geistlichen Reichen entfalte, ein Weg des Nutzens eröffne, durch die dem Menschen eigentümlichen Sinne unter diesen breiten Fittichen der Wohltaten.

Er gewährte mir auch den Islam, durch den die Wohltat der

Existenz sich ausdehne bis zum Ausmaß der Manifesten Welt und der Welt des Verborgenen

Er gab mir auch sicheren, für wahr befundenen Glauben, durch den die Wohltat der Existenz diese Welt und das Jenseits umfasse.

Er gab mir auch die Erkenntnis und Liebe Gottes innerhalb des Glaubens. Durch dies gewährte Er einen Rang durch die Wohltat der Existenz, zu der man die Hände ausstrecken kann, um den Nutzen zu erlangen, durch Lob und Preis auf allen Ebenen der Sphäre der Möglichkeit bis zur Notwendigen Welt und zum Reich der Gottes-Namen. Er gab mir auch insbesondere Wissen vom Koran und die Weisheit des Glaubens, und durch diese Wohltat gewährte Er mir Vorrang vor vielen Geschöpfen.

Er gab mir auch die reichhaltigen Fähigkeiten, wie die oben erwähnten, auf Grund derer ich ein vollkommener Spiegel sei für Seine Einzigkeit und Sein Ewiges angefleht Sein und mit universaler Anbetung auf seine universale, geheiligte Herrlichkeit antworte.

Und wie einmütig durch alle heiligen Schriften und Bücher bestätigt ist, offenbarte Er den Menschen mittels der Propheten, und bescheinigte er durch alle Propheten, Heiligen und Gereinigten, dass er von mir meine Existenz, mein Leben, mein Selbst kauft –wie durch Verse des Koran ausgesagt wird - die Geschenke und Treuhandgüter für mich sind, so dass sie nicht verloren sind und ins Nichts gehen. Er verhieß wiederholt und kategorisch, dass Er sie bewahren will, um sie zurückzugeben und dass dies der Preis sei, für den Er ewiges Glück und Paradies geben will.

Dies verstand ich mit „sicherer Erkenntnis", und das glaubte ich mit äußerster Überzeugung.

So wurde Ich belehrt durch den Koranvers „Gott genügt uns!" dass mein Herrgott, der Glorreiche und Freigebige Eine durch Seinen Namen "Öffner" die Formen der hunderttausend verschiedenen Arten der Tiere und Pflanzen aus begrenzten, ähnlichen Tröpfchen und Samen mit der äußerster Leichtigkeit, Schnelligkeit und Vollkommenheit öffnet. Und wie wir oben erwähnt haben, verleiht er dem Menschen diese erstaunliche Bedeutung. Er macht ihn zum Angelpunkt der Werke Seiner Herrlichkeit. So schafft Er auch die Auferstehung und das Paradies, und Er gewährt das ewige Glück so leicht und eindeutig, wie Er den nächsten Frühling erschafft. Wäre es möglich, hätte ich dies mit der Sprache aller Geschöpfe verkündet, aber da das nicht möglich war, verkündete ich mit Absicht und durch das Denken und die Phantasie: „Gott genügt uns. Welch vortrefflicher Sachwalter!" Und bis in alle Ewigkeit möchte ich das wiederholen.

Der Vierte Grad des Leuchtenden Koranverses „Gott genügt uns!"

Es war eine Zeit, ich war achtlos, und ich wurde von verschiedenen Unpässlichkeiten heimgesucht, wie hohes Alter, Verbannung, Krankheit, Niederlage. Ich wurde von einer schrecklichen Angst überwältigt, dass meine eigentliche Existenz, an der ich sehr hing und durch die ich gefesselt war, aufhören würde, so wie die Existenz aller Geschöpfe. Wiederum hatte ich Beistand durch den Koranvers „Gott genügt uns!" Er sagte mir: „Studiere meinen Sinn und schaue durch das Fernrohr des Glaubens."

Ich schaute und ich sah mit den Augen des Glaubens , dass mein winziges Sein der Spiegel für eine unendliche Existenz war, und durch eine unbegrenzte Ausdehnung gewann mein Dasein unzählige Existenzen; mein Dasein war ein Wort der Weisheit, das die Früchte von zahlreichen immerbleibenden Existenzen gab, sich selbst weit im Wert übertreffend. Ich verstand mit der "sicheren Erkenntnis", dass wegen der Verbindung mit jener unbegrenzten Existenz für einen Augenblick zu leben, so wertvoll war, wie ewig zu existieren. Denn indem ich durch die Einsicht des Glaubens verstand, dass mein Dasein das Werk, der Kunstwerk und die Erscheinung des Notwendig Existierenden ist, wurde ich vor der endlosen Finsternis der öden Befürchtungen und den Schmerzen der unzähligen Trennungen gerettet. Ich wusste, dass innerhalb der irdischen Trennung die ewige Vereinigung mit den Wesen war, die ich liebte, mit denen ich eine Beziehung eingegangen war, und zwar durch die Bande der Bruderschaft bis zur Zahl der Namen Gottes, die in den Taten erscheinen, die besonders auf lebende Geschöpfe bezogen sind. Es ist klar, dass die Menschen im gleichen Dorf, in der gleichen Stadt und in der gleichen Landschaft, im gleichen Regiment, zu dem gleichen Befehlshaber, zu dem gleichen Meister eine enge Bruderschaft und eine warme Freundschaft empfinden. Aber die Menschen, die solche Bande vermissen, fühlen eine beständige schmerzhafte Qual und sind umgeben von Finsternis. Auch die Früchte eines Baumes, besäßen sie Einsicht, würden fühlen, dass sie Brüder, Genossen und gegenseitige Betrachter sind. Hört der Baum auf zu existieren, so werden sie abgepflückt, und sie müssen Trennungen bis zur Zahl der Früchte erfahren.

Durch den Glauben und durch die aus ihm resultierende Verbindung gewinnt meine Existenz - wie jene aller Gläubigen - die Früchte von Myriaden von Existenzen, unberührt von Trennungen. Selbst wenn die Existenz selber dahingeht, so hinterlässt sie ein Verzeichnis, als wäre sie selbst da geblieben. Überdies, wie ausführlich im Vierundzwanzigsten Brief gezeigt wurde: das Sein aller lebenden Geschöpfe und besonders jener mit einer Seele ist wie Worte. Sie sind ausgesprochen und niedergeschrieben, dann verschwinden sie. Aber an Stelle ihrer eigenen Existenzen hinterlassen sie zahlreiche Existenzen, die als zweitrangige Existenzen betrachtet werden können, wie ihre Bedeutungen, ihre Gleichnisse, Formen und Ergebnisse, und wenn sie gesegnet sind, ihre Belohnungen und ihre Wirklichkeiten. Nur dann verschwinden sie hinter dem Schleier.

In genau der gleichen Weise: wie sie die äußerliche Existenz verlassen, so hinterlassen meine Existenz und die Existenzen aller lebenden Geschöpfe ihre Seele, falls sie diese besitzen, und sie hinterlassen ihre Bedeutungen und Wirklichkeiten und Gleichnisse, die irdischen Produkte und die Früchte des Jenseits, die jeweils von ihnen hervorgebracht wurden. Sie hinterlassen ihre Formen und ihre Eigenheiten in Gedächtnissen und auf der Wohlverwahrten Tafel, in den Filmen, die ewige Ausblicke zeigen und in den Ausstellungen des vorewigen Wissens. Sie hinterlassen das Gotteslob, das von ihren wesentlichen Existenzen angeboten wird, in den Notizbüchern ihrer Taten, die sie repräsentieren und ihnen Dauer geben. Ihre angeborenen Erwiderungen auf die Erscheinungen der

Gottesnamen und was die Gottesnamen erfordern und ihr Sein als Spiegel für die Namen Gottes, das hinterlassen sie in der Sphäre der Gottesnamen. Sie hinterlassen an ihren Plätzen zahlreiche nichtkörperliche Existenzen wie diese, wertvoller als ihre eigenen Existenzen, dann verscheiden sie. Dies wusste ich mit "sicherer Erkenntnis."

Durch Glaube und Einsicht und die aus dem Glauben resultierende Verbindung kann man die oben erwähnten immerwährenden, immateriellen Existenzen beanspruchen. Fehlt der Glaube, ist man all dieser anderen Existenzen beraubt, und selbst die eigene, persönliche Existenz geht ins Nichts dahin und geht in der Nichtexistenz verloren.

Einstmals empfand ich große Sorge bei der schnellen Zerstörung der Frühlingsblumen; ich bemitleidete sogar diese feinen Geschöpfe. Aber die oben erwähnte Wahrheit, die aus dem Glauben aufsteigt, zeigt, dass alle Blumen zu Blumen in der Welt der Bedeutung werden. Jeder Früchte hervorbringende Baum oder Schössling, all diese Existenzen produzieren, hinsichtlich der Lichter des Seins, abgesehen vom Geist, einen hundertfachen Nutzen. Ihre äußeren Existenzen gehen nicht in die Nichtexistenz über, sie werden verborgen. Sie sind auch die neuen Formen der bleibenden Wirklichkeit einer Art. Denn die Wesen des letzten Frühlings wie Blätter, Blüten und Früchte sind die gleichen wie in diesem Frühling; der Unterschied ist nur anscheinend. Mir wurde gewahr, dass der anscheinende Unterschied jenen Worten der Weisheit, jenen Ausdrücken der Gnade und jenen Buchstaben der Kraft erlaubt, zahlreiche verschiedene Bedeutungen zu erwerben. Statt zu klagen, rief ich aus: „Wunderwerke Gottes (Maschallah)! Wie groß sind die Segnungen Gottes!"

Durch die Einsicht des Glaubens und durch meine Verbindung zum Schöpfer des Himmels und der Erden durch den Glauben begriff ich von weitem, welch eine Quelle des Stolzes und der Ehre es ist, das Kunstwerk eines Technikers zu sein, der die Himmel mit Sternen schmückt und die Erde mit Blüten und auserlesenen Geschöpfen. Er zeigt hundert Wunder in jedem seiner Kunstwerke. Ich begriff, wie kostbar und einzigartig es ist, von solch einem wunderbaren Künstler geschaffen zu sein. Der Koranvers lehrte mich insbesondere: der wunderwirkende Schöpfer gravierte in die winzige Kopie des Menschen das mächtige Buch der gigantischen Himmel und der Erde, er machte den Menschen sogar zu einer Auswahl und zu einem vollkommenen Zusammenfassung des Buches. Ich begriff, welch eine große Ehre und Leistung und was für ein Wert es für den Menschen bedeutet, dass durch die Verbindung und Einsicht des Glaubens der Mensch jene Ehre empfangen und beanspruchen kann. Da ich in meinem Geiste alle Wesen begriff, fasste ich die Absicht, und ich verkündete durch die Zungen all dieser Wesen: „Gott genügt uns. Welch vorzüglicher Sachwalter!"

Der Fünfte Grad des Leuchtenden Koranverses „Gott genügt uns!"

Einstmals war mein Leben von widrigen Umständen erschüttert. Das lenkte meine Aufmerksamkeit auf das Leben, und ich sah, dass mein Leben geschwind dahinging. Ich näherte mich dem Ende meines Lebens; es verdüsterte sich durch die Unterdrückung, die ich erlitt. Aber ich dachte sorgenvoll, wie das Leben es doch verdient, sehr lang zu sein und nicht in dieser Weise so schnell ausgelöscht zu werden, denn das Leben hat wichtige Aufgaben und Tugenden und wertvollen Nutzen, wie in der Abhandlung über den Gottesnamen „Ewig Lebender" erläutert wurde. Wiederum suchte ich Beistand bei meinem Meister, beim Koranvers „Gott genügt uns. Welch vorzüglicher Sachwalter!"

Und ich sagte mir: „Betrachte das Leben vom Standpunkt des ewig Lebenden und des sich Selbst Genügenden Einen, Der dir Leben gibt." So betrachtete ich das Leben und verstand: wenn der eine Aspekt des Lebens sich auf mich bezieht, so beziehen sich hunderte Aspekte auf den ewig Lebenden Gewährer des Lebens. Wenn der eine Aspekt des Lebens mich betrifft, so gehören tausende seiner Ergebnisse meinem Schöpfer. In dieser Hinsicht bedurfte das Leben keiner großen Länge; tatsächlich benötigte es gar keine Zeit. Für einen Augenblick zu leben war ausreichend. Diese Wahrheit ist zusammen mit Beweisen in verschiedenen Abhandlungen des Risale-i Nur erhellt. Daher wird diese Wahrheit hier in vier "Sachen" erläutert, und zwar in kurzer Form und als Zusammenfassung.

Die erste Sache

Ich schaute in der Weise, wie Wesenheit und Wirklichkeit auf den ewig-Lebenden und Sich Selbst Genügenden Einen schauen und ich sah, dass in Wirklichkeit mein Leben eine Sammlung von Schlüsseln war, mit denen die Schatzkammern der Gottesnamen aufgesperrt werden; und mein Leben war eine kleine Karte ihrer Inschriften, war ein Verzeichnis ihrer Erscheinungen, war eine feinfühlige Ausgewogenheit und ein Maßstab der gigantischen Wahrheiten des Universums. Mein Leben war ein Wort der

Weisheit, geschrieben, um die bedeutungsvollen Gottesnamen "ewig Lebender" und "Sich Selbst Genügender" zu kennen und um sie bekannt zu machen, um sie zu verstehen und um sie verstehen zu lassen. Wenn die Wirklichkeit des Lebens dies ist, so steigt sein Wert tausendfach, und eine Stunde dessen gewinnt die Bedeutung einer Lebenszeitspanne. Hinsichtlich seiner Beziehung zum Vorewigen Einen, Der keine Zeit hat, mag das Leben hinsichtlich Länge oder Kürze nicht betrachtet werden.

Die zweite Sache

Ich betrachtete die wahren Rechte des Lebens und ich verstand, dass mein Leben ein herrschaftlicher Erlass ist. Es lädt meine Brüder, andere intelligente Geschöpfe, dazu ein, dass es gelesen werde; mein Leben ist eine Stätte des Studierens und es macht seinen Schöpfer bekannt. Mein Leben ist auch ein Manifest, das die Vollkommenheit meines Schöpfers verkündet. Wissend schmückt es sich selbst mit den unbezahlbaren Geschenken und Verzierungen, die ihm durch den Schöpfer des Lebens gewährt sind; es entfaltet sie bewusst, dankbar und gläubig dem Unvergleichlichen Alleinherrscher in der täglichen Parade. Mein Leben erfasst, beobachtet und verkündet die dankbaren Wohltaten und das Gotteslob für den Schöpfer der unzähligen lebenden Wesen. Und mein Leben macht wörtlich, mit den Sprachen der Veranlagung und durch die Anbetung Gottes die Schönheiten der Herrlichkeit des Immer-Lebenden und Sich Selbst Genügenden Einen bekannt. Ich verstand mit der "sicheren Erkenntnis", dass die erhabenen Rechte des Lebens wie diese keine lange Zeit erfordern, und dass sie das Leben tausendfach erheben, und dass diese Lebensrechte hundertfach wertvoller sind als die irdischen Rechte des Lebens. Ich rief aus: „Ehre sei Gott! Der Glaube ist so wertvoll und lebendig, dass er allem, was er betritt, Leben einflößt! Er wandelt den hinfälligen Glimmer des vergänglichen Lebens in ewiges Leben, vertreibt die Vergänglichkeit darin.

Die Dritte Sache

Ich betrachtete die angeborenen Pflichten meines Lebens und seinen immateriellen Nutzen, die sich auf meinen Schöpfer beziehen, und ich sah, dass mein Leben auf drei Weisen als ein Spiegel für den Schöpfer wirkt.

Die Erste Weise

Durch Ohnmacht, Schwäche, Armut und Not handelt mein Leben als ein Spiegel für die Kraft, Stärke, Besitztümer und Gnade des Schöpfers des Lebens. Ja, gerade wie der Genuss der Speise im Verhältnis zum Grade des Hungers bekannt wird, und wie die Grade des Lichts durch die Grade der Finsternis bekannt werden, und die Grade der Hitze durch die Grade der Kälte, auf die gleiche Weise verstand ich durch die schrankenlose Ohnmacht und Armut meines Lebens die unbegrenzte Kraft und Gnade meines Schöpfers, der auf meine Bedürfnissen reagiert und meine unzähligen Feinde abwehrt. Ich verstand meine Pflichten des Bittens, des Flehens, der Anbetung, der Demütigung und des Zufluchtnehmens bei Gott, und ich erfüllte diese Pflichten.

Die Zweite Weise

Mein Leben wirkt als ein Spiegel für die universalen und umfassenden Eigenschaften und Taten meines Schöpfers, durch die Bedeutungen in meinem Leben, wie teilweises Wissen, Wollen, Hören und Sehen.

Ja, ich verstand durch die vielen Bedeutungen in meinem eigenen Leben und in meinen bewussten Taten, wie Wissen, Hören, Sehen, Sprechen und Verlangen, meine Größe in Relation zum Universum, aber in weit größerem Grade, die umfassenden Eigenschaften meines Schöpfers, wie Wissen, Wollen, Hören, Sehen, Kraft und Leben. Ich verstand Seine Eigenschaften, wie Liebe, Zorn und Mitleid. Gläubig bestätigte ich sie, und ich gab dies zu, und ich fand einen anderen Weg, der zur Erkenntnis Gottes führt.

Die dritte Weise

Mein Leben wirkt als ein Spiegel für die Gottesnamen, Inschriften und Erscheinungen, die in meinem Leben vorliegen. Ja, da ich mein eigenes Leben und meinen Körper beschaute, sah ich hunderte Arten von wunderbaren Werken, Inschriften und Künsten, und ich beobachtete überdies, dass ich höchst barmherzig genährt wurde. Ich verstand daher durch das Glaubenslicht, wie außergewöhnlich großzügig, barmherzig, geschickt und gnädig der Eine ist, Der mich schuf und mir Leben gab; wie wunderbar kraftvoll und, wenn man so sagen darf, geistreich, fürsorglich und wirksam er mich schuf. Ich verstand auch, woraus die angeborenen Pflichten und die Ziele der Erschaffung und die Ergebnisse des Lebens bestehen, wie Gotteslob, Gottesanbetung, Gottesverherrlichung, Gottespreis, Gottesdank und Gottesrühmung und das Bestätigen der Einheit Gottes und das Verkünden der Größe und des Ruhmes Gottes. Und ich verstand mit "sicherer Erkenntnis" den Grund, warum das

Leben das wertvollste Erschaffene im Universum ist, und warum alles dem Leben unterworfen ist, und ich verstand die Weisheit in jedermann, der eine angeborene Leidenschaft für das Leben hat; und ich verstand, dass der Glaube das eigentliche Leben des Lebens ist.

Die vierte Sache

Um zu lernen, was der wahre Genuss und das Glück des Lebens in dieser Welt ist, sann ich wieder nach über den Koranvers „Gott genügt uns. Welch vorzüglicher Sachwalter!" Ich sah, dass der reinste Genuss und das ungetrübteste Glück in diesem meinen Leben im Glauben liegt. Das will besagen: mein sicherer Glaube, dass ich Geschöpf, Erzeugnis und ergebener Knecht eines Barmherzigen Herrgottes bin, Der mich schuf und mir Leben gab, und der Glaube, dass ich in seinem Blick mich befinde und von Ihm genährt und gehegt wurde, und dass ich allzeit Seiner bedarf, und dass Er mein Herr und Meister und mein Gott ist, und dass Er höchst freundlich und barmherzig zu mir war, das war eine solch vollkommene, bleibende, schmerzfreie Freude und Glückseligkeit, dass es unbeschreiblich war. Ich verstand aus dem Koranvers, wie angemessen der Spruch ist: Aller Lobpreis sei Gott für die Wohltat des Glaubens.

Diese vier Sachen, das heißt die Wirklichkeit, die Rechte, die Pflichten und der Genuss im Leben zeigen: je mehr das Leben auf den Ewig Lebenden und Sich Selbst Genügenden Einen schaut, und je mehr der Glaube das Leben und der Geist des Lebens wird, desto bleibender wird es und desto mehr bleibende Früchte bringt es hervor. Überdies, das Leben wird so erhaben, es empfängt die Erscheinung der

Ewigkeit; es schaut nicht länger auf die Länge und Kürze des Lebens. Das lernte ich aus dem Koranvers.

Und im Namen aller Leben und lebenden Wesen und mit jener Absicht und Idee rief ich: „Gott genügt uns. Welch vorzüglicher Sachwalter!"

Der Sechste Grad des Leuchtenden Koranverses „Gott genügt uns!"

Einstmals erinnerte mich mein hohes Alter an meinen eigenen Abschied inmitten der Ereignisse der Endzeit, und das erinnerte mich wiederum an das Ende der Welt und an den Abschied aller Wesen. Und meine angeborene leidenschaftliche Liebe zur Schönheit und meine Faszination aufgrund der Vollkommenheit waren zu einem außerordentlichen Grade entwickelt. Ich beobachtete mit äußerster Klarheit und Sorge, dass Tod, Vergänglichkeit und Nichtexistenz beständig die Zerstörung der Wesen und ihre Trennung verursachten. Sie zertraten diese schöne Welt und diese Geschöpfe, zerbrachen und verdarben deren Schönheit. Ich suchte Trost, denn die wahre Liebe in meiner Natur rebellierte heftig gegen diese Situation. Wiederum nahm ich Zuflucht zu diesem Koranvers. Er sagte mir: „Rezitiere mich und studiere meinen Sinn sorgfältig!"

So betrat ich das Observatorium des Lichtverses in der Sure vom Licht und übte das Teleskop des Glaubens auf der am weitesten entfernten Schicht des Verses „Gott genügt uns!" und ich schwenkte das Mikroskop der Einsicht des Glaubens auf die seltsamsten Geheimnisse. Ich sah: gerade wie Spiegel, scheinende Objekte, Glasscherben und selbst Bläschen auf dem Wasser, die verschiedene Arten der verborgenen Schönheit im Sonnenlicht offenbaren. Mit ihren unterschiedlichen Fähigkeiten und mit ihrem Wandel und ihrer Erneuerung erneuern sie ihre Schönheiten. Indem sie das Licht reflektieren und brechen, machen sie die verborgenen Schönheiten der Sonne und die sieben Farben im Sonnenlicht bekannt. Und dies so unaufhörlich, um als Spiegel für die geheiligte Schönheit des All-Schönen Einen des Ruhms zu wirken, der Sonne der Vorewigkeit und der Nachewigkeit, und als Spiegel für die immerbleibenden Schönheiten Seiner unbegrenzt lieblichen Schönsten Namen. Und um deren Erscheinungen zu erneuern, erscheinen diese hübschen Geschöpfe, diese auserlesenen Kunstwerke, dann verscheiden sie.

Wie ausführlich im Risale-i Nur erläutert und durch kraftvolle Beweise abgesichert ist: die Schatten der Schönheit, die auf ihnen beobachtet werden können, sind nicht die ihrigen, sondern sind Hinweise, Zeichen, Blitze und Erscheinungen einer ewigen, heiligen und jenseitigen Schönheit, die wünscht, beständig manifest und sichtbar zu sein. Hier sollen drei dieser Beweise kurz angedeutet werden.

Der erste Beweis

Die Schönheit eines hübsch gearbeiteten Objekts deutet auf die Schönheit der Handwerkskunst. Die Schönheit der Handwerkskunst deutet auf die Schönheit des Namens, welcher die Quelle des Handwerkskunst war. Die Schönheit des Namens der Handwerkskunst deutet auf die Eigenschaften des Handwerkers, die in jener Kunst erscheinen. Die Schönheit seiner Eigenschaften weist auf die Schönheit seines Talents und Könnens. Und die

Schönheit seines Könnens deutet offenkundig auf die Schönheit seines wesentlichen Selbst und seiner Wirklichkeit.

Genauso verhält es sich hierbei: die Schönheit in all den hübschen Geschöpfen, die das Universum erfüllen, alle in besonderer Weise geschaffen, bezeugen eindeutig die Schönheit der Taten des All-Glorreichen Handwerkers. Und die Schönheit der Taten deutet unzweifelhaft auf die Schönheit der Titel, das heißt der Gottesnamen, die auf jene Taten schauen. Und die Schönheit der Namen bezeugt sicherlich die Schönheit der heiligen Eigenschaften, welche die Quellen der Gottesnamen sind. Und die Schönheit der Eigenschaften bezeugt die Schönheit der wesentlichen Eigenschaften und Fähigkeiten, welche die Quellen der Eigenschaften sind. Und die Schönheit der wesentlichen Eigenschaften und Fähigkeiten bezeugt offenkundig die Schönheit und die heilige Vollkommenheit der Wesenheit, welche die Quelle der Taten ist und durch die Gottesnamen und Gottes-Eigenschaften beschrieben ist, und diese Schönheit bezeugt die heilige Schönheit Seiner Wirklichkeit.

Das will besagen: der Allschöne Schöpfer besitzt unbegrenzte Schönheit und Lieblichkeit, die Seiner Höchst-Heiligen Wesenheit angemessen sind. Ein Schatten davon verschönerte alle Wesen von der Spitze der Welt bis zum Weltengrunde. Er besitzt eine jenseitige, heilige Schönheit, und eine einzige Erscheinung dieser erfüllt das gesamte Universum mit Schönheit, schmückt und erleuchtet die gesamte Sphäre der Möglichkeiten mit Blitzen.

Ja, genau wie ein geschicktes Werk nicht ohne eine Tat ins

Sein kommen konnte, so kann eine Tat nicht geschehen ohne ihren Bewirker. Und gerade wie es unmöglich ist, dass es einen Namen gibt ohne den, den die Namen bezeichnen, so können Eigenschaften nicht ohne den sein, den sie bezeichnen. Da die Existenz eines Kunstwerks offenkundig auf die Tat deutet, die es bewirkte, und da das Sein der Tat auf die Existenz des "Bewirkers" der Tat und auf seinen Titel deutet, sowie auf die Existenz der Eigenschaft und des Namens, welche das Werk entstehen ließen; so deuten die Vollkommenheit und die Schönheit des Kunstwerks ebenfalls auf die Schönheit und Vollkommenheit, die der Tat eigentümlich ist und die das Kunstwerk bewirkten. Und sie deuten auf die Schönheit, die für den Namen des Bewirkers eigentümlich und angemessen ist, und mit "sicherer Erkenntnis" auf die Schönheit seiner Wesenheit und Wirklichkeit, die für sie passend und angemessen sind.

In genau der gleichen Weise: da es für die ständige Aktivität unter dem Schleier der Kunstwerke des Universums nicht möglich ist, ohne einen Verursacher der Aktivität zu sein; und es für die Namen, deren Erscheinungen und Inschriften auf den Geschöpfen sichtbar sind, nicht möglich ist, ohne den zu sein, den sie bezeichnen; und es für die Eigenschaften wie Macht und Wille, die fast sichtbar sind, nicht möglich ist, ohne den zu sein, den sie auszeichnen, so deuten alle Kunstwerke, Geschöpfe und Artefakte im Universum mit ihrem unbeschränkten Sein eindeutig auf die Existenz ihres Schöpfers und Bewirkers, auf die Existenz Seiner Namen, auf die Existenz Seiner Eigenschaften, auf die Existenz Seiner wesentlichen Eigenschaften und auf die notwendige Existenz Seiner Reinsten und Heiligsten Wesenheit.

Gleicherweise bezeugen all die unterschiedlichen Verschiedenheiten der Schönheit, der Vollkommenheit und der Lieblichkeit, die in den Geschöpfen zu sehen sind, mit vollständiger Klarheit, jedoch auf eine Weise, die für ihre Heiligkeit und Notwenigkeit eigentümlich und angemessen ist, die unendlichen, unbeschränkten, mannigfaltigen Schönheiten und Vollkommenheiten der Taten, Namen, Attribute, Eigenschaften und die Wesenheit des All-Glorreichen Schöpfers; sie deuten höchst klar auf ihre Schönheiten, welche jener aller Dinge weit übertreffen.

Der Zweite Beweis umfasst fünf Punkte

Der Erste Punkt

Die Anführer der Menschen der Wahrheit glaubten und erklärten einmütig, indem sie sich auf ihre Erleuchtungen und Enthüllungen verließen, obwohl ihre Pfade und Methoden sich ziemlich voneinander unterschieden, dass die Fälle der Schönheit in allen Dingen die Schatten, Blitze und Erscheinungen der geheiligten, verborgenen Schönheit des Notwendig Existierenden Einen sind.

Der Zweite Punkt

Alle schönen Geschöpfe erscheinen Karawane auf Karawane. Sie halten nicht an und sie verschwinden. Sie kommen eins auf das andere in einer Abfolge, dann verabschieden sie sich. Aber eine erhabene und unwandelbare Schönheit entfaltet sich im Spiegel jener Geschöpfe und zeigt sicherlich durch die Fortdauer ihrer Erscheinungen, dass die Schönheit nicht den schönen Geschöpfen, jenen Spiegeln gehört. Vielmehr, wie die

Schönheit der Sonnenstrahlen, die auf den dahintreibenden Bläschen eines Flusses zu sehen sind, so sind sie Lichter einer ewigen Schönheit.

Der Dritte Punk

Es ist klar: wie Licht von irgendetwas Leuchtendem herrührt, so kommt das Existenzgeben von irgendetwas Existierendem, die Wohltat aus Reichtümern, die Freigebigkeit aus Wohlstand, die Unterweisung aus Wissen, und das Geben der Exzellenz kommt aus dem Exzellenten, und das Gewähren der Schönheit aus dem Schönen. Es kann gar nicht anders sein. Als Folge dieser Wahrheit glauben wir, dass alle Schönheit im Universum von der Schönheit des Schönen Einen kommt, der das beständig sich wandelnde und erneuerte Universum beschriftet und definiert durch alle seine Geschöpfe und durch die Zungen seiner spiegelgleichen Wesen.

Der Vierte Punkt

So wie der Körper sich auf die Seele verlässt und durch sie existiert und von ihr beseelt ist, und so wie ein Wort sich auf den Sinn bezieht und von ihm erleuchtet wird, und die Form sich auf die Wirklichkeit verlässt und durch sie Wert erwirbt, so ist diese körperliche und materiell manifeste Welt ein Körper, ein Wort, eine Form, die sich auf die Gottesnamen hinter dem Schleier des Verborgenen verlässt und durch sie Leben und Lebenskraft empfängt. Sie schaut auf sie und wird verschönt. Alle Fälle der physikalischen Schönheit rühren aus den nicht-körperlichen Schönheiten ihrer eigenen Realitäten und Bedeutungen her. Ihre Realitäten empfangen Strahlen aus den Gottesnamen und sind eine Art Schatten von ihnen. Diese Wahrheit wird im Risale-i Nur eindeutig bewiesen.

Dies bedeutet: alle Verschiedenheiten und Arten der Schönheit im Universum sind die Zeichen, Merkmale und Erscheinungen - mittels der Gottesnamen - einer makellosen, transzendenten Schönheit, die hinter dem Schleier des Verborgenen hervortritt. Jedoch da die Reinste und Heiligste Wesenheit des Notwendig Existierenden Einen absolut gar nichts ähnelt, und da Seine Eigenschaften unbegrenzt überlegen sind den Eigenschaften der möglichen Dinge, so ähnelt die geheiligte Schönheit Gottes nicht den Schönheiten der Geschöpfe und der möglichen Dinge und ist unbegrenzt erhabener. Gewiss, eine immer- bleibende Schönheit - eine einzige Erscheinung davon ist ein riesiges Paradies zusammen mit all seiner Auserlesenheit und Schönheit - und eine einstündige Schau der Schönheit macht die Paradiesbesucher das Paradies vergessen - diese immerbleibende Schönheit kann nicht begrenzt sein, noch kann sie etwas Ähnliches, Gleiches, Ebenbürtiges haben.

Es ist klar: die Schönheiten eines Dinges sind im Einklang mit dem Ding; und es gibt tausende Arten der Schönheiten, die alle gemäß der verschiedenen Arten der Dinge unterschiedlich sind. Beispielsweise, die Schönheit, die mit dem Auge wahrgenommen wird, ist nicht dieselbe, als wenn etwas Schönes mit den

Ohren gehört wird. Die abstrakte Schönheit, die mit dem Geiste erfasst wird, ist nicht die gleiche wie die Schönheit der Speise, die gekostet wird. Und so ebenfalls: die Schönheiten, die von den äußerlichen und inneren Sinnen und vom Geiste als schön geschätzt und empfunden werden, sind alle verschieden. Beispielsweise, die Schönheit des Glaubens, die Schönheit der Realität, die Schönheit des Lichts, die Schönheit einer Blume, die Schönheit des Geistes und die Schönheiten der Form, der Barmherzigkeit, der Gerechtigkeit, der Freundlichkeit und der Weisheit sind alle verschieden. Gleicherweise, da die vollkommenen und unbegrenzten Schönheiten der Schönsten Namen des All-Schönen Einen des Ruhmes insgesamt verschieden sind, so unterscheiden sich die Schönheiten in Dingen ebenfalls.

Willst du eine Erscheinung der Schönheiten der Namen des All-Schönen Einen des Ruhmes in den Spiegeln der Dinge beobachten, so lasse einen flüchtigen Blick mit dem Auge der Phantasie über das Antlitz der Erde streifen und betrachte die Erde als einen kleinen Garten. Du wirst sehen, dass Ausdrücke wie Milde, Barmherzigkeit, Weisheit und Gerechtigkeit auf die Namen, Taten und Eigenschaften des Allmächtigen Gottes anspielen.

Beobachte zunächst den Unterhalt für den Menschen und dann den für alle lebenden Geschöpfe, der regelmäßig hinter dem Schleier des Verborgenen hervorkommt, und siehe die Schönheit der Barmherzigkeit Gottes.

Dann erwäge den wundersamen Unterhalt für all die Jungen und die zwei Milchquellen, die über ihren Köpfen an den Brüsten ihrer Mütter hängen, so süß und rein wie das Wasser des Kauthar-Flusses, und siehe die faszinierende Schönheit der Göttlichen Barmherzigkeit.

Dann beobachte die unvergleichliche Schönheit der Göttlichen Weisheit, die das gesamte Universum zu einem mächtigen Buch der Weisheit macht, und jeder Buchstabe davon enthält hundert Worte, und jedes Wort davon enthält hundert Zeilen, und jede Zeile davon enthält tausend Kapitel, und jedes Kapitel davon enthält hunderte kleine Bücher.

Dann betrachte die kaiserliche Schönheit einer Gerechtigkeit, die das gesamte Universum und alle dessen Wesen im Gleichgewicht hält. Sie erhält die Balance aller Himmelskörper, hoch und niedrig; und sie liefert Symmetrie und Proportion, die wichtigsten Elemente der Schönheit; und sie lässt alles den optimalen Zustand erlangen Sie gibt das Lebensrecht den lebenden Wesen; und sie stellt sicher, dass deren Rechte bewahrt werden. Sie bietet den Angreifern Einhalt und bestraft sie.

Dann betrachte die Inschrift der Lebensgeschichte des Menschen in seinem Gedächtnis, so winzig wie ein Weizenkorn und betrachte die Programme für das zweite Leben aller Pflanzen und Bäume in ihren Samen. Betrachte die Glieder und Fähigkeiten, die für die Verteidigung der Lebewesen notwendig sind, zum Beispiel die Flügel und den Giftstachel der Bienen; und siehe die feine Schönheit des herrlichen Bewahrens und Schützens.

Dann betrachte auch die Gäste am Tisch der Erde des Gnädigsten und Barmherzigsten Einen, Der absolut Freigebig ist, und betrachte die angenehmen Gerüche der zahllosen verschiedenen Speisen, die durch Gnade zubereitet werden, und betrachte ihre schönen und verschiedenen Farben und ihre köstlichen und unterschiedlichen Geschmäcker, und betrachte die Organe und Glieder aller lebenden Geschöpfe, die dem Genuss und dem Frohsinn beistehen; und siehe die äußerst angenehme, süße Schönheit der fürstlichen Gunst und Freigebigkeit.

Und betrachte zunächst die sinnvolle Gestalt des Menschen und dann die aller lebenden Geschöpfe, die eröffnet werden aus flüssigen Tropfen durch die Erscheinung der Gottesnamen "Öffner" und "Freigebiger", und erwäge die attraktiven Gesichter der Blüten des Frühling, die aus Samen und winzigen Kernen eröffnet werden und betrachte die wundersame Schönheit des Göttlichen Öffnens und Formgebens.

Durch einen Vergleich mit diesen Beispielen hat jeder Gottesname eine geheiligte Schönheit, die ihm eigentümlich ist und eine einzige Erscheinung davon verschönt die gigantische Welt und unzählige Arten der Wesen. Du magst die Erscheinung der Schönheit eines Gottesnamen in einer einzigen Blume sehen; der Frühling ist auch eine Blume, das Paradies ist eine Blume, aber eine verborgene. Wenn du das Ganze des Frühlings erschauen und das Paradies mit dem Auge des Glaubens sehen kannst, so kannst du die vollkommene Majestät der immerbleibenden Schönheit verstehen. Wenn du auf jene Schönheit mit der Schönheit des Glaubens und der Gottesanbetung antwortest, wirst du ein höchst schönes Geschöpf sein. Aber wenn du ihr mit der schrankenlosen Hässlichkeit der Irreleitung und der Garstigkeit der Rebellion begegnest, wirst du das hässlichste Geschöpf sein, und alle schönen Geschöpfe werden sich vor dir ekeln.

Der Fünfte Punkt

Gemäß dem Gesetz, dass alle schönen Künste, Geschicklichkeiten und Leistungen sich selbst zeigen wollen und sich selbst gewürdigt sehen wollen, schuf ein Meister von hunderten Künsten und Geschicklichkeiten, der endlose Vollkommenheiten und Schönheiten besitzt, einen wunderbaren Palast, um all seine Künste, Geschicklichkeiten und Leistungen und seine verborgenen Schönheiten zu schildern und zu enthüllen. Wer den wundersamen Palast sieht, denkt sofort an die Tugenden, Künste und Vollkommenheiten des Meisters und Schöpfers. Er glaubt an sie und bestätigt sie, als ob er sie sähe, und er verkündet: „Wer nicht schön und geschickt ist in jeder Weise, kann nicht die Quelle, der Schöpfer und Urheber eines so schönen Werkes sein. Es ist, als ob seine immateriellen Schönheiten und Vollkommenheiten in diesem Palast verkörpert seien."

Auf genau die gleiche Weise wird dem Menschen gewahr, solange ihm das Gemüt und Herz nicht verdorben sind und er die Ausstellung der Wunder und Schönheiten des prächtigen Palastes dieser Welt sieht, das heißt das Universum, dass der Palast ein Spiegel ist, und der Palast in einer Weise verziert ist, um die Schönheiten und Vollkommenheiten eines anderen zu zeigen. Ja, da nichts dem Weltenpalast gleich ist, dessen Schönheiten imitiert und kopiert werden könnten, so besitzt sicherlich der Schöpfer die notwendigen Schönheiten in sich selbst und in seinen Namen. Es ist aus diesen, von denen das Universum abgeleitet ist und gemäß dieser es geschaffen ist. Das Universum wurde geschrieben wie ein Buch, um Gottes Schönheiten und Namen auszudrücken.

Der dritte Beweis besteht aus drei Punkten

Der Erste Punkt

Diese Wahrheit ist ausführlich und mit überzeugenden Beweisen in der Dritten Haltestelle des Zweiunddreißigsten Wortes erklärt. Zur ausführlichen Diskussion wird auf diese Abhandlung verwiesen und hier betrachten wir die Sache mit einer kurzen Anspielung.

Wir schauen auf Geschöpfe und besonders auf Tiere und Pflanzen, und wir sehen, dass die von einem beständigen Verzieren beherrscht sind; und dieses Verzieren deutet auf Absicht und Willen und macht Wissen und Weisheit bekannt. Wir sehen ein Ordnen und Verschönern, was man unmöglich dem Zufall zuschreiben kann. In jedem Ding gibt es eine so feine Kunst, eine so schöne Weisheit, eine so erhabene Zierde, eine so barmherzige Organisation, eine so süße Lage, dass man eindeutig verstehen kann, dass hinter dem Schleier des Verborgenen ein Handwerker ist, der möchte, dass seine Kunst geschätzt wird. Er möchte sich selbst bekannt machen und geliebt werden, indem Er zahllose Geschicklichkeiten und Vollkommenheiten in jedem Werk Seiner Kunst entfaltet. Er will, dass er zum Objekt von Lob und Preis wird. Er beschenkt Geschöpfe mit einem Bewusstsein, um sie zufrieden zu stellen und sie glücklich zu machen. Er gewährt ihnen jede Art ergötzlicher Wohltat aus unerwarteten Orten in einer Weise, dass dabei nicht von Zufall gesprochen werden kann.

Man kann auch eine großzügige Behandlung, eine gegenseitige Vertrautheit und einen freundliches Gespräch in der Sprache der Veranlagung beobachten wie auch eine barmherzige Antwort auf Flehen, wodurch eine grundlegende Barmherzigkeit und eine erhabene Gnade erkennbar wird. Das will heißen: das Gewähren von Wohltat und das Geben von Genuss, was hinter dem Sich-bekannt-machen und dem Sich-geliebt-machen zu beobachten ist und was so klar ist wie die Sonne, all dies rührt her aus einem aufrichtigen Wunsch, barmherzig zu sein, und aus dem machtvollen Begehren, gnädig zu sein. Und dieses kraftvolle Begehren im vollkommen Sich Selbst Genügenden Einen, Der kein Bedürfnis nach irgendetwas hat, zeigt sicherlich eine äußerst vollkommene vorewige, immerwährende und unvergleichliche Schönheit, deren Natur und Wirklichkeit erfordert, dass sie erscheinen möchte und sich in Spiegeln sehen will. Um sich zu entfalten und sich selbst in verschiedenen Spiegeln zu sehen, hat diese Schönheit die Form von Barmherzigkeit und Gnade angenommen; im Spiegel der bewussten Wesen ergriff Er dann den Zustand des Gewährens und der Freigebigkeit. Dann ergriff Er die Gestalt, Sich Selbst bekannt und geliebt zu machen. Dann gewährte Er das Licht, die Geschöpfe zu schmücken und sie schön zu machen.

Der Zweite Punkt

Die ursprüngliche, intensive und kraftvolle Gottesliebe der Menschheit und insbesondere die Gottesliebe der erhabenen Klassen und der unzähligen Personen, deren Wege alle unterschiedlich sind, deutet offenkundig auf eine unvergängliche Schönheit. Ja, diese Gottesliebe bezeugt jene Schönheit. Ja, solch eine Liebe schaut nur auf solch eine Schönheit und erfordert sie. Solche Leidenschaft verlangt solche Lieblichkeit. Ja, alle Lobpreisungen, die von

Wesen mit Worten und durch die Sprache der Veranlagung dargeboten werden, beziehen sich auf jene vorewige Schönheit und gehen zu ihr. Aus der Sicht von Liebenden wie Schams-i Täbris (gestorben 1244 A.D. in Konya) sind all die Anziehung, die Faszination, die Ekstase und die Wahrheitssuche im Universum Zeichen einer vor-ewigen und nach-ewigen Wahrheit der Anziehung. Die ekstatischen Bewegungen und Drehungen, welche die Himmelskörper und die Wesen tanzen und umherwirbeln lassen wie Motten und Mevlewi-Derwische, sind die leidenschaftlichen und pflichtbewussten Antworten auf die majestätischen Enthüllungen der heiligen Schönheit jener hinreißenden Wahrheit.

Der Dritte Punkt

Alle Gelehrten, die nach der Wahrheit geforscht haben, stimmen überein, dass die Existenz rein gut und licht ist, während die Nicht-Existenz rein böse und finster ist. Die Anführer der Vernunft und die Leute des Herzens stimmten überein, dass in der letztendlichen Analyse alle Fälle des Guten, der Schönheit und der Genussfreude aus der Existenz kommen, und dass alles Übel, Schlechtigkeit, Unglück und Leiden und sogar die Sünden der Nicht-Existenz zugeschrieben werden können. Der Ursprung aller Schönheiten ist Sein, aber es existiert doch der Nichtglaube und der Egoismus der Triebseele?

Die Antwort: Nichtglaube ist Nicht-Existenz, denn er ist die Leugnung der Glaubenswahrheiten. Die Existenz des Egoismus jedoch ist eine Form der Nicht-Existenz, welche die Form und die Farbe der Existenz angenommen hat, wegen eines unrechten Anspruchs auf Besitzes. Sie kennt nicht die Spiegelnatur des Menschen, und sie hält die Phantasie für real. Da der Ursprung aller Schönheiten die Existenz ist, und da die Quelle allen Übels die Nichtexistenz ist: eine Notwendige Existenz und ein Vor-Ewiges, Immerwährendes Wesen, Das die festeste und erhabenste und leuchtendste Existenz ist, und am weitesten entfernt - von Nicht-Existenz, verlangt die Schönheit, die höchst kraftvoll und höchst erhaben und höchst licht und frei von jedem Makel ist. Die Gottheit will vielmehr solch eine Schönheit ausdrücken; ja, die Göttlichkeit will solch eine Schönheit sein. Wie allumfassendes Licht von der Sonne erzwungen wird, so erzwingt die Notwendig Existierende Gottheit eine ewige Schönheit; Gott gibt Licht durch sie.

Aller Preis sei Gott für die Wohltat des Glaubens!

„Unser Herr, belange uns nicht, wenn wir vergessen oder sündigen"[68]

„Preis sei Dir! Wir haben kein Wissen außer dem, was Du uns gelehrt hast. Du bist der, der alles weiß und weise ist."[69]

Anmerkung:

Neun Grade des leuchtenden Koranverses „Gott genügt uns!" sollten geschrieben werden, aber wegen gewisser Umstände werden drei Grade auf später verschoben.

Hinweis: Da das Risale-i Nur zum Koran gehört, und da es ein Kommentar ist, der auf Beweisen beruht und der aus dem Koran hervorgeht, so enthält es notwendige, zweckdienliche, ja wesentliche und nützliche Wiederholungen, so wie der Koran schöne, weise und

---

[68] Koran, 2:286
[69] Koran, 2:32

notwendige Wiederholungen enthält, die nicht langweilig sind. Das Risale-i Nur besteht auch aus Beweisen für das Bekenntnis der Einheit Gottes, was keinen Überdruss verursacht, sondern mit Freude und Eifer wiederholt wird. Daher sind die wesentlichen Wiederholungen im Risale-i Nur kein Makel, und sie verursachen keine Langeweile und sollten keine Langweile verursachen.

Ungeduld

21. Wort 1. Kapitel

Oh meine ungeduldige Seele! Du denkst noch heute darüber nach, wie du dich in vergangenen Tagen darum bemüht hast, Gott zu dienen (ibadet), wie du dich angestrengt hast, dein Gebet zu verrichten, wie du dich wegen deines Unglücks geplagt hast und du machst dir darüber Sorgen. Desgleichen stellst du dir die Aufgabe künftigen Gottesdienstes (ibadet), die Verpflichtung zum Gebet und das Leiden an einem kommenden Unglück schon heute vor und zeigst dich ungeduldig. Aber ist das denn überhaupt sinnvoll?

In deiner Ungeduld gleichst du einem Kommandanten, der sich in seiner Verwirrung so verhält, dass er seine eigene Kampfkraft in der Mitte schwächt, indem er eine starke Streitmacht zum rechten Flügel befiehlt, obwohl der rechte Flügel der feindlichen Streitmacht bereits zum rechten Flügel der eigenen Streitmacht übergelaufen ist. Obwohl also nun der linke Flügel des Feindes von Soldaten entblößt ist, schickt er eine starke Streitmacht dorthin, wo doch gar jemand angelangt ist und befiehlt: „Feuer!" So sind seine eigenen Streitkräfte aus der Mitte ganz und gar abgezogen. Der Feind erfasst die Lage, greift in der Mitte an und stiftet dort heillose Verwirrung. Du gleichst ihm in der Tat. Denn die Anstrengungen der vergangenen Tage sind heute in Barmherzigkeit verwandelt worden. Schmerz ist vergangen; Freude ist geblieben. Plage hat mit (Gottes) Gnadengabe einen Bund geschlossen; Anstrengung verwandelte sich in Belohnung. Wenn das aber so ist, dann darfst du über all dem nicht Überdruss und Langeweile empfinden, vielmehr eine neue Begeisterung, eine wiedererwachte Freude in dir verspüren, die dich kräftig dazu anspornt, weiterzumachen. Was aber die künftigen Tage betrifft, so ruhen sie noch in der Zukunft Schoß. Schon heute darüber nachzudenken und dabei Langeweile und Überdruss zu empfinden ist die gleiche Torheit, wie schon heute über dem Gedanken an Hunger und Durst in Wehgeschrei und Tränen auszubrechen. In Anbetracht dieser Tatsache solltest du in dem Gedanken an Dienst und Anbetung nur beim Heute verweilen, wenn du verständig bist. Und sprich: „Ich opfere eine Stunde (des heutigen Tages) für einen willkommenen, schönen und erhabenen Dienst, der nur wenig Mühe kostet, aber reichen Lohn bringt." Dann wird sich dir die Bitternis jeglichen Überdrusses in die Süßigkeit jeglicher Begeisterung verwandeln.

So sind denn dir, meine ungeduldige Seele, drei Arten von Geduld auferlegt.
Eine ist die Geduld gegenüber Gott (in Dienst und Anbetung).
Eine andere ist die Geduld im Aufruhr (der eigenen Natur gegenüber Gott).
Eine weitere schließlich ist die Geduld im Unglück. Wenn du verständig bist, dann nimm dir die Wahrheit, die in dem Beispiel zu dieser dritten Ermahnung sichtbar wird, als Richtschur. Ermanne dich und rufe: „Ya Sabur!" (= Geduld, als einer der wundervollen Namen Allahs). Schultere diese drei Arten der Geduld. Die Kraft dieser Geduld, die Gott der Gerechte dir verliehen hat, wird dir, so du sie nicht auf einem falschen Weg verstreust, in jeglicher Mühsal und Plage hinreichend sein... und auf diese Kraft stütze dich...

Gott ist mit den Geduldigen

23. Brief

„Gott ist mit den Geduldigen." (Koran, 2:153)
Was ist Sinn und Zweck dieser Weisheit?

Antwort: Gott, der Gerechte hat als Erfordernis Seines Namens "der Allweise (Haqiem)" bei der Entstehung der Dinge eine Anordnung wie die Stufen einer Leiter festgelegt. Ein ungeduldiger Mensch handelt unsorgfältig und überspringt so (die einzelnen Sprossen), lässt sie aus, und kann so sein Ziel nicht erreichen. So kommt er durch seinen Ehrgeiz zu Fall. Geduld jedoch ist der Schlüssel zu allen Schwierigkeiten.

„Der Ehrgeizige ist das Subjekt seiner Enttäuschung und des erlittenen Schadens." „Geduld ist der Schlüssel zur Rettung." Diese Ahadith sind zu Sprichwörtern geworden! Das heißt, die Güte (inayat) und der Erfolg (taufiq) sind mit den Geduldigen.

Nun aber ist die Geduld von Dreierlei Art:
Erstens: Geduld üben in der Zurückhaltung von den Sünden. Diese Art der Geduld wird Gottesfurcht (taqwa) genannt und führt uns zu der tiefen Wahrheit (sirr) von „Fürwahr Gott ist mit den Gottesfürchtigen." (Koran, 2:194)

Zweitens: Geduld üben im Unglück heißt Gott vertrauen (tewekkul) und sich (Seinem Willen) zu unterwerfen (teslim), das heißt, wir erfahren die Ehre der Offenbarung der Ayat „Fürwahr Gott liebt die Ihm vertrauen." (Koran,

3:159) „Fürwahr, Gott liebt die Geduldigen." (Koran, 3:146)

Was hingegen die Ungeduld betrifft, so enthält sie eine Vorwurf gegen Gott, woraus eine Kritik an Seiner Handlungsweise, eine Klage gegen Seine Barmherzigkeit (rahmet) und eine Missachtung Seiner Weisheit (hikmet) resultiert. Denn der Mensch weint in der Tat in seiner Schwäche und Hilflosigkeit, wenn er sich über einen Schicksalsschlag beklagt. Doch sollte er seine Klage vor Ihm ausschütten und nicht gegen Ihn. Seine Worte sollten so sein wie die des ehrenwerten Jakob, mit dem der Friede sei: „Fürwahr ich schütte meine Klage und meinen Kummer vor Gott aus." (Koran, 12:86) Das heißt, man sollte seine Klage vor Gott ausschütten statt: „Ach und oh weh!" zu stöhnen und zu sagen: „Was habe ich denn getan, dass dies über mein Haupt gekommen ist." so als wolle er sich vor den Menschen über Gott beklagen. Auf diese Weise das Mitleid der Menschen zu erregen, ist negativ und sinnlos.

Die dritte Art von Geduld ist die Geduld im Dienst und in der Anbetung (ibadet). Diese Form von Geduld erhebt ihn zu der Stufe eines Geliebten (maqam-i mahbubiyet). Sie führt schließlich (auf die Stufe) eines vollkommenen Dieners (ubudiyet), welches die höchste Stufe (maqam) ist.

Geduldig sein - Bittgebet von Yunus Ibn Metta (Jonas)

1. Lichtblitz

Bittgebet des Propheten Yunus Ibn Metta (Jonas) (Friede und Segen sei über ihnen), ein überaus wirksames Gebet und eines der bedeutendsten Mittel, um Erhörung eines Gebetes zu erlangen.

Hier nun eine kurze Zusammenfassung der berühmten Geschichte des Ehrenwerten Jonas, mit dem der Friede sei: Man hatte ihn ins Meer geworfen. Ein großer Fisch hatte ihn verschluckt. Die See war aufgepeitscht, die Nacht stürmisch und finster, und er fand sich überall von aller Hoffnung abgeschnitten. Doch sein Gebet „Es gibt keinen Gott außer Dir. Gepriesen seist Du! Ich war in der Tat einer von den Frevlern." (Koran, 21:87) wurde für ihn rasch zu einem Mittel der Rettung.

Das Geheimnis der Macht dieses Bittgebetes aber war das folgende: In seiner Lage waren alle Mittel bereits erschöpft. Denn dieser Zustand erforderte jemanden, ihn zu erretten, dessen Befehl sowohl der Wal, als auch die See, die Nacht und (die Gewalten des) Himmels unterstellt sind. Denn gegen ihn hatten sich die Nacht, die See und der Fisch gemeinsam (verschworen). Nur der, dessen Befehl sie alle drei gleichermaßen unterstellt sind, konnte ihn an das rettende Ufer bringen. Sollte selbst die ganze Schöpfung ihm zu Rettung und Hilfe geeilt sein, so wäre ihm die dennoch für keine fünf Para von Nutzen gewesen. Das heißt, die Mittel zu seiner Errettung waren für ihn wirkungslos. Da er aber nun mit augenscheinlicher Gewissheit erkannte, dass es für ihn keine Zuflucht gab, außer bei dem, welcher der Verursacher aller Ursachen ist, enthüllte sich ihm das Geheimnis der Einheit Gottes in allen Dingen (Ahadiyet) im Lichte der allumfassenden Einheit Gottes (Tauhid) und so bewirkte sein Gebet, dass plötzlich die Nacht, die See und der Fisch unterworfen wurden. Es verwandelte den Bauch des Wals im Lichte der göttlichen Einheit (Tauhid) in ein Unterseeboot und gestaltete das Meer mit seinen, einem Erdbeben gleichenden, bergesgleichen, furchtbaren Wellen im Lichte dieser göttlichen Einheit (Tauhid) zu einer sicheren Ebene und einem Platz, gleich einem Ausflugsort, fegte den Himmel in Seinem Lichte von Wolken rein und hängte über seinem Kopf den Mond wie eine Lampe auf. Die Schöpfung, die ihn von allen Seiten bedrängt und bedroht hatte, zeigte ihm nun von überall her ihr freundliches Gesicht, bis er das rettende Ufer erreicht hatte, wo er unter einem Flaschenkürbis (Yaktin) die Gnade seines Herrn bezeugte. Nun befinden wir uns aber in einer Lage, die hundertmal fürchterlicher ist, als die, in der sich Hasret Jonas, mit dem der Friede sei, das erste Mal befand. Unsere Nacht ist die Zukunft. Unsere Nacht ist, mit den Augen der Gottvergessenheit betrachtet, hundertfach finsterer und fürchterlicher als seine eigene Nacht. Unsere See ist unsere Erdkugel, wie sie gleich wie im Taumel umherkreist. In diesem Meer finden sich mit jedem seiner Wogen viele Tausend Leichname und ist es auf diese Weise tausend Mal Furcht erregender als sein Meer. Die Launen unserer Seele sind unser Fisch, die versucht, unser ewiges Leben zu erdrücken und zu zerstören. Dieser Fisch ist noch tausend Mal schlimmer als sein Wal. Denn sein Wal hätte ein Leben von hundert Jahren zerstören können. Unser Fisch hingegen strebt danach, ein Leben von hundert Millionen Jahren zu vernichten. In Anbetracht dieser unserer wahren Lage sollten auch wir uns, gleich Hasret Jonas, mit dem der Friede sei, von allen Ursachen abwenden und unsere Zuflucht unmittelbar zu unserem Herrn nehmen, welcher aller Ursachen Ursache ist, und sagen: „Es gibt keinen Gott außer Dir. Gepriesen seist Du! Ich war in der Tat einer von den Frevlern." (Koran, 21:87) und mit augenscheinlicher Sicherheit verstehen, dass nur der im Stande sein kann, den Schaden unserer Zukunft, der Welt und der Launen unserer Seele, so wie er sich durch unsere Gottvergessenheit und unsere falschen Vorstellungen gegen uns zusammengebraut hat, von uns abzuwenden, unter dessen Befehl alle Zukunft, unter dessen Urteilsspruch die Welt und dessen Willen unsere Seele untergeordnet ist. Ja welch eine andere Ursache gäbe es denn noch, außer dem Schöpfer des Himmels und der Erde, der auch noch die feinsten und verborgensten Gedanken unseres Herzens kennt und der unsere Zukunft durch die Erschaffung des Jenseits für uns erleuchten und uns von hundert Tausenden Wogen dieser Welt, die uns verschlingen wollen, zu erretten vermag? Gott bewahre! Nichts gibt es, das in irgendeiner Weise neben dem, der da notwendigerweise Sein muss, ohne dessen Willen und Zustimmung Hilfe leisten und Rettung bringen könnte. Angesichts dieser Tatsache sollten, so wie der Fisch in der Folge des Bittgebetes von Hasret Jonas, mit dem der Friede sei, ihm zum Fahrzeug, zu einer Art Unterseeboot, das Meer zu einer friedsamen Ebene wurde, und die Nacht durch das Licht des Vollmondes eine liebliche Gestalt annahm, auch wir im Geheimnis dieses Bittgebetes sagen: „Es gibt keinen Gott außer Dir. Gepriesen seiest Du! Ich war in der Tat einer von den Frevlern." (Koran, 21:87)

Mit dem Satz „Es gibt keinen Gott außer Dir." (Koran, 21:87) ziehen wir den Blick Seiner Barmherzigkeit auf unsere Zukunft, mit dem Ausruf „Gepriesen seist Du!" (Koran, 21:87) auf unsere Welt und mit dem Gedanken „Ich war in der Tat einer von den Frevlern." (Koran, 21:87) auf unsere Seele herab. So könnte denn auch unsere Zukunft im Lichte des Glaubens und unter dem milden, mondscheingleichen Licht des Koran erleuchtet werden und die Furcht und Einöde unserer Nacht in eine vertraute Parklandschaft verwandelt werden. Während in unserer Welt und auf unserer Erde Tod und Leben unablässig miteinander abwechseln und Wogen gleich Jahren und Generationen, beladen mit zahllosen Leichen, die ins Nichts geworfen werden, mögen wir in der Wahrheit des Islam, die einem spirituellen Schiff gleicht, das an der Werkbank des Weisen Koran verfertigt wurde, sicher diesen Ozean überqueren, bis wir ans sichere Ufer gelangen und den Auftrag unseres Lebens zu Ende führen. Dann werden der Sturm und die sich auftürmenden Wogen des Meeres gleich unterhaltsamen Szenen, die wie auf einer Leinwand einander abwechseln, statt Furcht und Schrecken zu verbreiten, den aufmerksam und nachdenklich betrachtenden Blick (des Betrachters) erfreuen, ihn streicheln, ihn erleuchten. So wird denn unsere Begierde (nefs) im Geheimnis des Koran, diesem Erziehungsmittel der Unterscheidung, nicht mehr uns reiten, sondern zu unserem Lasttier werden und wir werden sie besteigen, sodass sie uns zu einem mächtigen Hilfsmittel wird, um das Ewige Leben zu erlangen.

Zusammenfassung: Da der Mensch nun einmal mit allen Fasern seines Daseins unter einem Malariaanfall leidet und von ihm geschüttelt wird, so leidet er auch unter den Stößen der Erde, unter ihrem Beben und unter dem Gewaltigen Beben des Alls am Jüngsten Tag. Und so wie er sich vor den mikroskopisch kleinen Mikroben fürchtet, so fürchtet er sich auch vor den erhabenen Himmelskörpern, die ihm als Schweifsterne erscheinen. Und wie er des Weiteren sein Haus liebt, so liebt er auch die große, weite Welt. Und so wie er seinen kleinen Vorgarten liebt, so sehnt er sich auch nach dem grenzenlosen, ewigen Paradies. So kann also sicherlich der Herr eines solchen Menschen, sein Retter, den er anbetet, sein Zufluchtsort und das Ziel (seines Lebens) nur derjenige sein, dessen Lenkung und Leitung den gesamten Kosmos umfasst, unter dessen Befehl die Atome und alle die Himmelskörper stehen. Deshalb ist es auch für einen solchen Menschen ein Bedürfnis, so wie Jonas, mit dem der Friede sei, immerdar zu sagen: „Es gibt keinen Gott außer Dir. Gepriesen seist Du! Ich war in der Tat einer von den Frevlern." (Koran, 21:87)

Geduld zeigen - Die Qualen des Ajjub (Hiob)

2. Lichtblitz

„Als er seinen Herrn anrief: Siehe, mich hat die Plage berührt, doch Du bist der Barmherzigste der Barmherzigen." (Koran, 21:83)

Dieses Bittgebet des Propheten Ajjub (Hiob) (Friede sei mit ihm), ist oft erprobt und wirksam. Auch wir sollten diesen Ayat in unserem Bittgebet sprechen: „Siehe, mich hat die Plage berührt, doch Du bist der Barmherzigste der Barmherzigen." (Koran, 21:83)

Im Wesentlichen verhält es sich mit der bekannten Geschichte des Propheten Ajjub (Hiob) folgendermaßen: Während er lange Zeit an zahllosen Verletzungen und Wunden litt, vergegenwärtigte er sich des Lohnes für seine Leiden und ertrug sie mit großer Geduld. Später aber, als die in seinen Wunden entstandenen Würmer zu seinem Herzen und seiner Zunge drängten, zu den Organen des Denkens und des Wissens um Gott, fürchtete er, dass seine Verpflichtung zur Anbetung würde leiden müssen. Deshalb sprach er sein Bittgebet nicht um seiner selbst willen, sondern um der Anbetung Gottes willen: „O Herr! Das Übel quält mich. Deiner Gedenken mit der Zunge und meine Herzensanbetung für Dich werden darunter leiden." Und der Allmächtige Gott nahm sein ernsthaftes, selbstloses und andächtiges Bittgebet in wunderbarster Weise an. Er gewährte dem Propheten Ajjub (Hiob) vollkommene

Gesundheit und offenbarte durch ihn alle Arten der Barmherzigkeit.Dieses Kapitel umfasst fünf Punkte:

Erstens

Entsprechend den äußerlichen Wunden und Krankheiten von Hazrat Ajjub (Hiob) (Friede sei mit ihm) haben wir innerliche Krankheiten des Geistes und des Herzens. Wenn unser Inneres nach außen und unser Äußeres nach innen gewendet würde, erschienen wir stärker verletzt und erkrankt als der Prophet Ajjub (Hiob). Denn jede Sünde, die wir begehen, jeder Zweifel, der uns kommt, fügt unserem Geist und Herzen Wunden zu.

Die Wunden des Propheten Ajjub (Hiob) (Friede sei mit ihm) waren so schlimm, dass sie sein kurzes irdisches Leben bedrohten. Aber unsere innerlichen Wunden bedrohen unser unendlich andauerndes langes Leben. Wir bedürfen des Bittgebets des Propheten Ajjub (Hiob) tausendmal mehr als er. Gerade wie die Würmer aus seinen Wunden zu seinem Herzen und der Zunge vordrangen, werden die Wunden, die uns die Sünde zufügt, werden die Versuchungen und Zweifel, die aus diesen Wunden entstehen –Gott bewahre uns davor– unser innerliches Herz durchdringen, den Sitz des Glaubens und den Glauben leugnen. Auch werden sie die geistige Freude der Zunge durchdringen, das Bezeugen des Glaubens, sie werden dazu führen, abzulassen vom Gedenken an Gott, sie werden sie zum Schweigen bringen.

Die Sünde, die das Herz durchdringt, wird es verdunkeln und schwärzen, bis das Licht des Glaubens ausgelöscht ist. In jeder Sünde ist ein Weg zum Nichtglauben. Wird die

Sünde nicht gleich durch das Verlangen nach Gottes Vergebung gelöscht, so wächst sie von einem Wurm zu einer Schlange, die am Herzen nagt.

Beispielsweise wird ein Mann, der heimlich eine schändliche Sünde begeht, die Entehrung fürchten, die daraus entsteht, dass andere davon erfahren. Darum fällt es ihm auch sehr schwer, die Existenz von Engeln und geistigen Wesen anzuerkennen. Er wird sie lange leugnen, selbst mit der geringsten Begründung.

Gleichermaßen wird jemand, der eine große Sünde begeht, welche Höllenqualen nach sich zieht, das Nichtvorhandensein der Hölle mit aller Kraft herbeiwünschen, und er wird den geringsten Hinweis oder Zweifel nutzen, um die Hölle zu leugnen, wenn er nicht zum Schutz den Schild der Reue und des Verlangens nach Vergebung aufnimmt.

Ebenso wird jemand, der die Pflichtgebete nicht vollzieht und seinen Verpflichtungen zur Anbetung nicht nachkommt, in Bedrängnis geraten, gerade so, als habe er eine der Pflichten einem weltlichen Herrscher gegenüber vernachlässigt. Seine Bequemlichkeit hinsichtlich der Pflichterfüllung entgegen den wiederholten Ermahnungen des Herrschers aller Ewigkeiten wird ihn sehr bedrücken, und er wird aus diesem Gefühl der Bedrängnis heraus zu sich selbst sprechen: "Gäbe es doch diese Verpflichtung zur Anbetung nicht." Und aus diesem Wunsch wird dann der Wunsch erwachsen, Gott zu leugnen, Ihm gegenüber Feindschaft zu hegen. Kommt dann irgendein Zweifel über das Wesen Gottes in sein Herz, wird er ihn wie einen schlüssigen Beweis annehmen. Vor ihm öffnet sich ein großes Tor zum Untergang. Der Ärmste weiß nicht, dass, obwohl er durch sein Leugnen der geringen Last der Verpflichtung zur Anbetung ledig ist, er sich selbst eben durch dieses Leugnen zum Ziel von Millionen Plagen gemacht hat, die weit schrecklicher sind. Er flieht vor dem Stich der Mücke und liefert sich dem Biss der Schlange aus. Noch zahlreiche andere Beispiele könnten mit den drei obigen angeführt werden, um den Sinn der Worte zu verdeutlichen: „Wahrlich, ihre Herzen sind befleckt" (Koran, 83:14).

Zweitens

Wie hinsichtlich der Bedeutung von Schicksal und Glauben schon im 26. Kapitel der Worte erläutert wurde, haben die Menschen aus den drei folgenden Gründen kein Recht, sich über Unglück und Krankheit zu beschweren:

Der 1. Grund: Gott, der Allerhöchste, hat die Hülle des Körpers, mit dem der Mensch bekleidet ist, zum Beweis seiner Kunst gemacht. Er hat den Menschen zu einem Modell gemacht, an dem er die Hülle des Körpers zuschneidet, stützt, wendet und ändert, so dass Seine verschiedenen Namen (Eigenschaften) sichtbar werden. Und ebenso wie der Name des Heilenden die Existenz von Krankheit notwendigerweise voraussetzt, bedingt auch der Name des Fürsorgers das Vorhandensein von Hunger.

Der 2. Grund: Durch Unglück und Krankheit wird das Leben geläutert, vervollkommnet, gestärkt und vorangebracht. Erst daraufhin führt es zum Ziel, erreicht Vollkommenheit und dient seinem Zweck. Ein Leben, das man eintönig auf der Matte der Bequemlichkeit führt, gleicht weniger dem absolut Guten des Daseins als vielmehr dem absolut Üblen des Nichtdaseins. Es ist auf das letztere gerichtet.

Der 3. Grund: Dieses irdische Reich ist ein Ort der Prüfung, ein Haus des Dienens, nicht ein Ort des Vergnügens und der Belohnung. Und weil es ein Haus des Dienens und ein Ort der Anbetung ist, entsprechen Krankheit und Unglück völlig dem Dienen und der Anbetung, stärken diese sogar – solange sie nicht den Glauben beeinträchtigen und geduldig getragen werden– denn sie machen jede Stunde der Anbetung zu einem ganzen Tag und man sollte dafür dankbar sein statt zu klagen. Es gibt zwei Arten der Anbetung: die positive und die negative. Was mit positiver Anbetung gemeint ist, ist offensichtlich. Mit negativer Anbetung ist gemeint, dass man sich seinem Barmherzigen Herrn zuwendet, bei Ihm Zuflucht sucht, Seiner gedenkt, Ihn anfleht und auf diese Art die reine Form der Anbetung übt, in die keine Falschheit einzudringen vermag, –dies alles, wenn man von Unglück oder Krankheit betroffen ist und die eigene Schwachheit und Hilflosigkeit erkennt. Wenn man dann geduldig ausharrt, des Lohnes für Unglück gedenkt und dankt, so wird jede Stunde als ein ganzer Tag der Anbetung gelten. Das kurze Leben wird sehr lang. Manchmal gilt sogar eine einzige Minute soviel wie ein ganzer Tag der Anbetung.

Einmal war ich sehr besorgt wegen einer Krankheit, die einen meiner Brüder des Jenseits befiel, Muhadschir Hafiz Ahmad. Aber da empfing mein Herz eine Ermahnung: "Beglückwünsche ihn!" Jede Minute, die er so verbringt, gilt als ein ganzer Tag der Anbetung. Er ertrug seine Krankheit mit Geduld und Dankbarkeit in jeder Lage.

Drittens

Wie wir in unseren Ausführungen schon verschiedentlich festgestellt haben, wird einer, der über sein vergangenes Leben nachdenkt, mit Herz oder Zunge "Ach" oder "Oh" sagen, entweder Bedauern empfinden oder sprechen: "Dank und Preis sei Gott." Bedauern erwächst aus den Schmerzen, die mit dem Ende früherer Freuden verbunden sind, aus Trennung von ihnen. Denn das Ende von Freude ist selbst schon ein Schmerz. Manchmal vermag eine augenblickliche Freude ewigwährenden Schmerz zu verursachen. Daran zu denken gleicht dem Öffnen einer Wunde, lässt das Bedauern hervorströmen. Die dauernde geistige Freude jedoch, die aus dem Ende der augenblicklichen früheren Schmerzen folgt, lässt den Menschen sagen: "Dank und Preis sei Gott." Wenn der Mensch, über diese ihm angeborene Eigenschaft hinaus, nun noch des Lohnes gedenkt, der aus dem Unglück folgt, der Vergeltung, die seiner im Jenseits wartet, wenn er erkennt, dass sein kurzes Leben einem langen Leben gleicht wegen seiner Leiden, so wird er nicht nur geduldig, sondern auch dankbar sein, und er wird sagen: „Lob sei Gott für jegliche Lage (in der ich mich befinde), außer dem Nichtglauben und dem Irrtum."

Im Allgemeinen sagt man, dass Unglück lange währt. Es währt lange, aber nicht, weil es sorgenreich und betrüblich ist, wie man gewöhnlich glaubt, sondern weil es bedeutsame Folgen hervorbringt, gerade wie ein langes Leben.

Viertens

Wie wir schon im ersten Abschnitt des "Einundzwanzigsten Wortes" erläuterten, genügt die Kraft des geduldigen Ertragens, die dem Menschen durch Gott den Allerhöchsten gegeben ist, für jedes Unglück, wenn sie nicht auf bloße Einbildung verschwendet wird. Aber der Mensch verschwendet seine Ausdauer auf Vergangenheit und Zukunft durch das Übergewicht der Einbildung, durch seine Nachlässigkeit, durch die Vorstellung, dieses vorübergehende Leben sei von ewiger Dauer. Seine Geduld entspricht dem Unglück der Gegenwart nicht und so fängt er an, sich zu beklagen. Das ist so, als klage er Gott vor den Menschen an – Gott behüte! In völlig ungerechtfertigter, schon wahnsinniger Weise beklagt er sich und beweist seinen Mangel an Geduld.

Denn wenn der Tag, der vergangen ist, auch unglücklich war, so ist doch die Verzweiflung vorüber und nur die Ruhe bleibt. Der Schmerz ist vorbei und die Freude seines Endes bleibt. Die Sorge ist vorüber und der Lohn bleibt. Darum sollte man sich nicht beklagen, sondern für die Freude dankbar sein. Man sollte das Unglück daher nicht mit Groll aufnehmen, sondern es lieben, denn das vergängliche Leben der Vergangenheit wird um des Unglücks willen einem ewigen gesegneten Leben gleich. Sich mit seiner ganzen Einbildung auf vergangene Schmerzen zu konzentrieren und so seine Kraft des Ausharrens zu verschwenden, ist Narrheit. Auch ist es Narrheit, schon jetzt an das Unglück und die Krankheit der kommenden Tage zu denken, unduldsam zu sein, denn diese Tage sind noch nicht gekommen. Es ist völlig verrückt, sich selbst zu sagen: „Morgen oder übermorgen werde ich hungern und dursten" und darum heute ständig essen und trinken. Gleichermaßen ist es eine Dummheit, auf die man kein Mitleid und Mitgefühl verschwenden sollte, wenn man über das Unglück und die Krankheiten der Zukunft nachdenkt, die jetzt gar nicht existieren, sie aber jetzt schon erleidet.

Kurz gesagt: so, wie Dankbarkeit das göttliche Wohlwollen verstärkt, so verstärkt Klage das Unglück und beseitigt allen Grund zum Mitgefühl. Im ersten Jahr des ersten Weltkrieges wurde ein gesegneter Mensch aus Erzurum von einer schrecklichen Krankheit befallen. Ich besuchte ihn, und er beklagte sich bitterlich: "Ich habe seit hundert Nächten nicht mehr schlafen können!" Ich war sehr bekümmert.

Plötzlich kam mir ein Gedanke, und ich sagte: "Bruder, die hundert Tage voll Mühen, die Du verbracht hast, sind nun wie hundert Tage voll Glück. Denk' nicht daran und beklage dich nicht. Betrachte sie vielmehr mit Dankbarkeit. Was die kommenden Tage betrifft, sie sind noch nicht gekommen. Begib dich in den Schutz des Barmherzigen und Allergnädigsten Herrn. Weine nicht, bevor man dich schlägt, fürchte nichts, lass das, was nicht ist, nicht sein. Bedenke die jetzige Stunde. Deine Kraft der Geduld genügt für diese Stunde. Handele nicht wie ein wahnsinniger Kommandant, der am rechten Flügel Hilfe erwartet von feindlichen Deserteuren auf der linken Seite und nun schon seine Kräfte von der Mitte nach links und rechts verteilt, bevor seine rechte Flanke verstärkt ist. Der Feind vermag seine Mitte, schwach und verlassen, mit geringer Kraft zu zerschlagen. Bruder sei nicht wie dieser. Sammle all deine Kräfte für die jetzige Stunde und gedenke der Gnade Gottes, des Lohnes im Jenseits, gedenke, wie dein kurzes vergängliches Leben sich in ein dauerndes, unvergängliches wandelt. Statt dich so bitter zu beklagen, sei froh und dankbar." Sehr erleichtert sagte er: "Preis und Dank sei Gott. Meine Krankheit ist nur ein Zehntel dessen, was sie vorher war!"

Fünftens

Dieser Punkt umfasst drei Dinge.

Zum ersten: Ein wahres und schädliches Unglück ist etwas, das den Glauben antastet. Vor dem Unglück, das den Glauben betreffen mag, soll man immer Zuflucht in der Gegenwart Gottes suchen und ihn um Hilfe bitten. Unglück aber, das den Glauben nicht berührt, ist kein wahres Unglück, wenn man es richtig ansieht. Manchmal handelt es sich um eine Warnung Gottes. Wenn ein Schafhirte einen Stein unter seine Schafe wirft, die eine fremde Weide betreten, gilt der Stein als eine Warnung, der sie vor schädlichem Tun bewahrt; voll Dankbarkeit kehren sie um. Ebenso gibt es zahlreiche Warnungen Gottes, Ermahnungen, auch solche, die Strafe für Sünde sind, andere, die des Menschen Nachlässigkeit aufheben, ihn an seine menschliche Hilflosigkeit und Schwäche erinnern und in ihm eine ruhige Zuversicht erwecken. Was die verschiedenen Arten von Unglück betrifft, die wir Krankheiten nennen, handelt es sich nicht um Unglück, sondern vielmehr, wie schon gesagt, um eine Gnade Gottes, ein Mittel zur Reinigung. Nach einer Überlieferung heißt es, dass die Sünden durch das Fieberschütteln abfallen wie die reifen Früchte. Der Prophet Ajjub (Hiob) (Friede sei mit ihm) erbat mit seinem Bittgebet nicht Ruhe für die eigene Seele, sondern vielmehr Heilung zum Zweck der Anbetung, als die Krankheit sein Gottgedenken mit Zunge und Herz bedrohte. Auch wir sollten, wenn wir dieses Bittgebet sprechen, unsere erste Absicht auf die Heilung der innerlichen und geistigen Wunden richten, die von der Sünde herrühren.

Was körperliche Krankheiten angeht, sollten wir Zuflucht vor ihnen suchen, wenn sie uns an der Anbetung hindern. Aber wir sollten nicht protestierend und anklagend Zuflucht suchen, sondern demütig und bittend. Wenn wir Gott als unseren Herrn anerkennen, müssen wir auch auf uns nehmen, was Er uns als unser Herr auflädt. Es wäre Kritik am Schicksal, Anklage gegen Gottes Gnade, wenn wir in einer Weise jammerten und klagten, die Widerspruch gegen Schicksal und Bestimmung bedeutete. Wer das Schicksal kritisieren will, schlägt mit dem Kopf auf den Amboss und zerbricht. Wer Gottes Gnade anklagt, wird sie verlieren. Wer mit einer gebrochenen Hand Rache nehmen wollte, würde der Hand nur mehr schaden. Gleichfalls verstärkt man nur sein Unglück, wenn man von Unglück betroffen ist und darauf mit protestierender Anklage und Besorgnis reagiert.

Zum Zweiten: Materielles Unglück wächst, wenn man es als groß betrachtet und wird klein, wenn man es als klein ansieht. Zum Beispiel, wenn man nachts träumt, wächst und schwillt der Traum an, wenn man ihn beachtet. Tut man es nicht, verschwindet er. Will man einen Bienenschwarm abwehren, so werden die Bienen nur angriffslustiger, während sie verschwinden, wenn man sie nicht beachtet. So wird materielles Unglück wachsen, wenn man es als groß und bedeutsam ansieht. Es wird aus Angst vom Körper ins Herz dringen. Das Ergebnis wird eine innere Bedrängnis sein, an die sich das äußere Unglück festklammert um fortzubestehen. Wird die Angst aber aus Ergebenheit und Gottvertrauen vertrieben, wird auch das materielle Unglück langsam abnehmen, austrocknen, verschwinden, gerade wie ein Baum, dessen Wurzeln man abgetrennt hat. Ich habe einmal ein Gedicht verfasst, um diese Wahrheit zu beschreiben:

Lass, du Ärmster, deine Klagen. Gottvertrauen sei dein Schutz
Klage führt nur zu neuem Leid, Leid das ist dein Grabgesang
Finde den Weg zum Ursprung des Leides, so wird dein Leid zur Freude
Aber wenn du Ihn nicht findest, gleicht die Welt einem ewig grausamen Bild
Du, der du am Leid der Welt leidest, warum klagst du über Schmerz?
Nimm Zuflucht bei Gott
Lache dem Leid ins Gesicht. Das Leid wird auch lächeln und lächelnd vergehen.

Wenn man im Zweikampf den schrecklichen Feind anlächelt, wird er versöhnlich werden, wird seine Feindseligkeit lächerlich erscheinen, zusammensinken und vergehen. Wer dem Unglück mit Gottvertrauen begegnet, erreicht dies ebenso.

Zum dritten: Jedes Zeitalter hat seine Besonderheiten. In diesem Zeitalter der Nachlässigkeit hat das Unglück seine Form gewandelt. Zu bestimmten Zeiten und für bestimmte Menschen ist Unglück nicht wirklich Unglück, sondern vielmehr eine Gnade Gottes. Da ich diejenigen, die an Krankheit leiden zur heutigen Zeit, als glücklich betrachte –

unter der Voraussetzung, dass ihre Krankheit nicht ihre Religion berührt – kommt es mir nicht in den Sinn, Krankheit und Unglück zu widerstehen oder die Betroffenen zu bedauern. Immer, wenn ich einem betroffenen jungen Menschen begegne, stelle ich fest, dass er seine religiösen Verpflichtungen viel ernster nimmt, auch das Jenseits, als seine Alterskameraden. Hieraus schließe ich, dass Krankheit nicht ein Unglück ist für solche Menschen, sondern vielmehr eine Gnade Gottes. Es ist richtig, seine Krankheit mag in diesem kurzen, vergänglichen Leben Verzweiflung bewirken, aber sie ist seinem ewigen Leben zuträglich. Man muss sie geradezu als eine Art der Anbetung betrachten. Wäre er gesund, könnte er unmöglich seine Einstellung bewahren, die er während seiner Krankheit pflegt. Er würde der Ausschweifung verfallen, als Folge des Ungestüms der Jugend und gemäß dem ausschweifenden Charakter dieser Epoche.

Schluss

Gott, der Allmächtige, hat den Menschen mit unendlicher Schwäche und unbegrenzter Abhängigkeit ausgestattet, um seine unendliche Macht und seine unbegrenzte Gnade zu erweisen. Auch hat Er, um die unendliche Vielfalt der Wirkungen seiner Namen (Eigenschaften) zu erweisen, den Menschen wie eine Maschine geschaffen, die aus einer Unzahl von Richtungen Schmerz und Freude wahrzunehmen und aufzunehmen vermag. In diese Maschine hat er Hunderte von Teilen gegeben und für jedes Teil verschiedene Schmerzen und Freuden, Pflichten und Belohnungen bestimmt. Alle Namen (Eigenschaften) Gottes sind in dem "Makroanthropos" – der Welt, – in dem "Mikrokosmos" – den Menschen gleichermaßen wirksam.

Gute Gesundheit, Genesung und Freude sind wie Befehle, die von der Maschine Mensch empfangen werden und ihn veranlassen, Dank auszustoßen, ihn dazu zu bringen, verschiedene Aufgaben zu erfüllen. Derart stößt der Mensch Süßes (Liebliches) aus wie eine Zuckerfabrik.

Ebenso werden die anderen Zahnräder der Maschine Mensch durch Unglück, Krankheit und Schmerz in Bewegung und Drehung versetzt. Das Metall der dem Menschen innewohnenden Schwäche, Hilflosigkeit und Armseligkeit wird geläutert. Nicht nur die Zunge, jedes Glied des Körpers, in eine Zunge verwandelt, sucht Zuflucht und Hilfe. So wird der Mensch durch diese Möglichkeiten zu einer Schreibfeder, die wiederum tausend Schreibfedern enthält. Er schreibt Bestimmtes seiner Existenz auf das Blatt seines Lebens, oder vielmehr auf die ursprüngliche Tafel, verkündet die Namen Gottes und wird selbst zu einem Loblied des Ruhmes Gottes, erfüllt so den Zweck seines Daseins.

Krisen sind vergänglich

13. Wort

Das Ende einer Freude ist ein Schmerz, so wie das Ende eines Schmerzes Freude ist. Jeder, der sich vergangener, froher und freudiger Tage erinnert, verspürt im Seufzen seiner Seele einen Schmerz über den Verlust und sagt: „Oh, weh!". Wenn er sich seiner vergangenen unglücklichen, leidvollen Tage erinnert, verspürt er über ihrem Entschwinden eine Freude in seiner Seele, sodass er sagt: „Elhamdulillah, dieses Unglück hat einen Verdienst mit sich gebracht und ist vorübergegangen." Freudig atmet er auf. Das heißt also, dass eine Stunde vorübergehender Schmerzen in der Seele eine geistige Freude hinterlässt und eine frohe Stunde im Gegenteil einen Schmerz zurücklässt. Da dies nun einmal eine Tatsache ist und da nun einmal die Stunden eines vergangenen Unglücks zusammen mit ihren Schmerzen entschwunden und in Nichts zerronnen sind und die Tage künftigen Unheils ein Nichts und nicht vorhanden sind und es im Nichts keinen Schmerz gibt und ein Schmerz aus dem Nichtsein nicht kommen kann, so wäre es doch sicherlich ein Irrsinn, wenn zum Beispiel jemand, aus der Möglichkeit heraus in einigen Tagen Hunger und Durst zu leiden, heute schon in dieser Vorstellung fort und fort Brot äße und Wasser tränke, was doch sicherlich ein Irrsinn wäre, in gleicher Weise, wollte er jetzt schon an die Stunden vergangener und kommender Schmerzen, die nicht mehr oder noch nicht da sind, denken und sich ungeduldig zeigen, die Fehler seiner Seele außer Acht lassen, stattdessen aber „Ach und Weh!" seufzen, und Gott deswegen anklagen.

Verausgabt man nicht die Kraft seiner Geduld nach rechts und links, das heißt für Vergangenes und Zukünftiges, bewahrt sie stattdessen für die gegenwärtige Stunde und den heutigen Tag, so genügt das. Das Unbehagen geht von zehn auf eins zurück. Wenn ich mich auch keineswegs darüber beklagen will, so hat mir doch in dieser dritten Schule des ägyptischen Joseph, nach einigen Tagen im Unglück meiner körperlichen und geistigen Bedrängnis und Krankheit, besonders der Verzweiflung darüber, dass man mir den Dienst an der Risale-i Nur unmöglich gemacht hat, und der zermürbenden Unruhe in meinem Herzen und in meiner Seele die Gnade Gottes diese obige Wahrheit aufgezeigt. Auch ich bin in der Plage meiner Krankheit und meiner Gefangenschaft zufrieden, denn: „Für den, der so wie ich, hilflos an der Schwelle zum Grabe eine Stunde in Gottvergessenheit vorübergehen lassen könnte, ist es ein großer Gewinn, daraus zehn Stunden der Anbetung zu machen." habe ich gesagt und dafür gedankt.

Unruhe in der Welt

4. Frucht

Wieder gibt es eine Erklärung hierfür in dem „Wegweiser für die Jugend." Einmal wurde mir von den Brüdern, die mir helfen, folgende Frage gestellt:

„Seit fünfzig Tagen – und inzwischen sind sieben Jahre vergangen[70] - hast du überhaupt nichts über diesen schrecklichen Weltkrieg gefragt, der die ganze Welt in Chaos gestürzt hat und mit dem das Schicksal der islamischen Welt eng verbunden ist, auch warst du nicht daran interessiert. Andere religiöse und gelehrte Menschen hingegen verlassen die Versammlung in der Mosche und rennen um Radio zu hören. Gibt es ein Ereignis, was noch bedeutender ist als dieser Krieg? Oder ist es schädlich, sich damit zu beschäftigen?"

Als Antwort sagte ich ihnen: Das Kapital des Lebens ist sehr gering und die Arbeit, die verrichtet werden muss ist viel. Es gibt Bereiche, die ineinander liegen wie konzentrische Kreise, beginnend beim Bereich des Herzens des Mensches und des Magens, des seines Hauses und seines Körpers, des seines Viertels in dem er lebt und seiner Stadt, und seiner Provinz und seines Landes, und des des Globus und der Menschheit, bis hin zu dem Bereich der Wesen mit einer Seele und der Welt. Jeder Mensch mag in jedem dieser Bereiche Aufgaben haben, aber die wichtigsten und andauerndsten dieser Pflichten sind die im kleinsten Bereich. Die Pflichten, die am wenigsten

---

[70] Die Zeitangabe bezieht sich auf 1946.

Bedeutung haben und nur zeitweilig sind, mögen im größten Bereich liegen. Entsprechend dieses Vergleichs stehen der kleinste und der größte Bereich in einem umgekehrten Verhältnis. Aber auf Grund der Anziehungskraft des größten Bereichs verursacht dieser den Menschen, seine wichtigen und notwendigen Pflichten in dem kleinen Bereich zu vernachlässigen, indem er ihn mit unnötigen, einfachen und unwichtigen Dingen beschäftigt. Dies zerstört das Kapital seines Lebens für nichts. Es tötet sein wertvolles Leben für wertlose Dinge. Manchmal gelangt jemand, der voller Neugier die Auseinandersetzungen des Krieges verfolgt, dahin, eine Seite zu unterstützen. Er schaut mit Wohlwollen auf ihre Tyrannei und nimmt somit daran teil.

Die Antwort auf den ersten Punkt:
Ja, ein Ereignis, was bedeutender ist als dieser Weltkrieg und ein Fall, der wichtiger ist als die Weltherrschaft, hat sich über den Köpfen eines jeden Menschen eröffnet, insbesondere den Muslimen. Wenn jeder den Reichtum und die Macht der Deutschen und der Engländer hätte, und ebenfalls ihren Geist, so würden sie all dies ohne zu zögern darauf verwenden, diesen einen Prozess zu gewinnen. Der Prozess ist folgender: Hunderttausende der wichtigsten unter den Menschen, unzählbare Anzahlen ihrer Sterne und Führer, haben, indem sie sich auf die Tausenden von Versprechungen und Bitten des Besitzers des Universums, der die Macht über es besitzt, stützen, einmütig die Nachricht überbracht – wobei einige von ihnen es tatsächlich gesehen haben – dass für jeden der Prozess eröffnet wurde, durch den er ewiges Besitztum so weit wie die Erde, bebaut mit Palästen und Gärten entweder als Belohnung für den Glauben gewinnen oder verlieren kann.

Wenn sie sich nicht das Dokument des Glaubens sichern können, verlieren sie. In dieser Zeit verlieren viele den Prozess aufgrund der Seuche des Materialismus. Einer derjenigen, der die Realität erkennt und die Wahrheit sucht, beobachtete an einem Ort, dass von vierzig Menschen, die starben, nur wenige gewonnen hatten. Die Anderen verloren. Doch kann der Verlust eines solchen Prozesses durch alle Herrschaft in der Welt wieder ausgeglichen werden?

Da wir, die das Risale-i Nur studieren, wissen, dass es reiner Wahnsinn wäre, die Pflichten aufzugeben, mit denen man den Prozess gewinnen kann und den wundersamen Anwalt zu verlassen, der neunundneunzig Prozent davor vor bewahrt, diesen Prozess zu verlieren, wie auch die Aufgabe zu vernachlässigen, die uns dieser Anwalt gibt, und statt dessen sich mit äußerlichen Banalitäten abzugeben, so als ob wir für immer auf der Welt wären, so sind wir sicher, dass, wenn jeder von uns einen Verstand hätte, der einhundert Mal größer ist als der, den wir haben, würden wir ihn nur für diese Aufgabe nutzen.

Meine neuen Brüder hier im Elend des Gefängnisses! Ihr habt das Risale-i Nur so gesehen wie meine alten Brüder, die mit mir hier eingetreten sind. Ich sage, indem ich sie und Tausende von Schülern als Zeugen zitiere: Ich habe beweise, und habe bewiesen, dass es das Risale-i Nur ist, das diesen hohen Prozess für neunzig von hundert Menschen gewinnt, es verschafft ihnen sicheren und wahren Glauben, welcher das Dokument und die Garantie ist, dass es für zwanzigtausend Menschen in zwanzig Jahren den Prozess gewonnen hat. Es ist aus dem Wundercharakter des Korans hervorgegangen und aus dem führenden Anwalt seiner Zeit. Obwohl in diesen achtzehn Jahren meine Feinde, die Materialisten einige Mitglieder der Regierung mit ihren außerordentlich verräterischen Verschwörungen gegen mich getäuscht haben, und uns jetzt wie in der Vergangenheit ins Gefängnis geschickt haben um uns auszulöschen, so waren sie nur in der Lage, zweien oder dreien der einhundertdreißig Teile der Ausrüstung in der stählernen Festung des Risale-i Nur Schaden zuzufügen. Wer also einen Anwalt einschalten möchte, so reicht es, wenn er das Risale-i Nur in die Hand nimmt. Also habe keine Befürchtungen. Das Risale-i Nur kann nicht verboten werden. Außer zwei oder drei Teilen zirkulieren die Abhandlungen frei unter den Angestellten der Regierung der Republik. So Gott will, werden irgendwann die glücklichen Direktoren und die Wächter diese Lichter an die Gefangenen verteilen, wie Brot und Medizin und werden so die Gefängnisse zu wahren Orten der Reform machen.

Gefängnisseelsorge

11. Lichtstrahl

„So blieb er noch einige Jahre im Gefängnis" (Koran, 12:42)

Entsprechend einer tieferen Bedeutung dieses Verses, gilt Josef, Frieden sei mit ihm, als der Schutzherr der Gefangenen. Das Gefängnis ist eine Art „Schule Josefs." Da es jetzt zum zweiten Male geschieht, dass die Studenten der Risale-i Nur in großer Zahl ins Gefängnis gesperrt wurden, wurde das Lernen und Lehren in dieser Schule notwendig.

DAS ERSTE THEMA

Wie im Vierten Wort erklärt wurde, gewährt unser Schöpfer uns jeden Tag das Kapital von vierundzwanzig Stunden Leben, so dass wir damit alle Dinge erhalten, die für unsere beiden Leben notwendig sind. Wenn wir dreiundzwanzig Stunden auf unser vergängliches weltliches Leben verwenden und es ablehnen, die eine übrig bleibende Stunde, welche für die fünf vorgeschriebenen Gebete ausreicht, für das sehr lange Leben im Jenseits zu verwenden, so mag daraus verstanden werden, was für ein unvernünftiger Irrtum dies ist und was für einen großen Verlust es bedeutet, wenn Geist und Seele als eine Strafe für diesen Irrtum Kummer leiden, wenn man sich aufgrund dieses Kummers schlecht verhält und, weil man im Zustand der Verzweiflung lebt, es unterlässt, sein Verhalten zu verbessern, sondern in der Tat das Gegenteil davon zu tun. Wir werden einen Vergleich anstellen.

Wir sollten darüber nachdenken, was für ein nützliches Leiden es ist - wenn wir eine Stunde auf die fünf vorgeschriebenen Gebete verwenden. So wird manchmal jede Stunde dieser verhängnisvollen Zeit der Gefangenschaft zu einem Tag des Gottesdienstes, und eine seiner vergänglichen Stunden zu vielen andauernden Stunden. Unsere Verzweiflung und unser Leiden an der Seele und am Herzen wird teilweise vergehen, und dies wird eine Sühne für die Fehler, die zur Gefangenschaft geführt haben und der Grund dafür, dass sie vergeben werden und dass man übt und gebessert wird, was schließlich der Zweck der Gefangenschaft ist. Wir sollten daran denken, dass sie eine angenehme und tröstende Begegnung mit unseren Gefährten im Unglück ist.

Wie im Vierten Wort gesagt wurde, mag dies damit verglichen werden, wie sehr es dem Interesse eines Menschen widerspricht, fünf oder zehn Lira von seinen vierundzwanzig für eine Lotterie auszugeben, an der tausend Menschen teilnehmen, um den Preis von tausend Lira zu gewinnen, aber keine einzige Lira von den vierundzwanzig für eine Eintrittskarte für einen ewig währenden Schatz von Juwelen herzugeben und statt dessen das Erstere eilig zu tun und vor dem Letzteren zu fliehen – obwohl die Wahrscheinlichkeit, die tausend Lira in der weltlichen Lotterie zu gewinnen eins zu tausend ist, da eintausend Menschen an ihr teilnehmen, während bei der Lotterie des menschlichen Schicksals, die sich dem Jenseits zuwendet, für Menschen des Glaubens, die einen glücklichen Tod erleben, die Wahrscheinlichkeit zu gewinnen bei neunhundertneunundneunzig zu tausend liegt. Dies wurde von einhundertvierundzwanzigtausend Propheten und einer unermesslichen Zahl von glaubhaften Überlieferern aus den Reihen der Heiligen und der reinen Gelehrten als ein Ergebnis ihrer Erleuchtungen bestätigt.

Gefängnisdirektoren und Aufseher, und insbesondere die Verwalter des Landes und diejenigen, welche die öffentliche Ordnung hüten, sollten dieser Lektion des Risale-i Nur dankbar sein, denn das Regieren und Erziehen von Gläubigen, die stetig das Gefängnis der Hölle vor Augen haben, ist viel einfacher als zehn Menschen zu regieren, die keinen Glauben besitzen, die die vorgeschriebenen Gebete nicht vollziehen, die nur über die weltlichen Gefängnisse nachdenken und nicht wissen, was erlaubt und was verboten ist, und die sich zum Teil daran gewöhnt haben, ein undiszipliniertes Leben zu führen.

EINE ZUSAMMENFASSUNG DES ZWEITEN THEMAS

Wie in „Einem Führer für die Jugend aus dem Risale-i Nur" gut erläutert wird, ist es bestimmt und offensichtlich, gerade so wie diesem Tag die Nacht und diesem Herbst der Winter folgt, dass wir sterben werden. So wie dieses Gefängnis ein zeitweiliges Gästehaus für diejenigen ist, die ununterbrochen in es hineintreten und es wieder verlassen, so ist das Antlitz der Erde eine Herberge an der Straße der vorbeieilenden Karawanen, die für eine Nacht dort absteigen und dann weiterziehen. Sicherlich, der Tod, der mehr als einhundert Mal die Städte geleert und die Friedhöfe gefüllt hat, hat größere Anforderungen als das

Leben. Das Risale-i Nur hat das Rätsel dieser erschreckenden Wahrheit gelöst und seine Antwort entdeckt. Eine kurze Zusammenfassung dessen ist Folgendes:

Da weder der Tod getötet noch die Tür zum Grab geschlossen werden kann, wenn es also die Möglichkeit gibt, vor dem Vollstrecker der bestimmten Stunde und der einsamen Gefangenschaft im Grab gerettet zu werden, so ist dies ein Problem und eine Sorge des Menschen, die alles andere an Wichtigkeit übersteigt. Ja, es gibt eine Lösung, und mittels des Geheimnis des Korans hat das Risale-i Nur sie so sicher bewiesen wie zwei plus zwei vier ergibt. Das Folgende ist eine kurze Zusammenfassung dessen: Der Tod ist entweder ewiges Nichts, ein Galgen, an dem sowohl der Mensch als auch alle seine Freunde und Verwandten aufgehängt werden, oder er bedeutet die Entlassungspapiere um in ein anderes, ewiges Reich aufzubrechen und mit dem Dokument des Glaubens den Palast der Glückseligkeit zu betreten. Das Grab hingegen ist entweder ein bodenloses Loch und ein Ort der einsamen Gefangenschaft oder es ist eine Tür, die aus dem Gefängnis dieser Welt in einen ewigen, lichterfüllten Garten und Ort des Feierns führt. „Ein Führer für die Jugend" hat diese Wahrheit mit einem Vergleich bewiesen.

Zum Beispiel wurden in diesem Gefängnishof Galgen aufgestellt. Hinter der Wand direkt hinter ihnen wurde eine großes Lotteriebüro eröffnet für eine Lotterie, an der die ganze Welt teilgenommen hat. Wir, die fünfhundert Menschen in diesem Gefängnis, sind sicher, dass wir einer nach dem anderen ohne Ausnahme dazu aufgefordert werden, in diesen Hof einzutreten. Es ist unmöglich, das zu vermeiden. Überall werden Ankündigungen gemacht: „Komm her und erhalte deinen Hinrichtungsbefehl, steig auf die Galgen," oder „Nimm das Papier für die ewige einsame Gefangenschaft und geh durch diese Tür," oder „Eine gute Nachricht für dich! Den Millionen werten Schein hast du gewonnen. Komm und hol ihn dir ab!" Wir sehen mit unseren eigenen Augen, dass sie einer nach dem anderen den Galgen besteigen. Wir beobachten, dass einige gehängt werden, während andere einen Schritt in Richtung auf die Galgen machen, dann in das Lotteriebüro hinter der Wand gehen. Nun an diesem Punkt, haben zwei Gruppen unser Gefängnis betreten, wie wir es durch die zuverlässige Information, welche wir durch zwei hochrangige Beamte erhalten haben, wissen als ob wir es gesehen hätten. Eine Gruppe führt Musikinstrumente, Wein und süßes Konfekt und Gebäck mit sich, die sie uns anzubieten versuchen. Aber die Süßigkeiten sind in Wahrheit Tod bringend, da Teufel in menschlicher Gestalt sie vergiftet haben.

Die zweite Gruppe trägt Schriften mit Anweisungen mit sich, erlaubte Speisen und gesegnete Getränke. Sie zeigen sie uns und alle sagen uns gemeinsam mit großer Ernsthaftigkeit: „Wenn ihr die Geschenke nehmt und esst, die die erste Gruppe euch gegeben hat um euch zu prüfen, werdet ihr vor unseren Augen an diesen Galgen aufgehängt wie die Anderen, die ihr gesehen habt. Wenn ihr aber die Geschenke annehmt, die wir euch anstatt deren Geschenke auf Befehl des Herrschers dieses Landes gebracht haben und die Gebete und Bitten rezitiert, die die Bücher mit den Anweisungen enthalten, so werdet ihr vor der Hinrichtung bewahrt. Glaubt als ob ihr es seht, dass jeder von euch den Millionen werten Gewinnschein in der Lotterie erhält als eine königlichen Gefallen. Diese Befehle besagen, und wir sagen das Gleiche, dass, wenn ihr die unerlaubt, zweifelhaften und giftigen Speisen esst, ihr durch das Gift furchtbare Schmerzen erleidet bis ihr gehängt werdet."

Wie in diesem Vergleich werden die Menschen des Glaubens und des Gottesdienstes – unter der Voraussetzung, dass sie glückliche Tode haben werden – den Gewinnschein erhalten für einen ewigen unerschöpflichen Schatz aus der Lotterie des menschlichen Schicksals hinter den Galgen der bestimmten Stunde, die uns beständig vor Augen sind. Diejenigen, die ihre Laster weiterführen, unerlaubte Handlungen verrichten, ungläubig sind, in Sünde leben, für dies besteht eine Wahrscheinlichkeit von hundert Prozent, dass sie, sofern sie nicht bereuen, entweder ihren Befehl zur ewigen Vernichtung erhalten (dies für diejenigen, die nicht an das Jenseits glauben) oder für die ewige einsame Gefangenschaft (für diejenigen, die an die Unsterblichkeit der menschlichen Seele glauben aber den Weg des Lasters wählen) und ewige Verdammnis. Bestimmte Nachrichten darüber wurden bewiesen von den einhundertvierundzwanzigtausend Propheten durch ihre unzähligen Wunder, die sie bestätigen, und von den mehr als einhundertvierundzwanzig Millionen Heiligen, die – als ob es auf einer Kinoleinwand spielte – in ihren Erleuchtungen die Spuren und Schatten dessen sehen, was die Propheten gesagt haben, und sie unterschreiben und bestätigen dies. Und es wurde auch bewiesen von mehr als tausend Millionen von genauen Gelehrten, den Auslegern der Gesetze und den Aufrichtigen, die mit klaren Beweisen und machtvollen Argumenten entsprechend der Vernunft in absoluter Gewissheit die Dinge beweisen, die von diesen beiden wichtigen Gruppen von Menschen gesagt wurden.

So ist die Lage eines Menschen, der die Nachrichten nicht beherzigt, die einstimmig in den Zeugnissen dieser drei großen und erhabenen Gemeinschaften und Gruppen der Menschen der Wirklichkeit gegeben wurden, welche die Sonnen, die Monde und die Sterne und die heiligen Führer der Menschheit sind, und der nicht den geraden Weg einschlägt, den sie gewiesen haben, und die schrecklichen neunundneunzig Prozent Gefahr missachtet, und der diesen Weg verlässt wegen eines einzigen Menschen, der ihm erklärt, dass dieser Weg Gefahren birgt und darum einen anderen, langen Weg nimmt – die Lage dieses Menschen ist wie folgt: Der Armselige, der den, entsprechend der sicheren Nachrichten von unzähligen gut informierten Beobachtern, kürzeren und leichteren der beiden Wege verlassen hast, der mit hundertprozentiger Sicherheit zum Paradies und ewiger Glückseligkeit führen wird, und den holprigsten und längsten Weg eingeschlagen hat, der große Schwierigkeiten bietet und mit einer Sicherheit von neunundneunzig Prozent zur Einkerkerung in der Hölle und ewigem Elend führen wird, der den kurzen Weg verlässt, weil dort, nach der falschen Auskunft eines einzelnen Informanten, die Wahrscheinlichkeit von einem Prozent besteht, dass eine Gefahr kommt und die Möglichkeit einer Haft von einem Monat, und, wie ein betrunkener Wahnsinniger den langen Weg wählt, der ohne Nutzen ist, nur weil er keine Gefahr birgt – solch ein armseliger Mensch hat seine Menschlichkeit, seinen Geist, seine Herz und seine Seele in solch einem Ausmaß verloren, dass er die schrecklichen Drachen aus den Augen verliert, die in der Ferne sichtbar sind und ihn bedrohen und statt dessen mit Mücken kämpft, denen allein er eine große Bedeutung zumisst.

Da die Realität dieser Situation diese ist, sollten wir Gefangene, um uns für die Leiden des Gefängnisses zu rächen, die Geschenke der zweiten, gesegneten Gruppe annehmen. Das bedeutet, so wie das Vergnügen einer Rache von einer, zwei oder einigen Minuten, oder einer Stunde oder zwei Stunden des Lasters, oder dieses Leidens, uns für fünfzehn, fünf, zehn oder zwei oder drei Jahre in dieses Gefängnis gebracht hat, so sollten wir uns angesichts dieses Ungemachs rächen, indem wir eine oder zwei Stunden unseres Gefängnislebens in einen oder zwei Tage des Gottesdienstes verwandeln und unsere zwei oder dreijährige Strafe, durch die Geschenke der gesegneten Gruppe, in zwanzig oder dreißig Jahre ewigen Lebens umwandeln, und unsere Gefängnisstrafe von zwanzig oder dreißig Jahren in ein Werkzeug der Vergebung, das uns vor Millionen von Jahren der Einkerkerung in den Zellen der Hölle bewahrt. Angesichts des Weinens unserer vergänglichen Welt sollten wir unser ewiges Leben lächelnd gestalten. Wir sollten das Gefängnis als einen Ort der Erziehung auffassen, und jeder von uns soll versuchen, sich gut zu verhalten, zuverlässig und ein nützliches Mitglied unserer Nation und unserer Gemeinde zu sein. Die Justizbeamten, die Verwalter und die Oberaufseher sollen sehen, dass die Menschen, die sie als Kriminelle, Banditen, Gammler, Mörder, Verdorbene und als für die Heimat schädlich betrachten, Lernende sind, die an diesem gesegneten Ort der Anweisung studieren und sie sollten stolz Gott Dank zollen.

DAS DRITTE THEMA

Meine Freunde, die ihr zusammen mit mir in dieser Schule Josefs lernt. Da dies die Realität ist und das Risale-i Nur dies so deutlich und klar beweist wie das Sonnenlicht, da es seit zwanzig Jahren den Starsinn der Widerspenstigen gebrochen und sie zum Glauben gebracht hat, so sollten wir darum dem Weg des Glaubens und des richtigen Verhaltens folgen, den Weg der einfach und sicher zu gehen ist und der nützlich ist für unsere beiden Welten, unsere Zukunft und unser Leben im Jenseits wie auch für unser Land und unsere Nation. Wir verbringen unsere Freizeit damit, die Suren des Korans zu rezitieren, damit wir wissen anstatt in störenden Phantasiebildern zu schwelgen, wir lernen von Freunden, die sie lehren und holen die Gebete nach, die wir in der Vergangenheit versäumt haben, als wir sie hätten tun müssen. Wir profitieren von den guten Eigenschaften der anderen und verwandeln dieses Gefängnis in einen gesegneten Garten, in dem wir die Saat des guten Charakters ziehen. Mit guten Taten wie diesen sollten wir unser bestes tun, um den Gefängnisdirektor und diejenigen, die damit zu tun haben, nicht als Folterer wie die Engel der Hölle zu betrachten, die über den Kriminellen und den Mördern stehen, sondern als wahrhafte Meister und freundliche Wärter, die mit der Aufgabe betraut sind, in der Schule Josefs Menschen für das Paradies zu erziehen und ihre Ausbildung und Erziehung zu überwachen.

DAS VIERTE THEMA

Meine neuen Brüder hier im Elend des Gefängnisses! Ihr habt das Risale-i Nur so gesehen wie meine alten Brüder, die mit mir hier eingetreten sind. Ich sage, indem ich sie und Tausende von Schülern als Zeugen zitiere: Ich habe beweise, und habe bewiesen, dass es das Risale-i Nur ist, das diesen hohen Prozess für neunzig von hundert Menschen gewinnt, es verschafft ihnen sicheren und wahren Glauben, welcher das Dokument und die Garantie ist, dass es für zwanzigtausend Menschen in zwanzig Jahren den Prozess gewonnen hat. Es ist aus dem Wundercharakter des Korans hervorgegangen und aus dem führenden Anwalt seiner Zeit. Obwohl in diesen achtzehn Jahren meine Feinde, die Atheisten und die Materialisten einige Mitglieder der Regierung mit ihren außerordentlich verräterischen Verschwörungen gegen mich getäuscht haben, und uns jetzt wie in der Vergangenheit ins Gefängnis geschickt haben um uns auszulöschen, so waren sie nur in der Lage, zweien oder dreien der einhundertdreißig Teile der Ausrüstung in der stählernen Festung des Risale-i Nur Schaden zuzufügen. Wer also einen Anwalt einschalten möchte, so reicht es, wenn er das Risale-i Nur in die Hand nimmt. Also habe keine Befürchtungen. Das Risale-i Nur kann nicht verboten werden. Außer zwei oder drei Teilen zirkulieren die Abhandlungen frei unter den Angestellten der Regierung der Republik. So Gott will, werden irgendwann die glücklichen Direktoren und die Wächter diese Lichter an die Gefangenen verteilen, wie Brot und Medizin und werden so die Gefängnisse zu wahren Orten der Reform machen.

DAS FÜNFTE THEMA

Wie es in dem "Wegweiser für die Jugend" beschrieben wurde, gibt es keinen Zweifel daran, dass die Jugend vergeht, sie verwandelt sich in das Alter und den Tod genauso sicher wie der Sommer für den Herbst und den Winter vergeht, der Tag sich dem Abend zuneigt und zur Nacht wird. Alle offenbarten Schriften bringen die gute Nachricht, dass, wenn in der vergänglichen und vorübergehenden Jugend gute Taten vollbracht, Keuschheit geübt und eine gute Führung erreicht wird, sie für den Menschen unsterbliche Jugend gewinnt.

Wenn aber die Jugend auf Laster verschwendet wird, so wie ein Mord entsteht durch eine Minute von Ärger, die Millionen von Minuten der Gefangenschaft zur Folge hat, so enthalten die ungesetzlichen Freuden der Jugend, abgesehen davon, dass man im Jenseits zur Verantwortung gezogen wird, die Qualen im Grab und die Reue, die aus dem Vergehen der Jugend entsteht, und den Sünden und den Strafen, die man in dieser Welt erleidet, mehr Schmerz als Freude. Jeder Jugendliche, der bei Verstand ist, wird dies aus seiner eigenen Erfahrung bestätigen können.

Zum Beispiel die Schmerzen der Eifersucht, der Trennung und der unerwiderten Liebe verwandeln die bruchstückhafte Freude, die man in der unerlaubten Liebe findet, in einen giftigen Honig. Wenn du wissen möchtest, wie sie im Krankenhaus enden aufgrund der Krankheiten, die aus ihrer verschwendeten Jugend resultieren, und im Gefängnis, aufgrund ihrer Ausschweifungen, und in den Kneipen und Spelunken des Lasters und auf dem Friedhof, aufgrund der Leiden, die durch ihre fehlgenährten Herzen und Seelen entstehen, die ihre wahren Funktionen nicht erfüllen, so geh und frage in den Krankenhäusern, den Gefängnissen, den Kneipen und auf den Friedhöfen. Mehr als alles wirst du das Weinen und das Seufzen der Reue über die Schläge hören, die die Jugendlichen als eine Strafe für die Verschwendung ihrer Jugend, ihrer Ausschweifungen und ihrer unerlaubten Freuden hinnehmen mussten.

Vor allem der Koran mit vielen seiner Verse, und all die

offenbarten Schriften und Bücher geben die frohe Kunde davon, dass, wenn die Jugend in den Grenzen der Bescheidenheit verbracht wird, sie eine schöne Göttliche Gnade und ein süßes und machtvolles Mittel für die guten Taten ist, die als Ergebnis die strahlende, unsterbliche Jugend im Jenseits erbringen.

Da die Realität so ist, da die Schranken des Erlaubten weit genug für die Freuden sind und da eine Stunde der ungesetzlichen Freude manchmal zu einer Strafe von einem oder zehn Jahren Gefangenschaft führt, ist es absolut notwendig, die süße Gnade der Jugend als Dank für diese Gnade keusch auf dem geraden Weg zu verbringen.

Trost für Inhaftierte

13. Wort

„Im Namen Gottes, des Hochgelobten."

Der wahre Trost aus der Risale-i Nur ist für die Gefangenen unbedingt notwendig. Insbesondere brauchen diejenigen, die der Schlag des Schicksals wegen ihres jugendlichen Leichtsinnes getroffen hat, und die nun den Lenz ihres Lebens im Gefängnis verbringen, die "Lichter" so sehr wie das Brot.

Das junge Blut hört in der Tat mehr auf seine Gefühle als auf den Verstand. Doch Wünsche und Gefühle sind blind. Sie sehen die Folgen nicht. Ihre Vorliebe gilt dem Dirhem voll Lust im Hier und Jetzt, nicht dem Batman voll Lust im Dort und Danach. Sie töten voll Lust in einer Minute der Rache und erleiden sodann achtzigtausend Stunden Gefangenschaft. Und im Rausch einer Stunde zerstören Ausschweifungen dort, wo es um die Ehre geht, mit Tausenden von Tagen im Gefängnis, mit Kummer und Sorgen und der Angst vor den Feinden das Glück eines Lebens.

Angesichts alles dessen haben unerfahrene junge Leute so vielgestaltige Abgründe vor sich, welche alle Süßigkeit des Lebens in Bitterkeit und Bedauern verwandeln und besonders im Norden gibt es ein großes Land, das über die Jugend und ihre Leidenschaften bestimmt und mit seinen Stürmen unser Zeitalter erschüttert. Denn es sieht die sittenreinen Töchter und ehrenhaften Frauen der Menschen für junge Leute, die blind in ihren Gefühlen die Folgen nicht sehen, als erlaubt an. Ja dadurch, dass es den Männern und Frauen erlaubt, nackt zusammen ins Bad zu gehen, fördert es sogar noch diese Unzucht. Zudem betrachtet es das Gut der Reichen für Gauner und arme Leute als erlaubt, sodass alle Menschen vor einer derartigen Katastrophe erzittern.

Also ist es in unserem Jahrhundert für die islamische Jugend allgemein und besonders für die türkische dringend notwendig, dass sie dieser Gefahr, die ihr von beiden Seiten droht, mutig und standhaft mit dem scharfen Schwert der Risale-i Nur, nämlich mit der Risale "Früchte" und "Wegweiser für die Jugend" entgegentritt. Anderenfalls wird diese Jugend in ihrer Unerfahrenheit ihre Zukunft sowohl in dieser Welt und das Glück ihres Lebens, als auch die jenseitige Glückseligkeit und das ewige Leben in Schmerzen und Qualen verwandeln und zu Grunde richten, sich durch Missbrauch und Ausschweifung ins Krankenhaus und durch Gesetzlosigkeit ins Gefängnis bringen. In ihrem Alter wird sie dann mit Seufzen und Wehklagen viel zu bedauern haben. Wenn sie sich jedoch durch die Koranische Bildung und die lichtvolle Botschaft zu bewahren weiß, wird sie zu einer so starken und mutigen Jugend heranreifen, zu vollkommenen Menschen und glücklichen Muslimen werden, welche Königen gleichen über die Tiere und alles, was da lebt.

Wenn ein junger Mann nur eine einzige von vierundzwanzig Stunden seines Lebens täglich im Gefängnis für das fünfmalige Gebet aufwendet, und wenn er, da das Gefängnis ihn sehr häufig daran hindert, zu sündigen, auch den Fehler bereut, der ihn in dieses Unglück gestürzt hat, und sich von den übrigen Sünden zurückhält, die ihm Schaden und Leiden bringen, wird er daraus einen großen Nutzen sowohl für sein Leben, als auch für seine Zukunft, als auch für sein Land, als auch für sein Volk, als auch für seine Familie ziehen und sich in diesen zehn, fünfzehn vergänglichen Jahren seines jungen Lebens eine ewige strahlende Jugendzeit verdienen, so wie uns das vor allem der Koran, ein Wunder der Verkündigung, und alle die Heiligen Bücher und Offenbarungsschriften zuverlässig berichten und verkündigen.

Dankt er für seine Jugendzeit, dieses schöne Gnadengeschenk, in Geradlinigkeit und im Gehorsam, wird er durch sie in der Tat wachsen und reifen, sie wird ihm für die Dauer und zur Freude sein. Anderenfalls wird sie ihm sowohl Unglück bringen, als auch in Schmerzen, Leiden und Alpträumen, die sie ihm verursacht, vergehen. Sie wird ihm zu einer Ursache, zu einem Haderlumpen werden, der sowohl seinen Verwandten, als auch seinem Volk und Land Schaden bringt.

Einem Gefangenen, der zu Unrecht eingesperrt wurde, vorausgesetzt, er verrichtet seine Gebete, wird jede Stunde zu einem Tag der Anbetung und das Gefängnis gilt ihm als Einkehrhaus, den Höhlen gleich, in die sich ın alter Zeit die Einsiedler, denen gleich auch er zu den Frommen gezählt werden darf, zum Gebet zurückzogen.

Jemandem, der arm, alt und krank ist und sich an den Glaubenswahrheiten begeistert und dabei seine Gebete verrichtet und bereut, wird jede Stunde einer zwanzigstündigen Anbetung gleich und das Gefängnis gilt ihm als ein Erholungsheim, und seinen Freunden, die ihn mit Güte umgeben, als ein Haus, in dem man sich begegnet, ein Haus, in dem man Bildung erwirbt und ein Haus, in dem man Erfahrungen austauscht. Während seines Aufenthaltes im Gefängnis vermag er die Freiheit, frei von aller Verunsicherung und den Verlockungen der Sünde draußen, weit mehr zu genießen. Im Gefängnis vervollständigt sich seine Bildung. Zum Zeitpunkt seiner Entlassung wird er dann nicht mehr als ein Mörder, als ein Rächer hinausgehen, sondern als ein Mann, der bereut hat, der erfahren, gebildet und ein nützliches Mitglied der menschlichen Gesellschaft geworden ist.

Im Gefängnis in Denizli haben einige dort zuständige Persönlichkeiten, nachdem sie gesehen hatten, wie Menschen, welche aus den "Lichtern" die Unterweisung in gutem Benehmen auf wunderbare Weise in kurzer Zeit in sich aufgenommen haben, gesagt: „Anstatt sie fünfzehn Jahre zur Züchtigung ins Gefängnis zu werfen, hätte man sie besser fünfzehn Wochen lang in der Risale-i Nur unterweisen sollen. Das hätte sie viel mehr gebessert."

Der Tod stirbt nun einmal nicht und die Todesstunde ist unbekannt. Sie kann jederzeit kommen. Das Grab wird nun einmal nicht verschlossen. Schar um Schar steigt hinab und entschwindet. Der Tod ist nun einmal für die Leute des Glaubens die Umwandlung einer Verurteilung, für ewig verloren zu sein, in den Bescheid ihrer Entlassung, wie dies nach der Lehre des Koran aufgezeigt wird, während er für die Leute des Irrweges und der Ausschweifung in deren Augen nichts als einen Verlust und Verlorenheit auf ewig bedeutet, eine ewige Trennung von Allem, was da war und lebte und ihnen teuer war. Es besteht bestimmt und ganz bestimmt kein Zweifel daran, dass der Glücklichste derjenige ist, der dankt in Geduld und die Zeit seiner Inhaftierung dazu nutzt, Unterricht in den "Lichtern" zu nehmen und sich im vorgegebenen Rahmen der Rechtmäßigkeit darum bemüht, dem Glauben und dem Koran zu dienen.

Oh Mensch, der du dem Vergnügen und dem Genuss verhaftet bist! Mir ist in meinem fünfundsiebzigsten Lebensjahr durch tausende von Erfahrungen, Zeugnisse und Erlebnisse mit augenscheinlicher Sicherheit klar geworden: Wahren Genuss, Freude ohne Schmerz, Lust ohne Leid und das Glück im Leben findet man nur, wenn man es im Glauben und im Lichte der Glaubenswahrheiten betrachtet; wenn nicht, hat ein irdischer Genuss viele Schmerzen zur Folge. Es ist, als ob man für eine Traube, die man isst, zehn Ohrfeigen erhielte, was einem den Genuss im Leben vergällt.

Oh ihr Armen, die ihr ins Unglück des Kerkers gestürzt worden seid! Da euch nun einmal die Welt weint und euch das Leben bitter geworden ist, müsst ihr euch nun darum bemühen, dass euch nicht auch noch das Jenseits weint, sondern euch ein ewiges Leben lächelt, es euch süß werde, und ihr so aus eurem Kerker einen Nutzen zieht. So wie angesichts des Feindes eine Stunde Wache unter schwierigen Umständen manchmal einem Jahr Anbetung gleich gewertet wird, genauso wird für euch unter diesen schwierigen Bedingungen jede Stunde, die ihr euch um das Gebet bemüht, vielen Stunden gleich und eure Mühen wenden sich in Erbarmen.

Reue und Vergebung bei Inhaftierten

13. Wort

„Im Namen des Hochgelobten; und fürwahr; es gibt kein Ding, das nicht lobend Ihn preist; Der Friede Allahs, Sein Erbarmen und Sein Segen mögen mit ihnen sein, immer und ewig."

Oh meine Mitgefangenen und Brüder im Glauben! Um euch sowohl vor den Qualen in dieser Welt als auch vor den Qualen in jener zu erretten, ist mir in meinem Herzen eine Ermahnung zuteil geworden, euch die folgende Wahrheit zu erklären:

Beispiel: Es habe jemand eines anderen Bruder oder Verwandten getötet. Diese eine Minute der Befriedigung seiner Rachegelüste durch einen Mord zieht sowohl Millionen von Minuten in Herzensqualen als auch eine Gefängnisstrafe nach sich. Zudem sind die Verwandten des Ermordeten durch Rachegedanken und Vorstellungen, die ständig um ihre Feinde kreisen, um den Reiz des Daseins gebracht und haben ihre Freude am Leben verloren. So leiden sie einerseits unter Furcht und andererseits quälen sie sich noch in ihrem Zorn. Dagegen gibt es nur ein Mittel und das heißt: Dem Befehl des Koran entsprechend und so wie es Gerechtigkeit und Wahrhaftigkeit, das Wohl und menschlich wie islamisch richtiges Verhalten empfiehlt und erfordert, Frieden zu schließen und sich zu versöhnen. Wahrhaftigkeit und Wohlverhalten bedeuten in der Tat den

Frieden. Denn es gibt nur eine Todesstunde und die verschiebt sich nicht. Jener Ermordete hätte in jedem Falle nicht länger als bis zum Eintritt seiner Todesstunde verweilen können. Was aber den Mörder betrifft, so ist er zu einem Werkzeug göttlicher Vorausschau geworden. Wo es keine Versöhnung gibt, leiden beide Seiten ständig unter der Geißel der Blutrache und der Furcht vor ihr. Darum befiehlt der islamische Glaube: „Mehr als drei Tage soll ein Gläubiger einem anderen Gläubigen nicht zürnen."

Besonders aber dann, wenn dieser Mord nicht die Folge einer Feindschaft oder hasserfüllter Rachegedanken war, wenn jemand als ein Werkzeug der Zwietracht dazu aufgehetzt hatte, ist es dringend notwendig, sich rasch wieder zu versöhnen, sonst wird aus dem Unglück eines Einzelnen eine allgemeine Tragödie und setzt sich so fort. Schließt man aber miteinander Frieden und bereut der Mörder seine Tat und betet immer wieder für sein Opfer, dann werden beide Seiten ein hohes Verdienst erwerben und einander wie Brüder werden.

So gewinnt man im Glauben gleich mehrere Brüder anstelle des einen dahingeschiedenen. Dort wo man sich der göttlichen Vorausschau anvertraut, sich in das Geschehene und in den Willen Gottes ergibt, seinem Feinde verzeiht, dort wird man, da alle nun einmal die Lektionen aus der Risale-i Nur gehört haben, sicherlich auch jeglichen Groll untereinander aufgeben, was ja das Wohlverhalten des Einzelnen und die Befriedung aller, als auch die Brüderlichkeit nach der Lehre der "Lichter" erfordert. Ebenso wie alle Gefangenen im Gefängnis von Denizli, die einander Feinde waren, durch die Unterweisungen der "Lichter" einander Brüder geworden sind und dies auch zu einem Grund für unseren Freispruch geworden ist und dies alle (ja sogar die Gottlosen und die Schurken) dazu gebracht hat, angesichts der Gefangenen „Mashaallah, Barekallah" zu sagen und alle Gefangenen wieder aufatmen durften, habe auch ich gesehen: Wegen eines einzigen Menschen mussten hundert Menschen leiden und konnten nicht miteinander zur Pause gehen. Sie wurden unter Druck gesetzt. Ein Gläubiger, der ein Mann ist und ein Gewissen hat, wird nicht wegen kleiner, persönlicher Misshelligkeiten oder Vorteile hundert andere leiden lassen. Hat er einen Fehler begangen, soll er schnell um Vergebung bitten.

Gnade Gottes im Gefängnis

13. Wort

„Im Namen des Hochgelobten; und fürwahr; es gibt kein Ding, das nicht lobend Ihn preist."

Meine lieben neu gewonnenen Brüder und seitherigen Mitgefangenen;

Ich bin zu der festen Überzeugung gelangt, dass ein wichtiger Grund für unsere Einlieferung hier gemäß der Gnade Gottes gerade ihr seid. Es geschieht dies nämlich, um euch durch die Tröstungen der "Lichter" und die Glaubenswahrheiten in der Bedrängnis durch das Unglück eurer Gefangenschaft und der Nutzlosigkeit eures Lebens, das euch aus den vielen schädlichen Einflüssen in dieser Welt mit ihrem Kummer und den vergeblichen Sorgen erwächst, seiner Sinnlosigkeit und Verlorenheit und vor einem solchen Weinen im Jenseits, wie es dem Weinen hier im Diesseits gleicht, zu retten und euch so eine vollkommene Tröstung zu bringen. Unter den gegebenen Umständen solltet sicherlich auch ihr, wie die Gefangenen in Denizli und die Nur-Schüler, miteinander Brüder werden.

Ihr seht ja: Um zu verhindern, dass ein Messer hereingebracht wird, mit dem ihr euch gegenseitig bedrohen könntet, werden alle Dinge, die von außen herein gebracht werden, das Essen, das Brot und die Suppe, untersucht. Die Wächter, die euch in Treue dienen, geben sich große Mühe. So solltet auch ihr, wenn ihr miteinander zur Pause geht, nicht wie Wölfe und wilde Tiere über einander herfallen. So sollt ihr denn nun heute, ihr, in deren Adern das Blut derer rollt, die als tapfere Männer geboren wurden, als die neuen Kameraden, mit einer großen, inneren Standhaftigkeit zu euren Oberen sagen: „Gäbe man in unsere Hände nicht nur ein Messer, nein, selbst ein Gewehr oder einen Revolver und gäbe man uns selbst den Befehl dazu, wir würden unseren armen Kameraden, die wie wir im Unglück sitzen, kein Haar krümmen. Auch hätten wir früher hunderterlei Arten von Hass und Feindschaft gegeneinander getragen, so sind wir doch nun entschlossen, unser Recht ihnen gegenüber zu löschen und uns darum zu bemühen, sie nicht zu kränken, wie es uns der Koran, der Glaube, die islamische Brüderlichkeit und unser Wohlverhalten befiehlt und lehrt." So wandelt denn nun dieses Gefängnis zu einer segensreichen Schule um.

Die Notwendigkeit der Bittgebete

23. Wort

Glaube (an Gott) erfordert das Bittgebet als ein sicheres Mittel, Bedürfnisse zu befriedigen, und gerade wie die menschliche Natur ein starkes Begehren danach hat, so verfügt der allmächtige Gott: „Sprich: 'Mein Herr würde sich nicht um euch kümmern, würdet ihr nicht (zu Ihm) rufen?'" (Koran, 25:77), „Ruft zu Mir, so erhöre Ich euch." (Koran, Koran, 40:60).

Du magst sagen: „Wir bieten häufig Bittgebete an, aber sie werden nicht erhört. Aber der Ayat ist doch allgemein, er sagt, dass jedes Bittgebet beantwortet wird."

Antwort: Die Antwort ist die eine Sache; sie zu erhören, aber etwas ganz anderes. Jedes Bittgebet wird beantwortet, aber ihm zu entsprechen ist abhängig von der Weisheit des allmächtigen Gottes. Zum Beispiel ruft ein Kind nach dem Doktor und indem es sagt: „Doktor! Doktor!". Und er antwortet: „Hier bin ich; was willst du?" Und das Kind sagt: „Gib mir jene Medizin!" Der Doktor gibt ihm genau das Verlangte oder etwas Besseres und Nützlicheres für das Kind. Aber wenn er weiß, dass die Medizin die Krankheit des Kindes verschlimmern würde, so gibt er ihm nichts.

Da der allmächtige Gott allgegenwärtig und allsehend ist, antwortet Er auf die Bittgebete Seiner Geschöpfe. Durch Seine Gegenwart und Antwort wandelt Er das Elend des Alleinseins und der Einsamkeit in Vertrautheit. Aber Er tut dies nicht gemäß des Menschen launenhaften und frechen Forderungen, sondern gemäß den Erfordernissen der fürstlichen Weisheit. Er gibt entweder das Verlangte oder etwas Besseres, oder Er gibt gar nichts.

Außerdem ist das Bittgebet eine Form der Gottesanbetung. Der Mensch zeigt damit, dass er ein Diener Gottes ist. Seine Früchte gehören zum Jenseits. Die Ziele, die zu dieser Welt gehören, sind die Zeiten einer speziellen Art von Bittgebet und Gottesanbetung. Zum Beispiel sind die Gebete und Fürbitten um Regen eine Form der Gottesanbetung. Dürre ist die Zeit für solch eine Gottesanbetung. Aber Gottesanbetung und Fürbitten dieser Art sind nicht dazu da, um Regen zu bringen. Wenn sie nur mit dieser Absicht gesprochen werden, sind sie der Annahme nicht würdig, denn sie sind nicht aufrichtige Gottesanbetung. Bei Sonnenuntergang ist die Zeit des Abendgebets. Und die Verfinsterung von Sonne und Mond sind die Zeiten von zwei besonderen Gebeten, bekannt als Salat-i-Husûf und Salat-i-Khüsûf. Das heißt: Mit dem Verschleiern der beiden leuchtenden Zeichen von Tag und Nacht wird Gottes Erhabenheit verkündet. Daher ruft der allmächtige Gott seine Knechte zu einer Art Gottesanbetung in diesen Zeiten. Aber die Gebete sind nicht so, dass Sonne und Mond wieder entschleiert werden (denn die Astronomen haben ohnehin ausgerechnet, wie lange die Verfinsterung dauern und wann das Wiedererscheinen sein wird.)

Ebenso ist Dürre die Zeit für Gebete um Regen. Unglück und Unheil sind Zeiten für gewisse Fürbitten, wenn der Mensch seine Ohnmacht gewahrt, und durch sein Fürbitten und Flehen sucht er Zuflucht am Hofe des Besitzers der absoluten Kraft. Selbst wenn die Unheile trotz vieler

Fürbitten nicht aufgehoben werden, kann man nicht sagen, dass die Fürbitten nicht erhört wurden. Man sollte lieber sagen, dass die Zeit der Fürbitte noch nicht vorüber ist. Wenn durch seine Güte das Unheil beseitigt ist - Licht über Licht (umso besser) - dann ist die Zeit jener Fürbitte vorüber. Das heißt, dass das Fürbittgebet die Bedeutung von Gottesdienst hat und den Sinn, dass der Mensch seine Gottesknechtschaft anerkennt.

Gottesanbetung und Gottesknechtschaft sollten rein und aufrichtig sein. Der Mensch sollte seine eigene Ohnmacht aussprechen und bei Gott durch Fürbitte Zuflucht suchen; er sollte sich nicht in die Fürstlichkeit Gottes hineindrängen. Er sollte es Gott überlassen, welche Maßnahmen dieser ergreift, und er sollte auf Gottes Weisheit vertrauen. Er sollte nicht Gottes Gnade anklagen.

Ja, was in Realität durch die klaren koranischen Ayate festgesetzt ist, ist, dass alle Dinge in ihrer besonderen Weise Gott rühmen und anbeten. Das, was vom gesamten Universum zum göttlichen Hofe emporsteigt, ist ebenfalls Fürbittgebet. Das geschieht entweder durch die Zunge der innewohnenden Fähigkeit, wie das Fürbitten aller Pflanzen und Tiere, wobei alle durch diese Zunge eine Form vom Absoluten Gewährer erbitten und die Namen Gottes entfalten und zeigen wollen, oder es geschieht durch die Zunge des innewohnenden Bedürfnisses.

Derart sind die Bittgebete aller beseelten Wesen für ihre wesentlichen Bedürfnisse, die sie durch eigene Kraft nicht erlangen können. Durch diese Zunge erbittet jedes beseelte Wesen gewisse Dinge vom absolut Großzügigen Einen (Gott), um sein Leben fortzusetzen, wie eine Art Ernährung.

Oder es ist ein Fürbittgebet durch die Zunge des dringenden Bedürfnisses, durch das alle Wesen, die einen Geist besitzen und sich in Not oder Bedrängnis finden, Fürbitte verrichten und dringend Zuflucht bei einem unbekannten Schützer suchen. Ja, sie wenden sich an den allbarmherzigen Herrgott. Wenn es nichts Hinderliches gibt, werden diese drei Sorten von Fürbitten immer erhört.

Die vierte Sorte des Fürbittgebets ist am bekanntesten. Das ist unser Bittgebet. Auch das besteht aus zwei Arten. Die eine geschieht durch Handeln und dem Zustand, in dem sich der Mensch befindet. Die andere geschieht durch Sprache und Herz. Zum Beispiel: Ursachen anzuerkennen ist ein aktives Gebet. Ursachen anzuerkennen und in die Überlegungen einzubeziehen heißt nicht, eine Wirkung zu schaffen, sondern mit der Zunge der Disposition wird eine annehmbare Stellung bezogen, um die Wirkung vom allmächtigen Gott zu erbitten. Ein Feld zu pflügen ist ein Anklopfen an das Tor der Schatzkammer der Gnade (Gottes). Da diese Art von aktivem Bittgebet an Namen und Titel des absolut großzügigen Einen (Gottes) gerichtet ist, ist es in der weitaus größten Zahl der Fälle annehmbar.

Die zweite Sorte ist, das Fürbittgebet mit Zunge und Herz zu entbieten. Das heißt, etwas zu wünschen, was die Hand nicht erreichen kann. Der wichtigste Aspekt, das schönste Ziel, die süßeste Frucht davon ist dies: „Wer die Bittgebete entbietet, weiß, dass da Jemand ist, Der die Wünsche seines Herzens kennt, Dessen Hand alle Dinge erreichen kann, Der jede seiner Begierden zu sättigen vermag, und der Mitleid mit seiner Ohnmacht hat und auf seine Armut antwortet!" O, ohnmächtiger, bedürftiger Mensch! Verachte nicht ein Mittel wie das Bittgebet, denn es ist der Schlüssel zur

Schatzkammer der Gnade und zu einer unerschöpflichen Stärke. Klammere dich daran! Steig auf zu den höchsten Gipfeln der Menschlichkeit! Integriere, wie ein König, in deine Bittgebete jene des gesamten Universums. Sprich: „Dich allein (Gott) bitten wir (Menschen) um Hilfe." (Koran, 1:5). Dabei trete wie ein Diener und Abgeordneter des gesamten Universums auf! Sei das hervorragendste Muster der Schöpfung!

Bittgebete aus dem Koran

„Dir allein dienen wir, und zu Dir allein flehen wir um Hilfe. Leite uns den geraden Weg, den Weg derjenigen, denen Du Gunst erwiesen hast, nicht derjenigen, die (Deinen) Zorn erregt haben, und nicht der Irregehenden!" (Koran, 1:5-7)

„Unser Herr, nimm (es) von uns an. Du bist ja der Allhörende und Allwissende. Unser Herr, mache uns Dir ergeben und von unserer Nachkommenschaft eine Dir ergebene Gemeinschaft. Und zeige uns unsere Riten, und nimm unsere Reue an. Du bist ja der Reue-Annehmende und Barmherzige. Unser Herr, schicke zu ihnen einen Gesandten von ihnen, der ihnen Deine Worte verliest und sie das Buch und die Weisheit lehrt und sie läutert. Du bist ja der Allmächtige und Allweise." (Koran, 2:127-129)

„Unser Herr, gib uns im Diesseits Gutes und im Jenseits Gutes, und bewahre uns vor der Strafe des (Höllen)feuers!" (Koran, 2:201)

„Wir hören und gehorchen. (Gewähre uns) Deine Vergebung, unser Herr! Und zu Dir ist der Ausgang. […] Unser Herr, belange uns nicht, wenn wir (etwas) vergessen oder einen Fehler begehen. Unser Herr, lege uns keine Bürde auf, wie Du sie denjenigen vor uns auferlegt hast. Unser Herr, bürde uns nichts auf, wozu wir keine Kraft haben. Verzeihe uns, vergib uns und erbarme Dich unser! Du bist unser Schutzherr." (Koran, 2:285-286)

„Unser Herr, lasse unsere Herzen nicht abschweifen, nachdem Du uns rechtgeleitet hast, und schenke uns Erbarmen von Dir aus. Du bist ja der unablässig Schenkende." (Koran, 3:8)

„Unser Herr, gewiss, wir glauben. Darum vergib uns unsere Sünden und bewahre uns vor der Strafe des (Höllen)feuers" (Koran, 3:16)

„Meine Genüge ist Allah. Es gibt keinen Gott außer Ihm. Auf Ihn verlasse ich mich, und Er ist der Herr des gewaltigen Thrones. Du lässt die Nacht in den Tag eindringen und lässt den Tag eindringen in die Nacht. Und Du lässt das Lebendige aus dem Toten hervorgehen und lässt hervorgehen das Tote aus dem Lebendigen. Und Du versorgst, wen Du willst, ohne zu berechnen." (Koran, 3:26-27)

„Mein Herr, schenke mir von Dir aus gute Nachkommenschaft! Du bist ja der Gebetserhörer." (Koran, 3:38)

„Unser Herr, wir glauben an das, was Du (als Offenbarung) herabgesandt hast, und folgen dem Gesandten. So schreibe uns auf unter die Zeugnis Ablegenden!" (Koran, 3:53)

„Du lässt die Nacht in den Tag eindringen und lässt den Tag eindringen in die Nacht. Und Du lässt das Lebendige aus dem Toten hervorgehen und lässt hervorgehen das Tote aus dem Lebendigen. Und Du versorgst, wen Du willst, ohne zu berechnen." (Koran, 3:191)

„Unser Herr, vergebe uns unsere Sünden, tilge unsere bösen Taten und berufe uns ab unter den Gütigen. Unser Herr, und gib uns, was Du uns durch Deine Gesandten versprochen hast, und stürze uns nicht in Schande am Tag der Auferstehung. Gewiss, Du brichst nicht, was Du versprochen hast." (Koran, 3:193-194)

„Meine Genüge ist Allah. Es gibt keinen Gott außer Ihm. Auf Ihn verlasse ich mich, und Er ist der Herr des gewaltigen Thrones." (Koran, 9:129)

„Gewiss, mein Herr ist wahrlich der Erhörer des Gebets. Mein Herr, mach, dass ich das Gebet verrichte, (ich) und (auch einige) aus meiner Nachkommenschaft. Unser Herr, und nimm mein Gebet an. Unser Herr, vergib mir und meinen Eltern und den Gläubigen an dem Tag, da die Abrechnung stattfinden wird." (Koran, 14:39-41)

„Mir ist gewiss Unheil widerfahren, doch Du bist der Barmherzigste der Barmherzigen." (Koran, 21:83)

„Es gibt keinen Gott außer Dir! Preis sei Dir! Gewiss, ich gehöre zu den Ungerechten." (Koran, 21:87)

„Mein Herr, lasse mich nicht kinderlos bleiben, und Du bist der beste Erbe." (Koran, 21:89)

„Unser Herr, wende von uns die Strafe der Hölle ab." (Koran, 25:65)

„Unser Herr, schenke uns an unseren Gattinnen und unseren Nachkommenschaften Grund zur Freude, und mache uns für die Rechtschaffenen zu einem Vorbild." (Koran, 25:74)

„Mein Herr, schenke mir Urteil(skraft), und nehme mich unter die Rechtschaffenen auf. Und verleihe mir einen Ruf an Wahrhaftigkeit unter den späteren (Geschlechtern). Und mach mich zu einem (der) Erben des Gartens der Wonne. […]Und stürze mich nicht in Schande am Tag, da sie auferweckt werden, an dem Tag, da weder Besitz noch Söhne (jemandem) nützen, außer, wer zu Allah mit heilem Herzen kommt." (Koran, 26:83-89)

„Mein Herr, veranlasse mich, für Deine Gunst zu danken, die Du mir und meinen Eltern erwiesen hast, und rechtschaffen zu handeln, womit Du zufrieden bist. Und gib mir Rechtschaffenheit in meiner Nachkommenschaft. Ich wende mich Dir ja in Reue zu, und ich gehöre ja zu den (Dir) Ergebenen." (Koran, 46:15)

Bittgebete vom Propheten Muhammed

„O Allah, Du bist mein Gott. Kein Gott ist da außer Dir. Du erschufst mich und ich bin Dein Diener. Ich halte fest an meinem Bund mit Dir und an meinem Versprechen an Dich, solange ich dies einzuhalten vermag. Ich nehme meine Zuflucht bei Dir vor dem übel, das ich begangen habe, und gebe in aller Dankbarkeit Deine Huld an mich zu sowie ich meine Schuld zugebe. Vergebe mir denn keiner ist da außer Dir, der die Sünden vergibt." (Sahih al-Buchari, Kapitel 73 / Hadithnr. 6306)

„O Allah mein Gott, Dir ergebe ich mich mit meinem Antlitz, und in Deine Hand lege ich alle meine Angelegenheiten. Bei Dir suche ich meinen Schutz im Verlangen nach Dir und in Furcht vor Dir denn es gibt keine Geborgenheit und keine Rettung vor Dir außer bei Dir. Ich glaube an Dein Buch, das Du offenbart hast, und an Deinen Propheten, den Du entsandt hast." (Sahih al-Buchari, Kapitel 73 / Hadithnr. 6311)

„In Deinem Namen sterbe ich, und lebe ich weiter. Alles Lob gebührt Allah, Der uns wieder ins Leben schickte, nachdem Er uns sterben ließ, und bei Ihm ist die Auferstehung." (Sahih al-Buchari, Kapitel 73 / Hadithnr. 6312)

„„O Allah mein Gott, gib mir Licht in mein Herz, Licht in meine Augen, Licht in meine Ohren, auf meine rechte Seite Licht, auf meine linke Seite Licht, über mir Licht, unter mir

Licht, hinter mir Licht und schenke mir Licht." (Sahih al-Buchari, Kapitel 73 / Hadithnr. 6316)

„ „O Allah mein Gott, Dir gebührt alles Lob. Du bist das Licht der Himmel und der Erde und dessen, was sich in ihnen befindet. Und alles Lob gebührt ja Dir, da Du Der Erhalter der Himmel und der Erde und dessen, was sich in ihnen befindet, bist. Und alles Lob gebührt ja Dir denn Du bist Die Wahrheit, Deine Verheißung ist die Wahrheit, Dein Wort ist wahr, die Begegnung mit Dir ist wahr, das Paradies ist wahr, das Höllenfeuer ist wahr, die Stunde ist wahr, die Propheten sind wahr, und Muhammad ist wahr. O Allah mein Gott, Dir ergebe ich mich, auf Dich vertraue ich, an Dich glaube ich, zu Dir kehre ich bußfertig zurück, wegen Dir streite ich mit anderen, und Dich nehme ich zum Richter aller Dinge. So vergib mir alles, was ich begangen habe, und was ich noch begehen werde sowie was ich im Geheimen verberge, und was ich offenkundig tue. Du bist wahrlich Der, Der mit allem Guten zuvorkommt, und Du bist wahrlich Der, Der die Macht zum Aufschieben aller Dinge besitzt. Kein Gott ist da außer Dir." (Sahih al-Buchari, Kapitel 73 / Hadithnr. 6317)

„In Deinem Namen, o mein Herr, lege ich meine Körperseite, und durch Dich hebe ich sie wieder hoch. Wenn Du meine Seele zurückbehältst, so erbarme Dich ihrer, und wenn Du sie wieder schickst, so bewahre sie (vor jedem übel), wie Du Deine rechtschaffenen Diener davor bewahrst." (Sahih al-Buchari, Kapitel 73 / Hadithnr. 6320)

„O Allah mein Gott! Wahrlich, ich habe mir selbst vieles Unrecht zugefügt, und keiner ist da, der die Sünden vergibt, außer Dir so vergib mir und mache dies als eine bescherte

Vergebung von Dir, und erbarme Dich meiner denn Du bist wahrlich Der Allvergebende, Der Allbarmherzige." (Sahih al-Buchari, Kapitel 73 / Hadithnr. 6326)

„Es ist kein Gott da außer Allah Dem Einzigen, Der keinen Partner hat. Ihm gehört das Reich, und Ihm gebührt alles Lob, und Er ist über alle Dinge Mächtig. O Allah mein Gott, es gibt keinen, der das vorenthält, was Du gegeben hast, und es gibt keinen, der das gibt, was Du vorenthalten hast. Reichtum nützt dann nicht denn von Dir kommt der Reichtum." (Sahih al-Buchari, Kapitel 73 / Hadithnr. 6330)

„O Allah mein Gott, ich nehme meine Zuflucht bei Dir vor der Unfähigkeit und der Trägheit, vor der Feigheit und der Altersschwäche und ich nehme meine Zuflucht bei Dir vor der Pein im Grab und ich nehme meine Zuflucht bei Dir vor der Versuchung zu Lebzeiten und beim Sterben." (Sahih al-Buchari, Kapitel 73 / Hadithnr. 6367)

„O Allah, mein Gott, ich nehme meine Zuflucht bei Dir vor der Trübsal und der Traurigkeit, der Unfähigkeit und der Trägheit, der Feigheit und dem Geiz, der Überschuldung und dem Unbeholfensein gegenüber den (anderen) Männern." (Sahih al-Buchari, Kapitel 73 / Hadithnr. 6369)

„O Allah, mein Gott, ich nehme meine Zuflucht bei Dir vor dem Geiz, und ich nehme meine Zuflucht bei Dir vor der Feigheit, und ich nehme meine Zuflucht bei Dir davor, dass ich einem schlimmen Alter verfalle, und ich nehme meine Zuflucht bei Dir vor einer Versuchung in dieser Welt, und ich nehme meine Zuflucht bei Dir vor der Pein im Grab." (Sahih al-Buchari, Kapitel 73 / Hadithnr. 6370)

„Unser Herr, gebe uns Gutes im Diesseits und Gutes im Jenseits und behüte uns vor der Pein des Höllenfeuers!" (Sahih al-Buchari, Kapitel 73 / Hadithnr. 6389)

„Mein Herr, vergib mir meine Fehltritte und meine Unwissenheit, meine Überschreitungen in all meinen Angelegenheiten und auch das, was Du besser kennst als ich. O Allah, mein Gott, vergib mir meine Sünden und all meine (Missetaten, die) ich vorsätzlich, unwissentlich und ernstlich beging und ich gebe zu, dass diese alle bei mir sind. O Allah mein Gott, vergib mir all meine (Missetaten, die) ich einst beging und künftig begehen werde, und was ich von diesen heimlich und offenkundig tue. Du bist mit Deiner Gnade zuvorkommend und gewährst Aufschub für alles, und Du bist über alle Dinge Mächtig." (Sahih al-Buchari, Kapitel 73 / Hadithnr. 6398)

Al-Asma Al-Husna - Die schönsten Namen Allahs

Dem Koran zufolge hat Gott „die schönsten Namen", die von "Der Allerbarmer" bis zu "Der Geduldige" reichen, und 99 verschiedene Aspekte des Schöpfers, Erhalters und Richters bezeichnen. Muslimische Namen sind oft aus ʿAbd (Diener) und einem der schönsten Namen zusammengesetzt, wie z.B. ʿAbd al-Karīm (Diener des Großmütigen) oder ʿAbd al-Aḥad (Diener des Einen) usw. Bei Bittgebeten ist es immer besser, den jeweiligen Namen Gottes anzubeten.

Die 99 Schönen Namen lauten:

1. Ar-Raḥmān: der Allerbarmer,
2. Ar-Raḥīm: der Gnädige, der Barmherzige,
3. Al-Malik: der Herrscher und König,
4. Al-Quddūs: der Heilige, der Reine, frei allen Makels,
5. As-Salām: der Retter, der Verleiher des Friedens,
6. Al-Muʾmin: der Wahrer der Sicherheit,
7. Al-Muhaimin: der Beschützer und Bewacher,
8. Al-ʿAzīz: der Erhabene, der Ehrwürdige,
9. Al-Ǧabbār: der Gewaltige, der Unterwerfer,
10. Al-Mutakabbir: der Vornehme, der Stolze,
11. Al-Ḫāliq: der Schöpfer,
12. Al-Bāriʾ: der Erschaffer, der alles aus dem Nichts erschuf,
13. Al-Muṣauwir: der Former, der jedem Ding

seine Form und Gestalt gibt,

14. Al-Ġaffār: der große Verzeiher,
15. Al-Qahhār: der Alles-Bezwinger; niemand kann sich Seinem Willen widersetzen,
16. Al-Wahhāb: der Geber und Verleiher,
17. Ar-Razzāq: der Versorger,
18. Al-Fattāḥ: der Öffnende, der Öffner der Türen,
19. Al-ʿAlīm: der Allwissende,
20. Al-Qābiḍ: der die Gaben nach Seinem Ermessen zurückhält,
21. Al-Bāsiṭ: der die Gaben aber auch ausreichend und großzügig gewährt,
22. Al-Ḥāfiḍ: der Erniedriger der Hochmütigen und zu Unrecht Stolzen,
23. Ar-Rāfiʿ: der Erhörer der Demütigen und Bescheidenen,
24. Al-Muʿizz: der Verleiher von wirklicher Ehre,
25. Al-Muḏill: der Demütiger der Unterdrücker ihrer Mitmenschen,
26. As-Samīʿ: der Hörende,
27. Al-Baṣīr: der Sehende,
28. Al-Ḥakam: der weise Richter,
29. Al-ʿAdl: der Gerechte,
30. Al-Laṭīf: der das Feinste in allen Dimensionen erfasst, der Feinfühlige, der Gütige,
31. Al-Ḥabīr: der Kundige, der um die kleinsten Rechnungen des Herzens Wissende,
32. Al-Ḥalīm: der Nachsichtige, der Mitfühlende,
33. Al-ʿAẓīm: der Großartige, der Erhabene,
34. Al-Ġafūr: der immer wieder Verzeihende,
35. Aš-Šakūr: der Dankbare, der seinen Diener auch für die kleinste Tat belohnt,
36. Al-ʿAlī: der Höchste,

37. Al-Kabīr: der unvergleichlich Große,
38. Al-Ḥafīẓ: der Bewahrer, der Erhalter, der die Taten seiner Diener bis zum Jüngsten Tag erhält,
39. Al-Muqīt: der alle Ernährende (sowohl mit materieller als auch geistiger Nahrung),
40. Al-Ḥasīb: der genau Berechnende, der Garant,
41. Al-Ǧalīl: der Majestätische,
42. Al-Karīm: der Ehrenvolle, der Großzügige,
43. Ar-Raqīb: der Wachsame,
44. Al-Muǧīb: der Erhörer der Gebete,
45. Al-Wāsiʿ: der Weite, der mit Seiner Wohltätigkeit und Seinem Wissen alles Umfassende,
46. Al-Ḥakīm: der Allweise,
47. Al-Wadūd: der Liebevolle, der alles mit seiner Liebe Umfassende,
48. Al-Maǧīd: der Glorreiche,
49. Al-Bāʿiṯ: der die Menschen am Jüngsten Tag wieder zum Leben erwecken wird,
50. Aš-Šahīd: der Zeuge,
51. Al-Ḥaqq: der Wahre, der Wahrhaftige,
52. Al-Wakīl: der Vertrauenswürdige, der Helfer und Bewacher,
53. Al-Qauwī: der Starke,
54. Al-Matīn: der Feste, der Dauerhafte, der einzig wirklich Starke,
55. Al-Walī: der Schutzherr eines jeden, der Seinen Schutz und Seine Leitung braucht,
56. Al-Ḥamīd: der Preiswürdige, dem aller Dank gehört,
57. Al-Muḥṣī: der alles Aufzeichnende,
58. Al-Mubdiʾ: der Beginnende, der Urheber alles

Geschaffenen aus dem Nichts,
59. Al-Mu'īd: der Wiederholende, der alles wieder zum Leben erwecken wird,
60. Al-Muḥyī: der Lebensspendende,
61. Al-Mumīt: der, in dessen Hand der Tod ist,
62. Al-Ḥaiy: der aus sich selbst Lebende,
63. Al-Qaiūm: der Alleinstehende, der Ewige,
64. Al-Wāǧid: der alles Bekommende und Findende,
65. Al-Māǧid: der Ruhmvolle,
66. Al-Wāḥid: der Eine, der Niemanden neben sich hat,
67. Al-Aḥad: der Einzige (alleinige Gott),
68. Aṣ-Ṣamad: der von allem und jedem Unabhängige,
69. Al-Qādir: der zu allem Fähige, der Besitzer aller Macht und Autorität,
70. Al-Muqtadir: der alles Bestimmende,
71. Al-Muqaddim: der Voranstellende,
72. Al-Mu'aḫḫir: der Aufschiebende,
73. Al-Auwal: der Erste ohne Beginn,
74. Al-Aḫir: der Letzte ohne Ende,
75. Aẓ-Ẓāhir: der Offenbare, auf dessen Existenz alles Geschaffene klar hinweist,
76. Al-Bāṭin: der Verborgene, den niemand wirklich begreifen kann,
77. Al-Wālī: der einzige und absolute Herrscher,
78. Al-Muta'ālī: der Reine, der Hohe,
79. Al-Barr; der Gute,
80. At-Tauwāb: der die Reue seiner Diener Annehmende,
81. Al-Muntaqim: der gerechte Vergelter,
82. Al-'Afū: der Vergeber der Sünden,
83. Ar-Ra'ūf: der Mitleidige,

84. Mālik al-Mulk: Inhaber aller Reichtümer,
85. Ḏū l-ǧalāl wa-l-ikrām: derjenige, dem Majestät und Ehre gebühren,
86. Al-Muqsiṭ: der unparteiisch Richtende,
87. Al-Ǧāmiʿ: der Versammelnde, der alle Menschen am Jüngsten Tag versammeln wird,
88. Al-Ġanī: der Reiche, der niemanden braucht,
89. Al-Muġnī: der Verleiher der Reichtümer,
90. Al-Māniʿ: der Zurückweisende,
91. Aḍ-Ḍārr: der Schaden Zufügende,
92. An-Nāfiʿ: der Vorteil Gebende,
93. An-Nūr: das Licht,
94. Al-Hādī: der Leitung Gebende,
95. Al-Badīʿ: der Schöpfer des Neuen,
96. Al-Bāqī: der ewig Bleibende,
97. Al-Wāriṯ: der einzige Erbe, denn außer ihm ist nichts beständig,
98. Ar-Rašīd: der Führung Gebende,
99. Aṣ-Ṣabūr: der Geduldige.

Dschawschan al-Kabir - Das große Bittgebet

In einer Notsituation bat der Prophet Muhammed Allah um Hilfe. Mittels dem Engel Gabriel wurde das große Bittgebet Dschawschan al-Kabir dem Propheten herabgesandt. Gabriel überlieferte, dass dieses Bittgebet Kraft geben werde und wie eine Schutzausrüstung sein werde. Deshalb auch der Name "Dschawschan", der aus dem Persischen kommt und so viel wie "Rüstung" bedeutet.

Dieses Bittgebet besteht aus 100 Kapiteln. Jedes Kapitel beinhaltet 10 Namen Allahs. So kommen insgesamt 250 Namen Allahs und 750 seiner Attribute vor.

Dabei erfüllt das Beten mit diesem Bittgebet, eine Empfehlung im Koran: „Und Allahs sind die Schönsten Namen; so ruft Ihn mit ihnen an." (Koran, 7:180).

Auch wird dieses Bittgebet in manchen Kulturen als eine Art "Kette" getragen.

1.) Allah unser, ich flehe Dich mit Deinem Namen an:
Oh Allah,
Oh Barmherziger,
Oh Erbarmer,
Oh Großzügiger,
Oh Aufrechterhalter,
Oh Herrlicher,
Oh Anfangsloser,
Oh Wissender,

Oh Sanftmütiger,
Oh Weiser.

Gepriesen bist Du, oh außer Dem es keinen Gott gibt. Hilfe!
Hilfe! Befreie uns von dem Höllenfeuer, oh Herr.

2.) Oh Fürst der Fürsten.
Oh Erhörender der Gebete,
Oh Ehrhöher des Ranges,
Oh Statthalter der guten Dinge,
Oh Vergebender der Fehler,
Oh Erfüllender der Wünsche,
Oh Annehmer der Reue,
Oh Hörender der Stimmen,
Oh Wissender des Verborgenen.
Oh Fernhalter des Unheils.

Gepriesen bist Du, oh außer Dem es keinen Gott gibt. Hilfe!
Hilfe! Befreie uns von dem Höllenfeuer, oh Herr.

3.) Oh Segenreichster der Vergeber,
Oh Segenreichster der Eroberer,
Oh Segenreichster der Helfer,
Oh Segenreichster der Regierenden,
Oh Segenreichster der Ernährer,
Oh Segenreichster der Erben,
Oh Segenreichster der Lobenden,
Oh Segenreichster der Preisenden,
Oh Segenreichster der Herabsendenden,
Oh Segenreichster der Wohltäter.

Gepriesen bist Du, oh außer Dem es keinen Gott gibt. Hilfe!
Hilfe! Befreie uns von dem Höllenfeuer, oh Herr.

4.) Oh Jener, Der die Erhabenheit und die Schönheit ist,
Oh Jener, Der die Allmacht und die Vollkommenheit ist,
Oh Jener, Der die Herrschaft und die Pracht ist,
Oh Jener, Der groß und erhaben ist,
Oh Jener, Der die schweren Wolken erschafft,
Oh Jener, Der unermesslich stark ist,
Oh Jener, Der schnell richtet,
Oh Jener, Der streng bestraft,
Oh Jener, bei Dem sich die schönste Belohnung befindet,
Oh Jener, bei Dem sich die Mutter des Buches befindet.

Gepriesen bist Du, oh außer Dem es keinen Gott gibt. Hilfe!
Hilfe! Befreie uns von dem Höllenfeuer, oh Herr.

5.) Allah unser, ich flehe Dich mit Deinem Namen an:
Oh Gnädiger,
Oh Großzügiger,
Oh gerecht Richtender,
Oh Beweis,
Oh Herrscher,
Oh Zufriedensteller,
Oh Vergebender,
Oh Gepriesener,
Oh um Hilfe Gebetener,
Oh Eigner der Gunst und der Beredsamkeit.

Gepriesen bist Du, oh außer Dem es keinen Gott gibt. Hilfe!
Hilfe! Befreie uns von dem Höllenfeuer, oh Herr.

6.) Oh Jener, dessen Größe sich alles unterwirft,
Oh Jener, dessen Allmacht sich alles ergibt,
Oh Jener, in dessen Macht sich alles unterwirft,

Oh Jener, dessen Ehrfurchtsgebietung sich alles fügt,
Oh Jener, vor Dem sich alles beugt aus Furcht vor Ihm,
Oh Jener, vor Dem sich die Berge spalten aus Furcht vor
Ihm,
Oh Jener, Der durch seinen Befehl die Himmel aufrecht
erhält,
Oh Jener, mit dessen Erlaubnis die Erden von Bestand sind,
Oh Jener, Den der Donner mit seiner Lobpreisung
verherrlicht,
Oh Jener, Der nicht ungerecht gegen die Bewohner seines
Königreichs handelt.

Gepriesen bist Du, oh außer Dem es keinen Gott gibt. Hilfe!
Hilfe! Befreie uns von dem Höllenfeuer, oh Herr.

7.) Oh Verzeihender der Fehler,
Oh Beseitigender des Unheils,
Oh letzte Instanz der Hoffnungen,
Oh reichlich Schenkender der Gaben,
Oh Gewährer der Geschenke,
Oh Ernährer der Geschöpfe,
Oh Richter über die Geschicke,
Oh Erhörender der Klagen,
Oh die Geschöpfe zum Leben Erweckender,
Oh Befreier der Gefangenen.

Gepriesen bist Du, oh außer Dem es keinen Gott gibt. Hilfe!
Hilfe! Befreie uns von dem Höllenfeuer, oh Herr.

8.) Oh Eigentümer des Lobes und des Preises,
Oh Eigentümer des Ruhmes und des Glanzes,
Oh Eigentümer der Ehre und der Erhabenheit,
Oh Eigentümer des Vertrags und seiner Einhaltung,

Oh Eigentümer der Vergebung und der Zufriedenheit,
Oh Eigentümer der Gunst und der Gewährung,
Oh Eigentümer der Entscheidung und des Urteils,
Oh Eigentümer der Macht und der Ewigkeit,
Oh Eigentümer der Freigiebigkeit und der Gunstbeweise,
Oh Eigentümer der Wohltaten und der Gaben.

Gepriesen bist Du, oh außer Dem es keinen Gott gibt. Hilfe!
Hilfe! Befreie uns von dem Höllenfeuer, oh Herr.

9.) Allah unser, ich flehe Dich mit Deinem Namen an:
Oh Verhinderer,
Oh Verteidiger,
Oh Erhörer,
Oh Erschaffer,
Oh Wohltäter,
Oh Erhörender,
Oh Vereinender,
Oh Fürsprecher,
Oh Weitreichender,
Oh reichlich Vermögender.

Gepriesen bist Du, oh außer Dem es keinen Gott gibt. Hilfe!
Hilfe! Befreie uns von dem Höllenfeuer, oh Herr.

10.) Oh Erschaffer alles Erschaffenen,
Oh Schöpfer aller Geschöpfe,
Oh Versorger all dessen, was versorgt wird,
Oh Herrscher aller Beherrschten,
Oh Erlöser aller Leidenden,
Oh Befreier aller Bekümmerten,
Oh Erbarmer aller Erbarmten,
Oh Beistand aller in Stich gelassenen,

Oh Verhüller aller Fehlerbehafteten,
Oh Zuflucht aller Ausgestoßenen.

Gepriesen bist Du, oh außer Dem es keinen Gott gibt. Hilfe!
Hilfe! Befreie uns von dem Höllenfeuer, oh Herr.

11.) Oh mein Helfer in meiner Not,
Oh meine Hoffnung in meiner Heimsuchung,
Oh mein Vertrauter in meiner Einsamkeit,
Oh mein Gefährte in meiner Fremde,
Oh mein Wohltäter in meinen Gaben,
Oh mein Helfer in meinen Sorgen,
Oh mein Wegweiser in meiner Verwirrung,
Oh mein Reichtum in meiner Mittellosigkeit,
Oh meine Zuflucht in meiner Notlage,
Oh mein Beistand in meinem Schrecken.

Gepriesen bist Du, oh außer Dem es keinen Gott gibt. Hilfe!
Hilfe! Befreie uns von dem Höllenfeuer, oh Herr.

12.) Oh Wissender der verborgenen Dinge,
Oh Vergebender der Sünden,
Oh Verhüller der Fehler,
Oh Beseitigender des Unheils,
Oh Verfügender über die Herzen,
Oh Heiler der Herzen,
Oh Erleuchtender der Herzen,
Oh Geselliger der Herzen,
Oh Erlöser von den Sorgen,
Oh Befreier von den Kümmernissen.

Gepriesen bist Du, oh außer Dem es keinen Gott gibt. Hilfe!
Hilfe! Befreie uns von dem Höllenfeuer, oh Herr.

13.) Allah unser, ich flehe Dich mit Deinem Namen an:
Oh Majestätischer,
Oh Schöner,
Oh Sachwalter,
Oh Bürge,
Oh Wegweiser,
Oh Garant,
Oh Nahebringender,
Oh Ermöglichender des Erlangens,
Oh Hilfeeilender,
Oh Kraftspender.

Gepriesen bist Du, oh außer Dem es keinen Gott gibt. Hilfe!
Hilfe! Befreie uns von dem Höllenfeuer, oh Herr.

14.) Oh Wegweiser der Verwirrten,
Oh Rettung der Rettungssuchenden,
Oh Hilfreicher der um Hilfe Rufenden,
Oh Schutz der Schutzsuchenden,
Oh Sicherheit der Beängstigten,
Oh Helfer der Gläubigen,
Oh Erbarmer der Elenden,
Oh Zuflucht der Ungehorsamen,
Oh Vergebender der Sündigen,
Oh Erhörender des Rufes der Bedrängten.

Gepriesen bist Du, oh außer Dem es keinen Gott gibt. Hilfe!
Hilfe! Befreie uns von dem Höllenfeuer, oh Herr.

15.) Oh Eigner der Freigebigkeit und der Wohltätigkeit,
Oh Eigner der Huld und der Güte,
Oh Eigner des Schutzes und der Sicherheit,

Oh Eigner der Heiligkeit und der Verherrlichung,
Oh Eigner der Weisheit und der Beredsamkeit,
Oh Eigner der Barmherzigkeit und der Zufriedenheit,
Oh Eigner des Arguments und des Beweises,
Oh Eigner der Größe und der unumschränkten Macht,
Oh Eigner der Gnade und der Unterstützung,
Oh Eigner der Verzeihung und der Vergebung.

Gepriesen bist Du, oh außer Dem es keinen Gott gibt. Hilfe!
Hilfe! Befreie uns von dem Höllenfeuer, oh Herr.

16.) Oh Jener, Der Herr aller Dinge ist,
Oh Jener, Der Gott aller Dinge ist,
Oh Jener, Der Schöpfer aller Dinge ist,
Oh Jener, Der Erschaffer aller Dinge ist,
Oh Jener, Der vor Allem war,
Oh Jener, Der nach Allem sein wird,
Oh Jener, Der über Allem steht,
Oh Jener, Der alles weiß,
Oh Jener, Der Macht über alle Dinge besitzt,
Oh Jener, Der beständig ist, während alles (andere)
vergänglich ist.

Gepriesen bist Du, oh außer Dem es keinen Gott gibt. Hilfe!
Hilfe! Befreie uns von dem Höllenfeuer, oh Herr.

17.) Allah unser, ich flehe Dich mit Deinem Namen an:
Oh Überzeugender,
Oh Beherrscher,
Oh Urheber,
Oh Unterweiser,
Oh Aufzeigender,
Oh Erleichterer,

Oh Ermöglicher,
Oh Verschönerer,
Oh Verkünder,
Oh Verteilender.

Gepriesen bist Du, oh außer Dem es keinen Gott gibt. Hilfe!
Hilfe! Befreie uns von dem Höllenfeuer, oh Herr.

18.) Oh Jener, Der in seinem Königreich ewig ist,
Oh Jener, Der in seiner unumschränkten Herrschaft
immerwährend ist,
Oh Jener, Der in seiner Pracht groß ist,
Oh Jener, Der gegenüber seinen Dienern barmherzig ist,
Oh Jener, Der Wissend über alles ist,
Oh Jener, Der nachsichtig gegenüber jenen ist, die Ihm
gegenüber ungehorsam waren,
Oh Jener, Der gegenüber jenen, die auf Ihn hoffen,
großzügig ist,
Oh Jener, Der in Seinem Handeln weise ist,
Oh Jener, Der in Seiner Weisheit nachsichtig ist,
Oh Jener, Dessen Nachsicht immerwährend ist.

Gepriesen bist Du, oh außer Dem es keinen Gott gibt. Hilfe!
Hilfe! Befreie uns von dem Höllenfeuer, oh Herr.

19.) Oh Jener, außer Dessen Huld nichts erhofft wird,
Oh Jener, außer Dessen Vergebung nichts erbetet wird,
Oh Jener, außer Dessen Güte nichts erwartet wird,
Oh Jener, außer Dessen Gerechtigkeit nichts gefürchtet
wird,
Oh Jener, außer Dessen Reich nichts überdauert,
Oh Jener, außer Dessen Herrschaftsgewalt es keine
Herrschaftsgewalt gibt,

Oh Jener, Dessen Barmherzigkeit alles umfasst,
Oh Jener, Dessen Barmherzigkeit Seinen Zorn übertrifft,
Oh Jener, Dessen Wissen alles umfasst,
Oh Jener, dem keiner Ihn ähnelt.

Gepriesen bist Du, oh außer Dem es keinen Gott gibt. Hilfe!
Hilfe! Befreie uns von dem Höllenfeuer, oh Herr.

20.) Oh Befreier von den Sorgen,
Oh Beseitigender des Kummers,
Oh Vergebender der Sünden,
Oh Annehmender der Reue,
Oh Schöpfer der Schöpfung,
Oh Jener, Der Seinem Versprechen treu ist,
Oh Einhalter des Vertrages,
Oh Wissender der Geheimnisse,
Oh Spalter der Samenkörner,
Oh Ernährer der Menschen.

Gepriesen bist Du, oh außer Dem es keinen Gott gibt. Hilfe!
Hilfe! Befreie uns von dem Höllenfeuer, oh Herr.

21.) Allah unser, ich flehe Dich mit Deinem Namen an:
Oh Höchster,
Oh Treuer,
Oh Sich-Selbst-Genügender,
Oh Zeitloser,
Oh Ehrender,
Oh Zufriedener,
Oh Reiner,
Oh Offenbarer,
Oh Starker,
Oh Vormund.

Gepriesen bist Du, oh außer Dem es keinen Gott gibt. Hilfe! Hilfe! Befreie uns von dem Höllenfeuer, oh Herr.

22.) Oh Jener, Der das Schöne enthüllt,
Oh Jener, Der das Hässliche verhüllt,
Oh Jener, Der das Verbrechen nicht gleich bestraft,
Oh Jener, Der den Schutz nicht entreißt,
Oh Jener, Dessen Vergebung groß ist,
Oh Jener, Der gütig unbestraft lässt,
Oh Jener, Dessen Vergebung allumfassend ist,
Oh Jener, Der mit Barmherzigkeit freigiebig ist,
Oh Gefährte aller stillen Gebete,
Oh letzte Instanz aller Beschwerden.

Gepriesen bist Du, oh außer Dem es keinen Gott gibt. Hilfe! Hilfe! Befreie uns von dem Höllenfeuer, oh Herr.

23.) Oh Eigner der im Überfluss vorhandenen Gaben,
Oh Eigner der weitreichenden Barmherzigkeit,
Oh Eigner vergangener Gunst,
Oh Eigner der außerordentlichen Weisheit,
Oh Eigner der absoluten Macht,
Oh Eigner des schlagenden Arguments,
Oh Eigner der offensichtlichen Ehre,
Oh Eigner der dauerhaften Erhabenheit,
Oh Eigner der festen Macht,
Oh Eigner der unüberwindbaren Größe.

Gepriesen bist Du, oh außer Dem es keinen Gott gibt. Hilfe! Hilfe! Befreie uns von dem Höllenfeuer, oh Herr.

24.) Oh Schöpfer der Himmel,

Oh Errichter der Finsternisse,
Oh Erbarmer der Tränen,
Oh Aufhebender der Verfehlungen,
Oh Verhüller der Blößen,
Oh zum Leben Wiedererweckender der Toten,
Oh Herabsendender der Zeichen,
Oh Vervielfacher der guter Taten,
Oh Auslöschender der schlechten Taten,
Oh Strenger der Bestrafenden.

Gepriesen bist Du, oh außer Dem es keinen Gott gibt. Hilfe!
Hilfe! Befreie uns von dem Höllenfeuer, oh Herr.

25.) Allah unser, ich flehe Dich mit Deinem Namen an:
Oh Gestalter,
Oh Vorbestimmender,
Oh Waltender,
Oh Bereinigender,
Oh Erleuchtender,
Oh Erleichterer,
Oh Verkünder,
Oh Ermahner,
Oh Vorziehender,
Oh Aufschiebender.

Gepriesen bist Du, oh außer Dem es keinen Gott gibt. Hilfe!
Hilfe! Befreie uns von dem Höllenfeuer, oh Herr.

26.) Oh Herr des geweihten Hauses ,
Oh Herr des geweihten Monats,
Oh Herr der geweihten Stadt ,
Oh Herr der Stellung und des Ranges,
Oh Herr des geweihten "Maschar" ,

Oh Herr der geweihten Moschee ,
Oh Herr des Erlaubten und des Verbotenen,
Oh Herr des Lichtes und der Finsternis
Oh Herr der Begrüßung und des Friedens
Oh Herr der Macht über die Menschen.

Gepriesen bist Du, oh außer Dem es keinen Gott gibt. Hilfe!
Hilfe! Befreie uns von dem Höllenfeuer, oh Herr.

27.) Oh Mächtigster der Regierenden,
Oh Gerechtester der Gerechten,
Oh Aufrichtigster der Aufrichtigen,
Oh Reinster der Reinen,
Oh Schönster der Schöpfer,
Oh Schnellster der Abrechnenden,
Oh Besthörender der Hörenden,
Oh Scharfsichtiger der Schauenden,
Oh bester Fürsprecher der Fürsprecher,
Oh Großzügigster der Großzügigen.

Gepriesen bist Du, oh außer Dem es keinen Gott gibt. Hilfe!
Hilfe! Befreie uns von dem Höllenfeuer, oh Herr.

28.) Oh Stütze dessen, der keine Stütze hat,
Oh Rückhalt dessen, der keinen Rückhalt hat,
Oh Reichtum dessen, der keinen Reichtum hat,
Oh Festung dessen, der keine Festung hat,
Oh Retter dessen, der keinen Retter hat,
Oh Stolz dessen, der keinen Stolz hat,
Oh Ruhm dessen, der keinen Ruhm hat,
Oh Beistand dessen, der keinen Beistand hat,
Oh Gefährte dessen, der keinen Gefährten hat,
Oh Sicherheit dessen, der keine Sicherheit hat.

Gepriesen bist Du, oh außer Dem es keinen Gott gibt. Hilfe!
Hilfe! Befreie uns von dem Höllenfeuer, oh Herr.

29.) Allah unser, ich flehe Dich mit Deinem Namen an:
Oh Beschützer,
Oh Währender,
Oh Ewiger,
Oh Erbarmer,
Oh Unfehlbarer,
Oh Regierender,
Oh Allwissender,
Oh Verteiler,
Oh Begrenzender,
Oh Ausbreitender.

Gepriesen bist Du, oh außer Dem es keinen Gott gibt. Hilfe!
Hilfe! Befreie uns von dem Höllenfeuer, oh Herr.

30.) Oh Beschützer derer, die Seinen Schutz suchen,
Oh Erbarmer derer, die Ihn um Erbarmen anflehen,
Oh Vergebender derer, die Seine Vergebung erhoffen,
Oh Helfer derer, die Ihn um Hilfe ersuchen,
Oh Hüter derer, die sich Seiner Obhut anvertrauen,
Oh Wohltäter derer, die Seine Wohltaten erhoffen,
Oh Wegweiser derer, die nach Seiner Weisung verlangen,
Oh Erlöser derer, die zu Ihm um Erlösung rufen,
Oh Beistand derer, die Seinen Beistand ersehnen,
Oh Erretter derer, die Ihn um Rettung ersuchen.

Gepriesen bist Du, oh außer Dem es keinen Gott gibt. Hilfe!
Hilfe! Befreie uns von dem Höllenfeuer, oh Herr.

31.) Oh Mächtiger, Der nicht geschädigt werden kann,
Oh Gütiger, Der unerreichbar ist,
Oh Beständiger, Der niemals schläft,
Oh Ewiger, Der niemals vergeht,
Oh Lebendiger, Der niemals stirbt,
Oh König, Der niemals zugrunde geht,
Oh Überlebender, Der niemals untergeht,
Oh Allwissender, Der niemals unwissend ist,
Oh Unabhängiger, Der nicht auf Nahrung angewiesen ist,
Oh Starker, Der niemals schwach ist.

Gepriesen bist Du, oh außer Dem es keinen Gott gibt. Hilfe!
Hilfe! Befreie uns von dem Höllenfeuer, oh Herr.

32.) Allah unser, ich flehe Dich mit Deinem Namen an:
Oh Einziger,
Oh Einer
Oh Bezeugender,
Oh Gerühmter,
Oh Lobender,
Oh Rechtleitender,
Oh Lebenserweckender,
Oh Erbe,
Oh Schädigungsfähiger,
Oh Wohltäter.

Gepriesen bist Du, oh außer Dem es keinen Gott gibt. Hilfe!
Hilfe! Befreie uns von dem Höllenfeuer, oh Herr.

33.) Oh Gewaltigster aller Gewaltigen,
Oh Großzügigster aller Groß-zügigen,
Oh Barmherzigster aller Barmherzigen,
Oh Wissendster aller Wissenden,

Oh Höchstregierender aller Regierenden,
Oh Existierender vor jeder Existenz,
Oh Größter aller Größen,
Oh Gütigster aller Gütigen,
Oh Majestätischster aller Majestätischen,
Oh Kraftvollster aller Kraftvollen.

Gepriesen bist Du, oh außer Dem es keinen Gott gibt. Hilfe!
Hilfe! Befreie uns von dem Höllenfeuer, oh Herr.

34.) Oh großzügig Verzeihender,
Oh Dessen Gunst groß ist,
Oh Dessen Wohltaten viele sind,
Oh Dessen Huld beständig ist,
Oh Dessen Sanftmütigkeit ewig ist,
Oh Dessen Handeln gütig ist,
Oh Erlöser vom Unheil,
Oh Beseitigender des Schadens,
Oh Eigentümer jedes Eigentums,
Oh Richter des Rechts.

Gepriesen bist Du, oh außer Dem es keinen Gott gibt. Hilfe!
Hilfe! Befreie uns von dem Höllenfeuer, oh Herr.

35.) Oh Jener, Der Sein Versprechen erfüllt,
Oh Jener, Der in der Erfüllung Seines Versprechens stark
ist,
Oh Jener, Der in Seiner Stärke erhaben ist,
Oh Jener, Der in Seiner Erhabenheit nah ist,
Oh Jener, Der in Seiner Nähe gütig ist,
Oh Jener, Der in Seiner Gütigkeit ehrenhaft ist,
Oh Jener, Der in Seiner Ehrenhaftigkeit mächtig ist,
Oh Jener, Der in Seiner Macht groß ist,

Oh Jener, Der in Seiner Größe ruhmreich ist,
Oh Jener, Der in Seinem Ruhm lobenswert ist.

Gepriesen bist Du, oh außer Dem es keinen Gott gibt. Hilfe!
Hilfe! Befreie uns von dem Höllenfeuer, oh Herr.

36.) Allah unser, Ich flehe Dich mit Deinem Namen an:
Oh Abwendender,
Oh Heiler,
Oh Genügender,
Oh Schützer,
Oh Rechtleiter,
Oh Einladender,
Oh Richter,
Oh Zufriedenstellender,
Oh Hoher,
Oh Überlebender.

Gepriesen bist Du, oh außer Dem es keinen Gott gibt. Hilfe!
Hilfe! Befreie uns von dem Höllenfeuer, oh Herr.

37.) Oh Jener, Dem sich alles unterwirft,
Oh Jener, gegenüber Dem alles demütig ist,
Oh Jener, für Den alles existiert,
Oh Jener, durch Den alles existiert,
Oh Jener, zu Dem alle Reue zeigen,
Oh Jener, vor Dem sich alles fürchtet,
Oh Jener, durch Den alles aufrecht ist,
Oh Jener, zu Dem alles gelangt,
Oh Jener, Den alles in Seiner Dankbarkeit lobpreist,
Oh Jener, außer Dessen Antlitz alles untergeht.

Gepriesen bist Du, oh außer Dem es keinen Gott gibt. Hilfe! Hilfe! Befreie uns von dem Höllenfeuer, oh Herr.

38.) Oh Jener, außer Dem es keinen Ausweg gibt,
Oh Jener, außer Dem es keinen Zufluchtsort gibt,
Oh Jener, außer Dem es kein Ziel gibt,
Oh Jener, außer Dem es keine Rettung gibt,
Oh Jener, außer Dem nichts erwünscht wird,
Oh Jener, außer durch Den es keine Kraft, noch Macht gibt,
Oh Jener, außer Dem niemand um Hilfe gebeten wird,
Oh Jener, außer Dem kein Verlass ist,
Oh Jener, außer Dem niemand gebeten wird,
Oh Jener, außer Dem niemand angebetet wird.

Gepriesen bist Du, oh außer Dem es keinen Gott gibt. Hilfe! Hilfe! Befreie uns von dem Höllenfeuer, oh Herr.

39.) Oh Segenreichster der Gefürchteten,
Oh Segenreichster der Erwünschten,
Oh Segenreichster der Begehrten,
Oh Segenreichster der Verantwortlichen,
Oh Segenreichster der Erstrebten,
Oh Segenreichster der Erwähnten,
Oh Segenreichster der Gedankten,
Oh Segenreichster der Geliebten,
Oh Segenreichster der Angebetenen,
Oh Segenreichster der Anvertrauten.

Gepriesen bist Du, oh außer Dem es keinen Gott gibt. Hilfe! Hilfe! Befreie uns von dem Höllenfeuer, oh Herr.

40.) Allah unser, ich flehe Dich mit Deinem Namen an:
Oh Vergebender,

Oh Verhüller,
Oh Mächtiger,
Oh Bezwinger,
Oh Schöpfer,
Oh Besiegender,
Oh Zwingender,
Oh Erwähnender,
Oh Prüfender,
Oh Unterstützer.

Gepriesen bist Du, oh außer Dem es keinen Gott gibt. Hilfe!
Hilfe! Befreie uns von dem Höllenfeuer, oh Herr.

41.) Oh Jener, Der erschaffen und geordnet hat,
Oh Jener, Der bestimmt und den rechten Weg gewiesen hat,
Oh Jener, Der das Unheil beseitigt,
Oh Jener, Der die heimlichen Unterredungen hört,
Oh Jener, Der die Ertrinkenden rettet,
Oh Jener, Der die zu Grunde Gehenden birgt,
Oh Jener, Der die Kranken heilt,
Oh Jener, Der lachen und weinen lässt,
Oh Jener, Der leben und sterben lässt,
Oh Jener, Der die Paare erschaffen hat, das Männliche und
das Weibliche.

Gepriesen bist Du, oh außer Dem es keinen Gott gibt. Hilfe!
Hilfe! Befreie uns von dem Höllenfeuer, oh Herr.

42.) Oh Jener, Dem zu Land und zu Wasser Wege offen
stehen,
Oh Jener, Dessen Zeichen an den Horizonten sind,
Oh Jener, Dessen Beweis in den Zeichen liegt,
Oh Jener, Dessen Macht sich im Tode zeigt,

Oh Jener, Dessen Lehre sich in den Gräbern zeigt,
Oh Jener, Dessen Herrschaft sich in der Auferstehung zeigt,
Oh Jener, Dessen Ehrfurchtgebietung sich in der
Rechenschaft zeigt,
Oh Jener, Dessen Urteil sich auf der Waage zeigt,
Oh Jener, Dessen Belohnung sich im Paradies zeigt,
Oh Jener, Dessen Bestrafung sich in der Hölle zeigt.

Gepriesen bist Du, oh außer Dem es keinen Gott gibt. Hilfe!
Hilfe! Befreie uns von dem Höllenfeuer, oh Herr.

43.) Oh Jener, zu Dem die Verängstigten fliehen,
Oh Jener, bei dem die Sünder Zuflucht suchen,
Oh Jener, an Den sich die Bereuenden wenden,
Oh Jener, den die Welt-Entsagenden begehren,
Oh Jener, zu Dem die Verwirrten fliehen,
Oh Jener, Den diejenigen, die nach Ihm verlangen,
vertrauen,
Oh Jener, auf Den die Liebenden stolz sind,
Oh Jener, Dessen Verzeihung die Fehlerhaften wünschen,
Oh Jener, bei Dem die mit Gewissheit Ruhe finden,
Oh Jener, auf Den die Vertrauenden vertrauen.

Gepriesen bist Du, oh außer Dem es keinen Gott gibt. Hilfe!
Hilfe! Befreie uns von dem Höllenfeuer, oh Herr.

44.) Allah unser, ich flehe Dich mit Deinem Namen an:
Oh Geliebter,
Oh Heiler
Oh Naher,
Oh Beobachter
Oh Abrechnender,
Oh Ehrfurchtsgebietender,

Oh Belohnender,
Oh Erfüllender
Oh Erfahrener,
Oh Allsehender.

Gepriesen bist Du, oh außer Dem es keinen Gott gibt. Hilfe!
Hilfe! Befreie uns von dem Höllenfeuer, oh Herr.

45.) Oh Nächster aller Nahen,
Oh Geliebtester aller Geliebten,
Oh Sehendster aller Sehenden,
Oh Erfahrenster aller Erfahrenen,
Oh Ehrenhaftester aller Ehrenhaften,
Oh Hochrangigster aller Hochrangigen,
Oh Kraftvollster aller Kraftvollen,
Oh Reichster aller Reichen,
Oh Freigebigster aller Freigebigen,
Oh Barmherzigster aller Barmherzigen.

Gepriesen bist Du, oh außer Dem es keinen Gott gibt. Hilfe!
Hilfe! Befreie uns von dem Höllenfeuer, oh Herr.

46.) Oh Sieger ohne Niederlage,
Oh Erschaffer ohne erschaffen zu sein,
Oh Schöpfer ohne geschöpft zu sein,
Oh Besitzer, ohne Eigentum zu sein,
Oh Bezwinger, ohne bezwungen zu werden,
Oh Erhöhender, ohne erhöht zu werden,
Oh Bewahrer, ohne bewahrt zu werden,
Oh Unterstützer, ohne unterstützt zu werden,
Oh Zeuge, ohne abwesend zu sein,
Oh Naher, ohne fern zu sein.

Gepriesen bist Du, oh außer Dem es keinen Gott gibt. Hilfe!
Hilfe! Befreie uns von dem Höllenfeuer, oh Herr.

47.) Oh Licht des Lichtes,
Oh Erleuchtender des Lichtes,
Oh Schöpfer des Lichtes,
Oh Gestalter des Lichtes,
Oh Abschätzer des Lichtes,
Oh Licht jedes Lichtes,
Oh Licht, das vor jedem Licht da war,
Oh Licht, das nach jedem Licht da sein wird,
Oh Licht, das über allen Lichtern steht,
Oh Licht, dem kein Licht ebenbürtig ist.

Gepriesen bist Du, oh außer Dem es keinen Gott gibt. Hilfe!
Hilfe! Befreie uns von dem Höllenfeuer, oh Herr.

48.) Oh Jener, Dessen Gaben ehrenhaft sind,
Oh Jener, Dessen Handeln nachsichtig ist,
Oh Jener, Dessen Nachsicht beständig ist,
Oh Jener, Dessen Wohltätigkeit von jeher bestehend ist,
Oh Jener, Dessen Wort die Wahrheit ist,
Oh Jener, Dessen Versprechen aufrichtig ist,
Oh Jener, Dessen Vergebung Huld ist,
Oh Jener, Dessen Bestrafung gerecht ist,
Oh Jener, Dessen Erwähnung süß ist,
Oh Jener, Dessen Huld umfassend ist.

Gepriesen bist Du, oh außer Dem es keinen Gott gibt. Hilfe!
Hilfe! Befreie uns von dem Höllenfeuer, oh Herr.

49.) Allah unser, ich flehe Dich mit Deinem Namen an:
Oh Erleichterer,

Oh Verdeutlicher,
Oh Verwandler,
Oh Demütigender,
Oh Herabsender,
Oh Verschaffer,
Oh Huldvoller,
Oh Freigiebiger,
Oh Verschonender,
Oh Verleiher von Schönheit.

Gepriesen bist Du, oh außer Dem es keinen Gott gibt. Hilfe!
Hilfe! Befreie uns von dem Höllenfeuer, oh Herr.

50.) Oh Jener, Der sieht, Er aber nicht sichtbar ist,
Oh Jener, der erschafft, Er aber nicht erschaffen ist
Oh Jener, Der den rechten Weg weist, Dem aber nicht der
Weg gewiesen wird,
Oh jener, Der zum Leben erweckt, Er aber nicht zum Leben
erweckt wird,
Oh Jener, Der fragt, Er aber nicht befragt wird,
Oh Jener, Der speist, Er aber nicht gespeist wird,
Oh Jener, Der Schutz gebietet, vor Dem es aber keinen
Schutz gibt,
Oh Jener, Der richtet, über Den aber nicht gerichtet wird,
Oh Jener, Der urteilt, über Ihn aber nicht geurteilt wird,
Oh Jener, Der nicht zeugt und nicht gezeugt worden ist, und
Ihm ebenbürtig ist keiner.

Gepriesen bist Du, oh außer Dem es keinen Gott gibt. Hilfe!
Hilfe! Befreie uns von dem Höllenfeuer, oh Herr.

51.) Oh vortrefflichster Abrechnender,
Oh vortrefflichster Heiler,

Oh vortrefflichster Beobachter,
Oh vortrefflichster Naher,
Oh vortrefflichster Erfüllender,
Oh vortrefflichster Geliebter,
Oh vortrefflichster Garant,
Oh vortrefflichster Treuhänder,
Oh vortrefflichster Gebieter,
Oh vortrefflicher Beisteher.

Gepriesen bist Du, oh außer Dem es keinen Gott gibt. Hilfe!
Hilfe! Befreie uns von dem Höllenfeuer, oh Herr.

52.) Oh Freude der Erkennenden,
Oh Endwunsch der Liebenden,
Oh Vertrauter der Anstrebenden,
Oh Geliebter der Reumütigen,
Oh Ernährer der Besitzlosen,
Oh Hoffnung der Sünder,
Oh Augentrost der Anbetenden,
Oh Erleichternder der Besorgten,
Oh Erlöser der Bekümmerten,
Oh Gott der Ersten und der Letzten.

Gepriesen bist Du, oh außer Dem es keinen Gott gibt. Hilfe!
Hilfe! Befreie uns von dem Höllenfeuer, oh Herr.

53.) Allah unser, ich flehe Dich mit Deinem Namen an:
Oh unser Herr,
Oh unser Gott,
Oh unser Meister,
Oh unser Gebieter,
Oh unser Unterstützer,
Oh unser Behüter,

Oh unser Wegweiser,
Oh unser Helfer,
Oh unser Liebling,
Oh unser Heiler.

Gepriesen bist Du, oh außer Dem es keinen Gott gibt. Hilfe!
Hilfe! Befreie uns von dem Höllenfeuer, oh Herr.

54.) Oh Herr der Propheten und der Rechtschaffenen,
Oh Herr der Wahrheitsliebenden und der Auserwählten,
Oh Herr des Paradieses und der Hölle,
Oh Herr der Kleinen und der Großen ,
Oh Herr der Samenkörner und der Früchte,
Oh Herr der Flüsse und der Bäume,
Oh Herr der Wüsten und der Steppen,
Oh Herr des Festlandes und der Meere,
Oh Herr der Nacht und des Tages,
Oh Herr des Offengelegten und des Geheimen.

Gepriesen bist Du, oh außer Dem es keinen Gott gibt. Hilfe!
Hilfe! Befreie uns von dem Höllenfeuer, oh Herr.

55.) Oh Jener, Dessen Befehl alles unterliegt,
Oh Jener, Dessen Wissen alles umfasst,
Oh Jener, Dessen Macht an alles heranreicht,
Oh Jener, Dessen Gunst die Diener nicht ermessen können,
Oh Jener, Dessen Dank die Geschöpfe nicht erlangen
können,
Oh Jener, Dessen Pracht das Begriffsvermögen nicht
erfassen kann,
Oh Jener, zu Dessen Wesen die Vorstellungskräfte nicht
gelangen können,

Oh Jener, Dessen Größe und Herrlichkeit Sein Gewand sind,
Oh Jener, Dessen Richtspruch die Diener nicht abwenden können,
Oh Jener, außer Dessen Herrschaft es keine Herrschaft gibt,
Oh Jener, außer Dessen Gaben es keine Gaben gibt.

Gepriesen bist Du, oh außer Dem es keinen Gott gibt. Hilfe! Hilfe! Befreie uns von dem Höllenfeuer, oh Herr.

56.) Oh Jener, Dem die höchsten Ideale gehören,
Oh Jener, Dem die höchsten Eigenschaften gehören,
Oh Jener, Dem das Jenseits und das Diesseits gehören,
Oh Jener, Dem die Behausungen des Paradieses gehören,
Oh Jener, Dem die größten Zeichen gehören,
Oh Jener, Dem die schönsten Namen gehören,
Oh Jener, Dem das Urteil und der Richtspruch gehören,
Oh Jener, Dem die Atmosphäre und der Weltraum gehören,
Oh Jener, Dem der Thron und die Erde gehören,
Oh Jener, Dem die höchsten Himmel gehören.

Gepriesen bist Du, oh außer Dem es keinen Gott gibt. Hilfe! Hilfe! Befreie uns von dem Höllenfeuer, oh Herr.

57.) Allah unser, ich flehe Dich mit Deinem Namen an:
Oh Vergebender,
Oh Verzeihender,
Oh Geduldiger,
Oh Dankbarer,
Oh Gnädiger,
Oh Nachsichtiger,
Oh Verantwortlicher,
Oh Liebevoller,

Oh Lobgepriesenster,
Oh Heiligster.

Gepriesen bist Du, oh außer Dem es keinen Gott gibt. Hilfe!
Hilfe! Befreie uns von dem Höllenfeuer, oh Herr.

58.) Oh Jener, Dessen Gewaltigkeit im Himmel offenbar
wird,
Oh Jener, Dessen Zeichen auf der Erde sind,
Oh Jener, Dessen Beweise in allem offenbar sind,
Oh Jener, Dessen Wunder in den Meeren sind,
Oh Jener, Dessen Schatztruhen in den Bergen sind,
Oh Jener, Der die Schöpfung erschafft und sie dann
zurückkehren lässt,
Oh Jener, auf Den die ganze Befehlsgewalt zurückgeht,
Oh Jener, Dessen Nachsicht sich in allem zeigt,
Oh Jener, Der alles in seiner Schöpfung schön gemacht hat,
Oh Jener, Dessen Macht frei über die Geschöpfe verfügt.

Gepriesen bist Du, oh außer Dem es keinen Gott gibt. Hilfe!
Hilfe! Befreie uns von dem Höllenfeuer, oh Herr.

59.) Oh Geliebter dessen, der keinen Geliebten hat,
Oh Heiler dessen, der keinen Heiler hat,
Oh Erfüllender dessen, der keinen Erfüllenden hat,
Oh Mitleidiger dessen, der keinen Mitleidigen hat,
Oh Begleiter dessen, der keinen Begleiter hat,
Oh Retter dessen, der keinen Retter hat,
Oh Wegweiser dessen, der keinen Wegweiser hat,
Oh Tröster dessen, der keinen Tröster hat,
Oh Erbarmer dessen, der keinen Erbarmer hat,
Oh Gefährte dessen, der keinen Gefährten hat.

Gepriesen bist Du, oh außer Dem es keinen Gott gibt. Hilfe! Hilfe! Befreie uns von dem Höllenfeuer, oh Herr.

60.) Oh Genügender dessen, der Ihn um Genügend bittet,
Oh Wegweiser dessen, der Ihn um Wegweisung bittet,
Oh Beschützer dessen, der Ihn um Schutz bittet,
Oh Behüter dessen, der Ihn um Behütung bittet,
Oh Heiler dessen, der Ihn um Heilung bittet,
Oh Richter dessen, der Ihn um Richtspruch bittet,
Oh Bereichernder dessen, der Ihn um Reichtum bittet,
Oh reich Beschenkender dessen, der Ihn um reiche
Schenkung bittet,
Oh Stärkender dessen, der Ihn um Stärkung bittet,
Oh Beistand dessen, der Ihn um Beistand bittet.

Gepriesen bist Du, oh außer Dem es keinen Gott gibt. Hilfe! Hilfe! Befreie uns von dem Höllenfeuer, oh Herr.

61.) Allah unser, ich flehe Dich mit Deinem Namen an:
Oh Schöpfer,
Oh Versorger,
Oh Erlassender,
Oh Wahrhaftiger,
Oh Aufspaltender,
Oh Unterscheider,
Oh Trennender,
Oh Aufreißender,
Oh Vorangehender,
Oh Hochragender.

Gepriesen bist Du, oh außer Dem es keinen Gott gibt. Hilfe! Hilfe! Befreie uns von dem Höllenfeuer, oh Herr.

62.) Oh Jener, Der die Nacht und den Tag einander abwechseln lässt,
Oh Jener, Der die Dunkelheit und das Licht erschuf,
Oh Jener, Der die Schatten und die Hitze hervorbrachte,
Oh Jener, Der die Sonne und den Mond dienstbar machte,
Oh Jener, Der das Gute und das Schlechte bemessen hat,
Oh Jener, Der den Tod und das Leben erschuf,
Oh Jener, Dem die Schöpfung und die Befehlsgewalt gehören,
Oh Jener, Der Sich weder Gefährtin noch ein Kind nimmt,
Oh Jener, Der keinen Partner bei der Herrschaft hat,
Oh Jener, Der keinen Gebieter hat, der Ihn vor Demütigung bewahrt.

Gepriesen bist Du, oh außer Dem es keinen Gott gibt. Hilfe! Hilfe! Befreie uns von dem Höllenfeuer, oh Herr.

63.) Oh Jener, Der das Ziel der Anstrebenden kennt,
Oh Jener, Der das Innere der Schweigenden kennt,
Oh Jener, Der das Leiden der Geschwächten hört,
Oh Jener, Der das Weinen der Verängstigten sieht,
Oh Jener, Der das Anliegen der Bittenden besitzt,
Oh Jener, Der die Entschuldigung der Reumütigen annimmt,
Oh Jener, Der die Taten der Verderber nicht gelingen lässt,
Oh Jener, Der die Werke der Rechtschaffenen nicht verkommen lässt,
Oh Jener, Der sich von den Herzen der Erkennenden nicht entfernt,
Oh Großzügigster der Großzügigen.

Gepriesen bist Du, oh außer Dem es keinen Gott gibt. Hilfe! Hilfe! Befreie uns von dem Höllenfeuer, oh Herr.

64.) Oh Dessen Ewigkeit immer währt,
Oh Erhörer des Bittgebets,
Oh Dessen Gaben reichlich sind,
Oh Verzeihender der Fehler,
Oh Schöpfer des Himmels,
Oh Dessen Prüfung gut ist,
Oh Dessen Lob schön ist,
Oh Dessen Glanz von je her besteht,
Oh Dessen Treue groß ist,
Oh Dessen Belohnung ehrenhaft ist.

Gepriesen bist Du, oh außer Dem es keinen Gott gibt. Hilfe!
Hilfe! Befreie uns von dem Höllenfeuer, oh Herr.

65.) Allah unser, Ich flehe Dich mit Deinem Namen an:
Oh Verhüller,
Oh Verzeihender,
Oh Bezwinger,
Oh Allgewaltiger,
Oh Langmütiger,
Oh Gütiger,
Oh Auserwählender,
Oh Eröffnender,
Oh Beschenkender,
Oh Zufriedener.

Gepriesen bist Du, oh außer Dem es keinen Gott gibt. Hilfe!
Hilfe! Befreie uns von dem Höllenfeuer, oh Herr.

66.) Oh Jener, Der mich erschaffen und geformt hat,
Oh Jener, Der mich versorgt und aufgezogen hat,
Oh Jener, Der mich mit Speisen und Getränken versorgt hat,

Oh Jener, Der mich angenähert und herangerückt hat,
Oh Jener, Der mich beschützt und Genüge getan hat,
Oh Jener, Der mich behütet und bewahrt hat,
Oh Jener, Der mich gestärkt und bereichert hat,
Oh Jener, Der mir Erfolg geschenkt und rechtgeleitet hat,
Oh Jener, Der mich getröstet und mir Unterkunft gewährt
hat,
Oh Jener, Der mich sterben und wieder leben lässt.

Gepriesen bist Du, oh außer Dem es keinen Gott gibt. Hilfe!
Hilfe! Befreie uns von dem Höllenfeuer, oh Herr.

67.) Oh Jener, Der mit Seinen Worten die Wahrheit
bestätigt,
Oh Jener, Der die Reue Seiner Diener annimmt,
Oh Jener, Der zwischen dem Menschen und seinem Herzen
steht,
Oh Jener, ohne Dessen Erlaubnis keine Fürsprache Erfolg
hat,
Oh Jener, Der am besten weiß über jene, die von Seinem
Weg abgewichen sind,
Oh Jener, Dessen Urteil nicht zurückgewiesen werden kann,
Oh Jener, Dessen Richtspruch nicht in Frage gestellt werden
kann,
Oh Jener, Dessen Befehl alles unterlegen ist,
Oh Jener, in Dessen Rechter die Himmel zusammengelegt
sind,
Oh Jener, Der die Winde als Vorboten Seiner Gnade bei
Ihm schickt.

Gepriesen bist Du, oh außer Dem es keinen Gott gibt. Hilfe!
Hilfe! Befreie uns von dem Höllenfeuer, oh Herr.

68.) Oh Jener, Der die Erde ausgewogen errichtet hat,
Oh Jener, Der die Berge zu Pflöcken errichtet hat,
Oh Jener, Der die Sonne zu einer Leuchte errichtet hat,
Oh Jener, Der den Mond zum Licht errichtet hat,
Oh Jener, Der die Nacht zu einem Gewand errichtet hat,
Oh Jener, Der den Tag zum Zusammenleben errichtet hat,
Oh Jener, Der den Schlaf zum Ausruhen errichtet hat,
Oh Jener, Der den Himmel zum Erbauten errichtet hat,
Oh Jener, Der die Dinge als Paare errichtet hat,
Oh Jener, Der das Feuer zu einer Wacht errichtet hat.

Gepriesen bist Du, oh außer Dem es keinen Gott gibt. Hilfe!
Hilfe! Befreie uns von dem Höllenfeuer, oh Herr.

69.) Allah unser, Ich flehe Dich mit Deinem Namen an:
Oh Allhörender,
Oh Fürsprecher,
Oh Angesehener,
Oh Unüberwindlicher,
Oh Zügiger,
Oh Glanzvoller,
Oh Großer,
Oh Mächtiger
Oh Kundiger,
Oh Schutzgewährender.

Gepriesen bist Du, oh außer Dem es keinen Gott gibt. Hilfe!
Hilfe! Befreie uns von dem Höllenfeuer, oh Herr.

70.) Lebender vor allen Lebewesen,
Oh Lebender nach allen Lebewesen,
Oh Lebender, Dem kein Lebewesen gleicht,
Oh Lebender, Der kein Lebewesen als Partner hat,

Oh Lebender, Der auf kein Lebewesen angewiesen ist,
Oh Lebender, Der alle Lebewesen sterben lässt,
Oh Lebender, Der alle Lebewesen versorgt,
Oh Lebender, Der das Leben von keinem Lebewesen geerbt
bekommen hat,
Oh Lebender, Der die Toten wieder zum Leben erweckt,
Oh Lebender,
Oh Beständiger, Ihn überkommt weder Schlummer noch
Schlaf.

Gepriesen bist Du, oh außer Dem es keinen Gott gibt. Hilfe!
Hilfe! Befreie uns von dem Höllenfeuer, oh Herr.

71.) Oh Jener, Dessen Erwähnung unvergesslich ist,
Oh Jener, Dessen Licht unauslöschlich ist,
Oh Jener, Dessen Gaben un-zählbar sind,
Oh Jener, Dessen Herrschaft unvergänglich ist,
Oh Jener, Dessen Lob nicht auf zählbar ist,
Oh Jener, Dessen Herrlichkeit unbeschreibbar ist,
Oh Jener, Dessen Vollkommenheit unvorstellbar ist,
Oh Jener, Dessen Urteil nicht zurückzuweisen ist,
Oh Jener, Dessen Eigenschaften unersetzbar sind,
Oh Jener, Dessen Attribute unveränderlich sind.

Gepriesen bist Du, oh außer Dem es keinen Gott gibt. Hilfe!
Hilfe! Befreie uns von dem Höllenfeuer, oh Herr.

72.) Oh Herr der Welten,
Oh Herrscher des Jüngsten Tages,
Oh Endziel der Anstrebenden,
Oh Rückhalt der Zufluchtsuchenden,
Oh Erfassender der Fliehenden,
Oh Jener, Der die Geduldigen liebt,

Oh Jener, Der die Reumütigen liebt,
Oh Jener, Der die sich Reinigenden liebt,
Oh Jener, Der die Wohltätigen liebt,
Oh Jener, Der wissender ist über die Rechtgeleiteten.

Gepriesen bist Du, oh außer Dem es keinen Gott gibt. Hilfe!
Hilfe! Befreie uns von dem Höllenfeuer, oh Herr.

73.) Allah unser, ich flehe Dich mit Deinem Namen an:
Oh Erbarmer,
Oh Milder,
Oh Bewahrer,
Oh Umfassender,
Oh Ernährer,
Oh Rettungsgewährender
Oh Ehrender,
Oh Demütigender,
Oh Urheber,
Oh Wiederherstellender.

Gepriesen bist Du, oh außer Dem es keinen Gott gibt. Hilfe!
Hilfe! Befreie uns von dem Höllenfeuer, oh Herr.

74.) Oh Jener, Der ein Einziger ohne Gegner ist,
Oh Jener, Der ein Einzelner ohne Rivale ist,
Oh Jener, Der ein Unabhängiger ohne Makel ist,
Oh Jener, Der ein unbeschreibbarer Einmaliger ist,
Oh Jener, Der ein Richter ist ohne Ungerechtigkeit,
Oh Jener, Der ein Herr ohne Berater ist,
Oh Jener, Der ein Mächtiger ohne Schwäche ist
Oh Jener, Der reich ist ohne Bedürftigkeit,
Oh Jener, Der unabsetzbarer Herrscher ist,
Oh Jener, Der ohne einen Ähnlichen beschrieben wird.

Gepriesen bist Du, oh außer Dem es keinen Gott gibt. Hilfe! Hilfe! Befreie uns von dem Höllenfeuer, oh Herr.

75.) Oh Jener, Dessen Erwähnung Ehre für die Erwähnenden ist,
Oh Jener, Dessen Dank Triumph für die Dankbaren ist,
Oh Jener, Dessen Lob Stärkung für die Lobpreisenden ist,
Oh Jener, Dessen Gehorsam Ihm gegenüber für die Gehorsamen Rettung ist,
Oh Jener, Dessen Tür den Wünschenden offen steht,
Oh Jener, Dessen Weg für die Reuenden klar erkennbar ist,
Oh Jener, Dessen Zeichen den Schauenden Beweis sind,
Oh Jener, Dessen Buch eine Erinnerung für die Frommen ist,
Oh Jener, Dessen Versorgung für die Gehorsamen und die Ungehorsamen ist,
Oh Jener, Dessen Gnade den Wohltätigen nahe ist.

Gepriesen bist Du, oh außer Dem es keinen Gott gibt. Hilfe! Hilfe! Befreie uns von dem Höllenfeuer, oh Herr.

76.) Oh Jener, Dessen Name gesegnet ist,
Oh Jener, Dessen Stellung gehoben ist,
Oh Jener, außer Dem es keine Gottheit gibt,
Oh Jener, Dessen Lobpreisung erhaben ist,
Oh Jener, Dessen Namen heilig sind,
Oh Jener, Dessen Beständigkeit ewig währt,
Oh Jener, Dessen Größe Sein Glanz ist,
Oh Jener, Dessen Herrlichkeit sein Gewand ist,
Oh Jener, Dessen Wohltaten unermesslich sind,
Oh Jener, Dessen Gaben unzählbar sind.

Gepriesen bist Du, oh außer Dem es keinen Gott gibt. Hilfe!
Hilfe! Befreie uns von dem Höllenfeuer, oh Herr.

77.) Allah unser, ich flehe Dich mit Deinem Namen an:
Oh Helfer,
Oh Vertrauenswürdiger,
Oh Deutlicher,
Oh Starker,
Oh Gewalthabender,
Oh Bedachter,
Oh Lobenswerter,
Oh Ruhmreicher,
Oh Strenger,
Oh Zeuge.

Gepriesen bist Du, oh außer Dem es keinen Gott gibt. Hilfe!
Hilfe! Befreie uns von dem Höllenfeuer, oh Herr.

78.) Oh Dem der ruhmreiche Thron gehört,
Oh Dem die treffende Rede gehört,
Oh Dem die bedachte Handlung gehört,
Oh Dem die strenge Gewalt gehört,
Oh Dem das Versprechen und die Drohung gehören,
Oh Der lobenswerter Gebieter ist,
Oh Der das tut, was Er will,
Oh Naher, Der nicht fern ist,
Oh Der Zeuge aller Dinge ist,
Oh Der Seinen Dienern gegenüber niemals ungerecht ist.

Gepriesen bist Du, oh außer Dem es keinen Gott gibt. Hilfe!
Hilfe! Befreie uns von dem Höllenfeuer, oh Herr.

79.) Oh Jener, Der weder Partner noch Berater hat,

Oh Jener, Dem nichts gleich oder ähnlich ist,

Oh Schöpfer der Sonne und des leuchtenden Mondes,

Oh, Der die unglücklichen Armen reich macht,

Oh Versorger des kleinen Kindes,

Oh Erbarmer des alten Menschen,

Oh Einrenkender des gebrochenen Knochens,

Oh Beschützer des ängstlich Hilfesuchenden,

Oh Jener, Der erfahren und allsehend über Seine Diener ist,

Oh Jener, Der zu allem fähig ist.

Gepriesen bist Du, oh außer Dem es keinen Gott gibt. Hilfe!
Hilfe! Befreie uns von dem Höllenfeuer, oh Herr.

80.) Oh, Eigner der Großzügigkeit und der Gaben,

Oh Eigner der Gunst und der Großzügigkeit,

Oh Schöpfer der Tafel und des Stifts,

Oh Du Schöpfer der Atome und des beseelten Lebens,

Oh Eigner des Peins und der Vergeltung,

Oh Der Araber wie Nichtaraber inspiriert,

Oh Der Schaden und Schmerz beseitigt,

Oh Der Geheimnisse und Absichten kennt,

Oh Der Herr des Hauses und der Heiligen Stätte ist,

Oh Der die Dinge aus dem Nichts heraus erschaffen hat.

Gepriesen bist Du, oh außer Dem es keinen Gott gibt. Hilfe!
Hilfe! Befreie uns von dem Höllenfeuer, oh Herr.

81.) Allah unser, Ich flehe Dich mit Deinem Namen an:

Oh Handelnder,

Oh Hervorbringender,

Oh Annehmer,

Oh Vollkommener,

Oh Aburteilender,

Oh Beschenkender,
Oh Gerechter,
Oh Besiegender,
Oh Verlangender,
Oh Spender.

Gepriesen bist Du, oh außer Dem es keinen Gott gibt. Hilfe!
Hilfe! Befreie uns von dem Höllenfeuer, oh Herr.

82.) Oh Jener, Der mit Seiner Macht Wohltaten erwies,
Oh Jener, Der mit Seiner Güte Großzügigkeit erwies,
Oh Jener, Der mit Seiner Nachsicht Güte erwies,
Oh Jener, Der mit Seiner Fähigkeit mächtig war,
Oh Jener, Der mit Seiner Weisheit bewertete,
Oh Jener, Der nach Seinen Maßnahmen regierte,
Oh Jener, Der nach Seinem Wissen Maßnahmen traf,
Oh Jener, Der mit Seinem Langmut absah,
Oh Jener, Der in Seiner Erhabenheit nah war,
Oh Jener, Der mit Seiner Nähe erhaben war.

Gepriesen bist Du, oh außer Dem es keinen Gott gibt. Hilfe!
Hilfe! Befreie uns von dem Höllenfeuer, oh Herr.

83.) Oh Jener, Der schafft, was Er will,
Oh Jener, Der tut, was Er will,
Oh Jener, Der zum Rechten leitet, wen er will,
Oh Jener, Der irregehen lässt, wen Er will,
Oh Jener, Der bestraft, wen Er will,
Oh Jener, Der verzeiht, wem Er will,
Oh Jener, Der stärkt, wen Er will,
Oh Jener, Der demütigt, wen Er will,
Oh Jener, Der im Mutterleib gestaltet, was Er will,
Oh Jener, Der Sein Erbarmen schenkt, wem Er will.

Gepriesen bist Du, oh außer Dem es keinen Gott gibt. Hilfe! Hilfe! Befreie uns von dem Höllenfeuer, oh Herr.

84.) Oh Jener, Der sich weder Gattin noch Kind nahm,
Oh Jener, Der allen Dingen ein Maß errichtet hat,
Oh Jener, Der an Seiner Herrschaft niemanden teilhaben lässt,
Oh Jener, Der die Engel zu Gesandten errichtet hat,
Oh Jener, Der im Himmel Sternbilder errichtet hat,
Oh Jener, Der die Erde zum festen Wohnsitz errichtet hat,
Oh Jener, Der Menschen aus Wasser erschaffen hat,
Oh Jener, Der für alle Dinge eine Frist errichtet hat,
Oh Jener, Der alles mit Wissen umfasst,
Oh Jener, Der die Anzahl von allem erfasst.

Gepriesen bist Du, oh außer Dem es keinen Gott gibt. Hilfe! Hilfe! Befreie uns von dem Höllenfeuer, oh Herr.

85.) Allah unser, ich flehe Dich mit Deinem Namen an:
Oh Erster,
Oh Letzter,
Oh Offenbarer,
Oh Unsichtbarer,
Oh Gütiger,
Oh Rechtsschaffner,
Oh Einziger,
Oh Einzelner,
Oh Unabhängiger,
Oh Ewiger.

Gepriesen bist Du, oh außer Dem es keinen Gott gibt. Hilfe! Hilfe! Befreie uns von dem Höllenfeuer, oh Herr.

86.) Oh wohltätigster Bekannter, Der bekannt wurde,
Oh gütigster Angebeteter, Der angebetet wurde,
Oh majestätischster Gedankter, Dem gedankt wurde,
Oh mächtigster Erwähnter, Der erwähnt wurde,
Oh höchster Gelobter, Der gelobt wurde,
Oh ältester Existierender, Der angestrebt wurde,
Oh angesehenster Beschriebener, Der beschrieben wurde,
Oh größter Erstrebter, Der erstrebt wurde,
Oh großzügigster Gefragter, Der gefragt wurde,
Oh ruhmreichster Geliebter, Der gekannt worden ist.

Gepriesen bist Du, oh außer Dem es keinen Gott gibt. Hilfe!
Hilfe! Befreie uns von dem Höllenfeuer, oh Herr.

87.) Oh Geliebter der Weinenden,
Oh Herr der Vertrauenden,
Oh Rechtleitender der Fehlgeleiteten,
Oh Gebieter der Gläubigen,
Oh Vertrauter der Erwähnenden,
Oh Zuflucht der Hilfesuchenden,
Oh Retter der Wahrhaftigen,
Oh Mächtigster der Mächtigen,
Oh Wissendster der Wissenden,
Oh Gott der Geschöpfe allesamt.

Gepriesen bist Du, oh außer Dem es keinen Gott gibt. Hilfe!
Hilfe! Befreie uns von dem Höllenfeuer, oh Herr.

88.) Oh Jener, Der höher ist und überwältigt hat,
Oh Jener, Der herrscht und mächtig ist,
Oh Jener, Der unsichtbar und erfahren ist,
Oh Jener, Der angebetet wird und sich bedankt,

Oh Jener, Dem Ungehorsam gezeigt wird und vergibt,
Oh Jener, Der in den Gedanken nicht erfassbar ist,
Oh Jener, Der für das Sehvermögen nicht erreichbar ist,
Oh Jener, Dem keine Spur verborgen bleibt,
Oh Jener, Der die Menschen versorgt,
Oh Jener, Der jedes Maß bemisst.

Gepriesen bist Du, oh außer Dem es keinen Gott gibt. Hilfe!
Hilfe! Befreie uns von dem Höllenfeuer, oh Herr.

89.) Allah unser, ich flehe Dich mit Deinem Namen an:
Oh Bewahrer,
Oh Lebenschenkender,
Oh Urheber,
Oh Großzügiger
Oh Erlöser,
Oh Eröffnender,
Oh Enthüllender,
Oh Bürge,
Oh Befehlender,
Oh Verwehrender.

Gepriesen bist Du, oh außer Dem es keinen Gott gibt. Hilfe!
Hilfe! Befreie uns von dem Höllenfeuer, oh Herr.

90.) Jener, außer Dem niemand das Verborgene weiß,
Oh Jener, außer Dem niemand das Schlechte abwendet,
Oh Jener, außer Dem niemand die Schöpfung erschafft,
Oh Jener, außer Dem niemand die Sünden verzeiht,
Oh Jener, außer Dem niemand die Wohltaten vollendet,
Oh Jener, außer Dem niemand die Herzen prüft,
Oh Jener, außer dem niemand die Dinge steuert,
Oh Jener, außer Dem niemand den Regen herabsendet,

Oh Jener, außer Dem niemand die Versorgung verteilt,
Oh Jener, außer Dem niemand die Toten wieder zum Leben
erweckt.

Gepriesen bist Du, oh außer Dem es keinen Gott gibt. Hilfe!
Hilfe! Befreie uns von dem Höllenfeuer, oh Herr.

91.) Oh Unterstützer der Schwachen,
Oh Gefährte der Fremden,
Oh Beistand der Gefolge,
Oh Du Bezwinger der Feinde,
Oh Aufrichter der Himmel,
Oh Gefährte der Auserwählten,
Oh Geliebter der Frommen,
Oh Schatz der Armen,
Oh Gott der Reichen,
Oh Großzügigster der Großzügigen.

Gepriesen bist Du, oh außer Dem es keinen Gott gibt. Hilfe!
Hilfe! Befreie uns von dem Höllenfeuer, oh Herr.

92.) Oh Du Genügender aller Dinge,
Oh Du Bewahrer aller Dinge,
Oh Jener, dem nichts ähnelt,
Oh Jener, Dessen Königreich nichts vermehrt,
Oh Jener, Dem nichts verborgen bleibt,
Oh Jener, Dessen Schätze nichts vermindern kann,
oh, Jener, Dem nichts gleicht,
Oh Jener, Dessen Wissen nichts entgeht,
Oh Jener, Der über alles erfahren ist,
Oh Jener, Dessen Barmherzigkeit alles umschlossen hat.

Gepriesen bist Du, oh außer Dem es keinen Gott gibt. Hilfe! Hilfe! Befreie uns von dem Höllenfeuer, oh Herr.

93.) Allah unser, ich flehe Dich mit Deinem Namen an:
Oh Großzügiger,
Oh Speisender,
Oh Wohltätiger,
Oh Gebender,
Oh Bereicherer,
Oh Besitzverleiher,
Oh Vernichter,
Oh Lebensschenker,
Oh Zufriedenstellender,
Oh Retter.

Gepriesen bist Du, oh außer Dem es keinen Gott gibt. Hilfe! Hilfe! Befreie uns von dem Höllenfeuer, oh Herr.

94.) Oh Anfang aller Dinge und deren Ende,
Oh Gott aller Dinge und deren Herrscher,
Oh Herr aller Dinge und deren Gestalter,
Oh Urheber aller Dinge und deren Schöpfer,
Oh Begrenzer aller Dinge und deren Ausbreiter,
Oh Ursprunggeber aller Dinge und deren Wiederbringer,
Oh Erschaffer aller Dinge und deren Bemesser,
Oh Former aller Dinge und deren Umwandler,
Oh Lebensspender aller Dinge und deren Lebensnehmer,
Oh Schöpfer aller Dinge und deren Erbe.

Gepriesen bist Du, oh außer Dem es keinen Gott gibt. Hilfe! Hilfe! Befreie uns von dem Höllenfeuer, oh Herr.

95.) Oh wohltätigster Erwähnender und Erwähnter,

Oh wohltätigster Dankender und Bedankter,
Oh wohltätigster Lobender und Gelobter,
Oh wohltätigster Zeuge und Bezeugter,
Oh wohltätigster Einladender und Geladener,
Oh wohltätigster Erfüllender und Dem entsprochen wird,
Oh wohltätigster Gefährtenleitender und Gefährte,
Oh wohltätigster Begleiter und Gesellschaft Leistender,
Oh wohltätigstes Ziel und Erwünschter,
Oh wohltätigster Liebender und Geliebter.

Gepriesen bist Du, oh außer Dem es keinen Gott gibt. Hilfe!
Hilfe! Befreie uns von dem Höllenfeuer, oh Herr.

96.) Oh Jener, Der jenen, die Ihn rufen, antwortet,
Oh Jener, Der von jenen, die Ihm gehorchen, geliebt wird,
Oh Jener, Der jenen, die Ihn lieben, nahe ist,
Oh Jener, Der jene, die Ihn um Behütung bitten, bewacht,
Oh Jener, Der gegenüber jenen, die auf Ihn hoffen,
großzügig ist,
Oh Jener, Der nachsichtig mit jenen ist, die ihm gegenüber
ungehorsam sind,
Oh Jener, Der in Seiner Größe barmherzig ist,
Oh Jener, Der in Seiner Weisheit groß ist,
Oh Jener, Der in Seiner Güte ohne Anfang ist,
Oh Jener, Der um jene weiß, die Ihn erstreben.

Gepriesen bist Du, oh außer Dem es keinen Gott gibt. Hilfe!
Hilfe! Befreie uns von dem Höllenfeuer, oh Herr.

97.) Allah unser, ich flehe Dich mit Deinem Namen an:
Oh Verursacher,
Oh Erweckender von Begehren,
Oh Prüfer,

Oh Verfolger,
Oh Ordner,
Oh Angsteinflößender,
Oh Warnender,
Oh Erinnernder,
Oh Unterwerfer,
Oh Verändernder.

Gepriesen bist Du, oh außer Dem es keinen Gott gibt. Hilfe!
Hilfe! Befreie uns von dem Höllenfeuer, oh Herr.

98.) Oh Jener, Dessen Wissen schon früher existiert,
Oh Jener, Dessen Versprechen aufrichtig ist,
Oh Jener, Dessen Nachsicht offensichtlich ist,
Oh Jener, Dessen Befehl siegreich ist,
Oh Jener, Dessen Buch unmissverständlich ist,
Oh Jener, Dessen Richtsspruch existiert,
Oh Jener, Dessen Qur´an ruhmreich ist,
Oh Jener, Dessen Herrschaft ohne Anfang ist,
Oh Jener, Dessen Huld allgemein ist,
Oh Jener, Dessen Thron herrlich ist.

Gepriesen bist Du, oh außer Dem es keinen Gott gibt. Hilfe!
Hilfe! Befreie uns von dem Höllenfeuer, oh Herr.

99.) Oh Jener, Den das Hören nicht vom Hören ablenkt,
Oh Jener, Dem keine Tat am Handeln hindert,
Oh Jener, Den das Aussprechen nicht vom Aussprechen
abhält,
Oh Jener, Der durch Fragen nicht vom Fragen abgebracht
wird
Oh Jener, Der nicht von etwas abgeschirmt wird durch
etwas anderes,

Oh Jener, Der durch das Drängen der Beharrlichen nicht
überdrüssig wird,
Oh Jener, Der der Beweggrund der Begehrenden ist,
Oh Jener, Der das Endziel des Willens der Wissenden ist,
Oh Jener, Der das Endziel des Strebens der Strebenden ist,
Oh Jener, Dem kein Atom in den Welten verborgen ist.

Gepriesen bist Du, oh außer Dem es keinen Gott gibt. Hilfe!
Hilfe! Befreie uns von dem Höllenfeuer, oh Herr.

100.) Oh Nachsichtiger, Der es nicht eilig hat,
Oh Großzügiger, Der nicht geizig ist,
Oh Wahrhaftiger, Der sein Versprechen nicht bricht,
Oh Schenker, Der nicht verdrossen wird,
Oh Bezwinger, Der nicht besiegt wird,
Oh Gewaltiger, Der nicht beschreibbar ist,
Oh Gerechter, Der nicht ungerecht wird,
Oh Reicher, Der nicht verarmt,
Oh Großer, Der nicht klein wird,
Oh Behüter, Der nicht vernachlässigt.

Gepriesen bist Du, oh außer Dem es keinen Gott gibt. Hilfe!
Hilfe! Befreie uns von dem Höllenfeuer, oh Herr.

Chronologie des Lebens von Said Nursi

Vorbemerkung

1. Die nachstehende kurze Biographie Said Nursis orientiert sich an der Biographie Sükran Vahides, die 1992 in Istanbul erschienen ist.
2. In ihr wird das Leben Nursis in drei große Abschnitte unterteilt:
   (a) der "Alte Said",
   (b) der "Neue Said" und
   (c) der "Dritte Said".

1877-1920 "Der Alte Said"

1877
Said Nursi wird als siebentes Kind einer kinderreichen Familie im ostanatolischen Dorf Nurs geboren.

1886
Mit ca. zehn Jahren begann Nursi seine Ausbildung an der örtlichen Medrese.

1886 – 1891
Gemäß dem damaligen Curriculum erlernt er die Grundzüge der arabischen Grammatik. Der Unterricht stellt ihn jedoch nicht zufrieden, so dass er in den folgenden Monaten immer wieder die Medresen wechselte.

1891
Schließlich traf er auf Scheich Muhammed Jalali, bei dem er eine Weile blieb.

Da er den Eindruck gewonnen hatte, dass der Unterricht reformbedürftig sei, konzentrierte sich Nursi auf wenige Schlüsseltexte und bestand - für die damalige Zeit ungewöhnlich - das Abschlussexamen innerhalb von drei Monaten. Damit vermochte er zu beweisen, dass Veränderungen notwendig waren.

In den anschließenden Diskussionen mit den Gelehrten seiner Heimatprovinz erwies sich Nursi als überlegender Gelehrter, was ihm den Ehrentitel Bediüzzaman, Wunder der Epoche, eintrug.

1892

Die Auseinandersetzung mit den Fragen der Zeit, führte ihn zur Einsicht in die Grundprobleme der Gemeinschaft der Muslime.

1893 – 1895 Bitlis

Man nimmt heute an, dass Nursi etwa zwei Jahre in Bitlis lebte, wo er vierzig – nach dem Verständnis des Medresen Curriculums – Hauptwerke auswendig lernt.

1895 – 1897 Van

Nursi gelang die Gründung einer eigenen Medrese, in der er seine Ideen einer Bildungsreform umzusetzen versuchte. Gleichzeitig las er alle erreichbaren (Lehr-) Bücher, in denen die damals bekannten Naturwissenschaften dargestellt wurden. So gewann er die Idee einer Universität, in der religiöse und naturwissenschaftliche Lehrer und Forscher gemeinsam arbeiten sollten.

Während seines Vaner Aufenthaltes wenden sich immer wieder einzelne Stämme an den jungen Gelehrten, um ihn als Mediatoren in ihren Konflikten zu gewinnen.

Dabei zeichnet Nursi sich nicht nur durch persönliche Tapferkeit aus, sondern auch als Friedensstifter.

1907 Istanbul

Gegen Ende des Jahres 1907 reiste Nursi in die Hauptstadt des osmanischen Reiches, Istanbul, um dort für die Idee einer ostanatolischen Universität zu werben.

Und der bis dahin unbekannte Gelehrte aus Ostanatolien wurde in kurzer Zeit so bekannt, dass es zu einer Begegnung mit dem regierenden Sultan, Abdul Hamid II, kam.

Als im Sommer 1908 die zweite Verfassung in Kraft trat, da engagierte sich Nursi in Zeitungsartikeln und Aufsätzen für sie. So wurde er Mitglied der Ittihad-i-Muhammedi (Muhammedanische Gesellschaft für die muslimische Einheit), was ihn vor ein Kriegsgericht brachte, welches ihn jedoch frei sprach.

1910 veröffentlichte er unter dem Titel "Nutuk" einen Sammelband mit Aufsätzen und Reden.

1910

Im Sommer dieses Jahres bereiste Nursi die ostanatolischen Stämme, um sie von der neuen Politik zu überzeugen, denn er war der Meinung, dass der Konstitutionalismus die Einheit und den Fortschritt der islamischen Welt fördern würde. Die zahlreichen Reden und Gespräche jener Monate wurden später in zwei Bänden zusammengefasst veröffentlicht: Muhâkemat (Argumentationen, 1911) und Münâzarat (Debatten, 1913).

1911

Im Verlauf seiner Reise erreichte Nursi u.a. auch Damaskus, wo man ihn bittet in der Omayyadenmoschee eine Predigt zu halten, was er in fließendem Arabisch tat. Nachdem ihr Text zwei Mal nachgedruckt werden musste, erscheint ein darauf folgenden Jahr ein türkische Übersetzung.

Kaum nach Istanbul zurückgekehrt, wird er aufgefordert den Sultan auf dessen Balkanreise zu begleiten, während der man ihm die Unterstützung für die Gründung einer ostanatolischen Universität zusagt.

1912

So kommt es ein Jahr später zur Grundsteinlegung seiner Universität, der Medresetü´z-Zehra.

In den folgenden Monaten unterrichtete der inzwischen berühmte Gelehrte an seiner alten Medrese in Van.

1914

Mit Ausbruch des Ersten Weltkrieges wurde aus dem Lehrer der Befehlshaber seiner Provinz und zugleich Kommandeur eines studentischen Freiwilligen Regimentes, dessen Kern seine eigenen Studenten bildeten, mit denen er sich mehrfach u.a. bei der Verteidigung der Stadt Bitlis auszeichnet. In den Kampfpausen diktierte Nursi seinen später bekannt gewordenen Korankommentar "Ischarat-ul I'jāz".

1916 – 1918

Schließlich wurde das Regiment von der russischen Armee gefangen genommen, und er selber in ein Lager an der Wolga verbracht, von wo ihm im Sommer 1918 die Flucht über Berlin nach Istanbul gelang.

1918 – 1920

Mit seiner Ernennung zum Mitglied des höchsten osmanischen Rates für Fragen der Bildung, des Darü'l-Hikmeti'l-Islamiye, begannen Monate intensiven Arbeitens, deren Frucht nicht nur eine große Zahl von Publikationen waren, sondern zugleich eines sozialen Engagement, das ihn u.a. Mitglied in der neuen Gesellschaft des Grünen Halbmondes werden ließ, die sich gegen die Verbreitung des Alkohols wandte.

Unter der heutigen Perspektive mag es erwähnenswert sein, dass 1920 ein Zeitungsartikel erschien, in dem sich Nursi ausdrücklich gegen die Forderung eines autonomen Kurdistan wandte.

1920 – 1950 "Der Neue Said"

1920

Mit Mitte vierzig zog sich der inzwischen so erfolgreiche Gelehrte in die Einsamkeit zurück, um nachzudenken, zu meditieren, was einen tiefen Wandlungsprozess einleitete, an dessen Ende Nursi zur Erkenntnis gelangte, dass die muslimische Welt sich in einer Krise befände. Nursis Lösung war die Rückbesinnung auf den Koran als Glaubensquelle und die bewusste Entscheidung zum Leben im Glauben. In dieser Zeit schrieb und publizierte er eine Reihe von Arbeiten in arabischer Sprache, die ins Türkische übersetzt unter dem Titel "Mesnevi-i-Nuriye" erschienen.

1922

Nach mehrfachen Einladungen der neuen Regierung fährt Said Nursi nach Ankara, wo ihn das Parlament offiziell empfängt. Er findet soviel Resonanz, dass man ihm anbietet die eine oder andere Aufgabe zu übernehmen. Allerdings gelingt es ihm, die Abgeordneten von der Idee einer Universität in Ostanatolien zu überzeugen. Doch trotz der Bewilligung der staatlichen Fördermittel für diese Universität machen die Umstände den wirklichen Bau unmöglich.

1923 – 1925

In der für islamische Gelehrte charakteristischen Weise zieht sich der nun Fünfzigjährige aus der Politik und dem gesellschaftlichen Leben zurück, um mit einer kleinen Gruppe von Schülern zu beten und zu meditieren. Als im Februar 1925 ein religiös motivierter Aufstand ausbricht, schreibt er gegen ihn an. Dennoch stellt ihn die Regierung unter Aufsicht, "verlegt" ob seiner Beliebtheit in den folgenden Jahren von einem Ort zum anderen.

1926 – 1935

Wie im Protest zur Tagespolitik erscheinen in diesen Jahren Abhandlungen, Briefe und längere Texte, die sich mit dem Jenseits, der Verantwortung des Menschen, seinem Glauben und der Offenbarung auseinandersetzen. Dabei wächst seine Popularität ebenso wie der Kreis seiner Schüler, was die Behörden dazu veranlasst, ihn über Klagen immer wieder ins Gefängnis zu stecken.

1936 – 1949

Während seiner langen Wanderung durch Gefängnisse und Verbannungen entstehen heimlich eine große Zahl von Arbeiten, die seine Schüler auf den unterschiedlichsten Wegen trotz aller Kontrollen erreichen und von diesen abgeschrieben werden, um danach weiter zu kursieren. Auf diese Weise entsteht ein weiter Kreis von Schülern in allen Bevölkerungsschichten.

Schließlich entlässt man ihn im Dezember 1949.

1950 – 1960 "Der Dritte Said"

1950

Die politischen Veränderungen in der Türkei bringen nicht nur eine Generalamnestie, sondern zugleich eine Freiheit, die Nursi nutzt. Ein Jahr später beschließt die Regierung endlich die von ihm so lange ersehnte Universität in Ostanatolien zu bauen. Obwohl sie nicht seiner islamischen Konzeption entspricht, begrüßt er die Entscheidung.

1956 - 1960

Erst im Juni 1956 gibt ein Gericht in Afyon das inzwischen zu dem Risale-i-Nur, dem Sendschreiben des Lichtes, herangewachsene Gesamtwerk des Gelehrten zum Druck frei.

Inzwischen sprechen seine Schüler und Außenstehende von seinem Kreis der Schüler als der "jama'at-i-nur", der Gemeinschaft des Lichtes.

In den letzten Jahren seines Lebens reist er noch einmal zu den Orten seines Lebens. Schließlich stirbt er am 23. März 1960 in Urfa, wo ihn seine Schüler auch begraben.

In einer Nacht und Nebel Aktion am 12. Juli 1960 wird jedoch sein Leichnam auf Befehl der Militärjunta aus gegraben und an einen unbekannten Ort verbracht.

Das Gesamtwerk Risale-i Nur im Überblick

- 33 Fenster
- 6 Große Namen Gottes
- Abhandlung über die Natur
- Ärztliches Rezept
- Beweise erhabener Glaubenswahrheiten
- Blitze
- Briefe aus Barla
- Briefe aus Emirdağ
- Briefe aus Kastamonu
- Bruderschaft und Wahrhaftigkeit im Islam
- Das große Zeichen
- Das Ich
- Das Oberste Zeichen
- Das Siegel der Bestätigung aus dem Verborgenen
- Der Quran – Ein Zeichen des Wunders
- Die Auferstehung
- Die Auferstehung und das Jenseits
- Die Briefe
- Die erste Tür des Nur

- Die Ewigkeit
- Die Fliegen
- Die Früchte des Glaubens
- Die Harmonie des Lichtes
- Die Lichtblitze
- Die Lichtstrahlen
- Die Worte
- Diskussionen
- Ein Schlüssel zum Glauben
- Gott und das Jenseits
- Heilmittel für Kranke
- Im Aufscheinen des Morgensterns
- Islamische Glaubenswahrheiten
- Kleine Worte
- Kurze Wörter
- Leuchtende Rechtleitung
- Mensch und Universum
- Ramadan
- Sein Leben und Werk
- Stab Mosis
- Tröstung für die Alten
- Wegweiser für die Jugend
- Wunder Muhammeds

Informationen über das Gesamtwerk Risale-i Nur und Bediüzzaman Said Nursi

www.jamaatunnur.com
www.misawa.de
www.erna-nur.com

www.said-nursi-symposium.de
www.lesen24.com
www.medresehannover.de

avnialtin@yahoo.de
cemil.sahinoez@gmx.de

info@jamaatunnur.com
info@said-nursi-symposium.de

Weiterführende Literatur:

- Aries W., Ülker R. (Hrsg.): Das Bild vom Menschen. Lit: Berlin, 2009

- Aries W., Ülker R. (Hrsg.): Dietrich Bonhoeffer, Alfred Delp und Said Nursi: Christentum und Islam im Gegenüber zu den Totalitarismen. Lit: Münster, 2004

- Michel T.: Christlich-Islamischer Dialog und die Zusammenarbeit nach Bediüzzaman Said Nursi. Söz Basim Yayin: Istanbul, 2004

- Michel T.: Said Nursi´s Views on Muslim-Christian Understanding. Söz Basim Yayin: Istanbul, 2005

- Paksu M.: Said Nursi. Die Biographie eines modernen Helden. Nesil: Istanbul, 2008
- Riexinger M., Ucar B. (Hrsg.): Ein traditioneller Gelehrter stellt sich der Moderne. Said Nursi 1876–1960. V&R unipress: Göttingen, 2017
- Şahinöz C.: Die Nurculuk Bewegung. Entstehung, Organisation und Vernetzung. Nesil: Istanbul, 2009
- Şahinöz C.: Seelsorge im Islam. Theorie und Praxis in Deutschland. Springer VS: Wiesbaden, 2018
- Ülker R., Aries W.: Gläubiger Bürger in der pluralen Gesellschaft – Muslime im Dialog. Lit: Berlin, 2006
- Vahide S.: Ein Beitrag zu einer "Intellektuellen Biographie" Said Nursis. Söz Basim Yayin: Istanbul, 2004
- Vahide S.: Islam in Modern Turkey. Suny: New York, 2005

Zu den Herausgebern

Avni Altıner, geb. 1968, war lange Jahr Vorsitzender des Landesverbandes der Muslime in Niedersachsen (Schura) und der Jama'at Un-Nur Hannover. Er wirkte u.a. in der Weltkonferenz der Religionen für den Frieden in Hannover mit und engagiert sich für den interreligiösen Dialog. 2005 war er Gast beim Jahresempfang des Bundespräsidenten für die in Deutschland lebenden Muslime. 2008 wurde er vom Bezirksrat Linden-Limmer für seine Verdienste um die Integration mit dem Bürgerpreis ausgezeichnet. 2012 ehrte OB Stephan Weil namens der Stadt Hannover Avni Altıner als ersten Muslim mit der Stadtplakette. März 2011 unterzeichnete er neben Vertretern anderer Religionen den Vertrag für eine gemeinsame interreligiöse Grundschule. Altıner ist auch Mitunterzeichner des Kooperationsvertrages vom Dezember 2011 zur Bildung eines Beirates in Vertretung der Religionsgemeinschaft an der Uni Osnabrück. In der Unterstützung des bundesweit ersten universitären Weiterbildungsprogramms für Imame und Seelsorgerinnen an der Universität Osnabrück hat sich Altıner erfolgreich engagiert. beim Aufbau eines Beirates für den islamischen Religionsunterricht an den Niedersächsischen Schulen, der 2011 in z.T. schwierigen Verhandlungen entstand, behält Avni Altıner den Blick stets auf die Zukunft des Islams in Niedersachsen gerichtet. Im Bereich der Seelsorge schaffte es Altıner einen Vertrag für die muslimische Gefängnisseelsorge auszuhandeln. Avni Altıner hat als erster Vorsitzender eines muslimischen Landesverbandes erfolgreich ein muslimisches Seelsorgeprogramm etablieren können. Im März 2014 konnten nach erfolgreicher Zusammenarbeit mit der hannoverschen Landeskirche die ersten Absolventen ihre Urkunden entgegennehmen. Für Muslime und Musliminnen standen bis dahin vergleichbare qualifizierte Angebote für seelischen Beistand kaum zur Verfügung. Damit wurde eine Pionierarbeit auf diesem Feld geleistet. April 2018 wurde Altıner für sein

Engagemt für die muslimische Community und den Ausbau der islamischen Theologie vom Institut für Islamische Theologie der Universität Osnabrück geehrt.

Dr. Cemil Şahinöz (Soziologe, Religionspsychologe, Familienberater, Integrationsbeauftragter, geboren 1981) ist Gründer und Chefredakteur der Zeitschrift "Ayasofya". Er hat verschiedene Bücher übersetzt und verfasst. Sein erstes Buch schrieb er mit 15 Jahren und mit 16 Jahren brachte er seine erste monatliche Zeitschrift heraus. Sein Aufsatz "Situation der türkischen Familien in Europa" wurde 2006 von Diyanet (DİTİB) zum "Besten Aufsatz des Jahres" gewählt. Zu verschiedensten Themen macht er Vorträge, Seminare, Fortbildungen, Konferenzen und Workshops. Er ist in verschiedenen Zeitungen und Zeitschriften als Journalist und Kolumnist tätig. Als Journalist begleitete er den deutschen Bundespräsident Christian Wulff und den türkischen Staatspräsidenten Abdullah Gül bei ihrem Osnabrück-Besuch. Şahinöz moderierte die Internet-Radiosendung "Misawa Talk". Hauptberuflich ist er in der Integrationsagentur und Familienberatung tätig. Nebenbei ist er in der türkischen Glücksspielsuchthotline tätig. In der Vergangenheit arbeitete er als Lehrer, Projektmanager, Seelsorger für muslimische Häftlinge, Übersetzer, Editor und Leiter von pädagogischen Angeboten. Seine Webseite (www.misawa.de) wurde unter 42 deutschen Islamseiten in den Bereichen "Offenheit", "Dialog", "Meinungsfreiheit", "Toleranz" und "Demokratisch" in einer Forschungsarbeit an einer Universität am besten bewertet. Als Dank und Auszeichnung für sein Engagement im Bereich Integration wurde er von Bundeskanzlerin Dr. Angela Merkel empfangen und seine Arbeit auf diesem Gebiet gelobt. Şahinöz traf sich u.a. auch mit dem muslimischen Berater von Barack Obama, Rashad Hussain, und gab ihm Informationen über die Muslime und ihren Organisationen in Deutschland. Der AIB (Europäischer Arbeitgeber und Akademiker Verbandes NRW) verlieh ihm im

Juni 2011 den "Akademiker- und Integrationspreis." In der Focus Ausgabe Nr. 39 (19.09.2015) wurde er als einer der intellektuellen, muslimischen Jugendlichen in Deutschland vorgestellt und als "Seelsorger" betitelt. Şahinöz ist zu dem Vorsitzender des Bündnis Islamischer Gemeinden (Dachverband der muslimischen Einrichtungen in Bielefeld) und Gründungsmitglied, Generalsekretär und ehemaliger Vorsitzender der European Risale-i Nur Association (Dachverband der Nurculuk Bewegung in Europa).

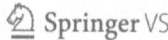

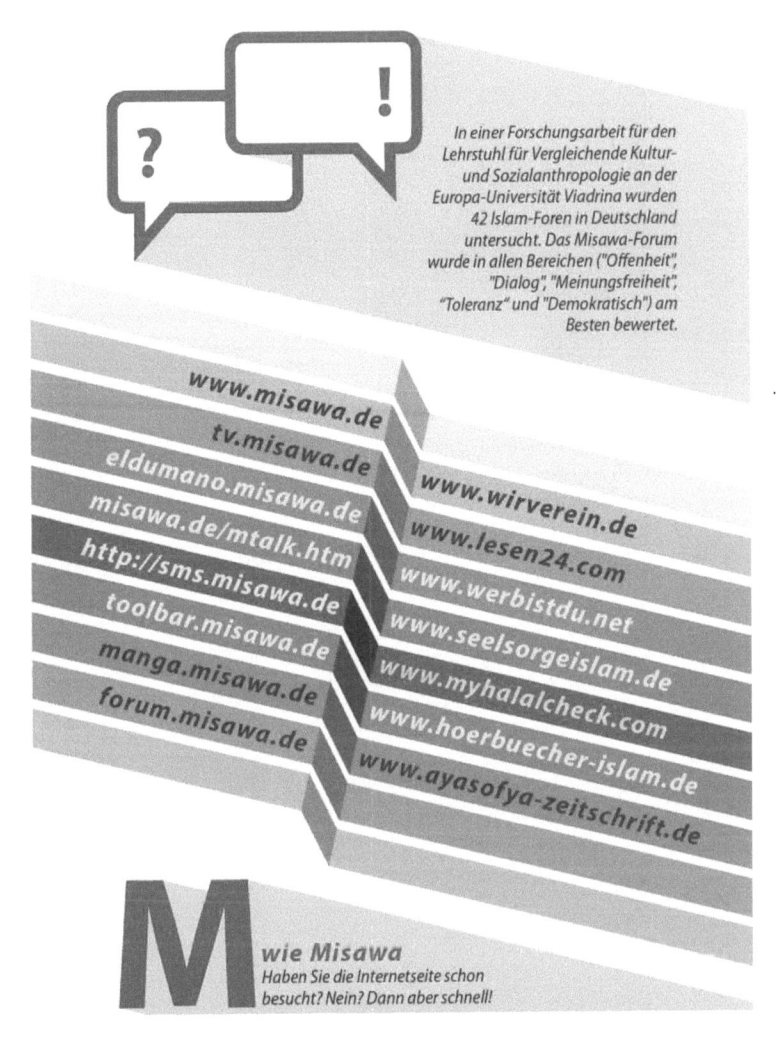

In einer Forschungsarbeit für den Lehrstuhl für Vergleichende Kultur- und Sozialanthropologie an der Europa-Universität Viadrina wurden 42 Islam-Foren in Deutschland untersucht. Das Misawa-Forum wurde in allen Bereichen ("Offenheit", "Dialog", "Meinungsfreiheit", "Toleranz" und "Demokratisch") am Besten bewertet.

www.misawa.de
tv.misawa.de
eldumano.misawa.de
misawa.de/mtalk.htm
http://sms.misawa.de
toolbar.misawa.de
manga.misawa.de
forum.misawa.de

www.wirverein.de
www.lesen24.com
www.werbistdu.net
www.seelsorgeislam.de
www.myhalalcheck.com
www.hoerbuecher-islam.de
www.ayasofya-zeitschrift.de

M wie Misawa
Haben Sie die Internetseite schon besucht? Nein? Dann aber schnell!